KB097067

노랑의
미로

노랑의
미로

가난의 경로 5년의 이야기

이문영 지음

오월의봄

차례

노란집 주민 45명의 '가난의 경로'

이름	나이	방	
김주택	62	지하1호	172쪽→181쪽→255쪽→277쪽→464쪽→488쪽→504쪽
창고		지하2호	
김형순		지하3호	
이황수	63	지하4호	34쪽→208쪽→333쪽→504쪽→549쪽
서혜자	79	지하5호	111쪽→216쪽→221쪽→277쪽→489쪽→529쪽→550쪽→557쪽→577쪽
이필숙	63	지하6호	277쪽→464쪽→490쪽→511쪽→530쪽
유경식	63	지하7호	10쪽→33쪽→208쪽→236쪽→342쪽→464쪽→505쪽→530쪽→571쪽
문철국	61	지하8호	171쪽→177쪽→184쪽→214쪽→267쪽→277쪽→464쪽→530쪽
김상천	76	지하9호	125쪽→142쪽→254쪽→260쪽→302쪽→318쪽→464쪽→506쪽→512쪽→530쪽
김동기	79	지하10호	112쪽→267쪽→277쪽→464쪽→504쪽→511쪽→530쪽→546쪽
박부석	63	지하11호	237쪽→510쪽
고정국	58	101호	231쪽→278쪽→341쪽→379쪽→384쪽→387쪽→393쪽→412쪽→419쪽→431쪽→530쪽→578쪽
선중현	66	102호	187쪽→231쪽→510쪽
김공호	61	103호	502쪽
안장선	63	104호	136쪽→235쪽→277쪽→438쪽→464쪽→503쪽→530쪽
민태진	47	105호	82쪽→83쪽→182쪽→243쪽→339쪽→381쪽→503쪽→525쪽
김택부	76	106호	114쪽→129쪽→146쪽→170쪽→184쪽→302쪽→319쪽→437쪽→492쪽→562쪽→578쪽
황정희		107호	
이구찬	66	108호	115쪽→412쪽→426쪽→578쪽
조만수	59	109호	115쪽→231쪽→278쪽→341쪽→379쪽→384쪽→386쪽→393쪽→400쪽→418쪽→431쪽→475쪽→485쪽→504쪽→577쪽
작은교회		110·111호	
박철관	77	201호	26쪽→39쪽→43쪽→61쪽→67쪽→111쪽→184쪽→260쪽→277쪽→342쪽→439쪽→451쪽→487쪽→570쪽→578쪽

일러두기

- 이 책은 한국에서 가장 가난한 사람들의 동네 중 한 곳에서 벌어진 '강제퇴거 사건'을 토대로 했다.

- 2015년 4월부터 2016년 5월까지 《한겨레21》에 연재한 〈가난의 경로〉를 씨앗으로 삼았다. 연재 종료 뒤 '이후 4년'의 변화를 따라가며 시간을 쌓았다. 보태고 수정해 대부분 다시 썼다. 모두 5년 동안 마흔다섯 명의 이야기를 좇았다.

- 책에 등장하는 사람 이름은 전부 가명이다.

- 표기한 나이는 사건이 벌어진 2015년 당시를 기준으로 했다.

- 이 책은 이주의 경로를 추적하지만 이야기의 경로도 좇아간다. 많은 등장인물과 많은 사건으로 얽힌 이야기의 흐름을 놓치지 않도록 주요 인물이 나올 때마다 그의 다음 등장 위치를 표시했다. 표시된 쪽수를 따라가면 해당 인물의 경로를 따라갈 수 있다.

- 모든 이야기는 사실을 기초로 쓰였다. 인물들의 말과 행동과 표정, 길에 찍힌 그들의 흔적과 그들을 길에 뿌린 사건들이 모여 좇기며 살아온 사람들의 이야기를 이뤘다.

입구
0

가난은 어디에나 있지만 어디엔가 모여 있다. 어떤 가난은 확산되지만 어떤 가난은 집중된다. 가난이 보이지 않는 것은 숨겨지고 가려지기 때문이다. 그 가난의 이야기가 노란집에 있었다.

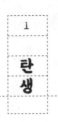

1

탄
생

방문을 열자마자 죽음이 콸콸 쏟아졌다.

"헙."

지하7호 유경식(63)이 코를 잡고 숨을 참았다.[1]

빛보다 냄새가 빨랐다. 유경식의 눈이 컴컴한 방 안에서 빛을 찾고 있을 때 냄새는 방문 밖으로 뛰쳐나와 그의 코로 달려들었다. 문틈으로 새던 냄새가 문턱을 넘어 복도 저편으로 범람했다.

유경식이 106호 방 안을 더듬어 스위치를 찾았다.

불을 켜자 지독한 죽음이 보였다. 생명은 없고 생명이 꺼진 흔적만 남은 방을 죽음이 차지하고 있었다. 유경식이 신발을 신은 채 방 안으로 들어갔다.

106호 남자가 들려나간 자리에서 그가 죽으며 토한 피가 말라붙어 있었다.

살아 있을 때 그의 몸은 바짝 말라 있었다. 젓가락 같은 몸에서 그의 다리만 피 빤 거머리처럼 퉁퉁했다. 폐병이란 말이 있었다. 혼자 움직이지 못했던 그는 누운 채 대소변을 흘렸다.

사망 뒤 사나흘이 지나 발견됐을 때 남자의 몸은 방바닥에 눌어붙어 흐물흐물해지고 있었다.

유경식이 남자의 마지막을 물걸레질했다.

물에 저항하던 피가 조금씩 닦여나갔다. 남자가 한 생을 마감하며 온몸을 쥐어짜 남긴 흔적이 동정 없이 지워졌다.

들춰 올린 이불 안엔 구더기가 엉겨 붙어 있었다.

냉기 어린 방바닥에서도 구더기는 생기 있게 움직였다. 거동이 불가능한 남자를 파먹으며 구더기는 반질반질하게 살이 올랐다. 소멸하는 인간을 먹고 태어난 생명들은 지독하고 치열하게 꿈틀거렸다. 유경식이 이불로 구더기를 둘둘 말아 건물 밖으로 내갔다.

죽음은 일상이었다.

누군가 혼자 죽어 발견되는 일이 일상인 건물이었다. 혼자 죽어 발견된 사람을 치우는 일도 혼자 죽는 일만큼이나 일상이었다.

"관리인이 나를 잘 본 거 아니겠어."

죽음을 닦는 일이 성가신 뒤처리가 아니라 특별한 배려라고 유경식은 생각했다.

그는 고물을 주워 생계에 보태왔다. 죽은 자의 방을 치우고 망자들이 남긴 살림을 고물로 얻었다. 이 건물에서 유경식은 그때(2014년 3월)까지 여섯 개 방^{2}의 죽음을 씻고 유품을 꺼내 팔았다.

106호에서 가져온 물건들을 유경식이 걸레로 닦아 광을 냈다. 검정 매직으로 쓴 상품 목록을 건물 출입문 벽에 붙였다.

매물

벽면 TV 19인치 1만 원

전기장판 1인용 1만 원

딸딸이(손수레) 1만 원

작은 까쓰렌지 7000원

지하 7호에 문의

유경식이 건물을 들고 날 때마다 판자문이 꺼억꺼억 울었다.

문다워 문이라기보다 열고 닫는 기능을 하므로 문이었다. 4층짜리 건물에 현관이랄 게 없어 유경식이 판자를 잇고 경첩을 박아 문이라며 달았다.

문은 두 세계의 경계였다.

서로 다른 세계가 문으로 보이는 경계를 사이에 두고 안과 밖에서 대치했다. 문을 열고 안으로 발을 들이면 좁고 낡은 시멘트 계단이 위아래로 뻗었다. 도시의 화려를 묻히고 귀가한 주민들이 계단을 오르내리며 궁벽한 삶의 세계로 진입했다.

문밖으로 나온 106호 남자의 유품이 주민들의 선택을 받아 다시 문안으로 들어갔다.

유경식이 이불 더미를 내다 버릴 때 구더기 한 마리가 106호 방바닥에 떨어졌다.

남자를 지운 방 한가운데서 구더기가 뒤집힌 몸을 맡았다. 죽은 남자의 몸에서 태어난 구더기는 남자가 흘린 이생의 마지막 한 톨이었다. 죽은 자는 방에서 치워졌어도 그가 남긴 이야기는 징그러운 구더기처럼 살아남았다.

그날[3] 이후 건물에 이야기 하나가 보태졌다.

청소될 뻔했던 사람들의 이야기가 제거되지 않은 구더기처럼 꿈틀거렸다. '나를 벌레 취급하지 말라'는 그들의 목소리가 퇴치하려 해도 퇴치되지 않는 벌레처럼 그 집에 달라붙었다.

구더기가 맡았다 펴는 힘으로 뒤집힌 몸을 바로잡았다.

몸을 감출 구석을 찾아 필사적으로 기었다. 그 남자와, 그 방과, 그 건물과, 그 사람들의 이야기도 차가운 방바닥과, 습한 벽과, 낡은 계단과, '그 사태'[4] 사이를 기어다니며 소리 없이 우글거렸다.

209호 나환수(➡15쪽)의 방은 유경식(➡33쪽)도 모르는 틈에 치워졌다.

1 2014년 3월.
2 3층 3개 방, 2층과 1층에서 1개 방씩, 지하 1개 방.
3 2015년 2월.
4 2015년 2월 시작된 강제퇴거 사태.

명
태

구겨진 세종대왕을 거칠한 손이 눌러 폈다.

211호 김석필(52)이 봉투에 1만 원을 밀어넣었다. 209호 나환수(74)에게 주려고 모셔둔 대왕님이었다. 김석필과 나환수는 동자동 9-2× 건물에서 210호를 사이에 끼고 살았다. 봉투 안으로 쫓겨 들어가는 용안(龍顏)에서 주름이 자욱했다.

좋은 여행 되십소사.

김석필이 나환수에게 두 손 모아 봉투를 건넸다. 그가 주는 여행경비를 나환수는 반기는 듯도 했고 외면하는 듯도 했다. 김석필이 무릎 꿇고 나환수에게 절했다. 머리 숙여 엎드린 김석필을 나환수가 고마워하는 듯도 했고 괘씸해하는 듯도 했다.

그날[1] 아침 김석필은 나환수의 방에서 냉장고를 꺼내 3만 원에 팔았다.

냉장고를 들어내는 김석필을 나환수는 말리지 못했다. 말린다고 말려질 김석필도 아니었다. 나환수나 김석필이나 마를 것이 남아 있는 인생들이 아니었다. 등이 배에 바짝 달라붙은 명태처럼 쥐어짜도 쥐어짜일 물기를 그들은 가지고 있지 않았다. 나환수 앞에서 대가리 날아간 명태가 포로 누워 하늘을 봤다.

무릎 털고 일어난 김석필이 나환수를 쳐다보며 입술을 닦았다.

김석필의 왼쪽 손목에서 알 굵은 염주가 팔찌처럼 달랑거렸다. 염원(念)하는 구슬(珠)들이 김석필의 시간을 얼마나 살펴줬는지 알의 크기가 설명해주진 않았다. 세종대왕 한 장으로 입을 닦는 김석필에게 나환수는 아무 말이 없었다. 배, 사과, 대추, 밤이 명태포와 더불어 나환수 앞에서 홍동백서(紅東白西) 했다.

"내가 7만 원에 사서 방에 넣어준 냉장고라고."

김석필(➡25쪽)이 목청을 갈았다. 공원에서 쩌렁대는 그의 목소리를 아무도 귀에 주워 담지 않았다.

"그걸 내가 3만 원에 판 게 잘못됐냐고."

사람들이 던지지도 않는 눈치를 김석필이 굳세게 퉁겨냈다.

"노잣돈으로 1만 원이나 줬으면 된 거 아니냐고."

마른 바람이 일어나 새꿈어린이공원을 훑었다.

바람에 차인 병풍이 나환수 뒤에서 사르르 떨었다. 뿌리 없는 병풍에 기대고 설 만큼 나환수는 야위어 가벼웠다. 병풍에 등을 받친 영정 안에서 나환수가 길 떠날 채비를 했다. 김석필의 봉투 위로 동네 주민들의 봉투가 더해졌다. 나환수에게 작별인사를 건넨 사람들이 공원 여기저기 앉아 육개장에 밥을 말았다.

"흐, 허."

술 냄새 끓어오르는 내장 안으로 김윤창(56)이 술을 흘려 넣었다.

끓는 것은 끓인 것으로 누를 수밖에 없었다. 살아온 시간이 싱겁고 밍밍해 속이 끓을 때마다 그는 끓여서 뽑아낸 알코올을 들이부어 간을 맞췄다. 간이 맞을수록 간이 망가진다는 사실을 김윤창은 술을 들이켜며 애써 모른 척했다.

"흐, 허."

311호 김윤창은 아래층의 나환수를 몰랐다. 살았을 때 알지 못했던 나환수의 얼굴과 이름을 죽은 뒤에야 김윤창은 보고 들었다. 김윤창이 숟가락을 들어 육개장 국물을 떴다. 그는 자주 술로 밥을 대신했다. 첫 대면이 작별인 나환수 앞에서도 그는 육개장 국물로 밥을 넘기는 대신 소주를 삼켰다.

"갸는 왔어?"

양진영(60)이 김윤창(➡115쪽)에게 소주를 따르며 물었다.

"아직이요."

잠깐 다녀오겠다며 나간 '갸'(➡305쪽)는 소식이 없었다.

음식은 산 자를 위한 것이었다. 배고프게 죽은 자가 차린 밥으로 산 자들이 고픈 배를 채웠다. 굶주린 비둘기들이 먹을 것을 찾아 공원 바닥에 부리를 찍었다. 꽃망울 하얄게 터뜨린 목련 아래서 고성의 욕설이 터졌다.

"절이나 하고 처먹어라."

"씨발놈아, 처먹고 할란다."

"돌아간 양반한테 인사나 하고 처먹어라."

"자식아, 살았을 땐 아는 척도 안 하더만 왜 죽고 나서 예의고 지랄이고."

양진영이 일어나서 말렸다.

"자자, 오늘 같은 날은 정숙합시다. 가시는 길 편안히 가시도록 합시다."

양진영이 낮고 굵은 목소리로 싸움을 달랬다.

204호 양진영(➡31쪽)은 '우리동네 나눔이웃'이었다. 서울시가 위촉했다. '멋진 나눔이웃상'도 받았다. 서울시쪽방상담소²장이 줬다. 그는 봉사에서 보람을 찾으며 살았다.

촛대 없는 제사상이었다. 종이컵으로 바람을 막아 초에 불을 붙이고 상에 촛농을 떨어뜨려 초를 고정했다. 주민들이 고인에게 술잔을 올렸다.

봄이 오니 가싰소.

"재배(再拜)."

나환수를 아는 이웃들이 잔을 받아 술을 채웠다.

인자 날 따실 낀데 와 벌써 가시능교.

"재배."

영정 앞에서 주민들이 손을 모으고 고개를 숙였다.

맘껏 피어보도 몬한 꽃들이 고마 대가리 처박대끼 확 떨어져부렀소.

"재배."

나환수 옆엔 병풍에 기댄 남자 둘이 더 있었다.

"누구야?"

조문객 틈에서 머리 하얀 할머니가 남자들 얼굴을 살피며 물었다.

"어머."

영정의 얼굴들을 알아본 할머니가 놀라 말을 끊었다.

세 개의 영정 안에서 흐린 얼굴들이 할머니를 쳐다봤다. 그들 모두 영정으로 쓸 사진을 남기지 못하고 죽었다. 빈 방에서 발견된 주민등록증의 얼굴이 평생 가져본 적 없는 크기의 얼굴로 확대돼 상에 올랐다. 색의 입자들이 흩어진 얼굴들엔 초점이 없었다.

"어머어머."

남자들 얼굴을 알아볼 때마다 할머니가 "어머"를 말했다.

이 동네에 살면서 영정의 흐린 얼굴들을 셀 수 없이 봐 왔지만 그때마다 그는 놀랐다. 더는 죽음이 놀랍지 않았는데 죽은 사람을 알아보면 습관처럼 놀랐다. 죽음이 익숙한 동네에서 아무도 놀라지 않는 죽음만큼 쓸쓸한 죽음도 없었다. 아직 놀라워하는 것은 아직 살아 있는 그가 먼저 간 사람을 애도하는 의식이었다.

"여기 공원에 앉아서 나랑 이야기하던 양반인데."

할머니가 망연해했다.

"저 사람(9-2× 209호 나환수)은, 저 사람(5-× 214호 남자·72)도, 저 사람(9-×× 202호 남자·56)까지……"

'저 사람들'의 얼굴은 살았을 때처럼 죽어서도 표정이 갈라졌다.

나환수 오른쪽 옆에 '5-× 저 사람'이 있었다. 그는 동네에 온 지 1년이 채 안 됐다. 주민들과 어울리기보다 혼자 조용히 지냈다. 깊은 밤 주먹으로 벽을 치는 소리가 옆방을 괴롭힌 날이 있었다. 주먹을 치지 않아 옆방이 고운 잠을 잔 지 이틀 만에 그는 발견됐다. 그 이틀 동안 그는 옆방의 잠길에 끼어들지 않고 혼자 죽어 있었다. 견딜 수 없이 아플 때 그는 때릴 것이 벽밖에 없었다. 밤처럼 검은 낯빛의 주검이 때려도 동요 없는 대낮의 건물 밖으로 들려나왔다. 딸들이 있었으나 연락이 닿지 않았다.

'5-× 저 사람' 오른쪽엔 '9-×× 저 사람'이 있었다. 동네에서 산 지 20여 년 됐다. 활동적이어서 몸이 안 좋을 때도 주민들과 어울렸다. 딸이 있었으나 각서[3]를 쓰고 아버지 인수를 거부했다. 딸에게 아버지는 잃어버린 물건만큼도 되찾아야 할 이름이 아니었다. 필요할 땐 찾아도 찾아지지 않던 아버지가 필요를 잊었을 때 주검으로 찾아왔다. 잃어버린 이름이 되길 선택했던 아버지는 딸에게도 복원될 수 있는 이름이 아니었다. 동네 주민들이 딸에게 연락해 장례를 위임받았다. 가족이 확인되지 않거나 확인돼도 위임을 받지 못하면 이웃들은 장례를 치러주지 못했다. '저 사람들' 중에서 '9-×× 저 사람'만 이웃들이 주관해 화장을 했다. 가족과 연락되지 않은 나환수와 '5-× 저 사람'은 병원 안치실을 떠나지 못했다.

두 달 동안 사망한 사람들을 한데 모아 공원에서 합동으로 추모했다.

누구의 가족도 찾아오지 않았다. 닷새 전에도 같은 자리에 파란 천막이 쳐졌다. 9-×× 건물 201호(남·80)의 빈소였다. 그는 군 제대 직후부터 50여 년을 동자동에서 살았다. 결혼하지 않아 가족이 없었고, 세 차례의 뇌경색 끝에 사망했다. 두 번째 뇌경색이 왔을 때 입원했고, 세 번째 찾아온 날 뇌가 멈췄다. '9-×× 저 사람'의 옆방에서 30년을 머물렀다. 이웃한 두 방이 며칠 간격으로 주인을 잃었다.

주민들이 익숙하고 덤덤하게 절차를 치렀다. 매번 똑같이 슬퍼하기에 이 동네에선 너무 많이 죽었다. 할머니가 부의 봉투 세 개에 2만 원씩을 넣었다.

"왜 그렇게 많이 하세요?"

임시 상주가 말렸다.

"내가 죄가 많아서."

생전 알현하지 못한 수의 대왕이 나환수(➡23쪽)와 '저 사람들' 앞에 쌓였다.

왕이 제거된 시대로 소환된 대왕은 자신의 혈통 대신 자신을 새긴 종이가 왕의 자리에 앉아 있는 세상을 봤다. 자신이 왕이어서 왕이 아니라 돈이어서 왕이란 사실을 명석

한 대왕은 알 수 있었다. 왕은 부귀한 고관이 아니라 가난한 백성에게나 지엄한 존재였음을 대왕은 돈이 되고서야 깨달았다. 왕을 넘치도록 소유한 사람들에게 그는 종잇조각일 뿐이었고 왕을 갖지 못해 애달픈 사람들에게서나 그는 왕 대접을 받았다.

할머니에게 6만 원은 거금이었다. 한 달 수급비 48만 원의 10분의 1이 넘었다. 할머니는 자신이 치를 수 있는 이상의 '죗값'으로 영정 주인들을 떠나보냈다.

밖에서 타는 향불은 빨리 사위었다.

---

1 2015년 4월 1일.

2 서울시가 동자동 쪽방 주민들의 복지와 주민들과의 소통을 위해 위탁 운영하는 기관. 쪽방이 많은 영등포와 남대문에서도 별도의 상담소가 운영된다.

3 고인의 시신과 시신 처리를 두고 어떤 권리나 문제 제기도 하지 않겠다는 각서. 무연고 사망자가 발생하면 관할 자치단체는 시신을 인수할 유족을 찾는다. 소재가 확인된 가족이 고인과의 관계 단절이나 경제 형편 등을 이유로 인수를 거부하면 각서를 쓰고 장례를 자치단체에 위임한다. 자치단체는 시신이 안치된 병원에 공문을 보내 장례대행을 요청하고 장례비용 50~70만 원을 입금한다. 병원은 입금된 금액에 맞춰 수의와 관 등을 써서 장례를 치른다. 화장대행업체가 화장한 뒤 무연고 납골묘에 안치한다.

3

무연

생(生).

세상에 태어난다는 것. 형태를 갖춰 나온다는 것.

나환수는 전라북도 무주군을 고향으로 삼아 세상에 왔다. 땅의 대부분을 산이 차지한 마을은 포근하면서도 막막했다. 그에게 생을 준 아버지와 어머니가 부부가 되고, 부모가 되고, 가족을 이루고, 남겨준 것들이 모여 나환수의 형태를 이뤘다. 세상에 나왔을 때 나환수의 형태는 아무것도 갖지 못한 생명 그것뿐이었다. 남녀는 부부가 되지 않아도 생을 잉태할 수 있었고, 부부가 부모 되길 원치 않아도 생을 세상에 밀어낼 수 있었다. 형태 갖출 것이 무엇 하나 없어도 생이 구성될 수 있다는 사실에 생의 곤란함이 있었다. 형태 없음도 형태의 일부였으므로 생과 형태는 서로에게 책임을 묻지 못했다.

사(死).

생이 소멸한다는 것. 죽어 사라진다는 것.

나환수는 9-2×에 퇴거 통지[1]가 붙은 뒤 열흘 만에 사망했다. 췌장암이 복막에 전이됐다. 죽는 순간 죽을 수 있는 것도 죽은 자의 복이었다. 나환수가 숨을 멈췄을 때 그의 죽음은 시작됐다. 숨이 빠져나가고 남은 몸까지 소멸해야 끝나는 것이 죽음이었다. 죽음이 시작됐을 때 나환수의 형태는 그의 삶이 시작됐을 때처럼 아무것도 갖지 못한 죽음 그것뿐이었다. 나환수는 눈을 감은 뒤에도 65일 동안 죽음의 절차를 마치지 못했다.

죽은 나환수가 죽음을 끝낼 때까지 찾아오는 가족은 없었다. 원치 않아도 맺어지고 원해도 끊어지지 않는 것이 가족이었으나 있어도 없는 것 또한 가족이었다. 그가 사망한 병원은 구청에 '가족 찾기'를 의뢰했다. 구청은 나환수에게 친아들이 있다는 사실을 확인했다.

구청이 죽은 아버지를 데려가라는 우편물을 아들에게 보냈다. 우편물은 반송됐다. 거주지가 바뀐 것 같다고 구청 담당자는 판단했다. 대전에 사는 조카와 무주에 사는 육촌 동생에겐 전화가 닿았다. 시신 인수를 상의해보겠다던 그들은 연락을 끊었다.

구청은 장례대행을 맡긴 업체에 화장 요청 공문을 보냈다. 구청은 나환수를 무연고 사체로 최종 분류[2]하며 자신의 역할을 끝냈다. 화장 요청 하루 전 나환수의 시신은 찾아가지 않는 분실물처럼 공고[3]됐다.

사망 35일 뒤[4] 나환수는 불 타 없어졌다. 장례대행업체가 서울시립승화원(경기도 고양시 덕양구)에서 화장해 용미리 무연고 추모의집(파주시 용미리)에 안치했다. 사망 두 달이 지나서야 나환수는 한 줌 뼛가루가 돼 육신의 무게를 떨어낼 수 있었다. 김석필의 노잣돈을 받고도 20일이 더 지나서였다. 나환수의 마지막은 그렇게 '처리'됐다. 그의 죽음도 비로소 끝났다.

삶.

살아간다는 것. 생과 사 사이를 견뎌낸다는 것.

나환수는 209호에서 5년을 살았다. 주어진 생을 살아가는 것이 삶이었지만 뜻대로 살아낼 수 없는 것도 삶이었다.

장례 이틀 전 김석필이 나환수의 방 자물쇠를 땄다. 건물 관리인[5]은 나환수의 방 열쇠를 김석필에게 맡기며 짐 정리를 시켰다.

김석필과 나환수 방 사이의 210호 문도 잠겨 있었다.

방주인 최중호(59)가 있었다면 관리인은 그에게 열쇠를 맡겼을지도 몰랐다. 나환수가 죽었을 때 최중호(➡53쪽)는 교도소에 수감돼 있었다. 폭행 시비로 500만 원 벌금형을 받았다고 주민들은 알고 있었다. 벌금 낼 돈이 없을 때마다 그는 교도소에서 하루 5만 원짜리 노역을 살았다.

지난겨울 최중호가 구치소에서 201호 박철관(77)에게 편지를 보냈다. 관리인 앞으로 쓴 편지를 동봉했다. 박철관이 관리인에게 전한 편지에서 최중호는 "내년(2015년) 2월이면 출소하니 방을 빼지 말라"고 청했다. 그는 4월이 됐는데도 교도소 안에 있었다. "날짜 계산을 하면 벌써 나왔어야 하는데 노역이 아니라 다른 일로 들어간 거 아닌가 모르겠다"고 김석필은 추리했다. 관리인은 최중호의 자물쇠를 끊고 새 자물쇠를 달았다.

최중호가 210호에 입주하기 전 그 방에 살던 남자도 혼자 죽어 발견됐다.

남자는 옆방 나환수와 자주 술을 마셨다. 두 사람의 술판이 박철관에겐 고역이었다. 그때 박철관은 나환수의 방과 복도를 끼고 마주보는 206호에 살았다. "209호 늙은 놈"과 "210호 젊은 놈"의 술장단에 질린 박철관은 복도 끝방(201호)이 비자 곧바로 짐을 쌌다. 210호 남자의 주검을 발견하고 경찰에 신고한 사람은 박철관이었다.

젊은 놈이 "아침 늦게까지 처자고" 있었다. 꼴 보기 싫어 "빨리 안 일어나냐"고 소리를 질렀다. 저녁에 봐도 "여전히 처자고" 있었다. "아직까지 디비 자냐"면서도 "약이라도 사다 주랴" 박철관이 물었다. 젊은 놈은 대답하지 않았다. 다음 날 아침에 문을 열었는데 "씨발 그대로"였다. "등골이 싸늘해져서" 경찰을 불렀다.

나환수가 정리하지 못한 생의 부스러기들이 그의 빈방에서 차갑게 얼어 있었다.

"날마다 둘이 붙어서 술 처먹더니만. 젊은 놈이 암으로 먼저 가니까 이제 늙은 놈까지 암으로 따라가뿌네."

나환수의 방을 들여다보며 박철관이 혀를 찼다.

"뭐 먹고 살았노."

작은 플라스틱 통에 쌀이 한 움큼 남아 있었다. 반찬으로 먹었을 멸치들이 마른 비린내를 풍겼다. 한 뼘 방을 가로지른 빨랫줄 위에서 속옷과 양말이 돌아오지 않는 주인을 기다렸다. 열 가지 넘는 약의 처방전이 낡은 서랍 안에 가득했다. 나환수가 마지막으로 가졌던 모든 것은 헌 것이었다. 뜯지 않은 참치캔 한 개와 돼지고기 장조림 한 캔만 새 것이었다. 살이 휜 채로 흐린 날을 받쳐온 우산과, 가라앉는 몸을 지탱해온 나무 지팡이와, 적막한 방에 소리를 넣어준 낡은 텔레비전과, 짠 인생에 짠맛만 더한 작은 소금통과, 지난 시간을 제대로 빨아주지 않는 세탁 세제가, 어디선가 애국할 때마다 흔들었을 손태극기와 뭉쳐져 냉장고 없는 방에서 눅눅했다.

방문 위 때 묻은 벽지에서 누가 썼는지 알 수 없는 문장 하나가 선명했다.

"이○○씨(기초생활 수급자) 다달이 방값 줌."

문장 밑엔 주소와 전화번호 몇 개가 월세 납부를 보증하는 신원 증명처럼 적혀 있었다.

매달 방값을 냈다는 증거를 이○○는 그렇게라도 남겨야 했을 것이었다. 더는 9-2×에 살지 않는 그가 언제까지 나환수의 방에 의탁했는지 알 수 없었다. 그가 방을 나설 때의 생사 여부도 주민들은 기억하지 못했다. 9-2×의 임대 영업이 시작된 뒤 몇 명이 그 방을 살아서 떠났고 몇 명이 죽어나갔는지 아는 사람은 없었다. 살아서 스스로 짐을 쌌다고 축복일 리 없었고, 죽어서 짐처럼 들려나갔다고 저주인 것도 아니었다. 그 건물에서 삶과 죽음의 경계는 그리 두껍지 않았다.

떼지 못한 나환수의 달력이 2014년 12월에 멈춰 있었다. 나환수가 209호에 남기고 간 시간에서 빠져나간 것은 나환수뿐이었다. 그 시간에서 나환수를 빼내 병원에 데려간 것도 박철관이었다.

"그렇게 마시면 뒈진다"며 박철관이 나환수의 가방을 쌌다. 입원시킨 뒤 열흘 만에 찾아간 병실에 나환수는 없었다. 갈 때마다 그의 병실이 바뀌어 있었다. 토요일 오후 그는 세 번째 옮겨진 병실에서 눈을 감고 있었다. 박철관이 손을 잡았으나 나환수는 말을 하지 못했다. 때가 된 것 같다고 박철관은 짐작했다. 이틀 뒤 병실에 들어섰을 때 나환수는 또 없었다.

"이놈 어디 갔어요?"

옆 침상 환자에게 물었다. 점심식사를 하던 환자가 무심하게 말했다.

"어제 죽어서 내려갔어요."

인연.

사람과 사람이 관계를 맺는 것. 사람이나 사물과 연결돼 연줄을 갖는다는 것.

모든 관계가 연줄이 되고 인맥이 되는 것은 아니었다.

죽호도(竹虎圖)가 화려했다. 대나무와 호랑이가 201호 박철관의 방을 곧고 용맹스럽게 장식했다. 나환수가 주워다 준 고물 액자들이 "뭣도 없는" 그의 방을 "있어 보이게" 했다.

한밤중에 방을 나선 나환수는 서울역과 명동과 남대문을 돌아 충무로까지 다니며 종이상자와 플라스틱 병을 주웠다. 깜깜한 거리에서 녹슨 리어카를 밀며 나환수는 가난한 생활을 끌었다.

고물은 가난한 자들의 각축장이었다.

운때가 어긋나면 리어카의 반도 채우지 못하는 날이 많았다. 하나라도 더 주우려면 더 먼 곳까지 더 오랫동안 리어카를 끌어야 했다. 밤새 고물을 두고 경쟁한 노인들이 뿌연 새벽이 열릴 즈음 고물상 앞으로 모여들었다. 고층빌딩 주차장을 쉴 새 없이 들고 나는 승용차들처럼 고물상 앞에서 리어카들이 엉켜 '교통 혼잡'을 빚었다. 리어카를 고물상 앞에 세우고 꾸벅꾸벅 졸던 나환수도 문이 열리자마자 고물을 밀어넣고 무게를 달아 팔았다.

"새벽부터 댕기면서 좆같이 벌면 뭐 하냐고. 그 돈으로 술 처먹고 죽을 거."

죽은 나환수에게 말을 걸며 박철관이 액자를 닦았다.

죽어도 좋을 만큼 술이 좋아 나환수가 술에 잠겨 죽은 것은 아니었다. 고물을 줍기 전 나환수는 전국을 다니며 건설현장에서 일했다. 그는 휴대전화를 가지고 있지 않았다. 일부러 누군가에게 소식을 전하지도 않았고, 일부러 그의 소식을 기다리는 사람도 없었다. 나환수가 맺은 인연의 선들은 휴대전화가 필요할 만큼 팽팽하지 않았다.

나환수가 몇 달 만에 209호로 돌아온 날이 있었다.

그에게 닿지 못한 소식이 다급할 것 없다는 듯 그를 기다리고 있었다. 자활지원 기관으로 전달된 아들의 사망 소식을 그는 한 해가 지나서야 듣게 됐다. 아들은 어느 스키장 부근에서 얼어죽어 발견됐다고 했다. 육촌 동생이 시신을 수습해 묻었다고 나환수는 박철관에게 술 취해 말했다. 자살이었을 것이라고 박철관은 나환수 아들의 죽음을 짐작했다. 구청이 '아버지의 주검을 수습하라'는 우편물을 발송했을 때 편지의 수신인은 아버지보다 먼저 죽어 아버지를 기다리고 있었다. 아들의 죽음을 확인한 뒤부터 나환수의 술잔이 깊어졌다.

"양씨, 환청이 들려."

암세포에 몸을 점령당한 나환수는 헛것을 보고 들었다.

"밥이 안 먹혀. 내가 안 먹혀. 속에서 밥을 안 받아. 밥이 속을 안 받아."

그의 말은 뜻이 통했다 안 통했다 했다. 그는 말을 먹기도 했고 말에 먹히기도 했다.

우리동네 나눔이웃 양진영은 "봉사하는 마음으로" 병문안을 다녔다. "칠팔만 원을 써가며" 죽과 음료수를 사들고 갔다. 두 번째 찾아갔을 때 나환수는 "이젠 오지 말라"

고 했다. "앞으로는 절대 오지 말라"고 했다. 오지 말라니 가지 않는 것으로 양진영은 나환수의 뜻을 따랐다. 병원에 다녀온 박철관(➡39쪽)이 "일요일에 가버렸다"며 나환수의 죽음을 전했다.

가려고 그랬을까. 오지 말라는 나환수의 말이 섭섭했는데, 지켜보는 사람 없이 홀로 떠난 그의 배려가 양진영(➡34쪽)은 안쓰러웠다.

무연(無緣).

맺어지고 연결된 사람이 없다는 것. 죽어서도 죽음을 기릴 인연이 없다는 것.

무연의 생김새는 인연을 맺지 못한 사람들이 아니라 인연으로부터 도피했거나 버림받은 사람들의 모습으로 확인됐다.

209호 선반 위에서 나환수(➡39쪽)의 길마다 함께했을 검은색 여행가방이 핼쑥했다. 9-2×에 사는 사람들에겐 가방 하나에 들어갈 수 있는 분량의 짐이 살림의 전부였다. 가방에 담길 만큼만 유지돼온 '나환수의 양'을 박철관이 가늠했다.

"저 가방 하나 들고 들어와서 저 가방 하나 들고 나가는 거야. 여기 있는 짐 다 필요 없는 거야. 가져갈 수 없으니까 그냥 버리고 가는 거야. 살아서 나갈 때도 그렇게 나가고 죽어서 나갈 때도 그렇게 가는 거야. 우리는 그렇게 살다 그렇게 가는 거야."

김석필(➡34쪽)이 나환수의 짐들을 건물 밖으로 내렸다.

살림을 살 수 없었던 나환수의 살림살이가 고물로 부려졌다. 고물 하며 주워온 나환수의 밥솥, 냄비, 벽시계, 플라스틱 수납장이 고물 줍는 이웃들에게 나누어졌다. 나환수는 인연의 결과로 왔으나 단절된 인연을 뒤로하고 갔다. 걸레질로도 닦이지 않을 나환수의 자국들만 209호에 묻어 있었다.

첨단과 수직의 고층빌딩 아래에서 낡았고, 삭았고, 헐었다. 벌레가 파먹은 듯한 지구의 후미진 땅에서 동자동이 도시의 뒷면을 구성했다. 인간이 살 수 있는 최소의 주거 공간에서 인간에게 던져진 가장 남루한 길을 걸어온 사람들이 죽음과 동거했다. 그들은 한 건물에서 살았지만 남모르게 죽었다.

꽃 피는 계절이 올 때마다 동네 주민들이 우수수 졌다.[6]

겨울 동안 웅크렸던 생명들이 기지개를 펼 때쯤 겨울 동안 웅크렸던 긴장을 풀고 그들은 세상을 떴다. 환절기마다 죽음의 밀도가 높아졌다. 저승사자가 실적을 채우지 못할 때마다 들러 머리수를 흥정하는 듯싶었다. 그들에게 계절이 바뀌는 시간은 살아남아야 하는 나날이었다.

누구도 궁금해하지 않는 죽음들이 무연을 확인하며 계속됐다. 죽음 뒤엔 유경식(➡342쪽)이 매직으로 쓴 '매물' 광고가 벽에 붙었다.

1 2015년 2월 5일 9-2× 방마다 붙은 노란색 퇴거 통지.

2 서울 중구청은 "14일 안에 인수자가 나타나지 않으면 무연고 처리"한다고 설명했다.

3 무연고 사망자가 발생하면 관할 지방자치단체는 장사 등에 관한 법률 제12조 및 시행령 제9조, 시행규칙 제4조 규정에 따라 시신을 화장한 뒤 인적 사항과 사망 경위, 안장지 등을 공고한다. 전국 단위 일간신문 두 곳, 또는 자치단체 홈페이지와 하나 이상의 일간신문을 통해 알려야 한다. 지자체는 시신을 10년 동안 매장하거나 화장한 뒤 봉안할 의무를 지닌다. 10년 뒤엔 일정한 장소에 집단 매장하거나 자연장(10년 전 화장하지 않고 봉안됐던 시신의 경우 화장)한다.

4 2015년 4월 20일 오후 2시.

5 관리인은 9-2×에서 가장 큰 방(405호)을 썼다. 동자동 밖에 있는 집과 405호를 오가며 지냈다. 입주민과 건물주 사이에서 임차인 수를 속여 임대료 차액을 가로챈다는 의심을 받았다. 강제퇴거가 시작된 뒤 임대료 착복 의혹이 건물주에게 전해졌다. 관리인 직을 잃고 동네를 떠났다.

6 동자동사랑방과 사랑방마을공제협동조합이 확인한 2014년 사망자 수만 14명이었다. 14명 중 절반인 7명이 '고독사'(가족의 시신 인수 거부로 4명 이상이 무연고 처리)했다.

4

아
멘

해진 소파 하나가 나타났다.

김석필(➡66쪽)이 주워온 덩치 큰 소파가 건물 입구에 바리케이드처럼 놓였다. 방마다 퇴거 통보가 붙은 직후였다. 주민 몇 명이 소파에 모여 앉아 햇볕을 쬐고 망도 봤다. 김석필은 전투용 작대기인지 호신용 몽둥이인지 모를 나무 막대기를 들고 주위를 살폈다.

지하4호 이황수(63)가 건물 밖으로 걸어나왔다.

양진영(➡62쪽)이 소파에서 일어나 부축했다. 중증의 관절염을 앓는 이황수(➡333쪽)는 걸음마다 10센티미터씩 전진했다. 뒤꿈치가 땅에서 떨어지지 않는 그의 걸음걸이는 발바닥 전체로 지면을 끌었다. 관절염 없는 사람들의 걸음소리가 타박타박하는 동안 그의 보폭은 셀 수 없을 만큼 잘게 쪼개져 슥, 슥, 슥, 슥 했다.

그는 밥때마다 아픈 다리에 몸을 얹고 무료 급식소를 오갔다.

밥은 평생 그가 온 힘을 짜내야 닿을 수 있는 물질이었다. 슥, 슥, 슥, 슥, 발바닥으로 땅바닥을 쓸며 이황수는 다만 10센티미터씩 밥에게 다가갈 뿐이었다. 10센티미터씩 이동해 수백 미터 저편의 밥을 모신 뒤 10센티미터씩 이동해 수백 미터 이편의 방으로 돌아왔다. 그날도 자신에게 닥친 한 끼를 밀어내기 위해 그는 10센티미터씩의 땅을 천천히 잡아당겼다.

슥, 10센티미터.

"반년 전이었제."

공기가 더위를 탈탈 털어내던 가을날[1]의 일이었다.

슥슥, 30센티미터.

"그러니까 금요일 밤이었다고."

방을 채웠던 열기가 빠지고 으슬으슬한 밤이 방 안으로 들어왔다.

슥슥, 50센티미터.

"그 인간(56)이 찾아왔제."

으슬한 밤공기를 묻힌 '그 인간'이 감기 기운으로 뒤채던 이황수의 방문을 두드렸다.

슥, 60센티미터.

"며칠만 재워달라 하등마."

이황수는 그 인간을 산에서 처음 만났다. 오래전 그와 그 인간을 품어준 곳은 산밖에 없었다.

슥슥슥, 90센티미터.

"비가 억수같이 쏟아지는 여름에도 거기, 눈이 무릎까지 쌓이는 겨울에도 거기, 거기 나무 밑에서 이불만 덮고 잤

거등. 우산으로 머리만 가리고설랑."

거기, 사직공원(서울 종로구 사직동) 뒷산에서 이황수는 10년을 노숙했다. 그 인간은 이황수처럼 산 위로 올라가는 대신 거기, 산 아래 공원 정자에서 잤다.

슥슥, 110센티미터.

"그러다 산에서 내려와서 나는 이리로 왔고 그 인간은 남대문 쪽 고시원으로 갔는데."

산을 떠난 이황수가 서울역까지 내려와 누울 자리를 찾았을 때 역에서 노숙하고 있던 그 인간과 재회했다. 거리와 고시원과 여인숙을 그들은 번갈아 들고 났다.

슥, 120센티미터.

"방값을 못 내 고시원에서 쫓겨났다대."

그날 이황수를 찾아온 그 인간은 하룻밤 놀러 온 게 아니었다.

슥, 130센티미터.

"방을 구할 때까지 며칠만 재워달라더라고."

슥슥, 150센티미터.

"갈 데가 없다믄서."

이황수도 그 인간도 환대받는 인생이 아니었다. 그들은 반겨주는 사람을 가져본 적 없이 살아왔다.

슥슥, 170센티미터.

"밤새 술 먹고 담배만 피워싸터니."

그 인간 때문에 두 배로 좁아진 방에서 이황수는 찌부러진 잠을 제대로 붙들지 못했다.

슥슥, 190센티미터.

"토요일 아침에 밥 먹으러 가자니께 어지러워서 못 가겠다더라고."

눈을 뜨고부터 이황수는 몸이 무거웠다. 눌러앉은 그 인간을 따라 감기까지 눌러앉았나 싶었다. 그 인간을 방에 두고 이황수가 밥을 향해 한 발씩 나아갔다.

슥, 슥, 슥, 슥…… 200센티미터, 210센티미터, 220센티미터, 230센티미터……

셀 수 없을 만큼의 10센티미터들과 싸우며 밥에 닿은 이황수가 셀 수 없을 만큼의 10센티미터들을 되짚어 방으로 다시 슥, 슥, 슥, 슥 했다.

"방문을 여니께 그때까지 엎어져 있어."

계속 어지럽냐고 물어도 그 인간은 반응하지 않았다.

"덩치도 큰 인간이 꿈쩍을 안 했응께."

이황수의 손끝에 닿은 그 인간은 체온을 잃고 차가웠다.

"밥이라도 한술 뜨고 갈 일이제."

이황수가 조용히 방문을 닫고 건물 밖으로 나왔다. 서늘한 바람을 맞으며 전봇대에 얼마간 기대 있었다.

"112로 전화해서 '사람이 죽었소' 했지."

방문을 다시 열 엄두는 나지 않았다.

"나중에 알았지만 위암 3기였다대."

경찰이 출동할 때까지 건물 밖에 앉아 이황수는 하늘을

봤다.

"늘 보던 대로 특별할 것 없는 하늘이었제."

이황수보다 여덟 살이 어렸던 그 인간은 이황수를 형님이라고 불렀다.

"경찰서 따라가서 물어보는 대로 답혔네."

고향이 예산(충남)이었다고 기억했을 뿐 이황수도 아는 것이 많지 않았다.

"딱히 상심이 크진 않았어."

그 인간은 "성질이 안 좋았고 거짓말도 자주" 했다. "예배를 본 교회에서 가끔 쌀을 훔쳐" 허기를 달랬다. 이황수가 아는 것들은 "그런 것들이 전부"였다.

"그다음은 몰르지."

그 인간이 방에서 실려나간 이후를 이황수는 듣지 못했다. 딱히 알고 싶지도 않았고 알려고 하지도 않았다. "그런 것들"도 인연이라면 무연보다 나은 것인지 이황수는 굳이 생각해보지 않았다.

슥, 10센티미터.

늘 보던 대로 하늘이 희끄무레했다.

슥, 10센티미터.

늘 하던 대로 이황수는 땅을 끌어당겼다.

슥, 10센티미터.

늘 그랬듯 말할 수 없이 더딘 길이었다.

슥, 슥, 슥, 슥…… 10센티미터, 10센티미터, 10센티미터,

10센티미터……

쌓여도 쌓이지 않는 길이였고, 나아가도 나아가지 않는 길이였다. 좁혀도 좁혀지지 않는 배고픔의 길이가 10센티미터, 10센티미터, 10센티미터, 10센티미터 너머에서 가물가물했다. 병원으로 옮겨진 그 인간도 나환수처럼 무연고 시신으로 화장됐다.

나환수(➡97쪽)와 두 남자의 추모제를 박철관이 2층에서 복도 창문으로 내려다봤다.

영정들을 흔들던 바람이 창문으로 넘어와 복도를 쓸었다. 바닥에서 날아오른 먼지 알갱이들을 햇빛이 투명하게 잡아챘다.

박철관이 얼굴을 찌푸리며 숨을 참았다. 주검과 영정을 만지며 생계를 꾸리던 그가 누군가의 죽음에 얽혀 교도소에서 보냈던 시간(➡43쪽)은 지금도 삼킬 수 없는 먼지처럼 그의 기억에서 떠다녔다. 그의 남다른 청결은 지워지지 않는 그 기억의 먼지 탓인지도 몰랐다.

그의 방은 9-2×에서도 정리정돈으로 유명했다.

나환수의 술주정을 피해 옮겨온 201호는 건물 외벽과 맞닿아 결로가 심했다. 3층에서 타고 내려온 물까지 천장을 적셨다. 박철관은 시멘트를 개어 갈라진 벽을 바르고 습기 머금은 장판을 걷어내 새로 깔았다. 벽지를 사다 도배도 다시 했다. "대비하는 것"이었다.

9-2×의 방 대부분은 더러웠다. 더럽다기보다 정리가 안

돼 있었고, 정리가 안 돼 있다기보다 정리가 불가능했다.

9-2×의 방들은 한 사람이 누우면 꽉 찼다. 생활에 필요한 최소한의 물건만 넣어도 흘러넘쳤다. 그들의 방은 밥알을 욱여넣는 순간 허기도 해결해주지 못하고 터져버리는 김밥 같았다. '죽어도 깨끗이 죽는 것'은 박철관이 만나는 사람마다 전하는 설법 같았다.

"오만 거 주워오지들 말어. 방에 쌓이면 냄새나잖아. 옷도 좀 빨어들 입어. 몸에 냄새 풀풀 나면 죽고 나서도 얼마나 창피해. 깨끗하게 죽어야 우리 치우는 사람들한테도 덜 부끄럽지."

방 더러운 사람들이 방 깨끗한 박철관 앞에서 말이 없었다.

"여기서 몇 년을 살아도 빗자루 한번 드는 놈들이 없어."

자기 방을 쓸고 나온 박철관이 2층 복도를 쓸고 닦았다.

"아쉬운 놈이 치워야지 어쩔 거여."

2층 수도가 고장 나도 박철관이 나서서 고쳤다. 건물주가 뭘 고쳐준 적은 한 번도 없었고, 관리인은 뭘 관리하는 사람이 아니었다.

우리 같은 인간들은 겁나는 게 없다. 죽으면 죽는 거지 죽는 게 뭐가 무섭나. 단지 방 안에서 죽고 싶을 뿐이다. 평생 거리잠을 자면서 얼어죽는 사람을 너무 많이 봤다. 죽어도 그렇게 죽고 싶진 않은 것이다. 치매라도 걸리면 똥오줌은 누가 받아주나. 그전에 대가리 처박고 죽을 것이다. 죽을 때가 됐는데도 뜻대로 못 죽는 게 무서운 것이다. 그런 것이다.

박철관은 쓸고 닦을 때마다 다짐했다.

그가 소리를 빽 질렀다.

"그런데 뭐라? 나가라고? 나가서 죽으라고?"

9-2× 방문마다 일제히 노란 딱지가 붙었다.

건물주가 관리인에게 부착을 지시했다. 나환수가 사망하기 열흘 전이었다. 그가 죽은 날 주민 누군가가 방문에서 딱지를 떼냈다. 종이에 매직펜으로 쓴 두 글자를 딱지 자리에 붙였다.

"근조."

2층 복도 창문에 팔을 괸 박철관의 눈에 목사가 보였다.

"우리한테서 뭘 얻어먹겠다고."

추모제 직후 도착한 목사가 영정을 치운 공원에서 설교했다. 의자에 띄엄띄엄 앉은 주민들이 목사를 따라 찬송가를 불렀다.

"영원한 하나님의 나라가 있다고 믿으세요."

9-2× 건물 너머로 해가 기울었다.

"작고 더러운 집에 산다고 영원토록 그렇게 사는 건 아니에요."

길 건너 고층의 빌딩들이 키 작은 9-2×를 굽어봤다.

"천국에 크고 좋은 집을 예비해두셨다고 믿으세요."

빌딩의 눈높이에서 동자동의 낮은 건물들은 움푹 파인

골짜기처럼 보였다.

"지금을 감사하며 사세요."

목사의 입을 떠난 '복음'이 마이크로 확성돼 골목을 돌아다녔다.

"감사할 게 얼마나 많아요."

9-2× 옥상에서 위성안테나 몇 개가 들리지 않는 신의 뜻을 들으려는 콩나물 대가리처럼 납작한 머리를 쳐들었다.

"믿으시면 아멘 하세요."

의자에 앉아 졸던 주민들이 외쳤다.

"아멘."

---

1 2014년 10월.

5

의
사

201호 박철관

1938년 황해도 해주 출생

16년 거주[1]

폭탄처럼 펑 터졌다.

전쟁으로 터진 내 삶이 그날 다시 터졌다.

어린이날이었다.

예정대로 창경원[2]에 갔다면 그 일은 없었을 것이었다.

남자가 넘어져 죽었다.

터져버린 내 생에서 진물이 흘러내렸다.

복도 저편에서 걸어나온 208호 이기방(60)이 다리를 절룩이며 계단을 내려갔다.

저 인간도 오래 살긴 힘들겠어.

방문을 열어젖힌 채 팔을 괴고 누워 있는데 눈앞으로 이기방이 천천히 지나갔다.

아직은 멀쩡한 듯 돌아다니는 그를 볼 때마다 왠지 그런 생각이 들었다. 그는 어깨가 앞으로 기울어지고 있었고 거북이처럼 목을 빼고 걸었다. 오랫동안 인간의 죽음을 수습해온 나는 말로 설명할 순 없지만 누군가의 곁에 다가온 죽음을 직감할 때가 있었다. 한 건물에 살아도 이기방과 말을 섞어본 적이 별로 없었다. 그의 얼굴에서 그보다 먼저 그 방에 살던 한 인간의 얼굴이 겹쳐 보였다.

"야 이 자식아, 아프면 병원에 가야지 왜 그따구로 자빠져 있어."

내가 타박하자 백장호가 얼굴에 찬웃음을 띄우며 대꾸했다.

"내 병은 내가 아요."

미친놈.

"이놈아, 그렇게 잘 알아서 이리 질질 싸냐."

백장호가 똥을 흘렸다.

항문 조일 힘이 풀려 누운 채로 내보냈다. 창자 안에 담아둘 때나 고상하게 변(便)이지 장소를 가리지 못하고 내보내면 몸에 떡칠하는 오물일 뿐이었다. 아무리 정갈한 것이라도 붙들어야 할 때 붙들지 못하면 냄새나고 추한 것이 되고 말았다. 평생 그렇게 살았으면 죽을 때라도 깨끗하게 죽어야 죽음이 덜 가여울 텐데 여기 사는 인간 치고 그 이치를 아는 놈이 드물었다.

백장호는 종로 탑골공원 팔각정에서 같이 노숙했던 인간이었다. 내가 거리잠을 끝내고 9-2×에 와보니 아래 건물에서 살고 있었다. 내가 권해서 9-2×로 옮겨왔다.

인연이 꼬이면 지랄이 됐다.

씨발씨발 하면서 사흘 동안 백장호의 똥을 받아냈다. 안 되겠다 싶어 병원에 입원시켰더니 이미 치료가 힘든 지경이라고 했다. 병원 몇 곳을 떠돌다 백장호는 죽었다. 가족이 나타나지 않아 화장장 들어가는 데 한 달 넘게 걸렸다. 그가 죽어나간 방에 들어와 짐을 푼 사람이 이기방(➡173쪽)이었다.

내가 한때 장의사였다는 사실을 아는 것처럼 왜 죽어가는 인간들마다 눈앞에 꼬이는지 내 인생도 엿 같았다.

죽음을 무시하던 백장호를 병원에 데려간 것도, 죽음이 가까운 209호 나환수를 응급실에 입원시킨 것도, 혼자 죽은 210호 '젊은 놈'을 발견해 경찰에 신고한 것도, 모두 나였다. 문 앞에 신발이 있는데도 하루이틀 밖으로 나오지 않으면 방문을 두드렸다.

혼자 죽는 것은 비통한 일이었다.

지켜보는 사람 없이 숨을 꼴딱이며 넘어가는 이승의 마지막 고갯길은 고통이었다. 죽음에 익숙한 나는 죽음이 두렵진 않았으나 거리에서의 죽음만은 피하고 싶었다. 나는 반드시 내 방에서 죽을 것이었다. 언제 죽어 어떻게 발견돼도 창피하지 않도록 나는 내 작고 곰팡이 슨 방을 틈날 때마다 쓸고 닦았다.

평생 거리의 죽음을 보며 살아왔다.

전쟁이 사람을 죽여 거리에 내다 널었다.

찾아갈 사람도 찾아올 사람도 없는 명절이 돌아오면 나는 임진각에 올라 북쪽을 바라봤다. 보기만 할 뿐 밟지는 못하는 땅, 눈길은 닿아도 발길은 닿지 못하는 땅, 그 어딘가에 황해도 해주 내 고향이 있었다.

육이오가 터지자 열두 살이던 나도 펑 터졌다.

"너라도 배를 타라."

"할아버지는요?"

"나는 교회를 지킬 거다."

"엄마는요?"

"네 어미는 집안을 지킬 거다."

"저만요?"

"네 애비는 몰라도 너는 살아남아야 한다."

일제강점기 일본으로 유학 간 아버지는 태평양전쟁 때 징집돼 행방불명됐다. 할아버지는 목사였다. 전쟁이 났을 때 교회를 버릴 수 없다며 고향을 떠나지 않았다. 할머니와 어머니도 집에 남겼다. 할아버지는 교인이었던 내 소학교 담임 여선생님한테 장손인 나를 맡겼다. 잠깐 피한 뒤전쟁이 수그러들면 다시 데려와달라고 할아버지는 부탁했다. 엄마와 떨어질 수 없다며 혼자는 가지 않겠다고 버텼으나 할아버지를 거역할 수 없었다.

"금방 다시 만날 거야."

나를 배에 태우고 엄마는 흥남부두[3]에 주저앉아 울었다.

다시 만나지 못할 것을 알았기에 엄마는 다시 만날 것이란 말을 주문처럼 외웠는지 몰랐다. '금방'이 한 해 두 해 쌓여 70여 년이 됐다. 평생 할아버지를 원망했으나 지금은 할아버지를 원망해온 시간조차 원망스러웠다.

모두 배에 타려 했어도 모두 배를 탈 수 있었을진 알 수 없었다. 할아버지가 정말 자신의 운명을 피란 대신 하늘의 손에 맡길 생각이었는지, 할아버지가 정말 엄마를 나와 보내는 대신 가문에 묶어둘 생각이었는지, 이젠 모르겠다. 모두 배에 오를 수 없다는 생각에 나 하나라도 살릴 생각이었는지, 가족 모두 배에 타려다 실패하고 나 혼자만 간신히 태운 것인지, 어떤 기억이 맞는 것인지도 이젠 뚜렷하지 않았다.

보글보글 끓는 개미굴의 개미보다 수만 명으로 바글거리는 흥남부두의 사람이 많았다.

중공군에 밀려 철수하는 유엔군들과 그들을 따라가지 못하면 공산당에게 잡혀 죽는다는 공포에 싸인 피란민들로 부두는 흘러넘쳤다. 사람이 사람을 밀어내는 부두로 사람들의 필사적인 행렬이 밀려들었다. 정원의 열 배 넘는 사람들을 태운 배가 새까맸다. 피란민들의 까만 머리로 배가 터질 듯했다.

"엄마."

우글거리는 피란민들이 엄마를 부르는 내 목소리를 잡아먹었다.

상륙선(LST·Landing Ship Tank)의 앞문이 닫히자 피란민들이 문에 주렁주렁 매달렸다. 배와 문 사이에 끼는 사람들도 있었고 손을 놓쳐 바다로 떨어지는 사람들도 있었다. 태워주길 기대하며 허리까지 차는 얼음물 속에서 움직이지 않는 이들도 있었다. 바다에선 추격하는 중공군과 북한군을 떼어내느라 유엔군이 함포를 쏘아댔다.

"엄마."

매년 통일전망대에서 망향제를 지낼 때마다 불렀다. 배를 탄 뒤 펼쳐질 내 인생을 미리 알 수 있었다면 절대 나 혼자 배를 타지 않았을 것이다.

"야 이 도둑놈의 새끼야."

호떡을 들고 뛰면 욕설이 날아왔다.

굶어죽지 않으려면 저마다 들고 뛰어야 했다. 누구는 호떡을 들고 뛰고, 누구는 옥수수를 들고 뛸 때, 누구는 인간다움을 놓고 뛰었다. 곳곳에서 날아온 갖가지 욕이 하루 종일 뒤통수에 붙어 따라다녔다. 산다는 것은 때로 서로의 내장까지 털어먹는 일이었다.

선생님과 배를 타고 가닿은 부산도 배를 열고 새빨간 내장을 드러내고 있었다. 나와 선생님은 한동안 영도다리[4]

밑에서 살았다. 영도의 산들부터 새빨갰다. 부산으로 몰려든 피란민들이 소나무 껍질을 벗겨먹고 어린 풀까지 모두 캐먹어 녹색이라곤 없었다.

새빨간 생선 내장을 주워먹었다.

새벽이 되면 깡통을 들고 자갈치시장으로 갔다. 버려진 물고기 대가리와 창자를 주워와 끓여먹었다. 부끄러움도 죄책감도 배고픔을 이길 순 없었다. 사람들이 새빨간 바닥을 드러냈으나 새빨간 뻔뻔함 없이는 살아남을 수 없었다.

사람을 찾습니다. 해주에서 선생님을 했고……

나와 선생님은 국제시장[5]에서 헤어졌다. 내가 밥을 얻으러 갔다 어긋난 뒤 다시 만나지 못했다. 내가 선생님을 잃어버린 것인지 선생님이 나를 버린 것인지 분명치 않았다. 쪽지를 붙여놨지만 찾지 못했다. 영도다리엔 이산가족들이 서로를 찾는 쪽지들로 가득했다. 한 끼 밥을 해결한 사람들이 짬이 날 때마다 다리를 서성이며 가족을 수소문했다.

투두둑 터졌다.

한번 터지기 시작한 실밥은 기워지지 않고 계속 터졌다. 노숙과 구걸과 도둑질로 삶을 잇다 보면 실 터진 누더기 옷 사이에서 추위에 쓸린 마음이 붉게 텄다. 강제로 뽑힌 창자처럼 상한 마음에서 비린내가 났다.

부산에서 몇 년을 빌어먹은 뒤 서울 가는 석탄 운반 열차에 몰래 올라탔다. 서울에 도착한 뒤 무너지지 않은 건물에 기어들어가 잤다. 빈집마다 다니며 쥐가 갉아먹고 남은 좁쌀을 주워먹고 이가 드글드글 끓는 옷을 주워 입었다. 며칠 입은 옷을 불에 태우면 타닥타닥 이 타는 소리가 났다. 청계천 다리 밑으로 갔다. 나처럼 전쟁고아들이 많았다. 그들로부터 소리 지르는 법을 배웠다.

"구두 따앆어. 구두 따앆어."

구두닦이 통을 메고 골목을 돌아다니며 외쳤다. 구두를 닦아 번 돈과 꼬지[6]로 얻은 돈으로 꿀꿀이죽[7]을 사먹었다. 구두닦이와 신문팔이를 하다 '거지 단속'에 걸렸다. 인천 송도에 있는 보육원으로 보내져 4년을 살았다.

보육원은 성인이 되면 내보냈다. 열아홉 살에 보육원을 나와 인천 중앙동의 한 극장 앞에서 다시 구두를 닦았다. 잠은 인근 성당 앞에서 잤다.

겨울이 오면 나는 두더지가 됐다.

사람들이 점령한 땅 위는 너무 위험해 돌멩이 헤쳐 땅속으로 파고드는 두더지. 바람 부는 보도블록은 너무 차가워 얼음 서걱이는 흙 안에서 온기를 얻는 두더지.

인천 자유공원의 맥아더동상 아래쪽에 두더지 인간들이 모여드는 방공호가 있었다. 거리잠을 잘 수 없는 한겨울이 되면 냉기에 떠밀린 두더지들이 방공호로 찾아와 몸과 몸을 붙이고 눈을 붙였다. 날씨가 얼어붙을수록 두더지들은 땅을 파듯 서로의 냄새나는 몸을 파고들었다. 그 방공호에서 우리는 포획됐고 배에 태워졌다.

사냥당한 두더지를 실은 배가 도착한 곳에 섬이 있었다.

그 섬, 선감도(仙甘島).

속세를 떠나 구름과 학을 벗 삼던 신선들이 찾아와 맑은 물로 목욕했다는 섬이었다. 그 아름다운 이름의 섬이 두더지들을 가둔 감옥섬(➡451쪽)이었다.

그 섬에서 두더지들은 소처럼 일했고, 개처럼 맞았으며, 파리처럼 죽었다. 추위를 피해 땅을 팠던 두더지들이 죽은 동료들을 묻기 위해 땅을 팠다. 소였다가, 개였다가, 파리가 된 내가 목숨 걸고 섬을 탈출했을 땐 두더지보다 못한 부랑인[8]이 돼 있었다.

낙천(樂天).

낙천적인 성격도 못 됐고 즐거운 천국은 꿈도 꾸지 않았던 내가 그곳, 낙천에서 주검과 죽음을 다루는 법을 배웠다.

내 꼬인 인생에 무슨 낙천.

나는 낙천을 욕심내지 않았고 남들 사는 보통의 삶을 바라지도 않았다. 평범 이하의 삶 언저리에라도 닿을 수 있길 원했다. 그쯤이어도 나는 그곳을 낙천이라 생각하며 살아갈 수 있었다.

스무 살 넘어 건설현장에서 철근을 나르고 공구리를 비비며 살았다. 노가다 오야지[9]를 따라 전국을 다니며 나이 서른을 맞았다. 건축자재를 파는 가게가 서울 신당동에 있었다. 오야지와 그 가게를 들락거리다 가게 앞에서 그곳, 낙천을 만났다.

낙천장의사.

처음 2년간은 월급을 받지 않고 일을 배웠다. 밤낮없이 사람이 죽었다. 하루에도 몇 구씩 시신이 들어왔다. 칠성판[10]을 놓고 병풍을 치고 염(念)을 담아 염(殮)했다. 그들을 초혼하고, 수의를 입히고, 관에 넣어 매장하고, 진혼하며 나는 장례 내내 진을 뺐다.

그 낙천이 사람들에겐 천한 땅이었다. 내 옆으론 오려고도 하지 않았다. 상관없었다. 낙천장의사는 내가 먹고 자는 곳이었고, 내가 하루의 목숨을 잇는 곳이었고, 내가 나의 낙천을 준비하는 곳이었다. 땅을 떠나는 자들이 하늘로 건너가도록 도우며 나는 나의 낙천이 열리길 빌었다.

염병 같은 낙천.

그 아스라한 두 글자 앞에서 내 삶이 다시 터졌다. 낙천은 내가 가질 수 있는 단어가 아니었다.

나는 무기수였다.

감형돼 25년을 살았다.

그날 창경원에 갔더라면 내 작은 낙천에 들 수도 있었을 것이란 생각에 나는 지금도 애가 탔다.

"돈 받으러 가자고."

사장의 목소리에 취기가 돌았다.

한 살짜리 아이가 있던 사장네 식구들과 창경원에 놀러 가기로 한 어린이날이었다. 아침 일찍 수습한 시신의 노제가 장의사 앞에서 열렸다. 사장이 노제에서 술을 마시고 얼굴이 붉어졌다.

　"그냥 창경원 가요."

　내가 말렸지만 사장은 이미 달려가고 있었다.

　사장은 '그 새끼'를 향한 울분으로 끓어올랐다. 사장이 그 새끼한테 야산을 샀는데 사기였다. 진짜 주인은 따로 있었다. 큰돈이 날아갔고 그 사실을 알았을 때 사장의 눈이 팽 돌았다. 창경원 구경을 째고 술 취한 사장이 나를 끌고 그 새끼한테 갔다. 그 길로 낙천장의사도 나의 낙천도 끝장났다.

　우리가 그 새끼를 밀었는데 그 새끼가 넘어지더니 죽어버렸다. 어린이날 우리는 '사람을 죽인 강도단'이 돼버렸다.

　"사람이 죽었어요. 죽인 게 아닌데 죽었어요……"

　경찰에 전화한 건 나였다. 그때 신고하지 않고 도망갔다면 나도 사장처럼 죽었을 것이었다. 사장은 형무소에서 사형당했다.

　"형님, 방바닥이 뜨끈뜨끈해요. 텔레비전도 있어요."

　교도소에 있는 210호 최중호(➡262쪽)가 편지를 보내 감방 생활을 한탄하는지 자랑하는지 모를 소리를 써댔다. 웃기고 자빠진 놈이었다.

　나는 감옥에서 여름이면 쪄죽고 겨울이면 얼어죽었다.

그 떠들썩했던 88서울올림픽도 모르고 살았다. 그땐 '가다밥'[11]을 먹었다. 밥까지 등급을 나눠 양을 달리했다. 교도소 밖에서 농사일을 거든 사람이나 출감을 얼마 남기지 않은 죄수들이 1등급을 먹었다. 재판을 받지 않은 미결수에겐 4등급 밥이 주어졌다. 4등급부터 1등급까지 단계별로 먹으며 나는 항상 배가 고팠다. 서울에서, 수원, 안양, 춘천, 광주, 김천으로 이감을 다니며 25년을 채웠다.

나이 서른일곱에 수감돼 예순두 살에 나왔다. 그 시간 동안 교도소 노역으로 모은 돈이 280만 원이었다. 출소 뒤 죽은 사장의 아들을 찾아가 그 돈을 줬다. 이젠 역사관이 된 형무소 부지를 가끔 찾아가 사장의 명복을 빌었다.

백장호가 거기 있었다.

을지로입구 지하도에서 누울 자리를 찾았을 때 그를 만났다.

교도소에서 나온 뒤 노숙을 했다. 전쟁고아가 돼 거리에서 숙식했던 나는 살인자가 돼 다시 거리의 사람으로 돌아갔다.

"형님은 어디서 왔능교?"

백장호가 물었다.

"사람 사는 데서 왔다."

내가 말했다.

"맞지요. 살자고만 하면 못 살 데가 어디 있겠소."

백장호가 나를 데리고 다니며 밥 먹는 곳을 알려줬다.

빌어먹는 것이 난데없진 않았지만 이미 늙어버린 나는 밥 얻어먹는 일이 힘에 부쳤다. 백장호 덕에 밥길(➡400쪽)을 익힐 수 있었다. 얻어먹는 데도 정보가 필요했다. 청량리와 서울역 쪽에 무료 배식하는 교회가 있었다. 사당역 근처에선 성당에서 밥을 줬다. 영등포에도 있었고 용산에도 있었다. 이쪽에서 배식이 없는 날엔 저쪽으로 갔다. 완전 공짜인 곳이 있었고 200원쯤 내고 먹는 곳도 있었다. 육십 넘은 사람한테만 주는 데도 있었다. 굶지 않으려면 무엇보다 성실해야 했다. 한 끼 밥을 위해 거리 상관 않고 찾아다녀야 빈 배에 밥을 넣을 수 있었다.

그 밥길을 걸은 그와 내가 이 세계의 가장 작은 방에서 다시 만났다. 9-2×에서 백장호의 생이 다해갈 때 나(➡61쪽)는 그때의 빚을 갚는 마음으로 그의 똥을 닦았다.

1 강제퇴거 공고가 붙은 2015년 2월을 기준으로 그때까지 거주한 기간.

2 1909년부터 1983년까지 현재의 창경궁 자리에 있었던 동·식물원. 조선왕
조 궁궐이었던 창경궁을 일제가 격하할 목적으로 조성했다. 1983년 창경
궁을 복원하며 경기도 과천(서울대공원)으로 옮겨갔다.

3 한국전쟁 당시 미군 제10군단과 국군 제1군단이 1950년 12월 15일부터
23일까지 함경남도 흥남부두를 통해 해상 철수 작전을 펼쳤다.

4 1934년 11월 개통. 한국 최초의 도개교(선박이 통과할 수 있도록 몸체가
위로 열리는 구조)이자 부산 최초의 연륙교(섬과 육지를 연결)였다. 개교
당시 다리가 하늘로 들어올려지는 모습을 보려고 6만여 명의 사람들이
몰려들었다.

5 부산시 중구 신창동에 있는 시장. 한국전쟁 피란민들이 모여들고 미군 구
호품과 반출물자들이 유통되면서 상권을 형성했다.

6 '돈을 구걸하는 행위'를 뜻하는 노숙인 은어.

7 미군이 먹고 버린 짬밥을 끓여 만든 죽. 돼지들이 먹는 밥 같다고 해서 꿀
꿀이죽이라 불렸다.

8 표준국어대사전의 뜻풀이는 '일정하게 사는 곳과 하는 일이 없이 떠돌아
다니며 방탕한 생활을 하는 사람'이다. 부랑인이란 단어에는 질서를 해치
고 제거돼야 할 존재로 보는 시선이 반영돼 있다.

9 '(가게·직장의) 주인이나 상사'를 뜻하는 일본어.

10 죽은 사람의 시신을 올려놓는 나무판. 북두칠성을 본뜬 일곱 개의 구멍을
뚫어 칠성판이라 한다. 사람이 죽으면 시신을 닦고 삼베옷을 입힌 뒤 창
호지를 깐 칠성판 위에 올린다. 별이 인간의 명운을 좌우한다는 중국 도
교의 칠성 신앙에 바탕을 두고 있다.

11 '틀'이란 뜻의 일본어 '가다'에 밥을 붙여 만든 말. 틀에 넣어 찍어낸 밥으

로 등급마다 양이 달랐다.

6

벼
락

공고

당해 건물은 금번 실사한 구조 안전진단 결과에 따라 철
거 및 구조 보강공사가 필요한 구조체로 판정되었기에
입주민들께서는 공사가 시작되는 3월 15일까지 모두 퇴
거하여 주시기 바랍니다.

안전진단 용역: H구조안전기술원

보강공사 및 철거: M플레이스

7

씨
바

9-2× 건물 방마다 노란 벼락이 쳤다.[1]

겨울이 기운을 다해가는 하늘은 싸늘하고, 건조하고, 맑았다. 싸늘하고, 건조하고, 맑은 하늘 아래에서 회색을 칠한 방문들 위로 난데없이 노란색 딱지가 떨어졌다. 9-2× 잿빛 건물에서 딱지만 홀로 환했다. 주민 마흔다섯 명의 세계가 벼락에 맞았다.

강제퇴거 통보는 예고 없이 붙었다.

어제처럼 일어나, 어제처럼 밥을 먹고, 어제처럼 볕을 쬐고, 어제처럼 소주를 마시고, 어제처럼 자고 눈을 떴을 때, 주민들 앞엔 어제와 다른 오늘이 있었다. 길게는 20여 년을 살아온 방에서 어제처럼 문을 열고 나와 문을 닫았을 때 너무 화사해서 눈이 얼얼한 노란색이 문 위에 있었다.

노랑에서 튀어나온 "공고"는 붉었다.

노란 공고문에서 붉은 글자들이 피멍처럼 맺혀 검은 글자들을 깔고 앉았다. "구조 안전진단 결과"가 붉었고, "철거 및 구조 보강공사"가 붉었으며, "판정"이 붉었다. "3월 15일까지 모두 퇴거"가 가장 붉었다. 붉은 두 겹의 사선이 노란 딱지를 대각선으로 갈랐다. 오른쪽 상단 모서리에서 왼쪽 하단 모서리로 딱지를 이분하며 주민들의 기대를 썰었다. 선의 기울기는 단호했다. 퇴거까지 허락된 시간은 한 달 보름이었다. 퇴거 뒤 이주 대책은 제시되지 않았다. 강제퇴거 보상안도 없었다. 딱지가 알려주는 정보는 오직 정해진 날짜까지 나가란 명령뿐이었다.

지하 1층과 지상 4층의 5개 층 건물
제2종 일반 주거지역
철근콘크리트조·연와조 구조
주용도 영업·주택
건축면적 86.31m²
연면적 400.59m²
지하와 1층 면적 각각 83.54m²
2층과 3층 각각 86.31m²
4층 60.89m²

벼락 맞은 건물엔 모두 마흔여덟 개의 방이 있었다. 지하 1층부터 지상 3층까지는 층마다 열한 개의 방으로 쪼개졌다. 복도를 가운데 두고 양쪽으로 방들이 뚫려 있었고, 방마다 합판으로 짠 나무문이 불규칙하게 붙어 있었다. 4층엔 방이 다섯 개였다.[2] 다섯 개 중 두 개는 9-2×에서 가장 큰 방들[3]이었다. 월세가 3~4만 원 더 비쌌다. 관리인이 그중 하나를 방세 없이 썼다. 마흔여덟 개 방 가운데 사람이 살지 않는 방은 세 개였다. 지하 방 하나는 창고가 됐고, 1층 교회가 방 두 개를 터서 썼다. 퇴거 사태 전후로 사람이 거주한 방은 모두 마흔다섯 개였다.

층마다 공동세면장 겸 취사장이 하나씩 있었다. 주민들은 시멘트 바닥에 쪼그리고 앉아 수도꼭지에서 나오는 물로 몸을 씻고 밥을 했다. 층과 층 사이엔 공동화장실이 두 개씩 있었다. 여름철 재래식 좌변기가 놓인 화장실 앞을 지날 때마다 주민들은 통제되지 않는 냄새로 숨이 넘어갔다. 세면장도 화장실도 남녀 구분이 없었다.

"뭣이여?"

묽은 새벽[4] 화장실을 다녀오던 201호 박철관이 건물 밖에서 쇠 부딪히는 소리를 들었다. 창문으로 내려다보는 그의 눈길에 못 보던 트럭 한 대가 잡혔다. 길쭉한 쇠파이프와 구멍 뚫린 직사각형 철판이 트럭에 가득했다.

"이 양반들아, 그게 뭣이냐고?"

박철관을 힐끗 올려다본 인부들이 트럭에서 쇳덩이들을 내리기 시작했다. 박철관의 입에서 욕이 튀어나왔다.

"아, 시파······"

뭣의 정체를 알아본 박철관의 혈압이 솟았다. 그가 고개를 들고 3~4층을 향해 고함을 질렀다.

"다들 어여 일어나."

1층으로 뛰어내려가며 욕 같기도 하고 뭣 같기도 한 소리를 질렀다.

"아, 아시바[5]여……"

박철관이 건물 밖에서 '메인 골목'이 쩌렁하도록 다시 소리쳤다.

"아 씨바, 아시바라고."

박철관의 고함 소리에 204호 양진영도 잠을 깼다.

양진영의 방문에 검은 매직으로 쓴 숫자가 방호수를 알려줬다. 통일된 잠금장치 없이 모양과 크기와 성능이 제멋대로인 자물쇠들이 방문마다 주렁주렁 열렸다. 닫아도 제대로 닫히지 않는 방문들이 방문을 자처했다. 방주인들은 문틀에 못을 박고 문고리에 끈을 묶었다. 끈을 문틀 못에 둘둘 말아 문이 열리는 것을 막았다.

서로 엮이지 않는 것은 삶과 방 사이의 일이기도 했다. 겨울엔 난방이 고장 나 냉기가 차고 방습이 안 돼 벽이 썩었다. 여름엔 옷을 훌렁 벗어도 땀이 줄줄 흐르는 방에서 주민들은 작은 선풍기 하나에 의지해 늘어졌다. 온갖 전선들이 거미줄처럼 엉킨 방은 언제든 누전으로 불이 날 수 있었다. 소방 당국이 제공한 화재경보기들이 방마다 달려 있었다.

2와 0과 4가 날림으로 적힌 방문 안에서 양진영은 머리가 지끈거렸다.

전날 밤 그는 삼겹살을 구웠다. 프라이팬을 들고 나가 건물 입구에 놓고 고기를 얹었다. 고기 주위로 모인 동네 주민들에게 소주를 따랐다. 술이 오른 옆 건물 남자가 양진영에게 "한 방 멕였"다. "동네에서 가장 덩치 큰" 양진영이 남자를 밀었다. 그가 남자 위에 올라타서 목을 붙잡고 있는데 신고를 받은 지구대 경찰이 출동했다. '쌍피'(쌍방 폭행에 따른 쌍방 피의자)로 엮인 그는 잠에 엮여들지 못했다.

양진영도 "아 씨발"을 쏟아내며 건물 밖으로 뛰어나갔다.

9-2× 주민들이 계속 뛰어나왔다. 아픈 사람들까지 뛰어나왔다.

인부 여섯 명이 건물 벽에 아시바 설치를 시도했다. 양진영도 "노가다 좀 해봐서" 알았다. 일단 건물에 아시바가 묶이고 나면 공사는 돌이킬 수 없었다. "동네 제일의 덩치" 양진영이 인부들에게 경고했다.

"내 분명히 말하지. 내 생명이 끊어지는 한이 있어도 아시바는 안 된단 말이지."

환갑을 넘겼지만 양진영의 말투엔 상대가 무시하지 못할 묘한 기운이 있었다.

젊은 시절 그의 마음은 '죽어 없어지는 것'으로 가득했다.

소주로 수면제 백 알을 털어먹고, 한센병 치료제를 모아 삼키고, 한강다리 아래로 투신하고, 달리는 지하철 선로에 뛰어들고, 기차 문밖으로 몸을 던지고……

죽음으로 달려들다 실패할 때마다 그의 몸엔 차곡차곡 병이 쌓였다. 머리를 다치고, 팔이 부러지고, 허리가 꺾이고, 장기가 상했다. 한강물 속으로 가라앉고 있을 땐 살고 싶어

허우적거리는 자신이 낯설었다. 죽으려고 먹은 약의 얼룩을 다스리느라 그가 매일 넘기는 약이 마흔 알이었다. 죽음 곁을 서성이는 글들로 그의 일기장(➡474쪽)은 빼곡했다.

"비밀이야. 더는 말 못해."

'어떤 수칙'을 외우다가도 그는 검열받듯 자기 말을 끊곤 했다. 달군 쇠가 뇌에 찍은 낙인처럼 강제로 주입당한 문장들이 수십 년 뒤에도 입에서 자동반사로 튀어나왔다. 양진영을 204호로 인도한 그의 "깡통 같은 인생"은 듣는 이를 움찔하게 만들었다. 몸에 통증이 찾아올 때마다 그는 버릇처럼 읊조렸다.

"세월호…… 그 혈기왕성한 애들은 두고 나를 데려갈 일이지."

공사 저지에 목숨을 걸겠다는 양진영(➡69쪽)의 선언에 작업반장이 건물주의 전화번호를 눌렀다.

9-2×는 동자동에서도 월세가 가장 싼 건물에 속했다. 보증금[6] 없이 지하는 14만 원, 1~3층은 15만 원, 4층은 16만 원(가장 큰 방인 404호는 18만 원)이었다.[7] 월세는 수도세·전기세를 합한 금액이었다.

방값이 가장 싸다는 뜻은 주거 조건이 가장 나쁘다는 의미였다. 싸다는 이유로 주민들은 참고 살거나 직접 고쳐 썼다. 층마다 한 대씩 있는 공용 세탁기도 입주민들이 돈을 모아 샀다. 2층 중고 세탁기는 박철관이 10만 원을 주고 들였다. 1만 원씩 낸 사람들에게만 세탁기 사용권을 줬다.

9-2×와 이웃한 건물들의 방값은 월 17만 원이었다. 20만 원에 별도 보증금을 받는 방들도 있었다. 동자동 '여인숙 골목'의 방들은 더 비쌌다. 9-2×에 내는 돈으로 이사 갈 수 있는 방은 동자동에도 더는 없었다.[8]

그 가난한 마흔다섯 개의 방에 마흔대여섯 명[9]의 세입자가 살았다. 마흔한 명이 남자였다. 여성은 지하(3명)와 1층(1명)을 합쳐 네 명뿐이었다.

다수가 고령이었다. 팔십대만 세 명이었다. 칠십대 이상은 최소[10] 열두 명(26.6퍼센트)이었다. 육십대 이상으로 넓히면 최소 서른두 명(71.1퍼센트)이 됐다.

장기 거주자가 많았다. 18년을 산 사람이 두 명 있었다. 16년 이상 거주자는 최소 세 명(6.6퍼센트)이었고, 11년 이상 거주자는 최소 아홉 명(20퍼센트)이었다. 6년 이상 방을 지킨 주민들을 합하면 최소 스무 명(44.4퍼센트)으로 늘어났다.

기초생활 수급자는 최소 서른세 명(73.3퍼센트)이었다. 최소 서른한 명(68.8퍼센트)이 노숙을 겪었다.

그러니까 이랬다. 9-2×의 주민들은 모두 극빈했다. 3분의 2가 거리에서 자다 그 방에 이르렀다. 한번 입주하면 더 이상 머무를 수 없을 만큼 머무르며 그 방 안에서 늙어갔다. 그 시간 동안 나아질 것 없는 삶이 별일 없고 변함없이 계속됐다.

건물주가 통보한 퇴거 시한이 끝나자마자 '상황'이 벌어졌다.

관리인을 시켜 딱지를 붙였던 건물주는 인부들을 보내 공사를 시도했다. 몇 년을 살았든 '노란 벼락'이 치기까지 건물주를 본 사람은 아무도 없었다. 18년을 거주한 주민들도 예외가 아니었다. 그 오랜 시간 동안 얼굴 한번 보여준 적 없는 건물주가 날렵하게 타이핑된 인쇄체의 모습으로 노란 딱지 뒤에 앉아 강제퇴거를 선고했다.

"일어나요, 일어나."

303호 박세기(➡116쪽)도 사람들을 깨웠다.

그(45)는 전날 "0.5 대가리"[11]라도 더 받으려고 야간 노동을 나갔다 '데마찌'[12]만 당하고 돌아왔다. 잠을 설치다 공사 차량을 목격했다.

211호 김석필(➡166쪽)은 박세기의 고함을 듣고 눈을 떴다. 그가 팬티 바람으로 달려나와 욕을 퍼부었다.

"야 이 씨부랄들아, 책임자 나와 책임자."

공사는 시작도 하지 못한 채 두 시간이 지나갔다.

온 동네가 잠을 깼다. 방에서 나온 동네 사람들이 9-2× 앞으로 하나둘 모여들었다. 기습 공사는 예상치 못한 주민들의 저항으로 물건너가고 있었다.

건물주와 수차례 통화한 작업반장이 인부들을 시켜 장비를 챙겼다. 트럭에 시동을 걸고 인부들을 태워 떠났다. 고사 지내려고 가져온 떡은 주민들에게 주고 갔다. 새벽부터 목청을 돋운 사람들이 떡을 나눠먹었다.

"건물주 여기 못 와. 우리 다 노숙하던 사람들이야. 오면 배 째고 감방 가지 뭐."

박철관(➡111쪽)이 떡을 집어먹으며 말했다.

그날부터 건물 앞에 낡은 소파가 들어섰다. 김석필이 주워와 출입구 앞에 놔둔 소파는 주민들이 세운 '경비 초소'였다.

방 한 칸 없는 사람들이 들어와 방 한 칸을 집 한 채로 알고 살도록 9-2×는 지어졌다. 그 방이자 집들의 집합체인 건물은 야릇한 과정을 거쳐 현재 소유주에게 이전됐다.

부부인 윤○과 신○○이 1971년 12월 완공 3년 된 건물을 매입했다. 두 사람은 지분을 절반으로 나눠 2분의 1씩 등기했다. 1993년 12월 남편 윤○이 자기 지분 전부(2분의 1)를 딸 윤○○에게 상속했다. 2002년 10월 딸은 아버지에게 상속받은 지분을 담보로 6000만 원을 빌렸다. 채권자는 이○○였다. 이듬해 3월 신○○이 지분 전부(2분의 1)를 딸의 채권자 이○○에게 넘겼다. 여덟 달 뒤 딸 윤○○은 근저당이 설정된 지분(아버지 상속분) 전부를 이○○에게 넘겼다. 윤○과 신○○의 9-2× 지분이 딸을 거쳐 이○○에게 모두 이양됐다. 한 달 뒤 윤○○과 이○○ 사이의 근저당이 해지됐다.

12년이 흘렀다.

퇴거 딱지가 붙고 얼마 지난 2015년 봄이었다. 윤○○과 이○○가 건물주 부부로 9-2× 앞에 나타났다. 머지않아 '노란집'이 될 9-2×를 올려다봤다.

1 2015년 2월 5일.

2 방이 없는 공간만큼 옥상이 됐다.

3 다른 방들보다 한 평쯤 컸고 작은 취사공간이 붙어 있었다.

4 2015년 3월 16일.

5 건축용 비계.

6 과거 쪽방은 보증금이 없었으나 점차 보증금을 받는 방들이 많아지는 추세다.

7 강제퇴거 사태가 벌어진 2015년 당시 금액.

8 주민들이 퇴거를 거부하자 건물주가 방값을 올려 부르는 이유가 됐다. 건물주는 퇴거를 압박하기 위해 "앞으로는 시가대로 받겠다"며 주민들이 감당하기 어려운 액수를 제시했다. 주민들은 '방세가 싼 이유는 그만큼 건물이 낡았고 다른 건물주들이 하는 최소한의 건물 관리도 하지 않은 결과'라며 반발했다.

9 그 작은 방에 갈 곳 없는 사람을 들여 같이 사는 주민이 있었다. (➡334쪽)

10 강제퇴거 통보 직전부터 집에 들어오지 않아 끝까지 확인되지 않는 주민들이 있었다.

11 '야간 작업에 주어지는 수당'을 일컫는 은어.

12 '일을 받지 못하고 공치는 것'을 뜻하는 일본식 은어.

204호 양진영

1955년 출생(고향 모름)

4년 거주

"선서!"

까무잡잡하고 반들반들한 얼굴이었다.

"본인은 금번 요원으로 선발된 것을 영예롭게 생각하고……"

군복을 입고 모자를 썼다.

"맡은 바 임무를 성실히 수행하며……"

검은 선글라스에 햇빛이 떨어져 반짝였다.

"국가와 민족에 헌신적으로 봉사할 것을……"

양담배를 문 입이 독한 연기를 내뿜었다.

"선서합니다."

"목소리가 작다."

"선, 서, 합, 니, 다."

선서를 받아낸 남자가 준엄하게 말했다.

"국가의 부름으로 선택받았다는 사실을 영광으로 알고 충성하라."

선서를 외우지 못한 자들은 충성을 입증하지 못해 두들겨 맞았다.

"요원 수칙 3번."

교관이 번호를 지정하면 한 글자도 틀리지 않게 읊어야 했다. 수칙을 외우지 못한 자들도 두들겨 맞았다.

수칙 1번부터 10번까지.

나는 평생 잊지 못했다.

낙인처럼 뇌에 새겨진 문장들은 40여 년이 흐른 지금도 한 글자 틀리지 않고 내 입에서 자동으로 재생됐다.

나는 더는 말할 수 없다.

'자기 외엔 아무도 믿지 말라'던 수칙 조항처럼 나는 스스로의 입에 재갈을 물렸다. 내 머리를 조종하며 아무도 믿지 못하게 만든 그 수칙에 나는 평생 매여 살았다. 수칙을 입에 올리는 날이면 선서로 맹세를 강요하던 남자가 어김없이 찾아왔다. 남자는 늘 같은 옷을 입고 같은 선글라스를 끼고 같은 담배를 피우며 같은 악몽 속으로 나를 끌고 들어갔다.

쾅쾅쾅.

누군가 방문을 두드린다.

무서워 몸을 돌돌 말고 싶어도 빳빳하게 굳은 몸이 말을 듣지 않는다. 시커멓고 건장한 것이 방문 앞에서 어른거린다. 억지로 잠을 몰아내고 화장실에 다녀온다. 다시 누우면 연속극처럼 끊긴 대목부터 시커멓고 건장한 것이 움직인다.

쾅쾅쾅.

누군가 방문을 두드린다.

온몸이 팽팽하게 긴장한 상태로 눈을 뜬다. 내 눈앞에 바짝 갖다 댄 남자의 눈이 선글라스 뒤에서 흰자위를 번뜩인다. 찌든 니코틴 냄새가 나의 숨을 덮는다.

으으윽, 이빨로 혀를 깨물며 나를 깨운다.

몽둥이를 든 남자가 나의 옷을 모두 벗긴다. 알몸을 꼼꼼하게 구타하고 군홧발로 자근자근 밟는다.

으악, 병따개가 튀어나가듯 입에서 비명이 튀어나온다.

방 안에 아무도 없지만 아무것도 없진 않다. 환상과 환청이지만 환상과 환청이 남긴 통증이 사지에 얼얼하다. 헛것을 보고 헛것을 들으며 내 몸의 병은 깊어간다.

재건대[1] 왕초가 데려간 다방에 선글라스 남자가 있었다.

왕초가 인사시켰다.

"이분이 너와 생활하실 분이다."

선글라스를 쓴 남자가 말없이 내 눈을 쏘아봤다.

"이분 따라가서 교육받고 와. 그럼 형들한테도 네가 도움을 주는 것 아니겠냐."

선글라스를 코끝에 건 남자가 내 머리부터 발끝까지 전
신을 훑었다.

십대 후반의 나는 기골이 장대했다. 키 185센티미터에
몸무게 120킬로그램이 넘었다.

"머리끝부터 발끝까지 고난과 역경을 겪어보고 형 밑으
로 다시 와라."

형?

털면 털리는 것이 재건대였다.

집 없고, 부모 없고, 돈 없고, 빽 없는 인간들이 흘러흘
러 재건대에 닿았다. 거리에서 구걸하는 고아 아이들을 부
랑아라며 데려가 재건대에 집어넣기도 했다. 재건대원들
끼리도 서로의 정체와 이력을 정확하게 알지 못했다. 걸핏
하면 후리가리²를 당했다. 단속 기간이 되면 실적을 늘리
려는 경찰들이 고물을 주워오는 재건대원들을 고철 도둑
으로 잡아넣었다. 단속을 피해야 하는 재건대장과 머릿수
를 채워야 하는 경찰이 재건대원 몇 명을 넘겨주고 넘겨받
는 거래를 하기도 했다. 무마해야 할 일이 생긴 왕초가 나
를 내어주고 없던 일로 하기로 선글라스와 합의했다고 나
중에 들었다.

형, 그 새끼가 계속 지껄였다.

"돈 300만 원까지 준다니 마음대로 쓰고 가. 그 큰돈을
언제 만져보겠냐."

그 씨발놈의 말이 아니더라도 그때 300만 원은 큰돈이었다. 양주를 배에 퍼붓고 강원도로 실려갔다.

그곳에서 나는 HID[3]가 됐다.

세상을 밝은 눈으로 보지 말라. 너희는 어두운 곳에서 세상을 밝게 하라.

그 말 앞에서 나는 군번 없는 요원이 됐다. 국가는 나를 비밀에 부쳤다. '애국'이란 이름으로 존재를 인정받지 못하는 사람이 됐다.

전국에서 실려온 마흔세 명이 같이 훈련을 받았다. 수칙을 외워 정신을 무장하고, 목표물을 사격해 폭파하고, 잠수로 바다를 건너고, 땅굴을 파서 생활하고……

강원도 양구와 인제는 산으로 북과 연결됐다. 훈련을 마치면 산을 타고 북을 오가야 했다. 북의 시설과 동태를 파악하고 사진을 찍어와 활동을 증명해야 했다. 훈련 10개월만에 네 명이 탈영했다. 나도 그들 중 한 명이었다.

도망다니다 붙잡혀 고문을 당했다.

고춧가루 물을 먹거나 통닭처럼 매달려 두들겨 맞는 일은 고문도 아니었다. 때리면 때리는 대로 맞아야 했고, 했냐고 물으면 안 한 것도 했다고 해야 했으며, 아냐고 물으면 모르는 것도 안다고 해야 했다.

몽둥이를 든 남자가 나의 옷을 모두 벗겼다. 알몸을 꼼꼼하게 구타하고 군홧발로 자근자근 밟았다. 남자가 온 힘을 다해 몽둥이를 휘두를 때마다 담배를 문 남자의 입에서 찌든 니코틴 냄새가 달려나왔다.

나는 내가 한 일과 내가 한 일처럼 말해야 하는 것 사이에서 망가지고 있었다. 나는 사실과 사실로 믿어야 하는 것 사이에서 분열하고 있었다. 죽지 않고 살아남은 내가 신기했다. 죽지 않고 살아남아 병을 얻은 내가 불쌍했다.

한국전쟁 휴전 2년 뒤 내가 태어났다.

군인이던 아버지가 바람을 피웠다. 어머니는 수면제를 먹고 자살했다. 아버지가 재혼을 하려고 여섯 살 난 나를 고아원에 보냈다. 네 살짜리 여동생은 남의 집으로 보내졌다.

3년 뒤 동생을 찾겠다며 고아원을 나와 '걸밥' 생활을 했다. 까바리(깡통)를 손에 들고, 공갈대(숟가락)를 허리에 차고, 모라이(밥)와 쪼지개(김치)를 달러(얻으러) 다녔다.

왕초한테서 벗어나려고 인천으로 도망가도 잡혀왔고, 부산으로 도망가도 잡혀 다시 왕초에게 보내졌다. 빌어먹는 자들은 서로 연통을 주고받으며 도망 거지들을 붙잡았다. 배신자라며 '돌림빵'으로 맞았다.

왕초의 지시로 맞장도 많이 떴다.

새 식구들이 들어오면 승부를 겨뤄 서열을 정했다. 덩치가 큰 나는 져본 적이 없었다. 이길 때마다 위치도 올라갔다. 남대문·서대문으로 다니며 패싸움을 이끌었다. 행동대장으로 그렇게 뛰어줬는데 왕초, 그 형인지 씨발인지가 선글라스에게 나를 넘겼다.

컥.

"기어."

컥.

"벌레들아. 기어."

등과 옆구리로 몽둥이가 날아왔다.

나는 왜 또 벌레가 됐나.

스물네 살 때(1979년) 술집에서 술을 마시고 있었다. 옆자리 사람들과 싸움이 붙었다. 몸에 문신이 있는 남자들이 시비를 걸었다. 누군가 신고를 했고 그 남자들과 한꺼번에 유치장에 갇혔다. 트럭에 강제로 태워져 도착한 곳이 삼청교육대였다.

트럭이 우리를 내려놓자마자 교관들이 두들겨 패기 시작했고 나는 벌레가 됐다.

"야 이 좀벌레 새끼들아. 제대로 못 기어?"

나는 언제 한번 사람이었나.

실탄을 장전한 군인들이 벌레들의 도망을 감시했다. 깊은 밤 드르륵 소총 갈기는 소리가 나면 누군가 도망치다 죽었다는 뜻이었다.

"기준."

내가 손을 뻗으며 외치면 교육생들이 오와 열을 맞춰 정렬했다.

나는 기준병이었다. 나를 기준으로 줄은 넓어지거나 좁아졌다. 구보를 할 때도 선두에 섰고 봉체조를 할 때도 맨앞에서 통나무를 치켜들었다. 취사반에선 재건대에서 배운 대로 밥을 했고 디딤이 밀던(구두닦이 하던) 실력으로 교관들 전투화에 물광을 냈다. 살아남으려면 나는 그들에게 쓸모 있는 벌레여야 했다.

삼청교육을 마친 뒤에도 나는 출소하지 못했다.

교육대에 있는 동안 보호감호제도가 생겼다. 건달 전과가 있다며 내게도 보호감호[4] 처분을 내렸다. 그 지독한 청송보호감호소[5]를 짓는 데 투입됐다. 싸움을 한 날이면 손발이 묶인 채 독방에 갇혔다. 밥때가 되면 벌레처럼 배를 깔고 개처럼 입으로만 먹었다.

그 시간들이 나의 병을 키웠다.

그래, 그랬을 것이다.

어릴 때부터 너무 많이 맞아서일 것이라고 나는 생각했다.

그 병, 뇌전증.

증상이 오면 온몸이 뒤틀렸고, 입은 거품을 물었고, 눈동자는 사방으로 돌아갔다. 얼굴에선 붉은 반점이 솟았고, 코에선 피가 터졌다.

나는 툭하면 쓰러졌다. 공원이나 지하철 안에서 의식을 잃은 뒤 응급실에서 눈을 뜨는 일이 많았다. 9-2× 공동세면장에 엎드린 채 정신을 차린 적도 있었고, 공동화장실 재래식 변기에 한쪽 발을 빠뜨린 채 깨어나기도 했다. 계단 모서리에 눈이 찍혀 앞이 안 보이거나 깨진 이빨 사이로 피를 흘리며 몸을 일으키기도 했다. 앞 이빨이 두 개밖에 남지 않은 나는 틀니를 끼고 다녔다.

2011년 뇌혈관 세 개가 터졌다. 머리를 열고 수술했는데 입원 상태에서 마비가 왔다. 그 뒤부터 경련이 잦아졌다. 이젠 뭘 하다 발작을 일으키는지도, 며칠 간격으로 발작하는지도 기억하지 못하는 지경이 됐다. 한차례 일을 치르고 나면 온몸이 흐느적거리고 식도 아래까지 바짝 말랐다.

언제부턴가 경련이 심해지면 악몽을 꾸고 환청을 들었다. 선글라스를 코에 걸친 남자가 "요원 수칙 3번" 암송을 명하며 싱긋 웃었다. 그를 보는 날이면 온몸이 딱딱해지고 파닥파닥 떨었다.

한 뼘 방의 양쪽 벽이 바짝 조여들도록 탁자를 배치[6]한 이유가 있었다. 아무도 잡아줄 사람 없는 방에서 증상이 감지되면 나는 재빨리 탁자 사이에 발을 뻗고 누웠다. 경련을 하더라도 몸이 좌우로 튕겨나가지 않게 하기 위해서였다. 의식이 돌아오면 그 좁은 틈에서 두 다리는 꼬여 있고 무릎과 골반의 통증은 극심했다.

자주 죽으려 했다.

자살 충동이 나를 흔들었다. 엄마가 먼저 했기 때문인지 별로 두렵지도 않았다. 죽을 수 있는 방법은 다 동원했다.

한강에게, 자동차에게, 지하철에게, 기차선로에게, 수면제에게 목숨을 가져가달라며 나를 던졌지만 이상하게 자꾸 살아남았다.

한번 죽기를 작정하자 죽고 싶은 열망이 점점 커졌다. 기회만 닿으면 죽으려고 했으나 죽는 것도 의지대로 되지 않았다. '죽지 못해 산다'는 말이 나에겐 농담이 아니었다. 죽음을 달성하지 못한 몸에 죽음을 시도한 흔적들이 늘어날수록 병에 병이 쌓였다. 죽음에 실패할 때마다 먹는 약만 양을 불렸다.

'우리동네 나눔이웃'과 '멋진 나눔이웃'이 된 것은 웃긴 짓이었지만 괜한 짓은 아니었다. 죽지 못해 산다면 사는 동안만이라도 살아 있을 이유가 필요했다. 언제 쓰러져 어떻게 죽을지 모르는 나는 몇 년 전 '뇌사 때 장기 기증'을 서약했다.

9-2×는 죽음이 거부한 나(➡114쪽)에게 삶이 허락한 가장 작은 방이었다.

동자동에서도 10-×와 9-××를 거쳐 9-2×에 이르렀다. 발작이 흔들 때마다 나를 붙들어주며 내가 죽지 않도록 지켜준 방이었다.

방문에 노란 딱지가 붙은 뒤부터 밤마다 선글라스의 웃음소리가 커졌다.

1 근로재건대. 1962년 박정희 군사정권이 넝마주이를 일괄 등록·관리하기 위해 조직했다.

2 '일제 단속'을 뜻하는 넝마주이 은어.

3 Headquarters of Intelligence Detachment. 북파공작원. 한국전쟁 이후 남북 대치 상황이 격해지면서 남에서도 북으로 공작원들을 침투시켰다. 그들은 임무에 따라 첩보 수집, 표적 인물 생포와 사살, 주요 시설 폭파 등의 비밀 작전을 수행하는 훈련을 받았다. 1950년대 북파공작원들의 대부분은 전사하거나 실종됐다. 1960년대엔 고아나 전과자 등도 공작원으로 채용됐고 채용 보수도 지급됐다. 육·해·공군 각각 공작부대를 운영했고 몇 차례 부대 이름을 바꿨으나 육군 소속의 HID란 명칭이 주로 통용됐다. 1972년 7·4남북공동성명으로 남북이 공작원 파견 자제를 합의할 때까지 1만여 명의 공작원이 북파된 것으로 추정됐다. 북파공작원의 존재를 부정했던 정부는 2002년 그들을 인정하는 법원 판결이 내려진 뒤 국가유공자 보상을 진행했다.

4 1979년 10월 26일 박정희가 죽은 뒤 이듬해 국가보위비상대책위원회가 보호감호제도를 시행했다. 수감자가 형기를 마쳤을 때 재범 가능성이 있다고 판단되면 일정 기간 감호소로 보내 노동을 하고 직업교육을 받도록 했다. 사회보호법에 의거한 보호 처분 제도 중의 하나로 이중 처벌 비판에 따라 2005년 8월 폐지됐다.

5 전두환 신군부가 흉악범이나 강력범을 사회로부터 격리한다는 명목으로 1981년 설치했고 2년 뒤 청송교도소로 바뀌었다. 재소자 인권침해로 악명이 높았다.

6 양진영은 방의 양쪽 벽에 탁자 등을 놓아 바로 누웠을 때 몸이 꽉 끼도록 만들었다.

9

메인

지구의 음지 바른 모퉁이에 대恨민국이 있었다.

양지 바른 대韓민국이 그림자를 드리운 나라였다. 대恨민국을 가린 대韓민국 수도 서울의 첫 얼굴이 서울역이었다.

'비둘기'가 도시의 천덕꾸러기가 되고, 나라꽃 '무궁화'가 시들어 떨어지고, '새마을'의 슬레이트 지붕이 아파트로 재건축된 뒤부터, 마지막 한 방울까지 쥐어짠 '고속'이 출발하고 도착하는 역이었다. 한번 놓치면 따라잡을 수 없다는 두려움으로 질주하는 것들에 매달려 손 놓지 못하는 사람들의 정거장이었다.

지구로부터 인지되지 않는 사각.

대韓민국에서 가장 대恨민국스러운 동네.

서울의 주름지고 찡그린 자리.

서울역을 등지고 한강대로를 건너 직선거리 400미터.

남대문경찰서에서 남산 방향 도로를 건너 북동쪽으로 250미터.

힐튼호텔로부터 비즈니스·문화·역사·쇼핑의 중심[1]을 건너 동쪽으로 300미터.

그 위치가 가난의 위치였다.

박멸되지 않는 가난이 도시를 떠다니다 고층빌딩 사이에 낮게 웅크린 땅이었다. 지구를 내려다보는 신의 눈동자에 끼어 망막을 찌르는 불편한 티끌이었다. 우주를 향해 발광(發光)하는 지구를 보일 듯 말 듯 찌그러뜨린 어두운 점 하나였다.

그 점이 그 동네의 위치였다.

매일 점심식사 때면 맞은편 고층빌딩에서 쏟아져나온 직장인들이 횡단보도 앞에서 보행 신호를 기다렸다. 빨갛게 충혈된 눈으로 대기하던 '신호등 사람'이 파랗게 질린 얼굴로 걷기 시작하면, 빌딩에서 내려온 직장인들이 도로를 건너 낮고 작은 점 안으로 들어갔다.

그때가 그 동네의 쓸모였다.

동네 주민들은 비싸 사먹지 못하는 '보통의 밥'을 격무에 지친 직장인들이 식당에 앉아 밀린 일 처리하듯 먹었다. 짧은 식사를 마친 뒤 바쁘게 돌아가는 모습을 주민들이 골목 어귀에 앉아 지켜봤다. '빌딩 사람들'이 밀려왔다 빠져나갈 때마다 쌀알만 했던 점이 콩알만 해졌다가 다시 쌀알만 해졌다.

그 점의 '메인'에 그 건물이 있었다.

고층과 첨단이 메인을 차지한 도시의 귀퉁이에 그 메인은 있었다. 빌딩숲 사이에서 그 높이에 범접할 수 없는 낮은 방들이 그 동네의 메인을 구성했다. 동네에서 동네 밖 사람들을 상대로 영업하는 식당들을 지나자마자 그 동네의 '메인 골목'이 나타났다. 메인 골목 기슭에 그 건물 9-2×가 있었다.

고작 그것이 메인이었다.

어디서도 메인일 수 없는 건물들이 그 동네에서는 메인이었다. 그 동네에선 가난이 메인이었다. 가난한 방들이 메인을 구성하는 동네에서 가장 풍요로운 것은 가난이었다. 한 번도 메인이었던 적 없는 사람들이 동자동 메인 골목에서 잠긴 목청을 열었다.

시끄러운 목청들 사이에서 9-2× 105호 민태진(47➡83쪽)은 잘도 졸았다.

1 2018년 힐튼호텔 인터넷 홈페이지의 소개 문구.

10

천
국

105호 민태진이 "망가진 대표적 공원"[1]에 앉아 졸았다.

나른한 봄이었다.

봄이 가기도 전에 먼저 가버린 이웃의 추모 천막 건너편에서 민태진의 졸린 머리가 꾸벅 떨어졌다. 꾸벅이는 그의 머리 위로 꽃잎이 꾸벅 떨어졌다.

민태진이 태어난 **1968년** 9-2×는 건물 공사를 완료하고 사용승인을 받았다. 40여 년 뒤 동갑의 인간이 동갑의 건물을 찾아와 세 들어 살기 시작했을 때 같은 해에 났다는 사실은 둘 사이에 어떤 친밀감도 주지 못했다.

9-2×는 1975년까지 도동1가에 속했다.

동자동과 도동과 양동은 다른 동네면서 한 동네였다. 남대문경찰서 북동쪽의 동자동·도동과 경찰서 뒤쪽의 양동이 남산으로 오르는 도로를 사이에 두고 마주했다. 서울 중구였던 동자동은 도동 일부를 편입한 뒤 용산구 동자동으로 통칭[2]됐다. 양동[3]은 옛 이름을 완전히 지우고 남대문로5가가 됐다. 세 동네는 철도가 깔린 뒤부터 일자리를 찾아 상경한 사람들이 맞닥뜨리는 '서울의 첫 얼굴'이었다. 무허가 판잣집들이 다닥다닥 밀집한 '서울의 뒤통수'였다. 행정 편의에 따라 땅을 섞고 이름을 바꿔왔으나 '서울에서 가장 가난한 사람들이 모이고 고이는 땅'이란 시선 앞에서는 늘 한 묶음이었다.

가난하다고 망가지는 것은 아니었으나 가난이 망가뜨린 사람과 동네라고 그와 그 땅은 여겨졌다.

민태진이 "해방구가 없이 나락으로 떨어"[4]진 동네에서 노곤했다.

"이 좆만 한 새끼가."

남자 둘이 고함지르며 싸우는 소리가 민태진의 귓속으로 들어와 계속 싸웠다. 어린이 없는 새꿈어린이공원에서 헌꿈도 기억나지 않는 그가 소란 중에 잠으로 빠져들었다. 동자동에서 살기 시작한 뒤로 그는 골목에서 아이들 소리를 들어본 적이 없었다. 골목을 훑고 다니던 아이들의 시끌벅적이 '민태진이 모르는 시절' 그 동네에도 있었다.

민태진이 태어나기 **18년 전** 동자동 주민 장진수(1950년 당시 60)는 '서울 제일의 자복자(子福者)'[5]였다. 아들딸이 열다섯 명이었다. 신문이 그의 이름에 '자식 복 넘치는 사람'이란 영예를 줬다. 잘 먹이고 잘 입히지 못하는 자식이 열다섯이나 된다는 사실이 얼마나 큰 복인지는 설명하지 않았다. 15년 동안 아이만 낳다 늙어버린 그의 아내가 남편처럼 서울 제일의 '자복'을 누렸는지도 분명하지 않았다.

보이지 않아도 소리로 볼 수 있는 동네였다. 판자를 이어붙인 벽과 벽을 타고 소리가 자유롭게 넘나들었다. 집과 집이 작은 소리까지 공유하는 동네에서 '듣는 귀'는 그 자체로 '보는 눈'이었다. 그들은 보지 않아도 서로의 집에서 벌어지는 일을 훤히 알았다. 소리로 이웃의 기쁨과 슬픔을 알아차리는 동네는 '소음'을 견디지 못하는 사람들에겐 "쥐구멍에 드는 볕만큼도 끝내 들지 않는 빈민굴"[6]이었다. "퀴퀴한 냄새가 삶의 냄새"로 풍기고 "해가 갈수록 궁지에 몰리는 버림받은 지대"였다. "판자 틈 사이로 들이친 세찬 바람이 굶주린 창자마저 얼음장처럼 얼려버리는" 땅이었다. 이 동네에선 "수세미 머리를 한 어린 꼬마들"이 이른 아침부터 "품팔이 노동판"에 나간 엄마아빠 대신 집을 지켰다. 등에 동생을 업은 여섯 살 아이는 자기 몸만 한 통으로 물을 길어 엄마아빠가 돌아오기 전에 저녁밥을 지었다. '서울의 치부'에서 서울이 부끄러워하는 사람들은 그렇게 살았다.

가난하다고 나락 속에서 사는 것은 아니었으나 그와 그 동네는 그렇게 그려지고, 그렇게 전파되고, 그렇게 만들어졌다.[7]

민태진이 "무질서 그 자체, 치안의 사각지대"[8]에서 하품을 했다.

"에이 왜들 이래요."

파출소에서 나온 경찰이 두 남자를 뜯어말렸다. 새꿈어린이공원 주변은 관할 경찰서의 집중 관심 구역이었다. 수시로 순찰하며 동네를 살폈다. 시끄럽다는 주민 신고가 들어올 때마다 경찰들이 출동해 싸움을 말리거나 지켜봤다. 민태진의 잠결에 눈에 익은 경찰의 얼굴이 어른거렸다.

민태진이 태어나기 **13년 전** 동자동 펨푸(성매매 알선·호객꾼) 김오준(가명·1955년 당시 17)이 펨푸 이석훈(가명·19)을 칼로 찔렀다.[9] 미군 병사에게 미화 11달러와 한화 1000환을 소개료로 받은 이석훈이 김오준에겐 1000환만 줬다. "더 달라"는 김오준과 "그거면 됐다"는 이석훈 사이에 싸움이 붙었다. 김오준이 몸에 지니고 다니던 일제 단도를 이석훈의 가슴에 꽂았다. 이석훈은 즉사했다. 성을 팔아야 하는 어린 여성들도 십대였고, 성구매자와 연결하는 "불량소년들"도 십대였다. 가난한 십대들은 너무 일찍부터 너무 많은 것을 팔았고, 너무 많은 것을 소개했으며, 너무 많은 가난을 짊어졌다.

양동은 종삼(종로구 종로3가)·묵정동(중구)과 더불어 서울 최대의 성매매 집결지로 꼽혔다. 이 동네 여성들은 "성병과 풍기문란을 일으키는 사회의 암적 존재이자 두통거리"[10]로 지목됐다. 생명을 죽이는 암도 생명을 가진 세포였다. 칼을 대도 완벽히 도려내지지 않고 누군가의 생명을 갉으며 자신의 목숨을 이어가는 것이 암의 생존법이었다. "몸과 웃음을 인육(人肉) 시장에 파는" 그들은 강제단속 뒤에도 "분산적으로 각처에 침투하는 새로운 전술"을 썼다. "남의집 식모"로 들어가고 "술집과 요정 접대부로 전업"했다. 서울역 앞에서 '하숙방 있다'며 떠들썩하게 손님을 끄는 대신 "으슥한 골목에서 이상한 눈초리로 유인"했다.

민태진이 태어나기 **8년 전**엔 도동의 한 악덕 포주가 여성들을 폭행·감금하고 인신매매[11]한 혐의로 경찰에 검거됐다. 그는 시골에서 상경한 여성의 "정조를 유린"하고 팔아넘기려다 실패한 뒤 사흘간 감금했다. 경기도 부평의 성매매업소로 팔려갈 거부하는 여성을 강제로 가두고 몽둥이와 주먹으로 때렸다. 이미 여성 두 명을 20만 환에 판 뒤였다. 팔려간 여성들은 스스로 목숨을 끊었다. 그 포주가 돌연 석방돼 동네 주민들이 경찰에 의혹의 시선을 보냈다.

모든 질서가 평온하고 모든 무질서가 혼란한 것은 아니었지만, 그와 그 동네는 '존재 자체가 무질서'로 규정됐다.

민태진이 사건사고와 "범죄의 천국"[12]에서 태평했다.

그가 태어나기 **7년 전** 무허가 판자촌은 '혁명적으로' 제
거돼야 할 대상이었다. 박정희 군정은 쿠데타 8일 뒤(1961
년 5월 24일) "혁명과업 완수" 차원에서 판잣집 1597동을 철
거했다고 발표[13]했다. 도동의 판잣집들도 포함됐다. 사창,
깡패와 불량배, 부정 임산물 등과 함께 '혁명의 실적'[14]으로
집계됐다.

"부인은 어디 사십니까?"

그해 연말 '한 언론사가 천거한 가정주부'에게 박정희가
물었다. "당면한 혁명과업 수행에 몹시도 바빴던 연말"이
었지만 국가재건최고회의 의장으로서 "귀중한 시간을 할
애해서 올바른 민정 파악을 위해" 대담[15]에 나섰다.

"동자동이에요."

여성이 답했다.

"길이 좋은 곳으로 이사해보시지요."

"돈이 있어야죠. 돈은 물론 많이 있겠지만 저희들에게는
없다는 거예요."

"그렇게 느끼시니까 그렇지 결코 돈이 한 곳으로 몰렸거
나 숨은 건 아닙니다."

그 말에 여성은 "고개를 갸우뚱"했다. 여성이 화제를 바
꿔 박정희에게 요청했다.

"판잣집 철거 문젭니다만 우리 집 근처에도 퍽 많은데 어떻게 안 됩니까?"

박정희가 답했다.

"사실 그건 문제거립니다. 혁명 직후 그것을 싹 치워버리자고 했지만 그래 놓으면 더 어려운 문제가 뒤따르지 않겠습니까? 그들이 별안간에 어디로 갈 것입니까? 그래서 점차적으로 대책을 세워놓고 뜯어내자는 길을 택한 겁니다."

그 '대책'이 강제이주였다. 박정희는 그해 철거 목표 6849동 중 6524동을 허물었다. 3580가구를 성북구 삼양동과 은평구 수색동 등 5개 지역에 "텐트 막사"를 치고 집단이주[16]시켰다. "4·19 이후의 혼란기를 틈타" 등산하듯 산으로 기어올라가는 판잣집들을 "민주당 치하에서는 손도 대보지 못했"으나 박정희는 달랐다.

가난하다고 혁명의 제거 대상이 되는 세계에선 명분이 가난한 혁명일수록 가난을 우롱한다는 사실을 가난한 자들은 모르지 않았다.

"오직 주민만 바라보며 혼을 바치고 피와 땀을 뿌리겠다"[17]는 유세 소리로 쩌렁한 동네에서 민태진이 시끄럽다는 듯 얼굴을 찡그렸다.

가난하므로 멸시받던 공간이 가난하므로 필요한 공간이 될 때가 있었다. 연말이 되면 대기업 회장단이 '사랑의 기증품'을 들고 동네에 나타났다. 수행원 수십 명과 사진기자들을 데리고 골목을 순시하듯 누볐다. 세 명이 들어서면 앉을 자리도 없는 방에서 주민은 자거나 아픈 것처럼 바닥에 엎드렸고, 재벌단체 회장 비서는 손짓으로 회장을 방으로 안내했다. 비좁은 방에 올라선 회장이 선 채로 주민을 내려다볼 때 방에서 미리 대기하고 있던 사진기자가 그들을 한 컷에 욱여넣어 찍었다. 대선 때가 되면 현직 대통령의 부인과 여야 대권 주자가, 지방선거 땐 시장·구청장·시도의원 후보들이 찾아와 마이크를 잡았다. 그들은 선거철마다 '여러분을 가장 먼저 챙기겠다'고 선언했고, 선거가 끝나자마자 '여러분'을 가장 먼저 잊었다.

민태진이 태어나기 **5년 전** 추석날 전북 군산이 고향인 이장호(가명·1963년 당시 20)는 도동1가에 있었다. 새벽 한 식당 앞에 쓰러져 있는 그를 주민이 신고[18]했다. 그는 "추석을 맞아 서글픈 심정을 이길 길 없어 먼저 죽으니 용서해달라"는 유서를 남기고 독을 마셨다. 네 시간 뒤 경기도 이천에 주소를 둔 유강천(가명·당시 24)은 남대문로5가의 한 여관방에 있었다. 위중한 상태로 발견됐으며 병원으로 옮겨져 사망했다. 음독 직전 그는 여동생에게 유서를 썼다.

"달밤에 송편을 빚으면서 영원히 돌아오지 못할 오빠 이야기는 하지 마라. 울지 말고 송편 많이 먹어."

박정희가 '민정이양'을 공언하며 치르는 대통령 직접 선거가 보름 뒤에 있었다. 그들에겐 "선거[19]고 귀중한 한 표고 뭐고 간에 다 집어치워야 할 사연들"이 있었다.

'무찌르자 공산당'[20]으론 충분치 않았다. 질서를 무너뜨리고 탄생한 군사정권은 쿠데타에 정당성을 제공할 "질서의 적"[21]이 필요했다. "5·16은 소위 '조직폭력' '정치폭력'인 '깡패'들의 소탕에 무자비한 철퇴를 내려 한동안 송사리 폭력배도 얼씬 못하고 직업 '깡패'도 자취를 감추"게 했다며 자랑했다. 혁명이 뿌리 뽑은 폭력이 유독 선거를 앞두고 "다시 움돋기 시작"했다. "경찰이 소탕에 총동원"됐다.

조폭과는 거리가 먼 십대 "불량 소년·소녀"와 "송사리 깡패"들을 주목했다. 사직공원(서울시 서대문구)을 무대로 하는 "OK단"과 돈암동(성북구)의 "빅토리단"이 대표 조직으로 거명됐다. "살무사, 독수리, 아파치, 코만치, 공자단, 개똥개, 문화야크샤, 봐이킹 등 별의 별것"의 이름들이 "투쟁, 잔인, 승리, 자학"의 상징처럼 수갑을 찼다. 지역으로는 서울역, 남대문, 명동에 가장 많았다.

언론은 경찰의 "과학적이고 권위 있는 실태 파악 결과물"을 토대로 '우범지대' 지도를 그렸다. "무자비한 철퇴"를 맞아야 하는 "사회 암"의 근거지 중 한 곳으로 동자동·양동·도동이 표시됐다.

민태진이 "불안과 공포의 공간"[22]에서 잘도 잤다.

"태진아."

여자 목소리가 민태진을 불렀다.

엄마인지 누나인지 모를 얼굴 없는 목소리가 그를 찾았다. 오랫동안 들어보지 못한 목소리들이 그의 머리를 헤집었다. 민태진의 입에서 반가움인지 두려움인지 모를 신음이 잠꼬대로 새어나왔다. 그의 가족은 무너진 지 오래였다.

"대실아."

민태진이 태어나기 **4년 전**(1964년 5월 2일) 도동1가에서 4층짜리 건물이 주저앉았다. 사람을 지탱해줘야 할 집들이 사람보다 먼저 통째로 무너져내렸다. 새벽녘 깨진 건물 더미 아래에서 흐린 목소리가 올라왔다. 생존자를 찾고 있던 사람들이 소리를 듣고 손전등을 비췄다.

"대실아, 나 여기 있다."

한 여성이 아들의 이름을 불렀다.

서른일곱 시간 전 저녁밥을 지으려고 부엌 아궁이에 불을 지피던 김출혜(당시 54·여)의 머리 위로 천장이 쏟아졌다. 정신을 차렸을 때 그는 묻혀 있었다. 콘크리트 천장이 벽기둥에 비스듬히 걸쳐진 틈에 몸이 끼어 있었다. 옥상에서부터 건물 3분의 2가 붕괴되면서 주변 판잣집 열두 채를 덮쳤다. 3층으로 건축 허가를 받은 건물이 4층까지 올라갔고 규정량 이상의 모래가 시멘트에 배합돼 부실공사를 불렀다. 열네 명이 죽고 서른세 명이 다친 '도동 참사'[23]였다.

나이 서른다섯에 남편을 잃은 김출혜는 아들 하나와 딸

셋을 데리고 살았다. 아들 대실이 일하는 건설현장을 따라다니며 인부들 밥을 해주고 생계를 이었다. 오른쪽 팔다리가 벽돌에 파묻힌 그는 왼쪽 팔다리로 흙을 긁어내고 나무를 밀어냈다. 주먹만 한 구멍 아래에서 김출혜의 발이 구조대의 눈에 띄었다.

노동으로 먹고사는 이인형(36·남)의 세 살 아들은 숨이 멈춘 채로 발견됐다. 병원으로 옮겨진 아들이 30분 만에 눈을 뜨고 "엄마"를 불렀다. "천국에 가도록 신부의 영세를 받게 해달라"며 울부짖던 엄마는 살아난 아들을 보고 실신했다. 한 달 뒤 피해 주민 마흔 명이 건물주 집 앞에서 치료비와 위자료를 요구하며 농성했다.

한번 무너지면 다시 조립되지 않는 삶들이 있었다. 가난하다고 반드시 불안과 공포가 동거하는 것은 아니었으나 가난을 앞세워 부실하게 쌓고 순식간에 내려앉는 일들이 불안과 공포를 조성했다.

민태진이 "술 공원"[24]에서 잠결에 귀를 팠다.

"그냥 이렇게 쫓겨날 수 없습니다."
합판 조각에 하얀 종이를 붙여 만든 팻말에서 검정, 파랑, 빨강의 글씨들이 꿈틀댔다. "똘똘 뭉쳐 주거권을 지켜내자"는 문장이 밟힌 지렁이처럼 꿈틀댔다. 서울시청 앞에서 시장 면담을 요구(➡121쪽)[25]하며 주민들은 통일되지 않는 목소리로 구호를 외쳤다. 그들 틈에 민태진도 끼어 있었다.

민태진과 9-2×가 **한 살**을 얻었을 때 이춘식은 서른 살 (1968년 당시)이었다. 9-2×로부터 직선거리 300여 미터 떨어진 동자동 14번지에 살았다. 그의 집은 9-2×의 사용승인 여섯 달 전까지만 거기 있었다. 6개월 전 그날(2월 26일) 이춘식의 집이 박살났다. 서울시 중구청 철거반 100여 명이 들이닥쳐 14번지 일대를 밀어버렸다.[26] 그와 주민들이 서울시장을 상대로 낸 건물 철거 금지 가처분 신청을 법원이 받아들인 지 몇 시간 만이었다.[27] 나흘 전 서울시는 서울역~남대문 간 도로를 확장한다며 길가 판잣집 철거를 시작했다.

박정희 군사정권의 '불도저 시장' 김현옥[28]은 법을 겁내지 않았다.

법원 판결이 있던 날 밤 중구청은 불도저를 보냈다. 서울의 시야에 낀 눈곱을 떼어내듯 집 20여 채를 씻어냈다. 집을 잃은 철거민들이 국회의사당 앞에서 "국민의 주권을 옹호하라"고 쓴 플래카드를 펼쳤다. 이춘식은 도로교통법 위반 혐의로 경찰에 체포[29]됐다. 도로 확장 공사 탓에 도동·양동 땅값이 평균 20퍼센트 올랐다. 공사가 끝나면 거래가 늘어날 것으로 부동산 업자들은 기대했다.

이 동네에서 강제철거는 판잣집 짓는 일만큼 흔했다.

전쟁을 피해 월남했던 22세대가 도동에서 비를 맞으며

밤을 견딘 날들(1955년 7월)이 있었다. 그들이 들어가 살던 "적산가옥에 집주인이 '집달리'를 데려와 조속한 퇴거를 명령"했다. 갈 곳 없는 사람들이 빗속에서 이틀 밤을 보냈다. "수명의 병자까지 생겨 참경"[30]을 이뤘다. 도동·저동·봉래동 판잣집 주민 200여 명이 "현명한 대통령 각하"에게 "판잣집 주민의 사정을 알아달라"며 플래카드를 들고 행진[31]했다. '주거 대책을 세워주면 철거에 동의하겠다'며 이승만의 경무대로 향하다 경찰에 가로막혔다.

아기를 가진 도동 주민 여덕희(당시 42)는 경찰에게 항의(1958년 8월)하다 쓰러졌다. 철거 인부들을 시켜 지붕을 뜯는 경찰을 붙들고 "대책 없이 철거하면 어떡하란 말이냐"며 매달렸다. 넘어진 임신 10개월의 그를 경찰들이 차고 밟았다.[32] 경찰은 철거민들끼리 서로 밀다가 넘어져 졸도했다며 폭행 사실을 부인했다.

어떤 질서는 평온을 가장했고 어떤 무질서는 혼란의 증거가 됐다. 어떤 무허가는 무질서의 원인이 돼 무법하게 쓸려나갔고 어떤 폭력은 질서 잡는 법 집행으로 정당화됐다.

민태진은 "희미해지는 과거를 되새김질하며 생을 마감할 날만 기다리는 동네"[33]에서 생이 한창이었다.

"불이야."

수년 전 동네 골목으로 뛰쳐나온 사람들이 화재 소식을

알렸다. 9-2×를 등지고 직선거리 50미터 떨어진 쪽방 건물에서 방 하나가 전소됐다. 주민 네 명이 병원으로 실려 갔다. 불이 껌처럼 붙어 떨어지지 않는 동네였다. 더는 이춘식을 기억하지 않는 14번지 일대에선 언젠가부터 특급 호텔[34]이 웅장했다. 이춘식을 알지 못하는 민태진의 감긴 눈 속에서 호텔의 현실감 없는 높이가 가팔랐다.

전북에서 민태진의 어머니가 **갓 출생**한 아들의 몸을 덥히려 산후조리도 못하고 군불을 때고 있을 때 서울의 9-2× 근처에서 불이 났다. 이춘식이 체포된 지 나흘째 되는 날 새벽이었다. 9-2×에서 100여 미터 떨어진 땅이 붉게 타올랐다.[35]

도동1가 김홍연(당시 53·남)의 무허가 하숙집 2층에서 불이 솟았다. 아내(42)가 피운 연탄난로가 과열해 다다미방을 태웠다. 이웃 판잣집들로 옮겨붙어 28채가 전소됐다. 소방차가 진입할 수 없는 좁은 골목들을 따라 불길이 도망다녔다. 불을 피해 뛰쳐나오던 주민 김부억(52·여)이 현장으로 출동하던 소방차에 치여 죽었다. 담벼락에 기대 불구경하던 박종원(35·남)은 급회전하는 소방차 사이에 끼여 압사했다. 재만 남은 김홍연의 집터에서 불에 탄 소녀가 발견됐다. 전날 투숙한 "열다섯~열일곱 살의 어린 창녀"라고 경찰은 판단했다. 집을 잃은 75세대 375명이 9-2×에서 90여 미터 거리의 성남교회(새꿈어린이공원에서 50미터)에 임시 수용됐다.

끊임없이 불타는 땅이었다.

판자로 얽은 집들을 구겨넣은 동네에선 화재가 끊이지
않았고, 한번 불이 붙으면 수십 채가 재로 변했다는 뉴스
가 끊이지 않았다. 끊임없이 발생하는 화재는 끊임없이 돋
아나는 판자촌의 재생을 막는 기회로 활용됐다. 대형 화재
로 큰 집터가 나오면 경찰은 병력을 배치해 다시는 판잣집
을 짓지 못하도록 지켰다.[36]

불이 그 땅의 모든 것을 태워버려도 그 땅의 가난만큼은
완전히 태워버리지 못했다.

민태진은 "상처 입은 동물처럼 외부 사람을 경계하고 멀
리"[37]하는 동네에서 순두부 같은 얼굴로 순하게 웃었다.

"떨어뜨리지 않게 잘 붙들어요."

화장터에서 유골함을 내주며 말했다. 누군가 나환수의
뼛가루를 들었고 누군가 그의 흐린 영정을 들었다.

동네 사람들 중 관에 담기는 죽음은 많지 않았다. 인수
자가 나타나지 않는 주검들이 불에 태워져 인수자 없는 이
들을 모아둔 방에 가루로 안치됐다. 민태진이 동네 사람들
틈에 섞여 유골함과 영정의 뒤를 따랐다. 누군가의 죽음을
듣거나 그의 죽음을 드는 일에 감흥은 없었다. 죽음이 흔
할 땐 삶만큼이나 무뚝뚝했다.

민태진이 **만 두 살** 되던 해(1970년) 양동·도동·동자동 일대

주민 2600여 명을 광주대단지로 강제이주시키는 것이 서울 중구청의 '새봄 새 사업'이었다. 그들이 서울 도심에서 치워져 옮겨간 땅에선 한 해 뒤 한국 도시 개발 역사에 남을 '대사건'[38](➡535쪽)이 벌어졌다.

정치와 치안과 언론은 양동·도동·동자동을 "폭력과 도난과 우범자들이 들끓는 난장판"[39]으로 색칠했다. 서울역 맞은편에서 오랜 세월 되풀이돼온 '청소'는 서울을 더럽혀온 존재들을 세수하고 씻어내는 과정이었다. "수도 서울의 얼굴에 먹칠하는" 이 땅에선 전쟁 이후 지금까지 "환부를 도려내고 새살을 붙이는 정형수술"[40]이 계속돼왔다. 세 행정동에서 반세기 넘도록 추진된 '정비'와 '정화' 뒤엔 그 시간 동안 중단된 적 없이 '정비'되고 '정화'된 사람들이 있었다.

정비(整備)

1. 흐트러진 체제나 조직 따위를 질서 있게 바로잡음
2. 시설이나 도로 따위를 잘 이용할 수 있도록 제대로 갖춤
3. 제대로 모습을 갖추거나 작동할 수 있도록 기계 따위를 손질함

정화(淨化)

1. 사물의 더러운 것을 없애 깨끗하게 함
2. 사회의 악폐나 죄, 정신의 타락 따위를 없애 깨끗하게 함
3. 비속한 상태를 신성한 상태로 바꿈

'서울의 수치'를 손질하는 정비와 정화는 1970년대 말부터 재개발이란 이름으로 이 땅을 탐냈다.

1978년 민태진이 **열 살** 됐을 때 초등학교 3학년을 끝으로 학교를 그만뒀다. 가난한 농촌 마을에서 그는 귀하게 씻기고 입혔다는 이야기를 부모로부터 들은 기억이 없었다. 양동 일대 9만 2000제곱미터가 재개발지구로 지정됐다.

1979년 민태진이 **열한 살** 됐을 때 동자동 3만 2175제곱미터의 재개발이 확정·고시됐다.

1984년 민태진이 **열여섯 살**일 때 5170제곱미터 규모의 동자동 제1지구 재개발(지하 5층 지상 24층 빌딩) 시행인가가 공고됐다. 동자동·도동 시외버스터미널을 폐쇄한 자리에 지하 4층 지상 15층 빌딩 사업이 승인됐다.

1985년 민태진이 **열일곱 살** 됐을 때(1985년) 자동차에 밀려 사람들이 쫓겨났다. 힐튼호텔에서 국제통화기금(IMF) 총회 개최가 결정되자 외국인 차량의 임시 주차장⁴¹을 만들기 위해 주변 판자촌·성매매 집결지가 정리당했다. 3년 전 호텔 건립 땐 600여 세대의 세입자들이 강제퇴거당했다. 철거가 임박했을 때 양동 세입자부녀회는 '우리에게 살 길을 달라'⁴²고 호소했다. 1만 425제곱미터 규모의 동자동 제2지구 재개발 시행인가가 공고됐다.

1986년 민태진이 **열여덟 살**이 되자마자 "불량 건물이 밀집한 데다 윤락가·범죄의 온상으로 낙인찍혔던 이 지역도 거센 개발에 밀려 새로운 도심의 모습을 갖춰가고 있다"는 보도[43]가 나왔다. 도심의 모습을 갖추기 위해 밀려나는 사람들이 어디로 갔는지는 말해지지 않았다.

1988년 민태진이 **스무 살** 되던 해가 저물어갈 즈음 서울 동작구 사당2동 재개발구역이 폭력적으로 철거됐다. 철거가 임박하자 철거를 대비한 바리케이드가 곳곳에 쳐졌고 대학생들이 주민들과 숙식하며 철거에 대비했다. 철거가 시작되자 철거용역으로 악명을 떨치던 '입산개발'[44]이 철거민들을 집단폭행하는 일이 벌어졌다. 사당동은 1965년 양동·도동 철거민들이 이주해 정착한 땅이었다. 이주 8년 만인 1973년 12월 재개발지구로 고시됐고 1984년 재개발 추진위원회가 결성됐다. 부동산중개업소 200여 개가 생겨났고 투기꾼들이 몰려 집값을 올렸다. 1985년 200여만 원이던 20평짜리 집 한 채가 3년 만에 열 배 넘게 폭등했다. 애초 2337세대였던 재개발조합의 조합원 85퍼센트(2000여세대)가 외지인들에게 분양권을 넘기고 떠났다. 집이 없어 판자촌을 짓고 살았던 사람들은 무허가란 이유로 강제철거·이주당했고, 옮겨간 땅에서도 집 없는 세입자란 이유로 되풀이해 철거당했다. 양동·도동에서 사당동으로 이어지는 철거와 이주의 역사는 이 나라 집 없는 사람들의 역사였고 9-2× 주민들의 역사였다.

1990년 민태진이 **스물두 살**이 됐을 때 동자동 제6지구에 지하 4층 지상 21층 빌딩 건설이 추진됐다.

1993년 민태진이 **스물다섯 살** 됐을 때 고향 집을 떠나 상경했다. 서울로 올라가기 전까지 입·사출 공장에서 10년간 먹고 자며 일했다. 그해 국회의원 재산 공개에서 당시 시가 10억 원의 집에 살던 한 의원[45]이 동자동에 '벌집'을 사들여 임대업을 하고 있는 것으로 확인됐다. 그가 소유한 쪽방 건물 다섯 채에 봉제공장과 철공소 노동자들 50여 가구가 거주했다.

1995년 민태진이 **스물일곱 살**일 때 서울역 부근에서 노가다를 했다. 돈이 떨어지면 서울역으로 와서 노숙했다.

2008년 민태진이 **마흔 살**이던 해 10월 동자동 제4구역(1978년 11월 재개발구역 지정) 세입자들이 주거권 쟁취 결의대회를 열었다. 한 해 전 서울시는 구역 내 세입자를 '12가구 36명'으로 파악했다. 쪽방·고시원 등에 사는 무보증 월세 세입자 100여 명은 이주 대책 대상에서 제외됐다. 장애를 가진 한 고시원 세입자가 구역 밖 고시원으로 쫓겨갈 때 고시원 주인으로부터 받은 보상금은 8만 원이었다.

2010년 민태진이 **마흔두 살** 됐을 때 9-2× 주민이 됐다. 살면서 한 번도 내 집을 가져본 적 없었던 그가 세상에서 가장 작은 집[46]에 들었다. 태어났을 때 귀하게 씻기고 입혔는지 알 수 없지만 귀하게 대접받는 시절이 다신 없을 것을 아는 사람들이 동네로 찾아들었다.

2015년 민태진이 **마흔일곱 살**이 됐을 때 9-2×에 노란 딱지가 붙었다. 한번 물면 놓지 않는 맹견처럼 원색의 샛노

랑은 가난한 사람들의 길에 이빨을 박고 따라다녔다.

민태진은 '노란 벼락'에 가장 먼저 반응한 사람이었다.

옛날이나 지금이나 동자동을 바라보고 묘사하는 언어는
전혀 바뀌지 않았다.

1961년 판잣집 1600여 채가 혁명과업 완수 차원에서 제
거되고, 1964년 김출혜가 무너진 건물 더미에 깔려 아들의
이름을 부르고, 1968년 집이 박살난 이춘식이 국회의사당
으로 항의 행진하다 체포되고, 1970년 철거민 2600여 명
의 광주대단지 강제이주 계획이 입안되고, 2013년 사건사
고와 범죄의 천국이자 불안과 공포가 뒤섞인 그 동네에서,
2015년 해방구 없이 나락으로 떨어진 사람들의 거주지이
자 무질서 자체인 치안의 사각지대에서, 민태진은 다만 마
음 편히 좋았다.

전쟁 직후 피란민들과, 가난한 도시 노동자들과, 생존이
다급한 성매매 여성들이 모여 형성한 동네였다. 성매매 집
결지 정리와 강제이주가 그들을 몰아내면 '도시 정비'가 빈
자리를 고층빌딩들로 채웠다. 가난한 그들이 쫓겨나는 동
안에도 어디로도 쫓겨가지 못한 가장 가난한 사람들과 노
숙인들과 홀몸 노인들이 동네에 남았다. 해체된 판잣집 자
리에 집을 썰어 들어찬 한 칸 쪽방마다 그들은 없는 사람
들처럼 있었다.

화재와, 붕괴와, 철거와, 가난과, 가난을 바라보는 가난한 시선이 쌓인 그 땅에 민태진과 9-2×의 오늘이 있었다. 볕이 찾아와 봄을 쌓고, 잎이 피어 꽃을 쌓고, 사람이 죽어 혼을 쌓은 그 땅에서 민태진의 이야기도 그들이 쌓아온 이야기 위에 쌓여갔다. 민태진의 몸에서 기어나온 이야기가 바글거리며 9-2× 주민들의 이야기에 보태졌다.

　관리인이 건물주의 뜻을 전하며 강제퇴거를 종용했을 때 주민들 중 민태진(➡175쪽)이 가장 먼저 방을 비우고 나갔다.

1 "새꿈어린이공원도 망가진 대표적 공원이다. 낮밤을 가리지 않고 술판을 벌이는 노숙인과 일부 주민만의 공간으로 전락한 지 오래다." 2012년 6월 19일 동아일보 〈왜 우범지대로 변했나〉.

2 1975년 10월 대통령령 제7816호에 따른 관할구역 변경으로 중구의 동자동과 도동1·2가의 일부를 합쳐 용산구 동자동이 됐다.

3 중구 남대문로5가와 양동으로 불리던 지역이 1980년 7월 서울특별시조례 제1412호로 남대문로5가로 합쳐졌다. 양동의 부정적 이미지를 지우기 위한 목적(주민 진정)도 있었다.

4 2015년 7월 15일 '스마트 서울경찰' 블로그 〈서울 도심 외딴섬을 밝히는 새꿈공원 자율방범대〉.

5 1950년 3월 29일 경향신문.

6 1960년 12월 18일 동아일보.

7 동자동은 가난한 성매매 여성들의 삶을 그린 영화 〈어둠의 자식들〉(감독 이장호·1981년)의 촬영 장소 중 하나였다. 영화 〈아저씨〉(감독 이정범·2010년)에서 주인공 차태식(원빈)의 전당포가 있던 곳도 동자동 산21번지로 나온다. 실제로 존재하는 주소는 아니다.

8 "술에 취해서 이웃 주민들에게 행패를 부리는 등 이곳은 그야말로 무질서 그 자체, 치안 사각지대였습니다." 2015년 7월 15일 '스마트 서울경찰' 블로그 〈서울 도심 외딴섬을 밝히는 새꿈공원 자율방범대〉.

9 1955년 10월 3일 경향신문.

10 1956년 1월 9일 경향신문.

11 1960년 8월 27일 경향신문.

12 "서울 용산구에서 근무하는 경찰들은 서울역 인근 새꿈어린이공원을 '범죄 천국'으로 꼽았다. 해가 지기만 하면 노숙인들이 삼삼오오 모여 술을

마시고 얼굴을 옷으로 가린 사람들이 곳곳을 배회하기 때문이다." 2013
년 4월 2일 조선일보 〈유흥가 옆 주택가 골목길은 성추행 단골지역〉.

13 1961년 5월 24일 경향신문.

14 1961년 5월 27일 경향신문.

15 1962년 1월 1일 경향신문.

16 1962년 5월 2일 경향신문.

17 2018년 2월 자유한국당 소속의 한 정치인이 새꿈어린이공원에서 기자회
견을 열고 용산구청장 선거 출마를 선언했다.

18 1963년 10월 2일 경향신문.

19 1963년 10월 15일 제5대 대통령 선거. 470만 2640표(46.6퍼센트)를 얻
은 박정희가 454만 6614표(45.1퍼센트)를 득표한 윤보선을 1.5퍼센트
차로 이기고 당선됐다.

20 1980년대까지 초등학교 여학생들이 고무줄 놀이를 하며 부르던 노래.
"무찌르자 공산당 몇 천만이냐/ 대한 남아 가는 데 초개(草芥)로구나/ 나
가자 어서 가자 승리의 길로/ 나가자 가자 어서 가자/ 올려주세요." 1951
년 작곡(이선근·작사는 권태호)된 군가 〈승리의 노래〉 1절을 변형(오랑
캐→공산당)했다. 마지막 소절 "올려주세요"는 노래가 끝날 때까지 고무
줄에 다리가 걸리지 않으면 다음 단계로 줄을 올리라는 의미로 붙여졌다.

21 1963년 5월 21일 동아일보.

22 "이 공원(새꿈어린이공원)에서 한 달 평균 50여 건의 범죄가 발생하면서
주민들은 이곳을 '불안과 공포의 공간'으로 인식하고 있다." 2012년 6월
19일 동아일보 〈왜 우범지대로 변했나〉.

23 1964년 5월 4일 동아일보·경향신문.

24 "새꿈어린이공원은 입구 30미터 전부터 음식물 썩는 냄새와 술 냄새가 났

다. 곳곳에서 구린내와 지린내가 진동했다. 주민들은 이곳을 '술 공원'으로 불렀다. 어린이용 미끄럼틀 앞에선 50대 남성 6명이 팩소주를 놓고 담배를 피우며 술판을 벌이고 있었다. 주민 이모 씨(49)가 미끄럼틀에서 비틀거리며 소변을 봤다. 그는 '여기(공원)는 우리 집이다. 집에서 술 마시는데 이유가 있느냐'며 횡설수설했다." 2012년 6월 18일 동아일보 〈쉴 곳 못 되는 시민 쉼터〉.

25 2015년 4월 6일.

26 1968년 2월 27일 경향신문.

27 1968년 2월 27일 동아일보.

28 제14대 서울시장(1966년 3월~1970년 4월). 육군사관학교를 4기로 졸업하고 1959년 12월부터 육군제3항만사령관을 지냈다. 5·16 군사쿠데타 이후 36세의 나이로 제12대 부산시장에 취임(13대 연임)했다. 1966년엔 43세로 서울시장이 됐다. 그의 별명은 '불도저 시장'이었다. '돌격 건설' 구호를 외치며 서울을 부수고 '개조'했다. 박정희 정권이 강행한 서울의 강제철거와 집단이주의 역사엔 그의 이름이 박혀 있다. 서울시 무허가 판자촌의 철거와 광주대단지(➡535쪽) 이주를 주도했다. 1970년 '와우아파트 붕괴' 참사(➡129쪽)로 사퇴했으나 이듬해 내무부장관으로 돌아왔다. 1926년에 태어나 1997년에 사망했다.

29 1968년 2월 28일 경향신문. 이춘식을 포함해 6명이 체포됐다.

30 1955년 7월 19일 경향신문.

31 1955년 8월 5일 경향신문.

32 1958년 8월 10일 동아일보.

33 "게다가 쪽방촌 환자 20여 명은 누구 하나 찾아오는 사람도 없이 홀로 방 안에서 몸을 움직이지도 못하는 상태로 희미해지는 과거를 되새김질하며

그야말로 생을 마감할 날만 기다리며 힘겨운 나날을 보내고 있었습니다."
2015년 7월 15일 '스마트 서울경찰' 블로그 〈서울 도심 외딴섬을 밝히는
새꿈공원 자율방범대〉.

34 2015년 5월 오픈한 '포 포인츠 바이 쉐라톤 서울 남산'.

35 1968년 3월 2일 동아일보·경향신문.

36 1960년 12월 30일 경향신문.

37 "이 쪽방촌에는 70세 이상의 노년층, 시각장애인·거동이 불편한 사람들,
기초생활 수급자 등 우리 사회에서 소외계층이라고 불리는 사람들이 구
성원의 대부분이며 알코올중독과 병마에서 벗어나지 못한 채 상처 입은
동물처럼 외부 사람을 경계하고 멀리하며 무료 급식과 정부의 지원으로
그저 하루하루의 생명을 힘겹게 이어가고 있습니다." 2015년 7월 15일
'스마트 서울경찰' 블로그 〈서울 도심 외딴섬을 밝히는 새꿈공원 자율방
범대〉.

38 1970년 2월 11일 경향신문. 광주대단지(현재 경기 성남)로 강제이주된
철거민 수만 명이 1971년 8월 10일 정부의 졸속 행정에 반발하며 대규모
시위를 벌인 사건. 광복 이후 최초의 도시 빈민 저항.

39 1977년 12월 23일 동아일보.

40 1984년 9월 29일 매일경제.

41 총회 뒤 주거 겸용 업무용 빌딩 10여 채 건설.

42 1985년 4월 3일 양동세입자녀회 호소문. "저희는 이제 마지막입니다.
여기에서 우리가 갈 곳은 내 자식 새끼 모두 죽이고 저희도 죽는 길밖에
는 없습니다. 서울 시내 변두리 판자촌을 여기저기 돌아다니다가 한 푼
없이 이곳에 들어와 근근이 살아왔는데 여기서도 나가라면 도대체 우리
가 갈 곳은 어디란 말입니까. 하나님이 계시면 말씀 좀 해주세요. …… 일

터에서 돌아와 피곤한 몸을 쉴 수 있는 지금 살고 있는 방처럼 비록 작은 방이라도 빼앗지 말아주세요. 우리가 스스로 살 수 있도록 제발 저희를 괴롭히지 말아주세요. 현명하신 여러분, 공부 많이 하신 여러분, 돈 많은 여러분, 정치하시는 여러분, 하나님 가르치는 여러분 제발 우리를 살려주세요."

43 1986년 1월 30일 매일경제.
44 한국 최초의 철거용역업체로 알려져 있다. 입산개발 출신들이 '적준'을 만들고 적준에 몸 담았던 이금열이 한국 철거업체의 대명사 다원(➡269쪽)을 만든다.
45 민주당 이경재 의원. 그는 "(내 집을 빌린 임차인이 쪽방으로) 재임대했다"고 주장했다.
46 쪽방은 한 평도 안 되는 방 한 칸이 한 가구인 집이다.

11

기
억

역사[1]는 누구의 기억[2]인가.

1 왕조의 언어가 '실록'의 지위를 독점할 때, 백성의 언어는 '야사'로 버려
   져 떠돌았다. 말해질 기회를 소유한 사람들의 언어가 언로(言路)를 획득
   하고 기록으로 쌓일 때, 말해질 힘을 갖지 못한 사람들의 언어는 언로에
   서 누락되고 기록 없이 새어나갔다. 권력자들의 기록이 역사(正史)의 자
   리에 앉는 동안, 권력 없는 자들의 비역사는 '이야기'로 전파됐다.(이문영,
   《웅크린 말들》, 후마니타스, 2017)

2 역사는 시선이고, 위치며, 태도다. 역사는 기록하는 권력의 시선이고, 권
   력이 글을 쓰는 위치이며, 권력이 사실(fact)을 선택·배제하는 태도다. 그
   시선의 멀고 가까움과, 그 위치의 높고 낮음과, 그 태도의 완고함과 유연
   함에 따라 역사는 객관적 기억과 주관적 기억 사이에서 수십 수백 가지의
   모습을 띤다. 역사로 인정받지 못한 시선과 위치와 태도 밖에도 각자의
   삶을 지탱해온 시선과 위치와 태도가 있다. '안'의 기록 권력들이 어떤 기
   억이 참이냐를 두고 논쟁할 때 '밖'의 사람들에겐 '안의 기억'이 과연 내게
   도 참이냐를 질문한다. 기록을 남기지 못한 자들의 역사는 기록을 지배하
   는 자들의 기억으로 대체돼왔다. 그들에게 역사란 대한민국의 기억일 순
   있지만 나의 기억은 아닐 수도 있다. 누락당한 개인들에게 역사는 검증되
   고 인증된 역사책이 아니라 그들의 뒤틀리고 편향된 몸의 기억 속에서 훨
   씬 사실적이고 생생하다. 그들의 공인받지 못한 기억 속에서 정의와 불의
   는 전혀 다른 모습으로 감각되기도 한다. 그들의 이야기는 사실과 허구의
   경계가 뚜렷하지 않다. 사실과 허구가 등을 맞댄 곳만 진실의 거처는 아
   니다. 이 책은 '안의 역사'가 기억하지 않는 '밖의 이야기'를 기억하고 안의
   역사가 인정하지 않는 밖의 이야기를 쓴다. 기억의 사실 여부를 검증하기
   보다 그들이 몸으로 통과해온 '다른 역사'를 다만 전하고자 한다.

시대가 난폭해질 때마다 역사는 부서진 자들을 상한 음식물처럼 길모퉁이에 토해놓았다.

생명을 귀히 여기는 전쟁이란 없었다.

1950년 6월 25일 북이 남을 침공했다. 유엔군의 인천상륙작전으로 전세가 역전되자 중공군이 개입했다. 북진하던 유엔군이 장진호전투[1]에서 중공군과 충돌했다. 중공군의 포위를 뚫은 유엔군이 흥남부두에서 배로 철수·남하했다. 1·4후퇴의 시작이었다. 미군 배에 개미떼처럼 달라붙은 북쪽 주민들 가운데 어린 박철관(당시 12세)이 끼어 있었다. 49년 뒤(1999년) 동자동 9-2× 201호에 도착한 그(➡184쪽)의 가방 안에서 그날의 이야기가 딸려 나왔다. 후리가리 당해 끌려간 '신선의 섬'에서 개죽음 당하지 않기 위해 탈출(➡451쪽)한 십대 박철관의 시간도 그 가방 안에 담겨 있었다.

생명을 귀히 여기는 권력이 아니었다.

국민을 버리고 도망간 이승만 정부가 1951년 국민방위군 사건[2]과 경남 거창 양민학살[3]을 저지른 뒤 진상을 은폐

했다. 신성모[4] 국방장관이 앞장섰다. 경남 의령에 그의 고향이 있었다. 신뢰 잃은 권력은 유언비어를 낳았다. "신성모가 빨갱이 잡으려고 폭탄 투하하면서도 자기 집만 피해 간다"는 소문이 흉흉했다. 양쪽으로 줄지은 군용차들이 어둑어둑한 길을 라이트로 환하게 비췄다. 신성모의 차가 올 때까지 대기하며 가로등 없는 길을 밝혔다. 폭격기가 불빛 보고 폭탄을 투하한다며 밥 해먹을 불도 못 피우게 하던 때였다. 그 불빛을 바라보며 신성모를 욕하는 어른들 옆에서 서혜자(당시 14세)가 모래 섞인 곡식을 찧었다. 전쟁에서 살아남아 "전쟁 같은 인생"을 산 그(➡216쪽)는 55년(2005년) 뒤 9-2× 지하5호에 도착했다.

불의한 힘은 서로를 탐하며 탐욕스러워졌다.

사건을 수습한 이기붕[5]이 신성모를 누르고 이승만 정권의 2인자로 부상했다. 법은 멀고 주먹은 가까운 시대였다. 정치인과 깡패가 선명하게 구분되지 않았다. 요정 밀실에서 정치권력과 정치깡패가 붉은 얼굴로 정치와 의리를 논했다. 이기붕도 서울 시내 최고급 요정 '대하'를 드나들며 정치 세계와 주먹 세계의 경계를 없앴다. 김두한[6]과 이정재[7] 등이 주먹을 휘두르며 힘의 세계에서 더 큰 힘의 세계로 상승하길 꿈꿨다. 대하의 웨이터 김동기(➡267쪽)는 어느 세계에 붙어야 그 세계의 말단에서라도 살 수 있을지 갈피를 잡지 못했다. 어느 세계에도 발붙이지 못한 그는 세계의 겉만 뱅뱅 돌다 2014년 지하10호의 한 평 방에 발붙였다.

전쟁은 외부의 적을 제거하기 위한 무력행사였지만, 내부를 누르고 권력을 다지는 정치공학이기도 했다.

9-2× 사용승인 7개월 전(1968년 1월 18일) 북한의 김신조[8]가 군사분계선을 넘었다. 조선민주주의인민공화국 124부대 특수요원 서른한 명이 '박정희 살해'를 목적으로 청와대로 진군했다. 무장한 그들은 CIC[9] 방첩단으로 위장해 두 줄로 행군했다. 세검정 고개의 자하문 초소를 지나다 검문에 걸렸다. 종로경찰서장 최규식이 보고를 받고 도착했다. 시내버스 한 대가 다가와 서장의 지프차 뒤에 멈췄다. 군부대 차량으로 오인한 124부대가 서장을 쏘고 버스에 수류탄을 던졌다. 서장은 즉사했다. 124부대원 스물아홉 명이 사살됐고, 한 명(김신조)은 생포됐으며, 한 명은 도주했다.[10] "북한산에서 경비를 서던 중 이상한 부대를 발견하고 무전기로 최초 보고"[11]한 서울시경 순경 김대광(당시 36세)은 땅바닥에 바짝 엎드린 채 무서워 벌벌 떨었다. 47년 뒤 9-2×의 벽이 뚫리고 전기가 끊겼을 때도 그(➡278쪽)는 깜깜한 동굴이 돼버린 301호에 몸을 파묻고 "무서워"를 연발했다.

남북은 적대함으로 공생했다.

자하문 총격전에 충격받은 박정희가 '총력 안보'를 조였다. 예비군과 육군3사관학교를 창설하고 교련 교육을 시작했다. 북파 부대도 만들어 보복을 준비했다. 육군과 해병대와 공군이 각각 선갑도 부대와 MIU(Mission Impossible

Unit·까치 부대)와 684부대(실미도 부대)[12]를 운영했다. 이북 출신과 고아, 무연고자, 범죄자 등을 공작원으로 뽑아 썼다. 적 생포와 사살, 주요 시설 폭파, 사회 혼란 촉발, 첩보 수집과 첩보망 구축 등을 가르쳤다. 1971년 8월 실미도 부대 공작원 스물네 명이 가혹한 훈련과 보수 미지급 등에 반발해기간병들을 살해하고 섬을 탈출했다. 버스를 빼앗아 서울로 향하던 그들은 군경과 총격전을 벌이다 수류탄을 터뜨려 자폭했다. 몸집이 컸던 양진영은 십대 후반에 북파공작원이 됐다. 두들겨 맞으며 외운 수칙이 뇌에서 기생충처럼 살며 평생 그의 머리를 헤집고 다녔다. 자기를 죽여 죽지 않는 기억을 죽이려고 수없이 시도했던 양진영(➡141쪽)은 끝내 죽지 못하고 2010년 9-2× 204호에 짐을 풀었다.

김신조가 생포되고 2년 뒤 아파트가 통째로 무너졌다. 산중턱에 지은 아파트가 순식간에 주저앉아 비탈 아래로 흘러내렸다. 박정희 정부가 지은 와우아파트는 건설업계의 부정부패와 부실공사의 결과물이었다. 시민아파트란 이름을 붙여 지었지만 정권은 시민의 성장을 허락하지 않았다. 와우아파트 붕괴는 민주도 공화도 없었던 '민주공화'[13] 시대의 이면이었다. 아파트 근처에서 돈 되는 쓰레기를 주우며 붕괴 현장을 목격했던 김택부(➡129쪽)의 생활은 44년 뒤 9-2× 106호에서 입주 7개월 만에 붕괴됐다.

깨끗하지 못한 권력이 정화의 주체가 되자 말이 오염됐다.

박정희가 죽고 정권을 찬탈한 신군부가 '사회정화'[14]를 외쳤다. 깨끗한 것과 더러운 것 사이의 경계가 무너졌고 깨끗해져야 할 것들과 깨끗함을 자처할 수 없는 것들이 의미를 잃고 무의미해졌다. '광주의 피'[15] 위에 권력을 다진 전두환은 국가보위비상대책위원회를 발족해 상임위원장에 앉았다. 사회정화위원회를 설치하고 '사회악'을 소탕했다.

이구찬과 김윤창은 '소탕' 대상자가 됐다. 술자리 시비로 감옥에 갔던 이구찬은 출소 8개월 만인 1980년 7월 삼청교육대로 끌려갔다. "대가리 쳐들었다고 개 잡듯 맞거나 자다가 호흡 곤란으로 죽는 사람들" 속에서 그도 담배 한 대 피웠다고 피가 낭자하게 맞았다. 포장마차에서 술을 마시던 김윤창은 팔의 문신 때문에 잡혀갔다. 새기다 만 '용' 자가 개천의 용도 꿈꾸지 않았던 그의 팔뚝에 있었다. "목이 너무 타서 이무기처럼 개골창에 대가리 처박고 물 마시다가" 곤봉에 맞아 머리가 터졌다. 이구찬(➡412쪽)과 김윤창(➡117쪽)은 22년(2002년)과 34년(2014년) 뒤 9-2× 108호와 311호에 망가진 몸을 맡겼다. 삼청교육대에서 서로를 알지 못했던 그들은 9-2×에서도 '삼청 동창'이란 사실을 몰랐다. "삼청교육 덕에 사람답게 산다"고 믿는 이구찬의 외삼촌들은 여순사건 때 학살당했다. 삼청교육대에 끌려가다 도망친 109호 조만수(➡231쪽)는 12·12사태 직전 50사단에서 시위 진압 훈련을 받았다.

가난한 나라는 가난한 국민의 노동력을 팔아 외화를 벌어들였다. 가난한 국민은 달러가 있는 곳이면 전쟁터라도 갔다. 그들이 목숨 걸고 벌어 보낸 돈으로 국가는 빌딩을 세우고 경제지표를 끌어올렸다.

베트남에 파병돼 용사의 길에 올랐던 엄장호(➡190쪽)는 철군 36년 뒤인 2009년부터 9-2×404호에서 '용사의 밥상'을 차렸다. 이란-이라크전쟁이 벌어지는 사막에서 건설노동자로 일했던 성덕윤은 포클랜드전쟁이 벌어지는 남미의 바다에서 물고기를 잡았다. 육지와 바다의 전쟁터를 오가며 정박하지 못했던 성덕윤(➡149쪽)은 2014년 9-2×의 401호에 겨우 정박했다.

누군가의 집이 솟을 때 누군가의 집은 무너졌다.

누군가의 집을 부수고 세우면서 기업은 성장했고 정부는 건설경기를 지탱했다. 철거용역업체들은 재벌 건설사 대신 손에 피를 묻히며 그들의 왕국 하부에 편입되길 꿈꿨다. 1997년 철거용역들의 '너구리 작전'으로 전농동(서울 동대문구) 철거민 박순덕이 18미터 망루에서 떨어져 사망했다. 한국 철거 역사에 참극으로 기록된 그날의 용역 선봉대에 박세기(당시 27세)가 있었다. 그 "미친 짓을 하며" 밥을 구했던 그(➡234쪽)가 9-2×303호에서 18년[16]을 살았다. 철거민을 내쫓던 그가 이제 철거민이 돼 내쫓길 처지에 있었다. 그 핏빛 순환을 국가는 '발전'이라 불렀다.

발전을 구가하던 나라가 국가부도 사태로 와르르 무너

졌다. 모든 것이 무너지니 마음도 무너졌다. 그해 '아이엠 에프 실직자'가 된 김윤창은 술자리에서 시비가 붙었다. 살인자로 교도소의 한 뼘 방에 수감된 그(➡304쪽)는 41년이 지나 9-2×의 한 뼘 방(311호)에 갇혔다.

역사가 흘린 이야기들이 9-2×로 흘러들었다.

서로 다른 곳에서 서로 다른 시절을 통과해온 그들은 서로 다를 것 없이 가난했다. 가난했으므로 9-2×에 와서야 쌓이는 가난한 역사가 있었다. 사건의 한 모퉁이에서 누락된 역사와, 역사가 기억하지 않는 역사가, 강제퇴거를 만나 '역사가 관심 갖지 않는 새 역사'를 시작했다. 각자의 시간을 거쳐 9-2×를 찾아온 사람들의 기억이 어둡고 눅눅한 건물 안에서 서로의 기억을 향해 가지를 뻗었다.

그들의 기억으로 이 역사를 쓴다.

1 1950년 11월 장진호 북쪽으로 진군하던 미군 제10군단 제1해병사단이 중공군 제9병단 7개 사단과 맞붙은 전투. 이 전투로 중공군에게 타격을 가한 미군은 퇴각과 함께 흥남 철수 작전을 전개했다.

2 국민방위군은 '국민방위군 설치법'(1950년 12월 공포)에 따라 징집한 17세 이상 40세 미만의 제2국민병이었다. 한국전쟁 때 중공군에 맞설 병력으로 모집됐다. 간부들은 이승만이 직접 총재를 맡은 대한청년단 출신들로 구성됐다. 1951년 1·4후퇴 때 이승만 정부는 점령 지역 청년들이 북한군에 편입되지 않도록 100만여 명에 달하는 국민방위군을 남쪽으로 후송할 계획을 세웠다. 국민방위군을 입히고 먹일 예산과 보급품이 크게 부족했으나 그마저 간부들이 착복했다. 식량과 옷을 보급받지 못한 많은 사람(9만여 명 추정)이 사망했다.

3 1951년 중공군 개입으로 후퇴하던 국군이 경남 거창군 신원면의 무고한 주민 570여 명을 학살한 사건. '공비' 토벌 중이던 제11사단 9연대 군인들이 빨치산과 내통했다는 죄목을 씌워 다이너마이트와 총으로 집단학살했다.

4 1891년 출생~1960년 사망. 이승만을 따르는 우익 청년단체 대한청년단(1948년 9월 결성)의 초대 단장을 맡으며 정치 기반을 닦았다. 제2대 내무부장관을 지냈고, 1949년 국방부장관에 취임해 한국전쟁을 맞았다. 1950년 국무총리 서리를 겸했다. 국민방위군 사건과 거창 양민학살 사건으로 해임됐다.

5 1896년 출생~1960년 사망. 이승만 정권의 핵심 인물. 광복 뒤 이승만의 비서와 서울시장, 국방부장관 등을 지냈다. 이승만의 지시로 자유당을 창당했고 이승만의 종신 집권을 위해 사사오입을 강행했다. 4월혁명 직후 일가족이 자살했다.

6 1918년 출생~1972년 사망. 독립운동가 김좌진 장군의 아들임을 내세워 활동했던 정치 주먹. 광복 이후 이승만 등이 주도하는 대한청년단의 감찰부장을 맡아 반공의 선두에 섰다. 1954년 제3대 민의원에 당선됐다. 1966년 9월 국회 오물투척 사건(➡433쪽)으로 의원직을 잃었다.

7 1917년 출생~1961년 사망. 이승만 정권 시절을 풍미한 정치 주먹. 5·16 군사쿠데타 직후 '혁명재판'에서 사형을 언도받고 처형됐다.

8 군사분계선을 넘은 124부대는 산악행군을 통해 1968년 1월 20일 밤 10시께 세검정 자하문 초소에 도착했다. 불심검문을 받는 과정에서 '사태'가 벌어졌다. 역사는 이 일을 '1·12사태' 또는 '김신조 사태'(➡133쪽)라고 불렀다.

9 Counter Intelligence Corps. 1945년 광복 직후 남한에서 활동한 미군 24군단 소속 첩보부대.

10 북한 특수부대 생존자 두 명 중 생포된 김신조는 남한에서 살며 목사가 됐다. 도주해 북한으로 돌아간 인물은 이후 총정치국 부총국장을 역임한 박재경으로 알려졌다. 2000년 9월 김정일 국방위원장의 특사로 남한을 방문한 김용순 당 중앙위 비서를 수행해 송이버섯을 전달한 사람이 박재경이라고 김신조는 주장했다.

11 김대광의 주장.

12 1·21사태 직후인 1968년 4월 1일 창설됐다. '실미도 사건' 때 섬을 탈출한 공작원들과 군경의 교전 과정에서 민간인을 포함해 28명이 사망했다. 생존 공작원 4명은 1972년 3월 사형됐다. 이 사건을 소재로 한 영화 〈실미도〉(감독 강우석)가 2003년 개봉했다.

13 박정희 정권의 집권 여당 이름.

14 1980년 6월 7일 신군부가 국가보위비상대책위원회를 만든 뒤 강압적으

로 단행한 사회부조리 척결 조처들. 신군부 반대·비판 세력을 탄압해 정권 안정을 굳히는 데 활용됐다. 1980년 11월 1일 설치된 사회정화위원회가 주도했다. 영역별·분야별 정화대회들이 개최되고, 지역·직장·학교별 정화위원회가 구성됐으며, 언론통폐합이 실시됐다. '사회악 일소 특별 조처'란 명분 아래 같은 해 연말까지 5만 7000여 명을 검거했다. 이 중 3000여 명을 일반·군사 재판에 넘기고 3만여 명을 삼청교육대로 보냈다.

15 1980년 5월 광주민주항쟁.

16 최장기 거주자 중 한 명.

13

비
상

"함부로 쫓아내지 말라. 동자동 9-2× 주민은……"

"남자는 여자와, 여자는 남자와 사랑하는 것이 순리입니다."

"동자동 9-2× 주민은 계속 여기에 살고 싶다. 그냥 이렇게……"

"동성애가 무슨 인권이란 말입니까."

"그냥 이렇게 쫓겨날 수는 없다. 강제퇴거 반대……"

"나라 망치는 동성애!"

"강제퇴거 반대! 죽어도 결사반대!"

서울시청 정문 앞[1]에서 9-2× 주민들의 '죽어도 결사반대'를 마이크 소리가 잘라냈다.

"하나님, 동성결혼 금지법 제정하여주옵소서. 주님이시여. 나라 망치는 동성애 음란광란집회[2] 막아주옵소서."

시청 유리벽이 퉁겨낸 봄 햇살이 9-2× 주민들 위에 쏟아졌다. 화사한 햇살 아래에서 겨울옷을 껴입은 주민들이 검은 매직으로 쓴 소박한 팻말을 들고 떼어지지 않는 입을 달싹였다. 그들은 공공기관 앞에 설 때마다 목소리가 잠겼다.

그들이 나오지 않는 소리를 목구멍에서 끌어내고 있을 때 확성기에서 증폭된 소리가 그들의 목소리를 누르며 쩌렁쩌렁했다. 진리수호구국기도회와 예수재단이 차별금지법[3]을 제정해선 안 된다며 '동성애 반대'를 외쳤다.

"9-2× 세입자들 사십여 명은 건물주의 일방적인 퇴거 명령에 분노하며 그냥 이대로 쫓겨날 수 없기에……"

항의와 저항도 경험이 필요했다.

항의하고 저항하기보다 삭이고 누르는 데 익숙해진 사람들이었다. 가난을 '항의할 수도 저항할 수도 없는 자격'으로 알고 살아온 이들도 있었다. 강제퇴거 딱지가 부른 당혹과 혼란이 항의하고 저항하는 데 익숙하지 않은 사람들의 동네를 흔들었다.

노란 딱지는 시한까지 방을 빼라는 통보였지만 시키면 시키는 대로 나가야 한다는 명령이기도 했다. 아무리 월세 계약자라 해도 길게는 18년 동안 방세를 꼬박꼬박 내온 세입자 전원에게 한 달 안에 나가라고 통보하는 경우는 없었다. 그 흔치 않은 일이 그들에게 닥쳤다. 동자동 밖의 사람들에겐 안 되지만 '동자동의 당신들'에겐 그래도 된다는 뜻으로 주민들은 받아들였다. 딱지는 9-2×에 붙었지만 동자동 전체에 붙은 딱지이기도 했다.

동네 사람들이 9-2× 앞으로 모였다.

9-2×는 동네 사람들이 모일 수밖에 없는 위치에 있었다. 건물 앞 메인 골목은 새꿈어린이공원과 맞붙어 있었다. 공

원은 동네 주민들이라면 매일 한 번씩은 들르는 쉼터이자 만남의 장소였다. 출근하지 않는 사람들이 출근하듯 날마다 9-2× 앞을 서성이거나, 김석필이 주워온 소파에 앉아 9-2× 주민들과 더불어 보초를 섰다.

"가진 것 하나 없는 형편에 아무런 대책 없이 나가라고 하는 건 거리로 내모는 짓이다."

건물주가 못 박은 퇴거 날짜 닷새 전[4] 9-2× 주민들은 비상대책위원회를 구성했다.

동네 주민들의 자치조직인 동자동사랑방과 사랑방마을 공제협동조합이 세입자들의 목소리를 모아 비대위 구성을 지원했다. 주민들은 위원장(➡129쪽)을 뽑고 임원도 뽑았다. 강제퇴거의 부당함을 호소하며 서울시와 용산구청, 국민권익위원회에 탄원서도 제출했다. 평생 처음 결성한 비대위와 처음 써보는 탄원서는 '우리도 항의하고 저항할 줄 안다, 우리도 가만있지 않을 것이다, 우리도 거창한 이름(비대위)을 걸고 싸울 수 있다'는 의미였다.

비대위 구성 한 달여 만에 그들은 주섬주섬 손팻말을 들고 서울시청 앞에 섰다. 시장을 만나러 들어간 주민 대표단이 면담 결과를 들고 나오길 기다리며 시위인지 대기인지 모를 집회를 했다.

"한 장씩 받으세요."

동성애 반대 서명을 받던 구국기도회 회원이 주민들에게 다가와 서명지를 돌렸다. 공손히 받아드는 주민들을 바라보며 마이크 든 여성의 목소리에서 자신감이 드높았다.

"형제님들, 하시는 일 다 잘되시고요."

서울역 앞에서 무료 식사를 제공하는 교회들은 배식 전에 예배를 봤다. 교회가 깔아둔 간이 의자에 앉아 목사가 "주님"을 찾을 때마다 "아멘"을 외쳤던 사람들이 서울시청 앞에서도 반사적으로 반응했다.

"동성애 이거 안 됩니다. 형제님들 믿습니까?"

진리수호구국기도회가 무엇으로부터 진리를 지키고 국가를 구하려는지 이해하기 앞서 주민들이 목청을 돋워 받았다.

"아멘."

"동성애 반대 서명 꼭 해주세요."

"아멘."

주민 몇 명이 벌떡 일어서서 서명 부스로 다가가 이름을 적고 왔다.

마이크 소리가 칭찬처럼 따라왔다.

"형제님들의 소망 위에 형제님들을 사랑하시는 주님이 함께하실 것을, 믿, 씁, 니, 다."

마이크의 '축원'이 믿음 소망 사랑을 한꺼번에 호출했다. 평생 믿을 것 없이 살았던 사람들에게 신이 제공하는 밥은 그 자체로 믿음이었다. 믿음 소망 사랑 중에 제일은 믿음 소망 사랑이 파는 밥이었다.

"아주 멋쟁이여."

지하9호 김상천(76)이 '중절모 홍'을 반기며 말했다.

시청 앞 집회를 한 시간 앞뒀을 때 동네 주민들이 동자동사랑방 앞으로 모습을 나타냈다.

"형님들 잘 있었소."

중절모 홍이 중절모를 벗으며 인사했다. 중절모에 살짝 눌린 머리가 기름으로 단정하게 정돈돼 있었다.

"작정하고 빼입었구마."

김상천과 9-2×의 앞날을 논하고 있던 205호 박기택(73)이 한마디 거들었다.

"날이 날 아니요."

중절모 홍이 껄껄 웃으며 한 바퀴 돌아 보였다. 새하얀 셔츠에 주황색 바지를 깔끔하게 받쳐 입은 원색의 패션이 텁텁한 입안에서 터지는 귤처럼 새콤했다.

중절모 홍도 몇 년 전까지 9-2× 주민이었다.

그는 김상천의 옆방에서 살았다. 김상천은 멋이 줄줄 흐르는 중절모 홍을 볼 때마다 '한때 잘나갔나 보다'며 잘 알지 못하는 그의 과거를 부러워했다.

중절모 홍의 과거는 '월남 상이용사'란 사실 정도만 알려져 있었다.

그는 손재주가 좋았다. 목수 일이든 전기 일이든 못하는 게 없었다. 그의 손을 거치고 나면 고장 나 비틀거리던 것들이 똑바로 일어섰다. 한때 여러 회사들로부터 전기 일을 하청받거나 전국을 돌며 마을 작업을 통째로 맡는 '행운의

사나이'였단 소문이 그를 따라다녔다. 돈 잘 쓰고, 인심 좋고, 노래도 잘 불러 "줄줄이 사탕처럼 여자가 끊이지 않았다"는 말도 있었다. '운까지 좋아서' 관악구 신림동의 매입임대주택[5]에 당첨돼 이사 갔다. 그는 느닷없이 쫓겨나게 된 옛집 동료들의 소식을 듣고 시청의 '삐까번쩍'에 지지 않을 차림으로 원정 집회를 나왔다.

멋이라면 박기택(→277쪽)도 한 가닥 했다.

중절모 홍을 월남 상이용사로 만든 전쟁이 시작된 해, 그러니까 9-2×가 사용승인을 받던 1968년부터 박기택은 동자동에 살았다. 그는 '현역 댄서'였다. 여전히 청량리(동대문구) 콜라텍에서 여자들의 손을 잡고 춤을 췄다.

박기택보다 다섯 살이 더 많은 김상천은 박기택보다 7년 먼저 동자동에 들어왔다.

쪽방이 아니라 판잣집이 동네의 대표 건축물이던 시절부터 그들은 그 동네에 살며 쪼개지고 줄어드는 방에 맞춰 그들의 살림과 몸집도 쪼개고 줄여왔다.

"그 쪼깐한 사업만 망하지 않았다믄 이 쪼깐한 방에 살믄서 이렇게 쪼깐해지지 않혀도 됐을 거인디."

김상천은 회한을 떨치지 못했다.

서울시장 면담이 30분 앞으로 다가오자 주민들은 두어 명씩 짝을 지어 이동했다. 김상천과 박기택과 중절모 홍도 팻말을 들고 천천히 시청 쪽으로 걸어갔다.

"시장님한테 우리 의사를 전달했으니까 한번 기다려보죠."

서울시장을 만나고 나온 사랑방마을공제협동조합 이사
장이 말했다.

그와 9-2× 주민 대표 등 네 명이 반 시간가량 진행된 면
담 결과를 설명했다. 강제퇴거 사태가 언론보도로 알려진
뒤 시장과의 짧은 만남이 성사됐다.

주민들의 호소를 들은 시장의 반응은 "해당 건물이 사유
재산이어서 직접 개입은 쉽지 않다"는 것이었다. 다만 "집
주인이 동의하면 영등포의 사례[6]를 따라 대안을 찾아보겠
다"고 했다. 서울시는 '주민들 거주 보장과 임대료 현행 유
지'를 조건으로 리모델링 지원을 건물주에게 제안했다. 건
물주는 시의 제안을 거부했다.

건물주의 반응을 전해 들은 김상천(➡142쪽)은 격앙했다.

"집주인에게 방세 갖다줘불자고. 안 받어? 안 받었다믄
한꺼번에 찾아가서 결단을 내불자고."

노란 딱지를 붙인 직후 반발하는 주민들에게 건물주는
'한 달 안에 방을 비우는 사람에 한해 한 달치 방값을 받지
않겠다'고 했다. 주민들은 건물주에 맞서 월세를 걷은 뒤
사랑방에 맡기고 '보관증'을 받았다.

보관증(납부자용)

금 일십오만 원(150,000원).

위 금액은 동자동 9-2×호 세입자 월세인데, 주인이 집
세를 받지 않고 몰아내려 하기에 세입자로서 의무를 다

하기 위하여 입주민 합의 집세를 사랑방에 보관하기로
한 금액입니다.

주민들이 9-2×에 살기 시작했을 때 건물주와 체결한 부
동산임대차계약서엔 관리인(건물주를 대리해 계약)이 볼펜으로
쓴 문구가 추가돼 있었다.
"월세는 선불로 하며 미납 시는 즉시 이사함."
주민들은 이미 두 달치 월세 보관증을 받아둔 상태였다.

---

1 2015년 4월 6일.
2 퀴어 퍼레이드를 지목한 주장.
3 인종, 출신 지역, 사상, 성별, 성 정체성과 성적 지향, 장애, 외모, 나이, 학
  력 등 모든 종류의 차별을 금지하는 법률. 유엔도 한국에 법 제정을 권고
  해왔고 수차례 입법 시도가 있었으나 특히 보수 기독교 쪽의 반대와 정치
  적 압박으로 번번이 무산됐다.
4 2015년 3월 10일.
5 한국토지주택공사(LH) 등이 단독주택이나 빌라 등을 매입해 저소득층
  에게 싸게 임대하는 주거 형태.
6 영등포역(서울시 영등포구 영등포동) 뒤로 펼쳐진 쪽방촌에서 건물주들이
  리모델링을 추진하면서 세입자 퇴거 사태가 벌어졌다. 서울시는 컨테이너
  로 임시 주거시설을 만들어 퇴거 대상 세입자들을 이주시킨 뒤 '일정 조건'
  을 전제로 건물 리모델링 비용을 지원했다. 리모델링이 끝난 뒤 퇴거 세입
  자 우선 재입주와 일정 기간 임대료 동결 및 강제퇴거 금지가 조건이었다.

14

털
보

106호 김택부

1939년 대구 출생

7개월 거주

9-2× 세입자비상대책위원장

우르르 콰콰쾅.

폭탄 터지는 소리가 들렸다. 소리 나는 쪽을 쳐다보니 산중턱에서 하얀 먼지 구름이 솟고 있었다. 조금 전까지 있던 5층짜리 아파트가 보이지 않았다. 아파트 한 동만큼의 자리가 비어 있었다.

홍익대학교(서울 마포) 주변에서 물랭이[1]를 줍던 날[2]이었다.

새벽마다 리어카를 끌고 신촌에서 홍대를 거쳐 합정 쪽으로 이동하면서 쓰레기통을 살폈다. 난지도[3]가 있던 마포는 쓰레기통이 컸다. 서울시의 쓰레기가 다 모였다. 넝마주이들이 피해갈 수 없는 코스였다.

넝마주이는 아파트 단지를 중심으로 동선을 짰다.

쓰레기통을 찾아다니다 보면 아파트 위치를 줄줄이 꿸수밖에 없었다. 아파트마다 어떤 사람들이 사는지, 그들의 살림살이가 어떤지, 그래서 어떤 쓰레기들을 내놓는지 머릿속에 지도가 그려졌다. 가난의 지도는 찾아가기 위해서가 아니라 지나가기 위해서 필요했다. 그 지도를 따라가면 쓰레기도 드물었다.

그 아파트도 가난의 지도 안에 있었다.

산비탈을 따라 층층이 기어올라간 판잣집들 위로 새로 들어선 그 아파트가 있었다. 나라가 판잣집을 철거하면서 철거민들의 거주지로 지은 값싼 아파트였다. 아파트 이름 앞엔 '시민'[4]이 붙었다. 아파트 뼈대만 짓고 내부 공사는 입주민들에게 맡기는 방식이었다. 처음부터 번듯할 리 없는 아파트였지만 몇 달 뚝딱뚝딱하더니 그새 완공됐다고 했다. 공사 6개월 만에 입주가 시작됐다. 넝마주이들이 얼쩡 거렸지만 주워먹을 건 많지 않았다. 아파트에 살았으나 사는 꼴은 판잣집과 크게 다르지 않았다. 가난한 판잣집 주민들이 가난한 아파트 주민이 됐을 뿐이었다.

홍대 옆을 지나는데 와우아파트[5]가 무너져내렸다.

매일 지나가면서도 가끔씩만 쓰레기를 줍던 아파트가 어둠도 묽어지지 않은 새벽에 붕괴됐다. 와우산 비탈 한쪽이 휑하게 드러났다. 입주와 동시에 내가 그 아파트에서 애기통[6]을 캔 지 3개월 만이었다. 인생사 올라가고 엎어지는 것이 한순간이라지만 한순간에 올라간 새 건물이 한순간에 엎어지는 걸 눈으로 보고도 믿기지 않았다.

15동 아파트의 1층 기둥이 깨지면서 앞에 있던 8미터 높이의 축대 위로 주저앉았다.

아파트는 형체 없이 박살났고 아파트를 이루던 벽들이 비탈을 타고 흘렀다. 아파트 잔해들이 축대 아래 판잣집들을 산사태처럼 덮쳐 쓸어내렸다. 아파트와 판잣집 더미를 비집고 비명이 새어나왔다.

사람들이 모였다. 경찰이 왔고, 서울시장[7]이 왔고, 국무총리[8]가 왔다. 분주하게 구조 작업이 진행됐지만 그 산에서 다시 일으켜 세울 수 있는 것은 아무것도 없었다.

한참을 쳐다보며 서성이던 나는 리어카를 끌었다.

넝마주이가 할 수 있는 건 쓰레기를 줍는 일뿐이었다. 그 재앙의 구덩이가 쓰레기 공급처가 됐다. 와우아파트의 남은 동들도 순서대로 철거했고 아파트가 덮친 판잣집과 천막집도 해체됐다. 폐지들이 많이 나왔다. 한동안 주워먹을 쓰레기들이 누군가의 눈물과 함께 흘러넘쳤다.

넝마를 부르는 것은 쓰레기였다.

세상에 널린 것도 쓰레기였다. 값나가는 쓰레기는 드물었지만 쓰레기란 본래 값나가는 물건이 아니었다. 나는 그저 쓰레기를 찾아 걸을 뿐이었으나 걷다 보면 알 수 있었다. 모든 쓰레기가 반드시 쓰레기는 아니었다. 쓰레기만도 못한 쓰레기도 적지 않았다. 그 경계를 쓰레기를 주우며 사는 사람은 구별할 수 있었다. 나는 쓰레기 덕분에 살았지만 쓰레기 같은 쓰레기는 되고 싶지 않았다.

열일곱 살.

고등학교 1학년의 나이에 군대에 자원 입대했다. 가난해서였다. 아버지가 작은어머니를 만들더니 집을 나갔다. 친어머니는 돌아가셨고 큰형님도 일찍 사망했다. 3남 1녀의 막내였는데 둘째형과 누나는 결혼해서 단칸방에 살았다. 어른도 아이도 아니었던 내가 혼자 나를 책임지며 기댈 곳은 군대뿐이었다.

스무 살.

제대했을 땐 더 이상 아이가 아니었지만 잘 자란 어른도 아니었다.

스물한 살.

혼자 서울로 올라왔다. 금호동(성동구)의 벽돌공장에서 일했다. 그땐 제법 곱상하게 생겨 벽돌 생산 대신 숫자 세는 일을 했다. 벽돌공장 옆에 근로재건대[9]가 있었다. 재건대 왕초가 벽돌 계산 그만하고 재건대의 계산을 맡으라고 했다. 넝마들이 주워온 하루치 물량을 셈하는 일이었다. 간조[10]가 괜찮았다. 막걸리 한 되가 20원 할 때 보름치 간조가 2000원이었다. 금호동 재건대 왕초가 그때 서울 지역 재건대 최고 왕초라고 들었다. 주먹도 무시 못했고 경찰과도 직접 통하며 끗발이 대단했다. 역사 있는 이야기였다.

스물여덟 살.

명동 재건대에 있을 땐 양아치[11] 천지였다. '군사혁명' 뒤 양아치들을 모아둔 곳이 명동 재건대란 소문이 짜아 했다. 쓰레기들이 쓰레기를 줍는다고들 했지만 넝마들의 길을 이끌어 먹고살게 해주는 것도 쓰레기였다. 내가 찾아갔을 때 나를 거부하던 재건대장(경찰 정보관)을 명동 왕초가 설득해 머물 수 있도록 해줬다. 왕초는 을지로 일대의 구두닦이터를 모두 잡고 있었다. 외국에서 넝마주이들에게 주라며 보낸 후원금을 경찰이 안 내준다며 그가 데모를 하자고 했다. 돈 달라는 말에 경찰은 넝마주이가 주제도 모르고 날뛴다며 무시했다. 데모 전날 왕초와 청량리에서 잤다. 깨보니 경찰이 도로에 바리케이드를 치고 있었다. 세상이 난리였다. 대통령을 죽이려고 북에서 김신조(➡286쪽)가 넘어왔다고 했다. 경찰들이 시뻘건 눈으로 검문하고 검색했다. 시국이 그 판이니 데모도 집어던졌다.

스물아홉 살.

종로 통의동에 있는 넝마주이 작업장으로 옮겨 살았다. 한 노인이 찾아와 작업장을 둘러보더니 내게 말을 붙였다. 내가 통나무 두세 개씩 나르는 걸 본 그가 자기 집 짓는 데 와서 일하라고 했다. 자기가 민복기 대법원장[12]의 친척이라고 했다. 3층짜리 건물을 지을 때 일을 봐줬는데 완공되고 나서도 지배인처럼 몇 년 일했다.

서른한 살.

민씨 집안 뒤치다꺼리를 하다하다 더는 할 수 없어 마포로 나가 쓰레기를 주웠다. 머리 숙여 쓰레기를 줍는 것이 쓰레기를 버리는 인간들에게 머리 숙이는 것보다 속 편했다. 쓰레기를 모아놓으면 주워온 인간보다 버린 인간들의 얼굴이 보였다. 쓰레기는 버리는 인간들이 만드는 것이지 줍는 인간들에겐 아직 다하지 않은 쓸모였다. 내겐 쓰레기로 보이지 않는 물건들을 쓰레기로 버리는 집을 나와 그 쓰레기를 주워 살림살이로 쓰는 사람들의 집을 지나다녔다. 와우아파트가 무너진 자리에 돌고 돌아온 쓰레기들이 남았다. 그 쓰레기들을 내가 다시 주워 넝마 안에 넣었다.

서른세 살.

염천교(서울 중구 의주로2가) 아래에서 살았다. 나는 양아치들이 패싸움하고 도둑질하는 걸 싫어했다. 김춘삼[13]도 내 후배였지만 나는 그와 달랐다. 그래서 미아리 텍사스[14]로 갔다. 색시 장사가 요란했다. 색시 한 명을 소개하면 3000원씩 받았다. 재건대에서 같이 간 동생들이 기둥서방 노릇하며 텍사스를 주름잡았다. 나는 그게 너무 싫었다. 미아리 공동묘지에선 패싸움도 많이 했다. 나는 그것도 싫었다. 쓰레기장이 차라리 좋았다. 길음역 건너편 산 위에 쓰레기장이 있었다. 산을 오르내리며 쓰레기를 주워 팔았다. 쓰레기가 내 기반이었다. 아리랑고개(성북구 정릉동)로 올라가 땅을 빌려 재건대를 직접 운영했다.

마흔 살.

재건대를 자활근로대로 개편한다고 신문이 보도[15]했다. 경찰서별로 천막을 쳐서 넝마들을 수용했다. 나는 성북경찰서 제2지대에 속했다.

마흔한 살.

정릉천변 쓰레기장에 작업장이 있었다. 정릉에 터를 잡고 살면서 고물상을 시작했다. '정릉 털보'의 소문을 들은 전쟁고아들이 한 명씩 모여들어 서른 명이 넘었다. 고물상협회 서울지부장도 맡았다. 성공한 인생이었다.

예순일곱 살.

이명박 서울시장 때 청계천을 복원하면서 지천인 정릉천 주변도 철거(2006년께)했다. 포클레인 세 대가 와서 깨부쉈다. 살림살이는 정릉시장 옆에 갖다 쌓았다. 없는 사람들의 삶이 와우아파트처럼 무너졌다. 원래대로 회복한다는 뜻의 '복원'이 누군가에게 닿으면 허물어 없앤다는 뜻이 됐다. 살 곳이 사라져 서울역으로 갔다. 대책 없이 철거당한 사람들이 나와 있었다. 이명박 청문회가 열리길 기다리며 나는 살았다. 청문회에 제출하려고 우리가 어떻게 쓸려나갔는지 입증하는 자료들을 모아왔다.

예순여덟 살.

서울역에서 철거 노숙인들을 만나면 우윳값으로 1000원씩 줬다. 내가 '서울역 사랑의 천사'로 소문이 났다. 이 불쌍한 사람들을 그냥 두면 안 되겠다 싶었다. 짤짤이[16](➡ 400쪽)나 꼬지가 생계 수단이 될 순 없었다. 자활근로대 운영 경험이 있는 내가 그들을 새만금[17]으로 집단이주시킬 계획을 세웠다. 나한테 맡기면 서울역 사람들 살 길을 찾아줄 수 있었다. 영화를 찍으면서 사람들의 관심을 모은 뒤 이주까지 단행하겠다는 생각이었다. 새만금 가서 나무 심고, 병아리 키우고, 농장 만들고, 천막 쳐서 각자 살 구역 정하는 연기를 하다 보면 자연스럽게 이주할 수 있었다. 그냥 가자면 안 가겠지만 새만금 전체를 영화 세트로 삼으면 믿고 따라올 것이었다. 우리가 새만금에서 잘살면 다시 서울역 와서 누워 잘 일도 없었다. 말이 되는 소리냐고 따지는 사람도 있었지만 말은 어쨌건 되도록 만드는 것이다. 말발 먹히는 사람들의 말은 정말 말이 돼서 말이 됐나. 정권이 바뀔 때마다 대통령들한테 탄원 넣고 국회의원들한테도 부탁했는데 이 좋은 일을 안 들어줬다. 내가 카메라 하나 장만해서 혼자 찍기 시작했다. 주인공이 수녀였는데 촬영 중에 임지가 바뀌었다. 주인공이 사라지니 영화도 중단됐다. 화가 나서 카메라 처박고 때려치웠다.

일흔다섯 살.

서울역광장에서 쓰러졌다. 병원에 입원해 있을 때 104호 안장선(63)이 면회를 와줬다. 그(➡235쪽)도 내가 서울역에서 1000원씩 주던 동생이었다. 당시 그는 무료 식당에서 밥을 먹고 돈이 조금 생기면 지하 만화방에서 자곤 했다. 퇴원 뒤 그의 소개로 9-2×에 방을 얻었다. 복도를 사이에 두고 104호와 대각선으로 마주한 방이었다. 한 해 전 이 방에서 누군가 죽어 발견됐다[18]는 이야기를 방에 짐을 넣은 뒤에야 들었다. 찜찜하기도 했으나 한 번씩 죽어나가지 않은 방을 찾자면 이 건물에 들어올 생각을 말아야 했다. 305호 정효승(68)은 내가 소개해서 9-2×로 왔다. 무료 급식하는 교회에서 밥 먹으며 만난 친구(➡277쪽)였다. 이 건물에서 우리는 알게 모르게 서로 얽혀 있었다. 얽히지 않은 독고다이 가난이 어디 있겠나.

일흔여섯 살.

영화도 다시 찍어야 하는데 세입자비상대책위원장이 돼버렸다. 관리인이 무서워 비대위원장을 맡겠다는 사람이 없었다. 나는 입주한 지 1년도 안 됐지만 이제껏 누구를 무서워하며 살진 않았다.

1 '플라스틱'을 뜻하는 넝마주이 은어.

2 1970년 4월 8일.

3 난지도는 불광천과 홍제천이 한강과 만나는 곳에 형성된 면적 272만 제 곱미터의 섬이었다. 범람이 심해 홍수 피해가 컸으나 1977년 제방을 쌓 은 뒤부터 서울의 쓰레기 매립장으로 사용됐다. 1993년까지 9200만 톤의 쓰레기가 쌓여 100여 미터 높이의 쓰레기산을 형성했다. 1992년 생활쓰 레기 반입이 중단됐고 이듬해 쓰레기 매립장이 폐쇄됐다. 현재 하늘공원 등 생태공원으로 변모했다.

4 당시 비슷한 목적과 건설 방식으로 전국에서 시민아파트들이 지어졌다. 군사정권이 국민교육헌장을 암송시키며 '국민'을 만들어내던 시기였다. 한국에 아직 등장하지 않은 시민(사회)은 시민아파트란 이름에서 먼저 출현했다.

5 와우아파트 붕괴 사건. 한국 아파트 역사에 기록된 대표적 비극. 박정희 정권의 강제철거와 집단이주는 대규모 '시민아파트' 건설로 이어졌다. 적 은 예산과 초단기 공사 기간은 건설업계의 부정부패와 맞물려 필연적으 로 부실공사를 불렀다. 산비탈을 견디는 기둥 개수와 시멘트 양은 줄어들 었고 건물에 가해지는 하중은 늘어났다. 와우아파트는 착공 6개월 만에 준공해 입주 3개월 만에 무너졌다. 아파트와 판잣집에서 자고 있던 주민 34명이 사망했다. 와우아파트는 한국사회 부실공사의 대명사가 됐다.

6 '쓰레기통'을 뜻하는 넝마주이 은어.

7 김현옥 당시 서울시장.

8 정일권 당시 국무총리.

9 과거 한국을 청소하며 생계를 이었던 가난한 사람들(넝마주이)을 잠재적 우범자로 취급하며 만든 관리 체계. 1962년 박정희 군사정권이 넝마주이

를 일괄 등록·관리하기 위해 조직했다. 등록 넝마주이에게만 폐품 수집이 허용됐고 미등록자들에겐 불허됐다. 근로재건대는 경찰 관할로 편입돼 관리됐다. 전국 경찰서별로 군대식으로 운영됐고, 지역별 재건대장도 경찰이었다. 1962년 서울에서만 11개 경찰서에 편재돼 있었다. 경찰서마다 단속 목표가 할당될 때 경찰들은 넝마주이들을 '후리가리'(일제 단속)해 실적을 채우기도 했다. 1979년 박정희의 지시로 자활근로대로 통합됐다.

10 '급여'를 뜻하는 넝마주이 은어.

11 '넝마주이'를 비하해서 부르는 속어.

12 1913년 12월 서울에서 태어나 1937년 일본 고등문관시험 사법과에 합격했다. 1940년 경성지방법원 판사를 시작으로 일제강점기 때 출세의 발판을 닦았다. 광복 뒤 미군정 사법부 법률기초국장 겸 법률심의국장을 거쳐 1947년 법무부 검찰국장 겸 대검찰청 검사, 1948년 법무부 법무국장을 지냈다. 1950년 제5대 법무부 차관, 1951년 서울지방검찰청 검사장, 1955년 제5대 검찰총장에 취임했다. 1963년에는 제16대 법무부장관이 됐고, 1968년과 1973년엔 제5대와 6대 대법원장이 됐다. 2005년 서울대학교 학생회에서 발표한 '서울대학교 출신 친일 인물'에 포함됐다. 2008년엔 민족문제연구소에서 편찬한 《친일인명사전》 사법 분야에도 이름이 올랐다.

13 1950년대 전후 김두한, 이정재, 시라소니(이성순) 등과 어깨를 겨루며 '거지왕'으로 불렸다. 그는 걸인들의 왕초였고 염천교는 그의 활동 근거지였다. 1950년대엔 합심원이란 전쟁고아 수용시설을 세웠고, 1994년엔 공해추방국민운동중앙본부를 만들어 총재를 역임했다. 그를 주인공으로 한 영화 〈거지왕 김춘삼〉(1975)과 텔레비전 드라마 〈왕초〉(1999)가 제작·상영되기도 했다. 2006년 11월에 사망했다. 김춘삼이 1928년생이므로

"김춘삼도 내 후배"란 김택부의 주장은 사실이 아닐 가능성이 크다.

14 서울 성북구 하월곡동의 성매매 밀집지를 일컫는 속칭. 1968년 서울시가 대표적 성매매 집결지이던 양동과 '종삼'(종로3가)을 철거하면서 성매매 여성들은 하월곡동(미아리 텍사스)과 청량리(588), 천호동(천호동 텍사스)으로 이동했다.

15 "내무부는 전국 각지의 폐품 수집 근로자들의 복지를 위해 이들을 지역 단위로 편성, 자활근로대를 만들어 운영키로 했다. 내무부의 이 같은 자활 근로대의 편성은 폐품 수집 근로자들의 작업장이나 공동 숙소 등이 불결, 비위생적인 생활을 하고 있는 데다 전과자, 무호적자 등 우범자들이 이들과 섞여 있어 이들을 선도하기 위해서이다." 1979년 7월 11일 경향신문.

16 종교기관 등을 찾아다니며 구제비를 받거나 식사를 해결하는 일.

17 새만금종합개발사업으로 전북 군산시·김제시·부안군 일대에 조성되는 다목적 용지.

18 지하7호 유경식이 주검에 슨 구더기를 걸레로 닦아내던 방.

15

의
혹

나(211호 김석필➡166쪽)는 못 믿겠다.

씨발. 안전진단 결과 철거와 보강공사가 필요해서 퇴거를 요구한다더니, 씨발 아니었다. 우리도 구청에 알아볼 만큼 알아봤다. 안전진단을 했다는 업체는 존재하지도 않았다. 안전진단 확인서를 제출하라는 구청의 요구에도 건물주는 응하지 않았다. 우리가 그대로 믿을 거라 생각한 듯한데, 하하, 우습게 보지 말라. 정밀안전진단[1]을 받기 위해 비계 설치를 시도했다니. 우리가 바보인 줄 아나. 공사를 시작하려는 핑계일 뿐이다. 캬아아아악 퉤.

나(204호 양진영➡170쪽)도 못 믿겠소.

저기 벽에 써 붙인 것[2] 좀 읽어보란 말이오.

9-2× 건물 안전점검 결과

-점검자: 용산구청

-점검 일시: 2015년 3월 16일

구청에서 나와서 둘러보고 붙인 거란 말이오.

1. 일부 누수 및 페인트 부식 발생
2. 구조체 다수의 균열 및 철근 노출, 콘크리트 박리(벗겨
   짐), 박락(떨어져나감) 발생
3. 지붕 난간 상부 적벽돌 일부 탈락 및 탈락 우려

여기가 사람 살 데가 아니란 사실쯤은 나도 안단 말이오.

-조치 의견
1. 구조체 균열 및 누수 부위는 보수·보강할 것
2. 지붕의 난간 상부 적벽돌 제거할 것

끝까지 똑바로 읽어보란 말이오.

※정밀안전진단까지 받을 필요는 없다

구청에서도 정밀안전진단은 필요 없다고 했단 말이오.
정중하게 말하겠는데 속을 사람을 속이란 말이오.
나(지하9호 김상천➡254쪽)도 몬 믿는다.
내쫓는 기 아니라고? 우리 안전 생각혀서 보수헐라는 기
라고? 어림읎는 소리. 안전을 위혀서든 편의를 위혀서든
집주인이 그동안 뭐라도 고치준 기 있간디. 여그 물 새고
쩌그 부식된 거 좀 보라고. 이 건물서 18년 산 사람도 주인
얼굴 한번 본 적이 없단 말이제. 겨울에 추워서 몸에 전기

장판을 둘둘 말고 여름엔 더워서 뽈개벗고 살았시도 집주인이 어디 불편한 기 있냐고 물어본 적 없단 말이시. 이제 와서 우리 생각허는 척하믄 누가 믿을 것인가.

그러니 그들은 못 믿었다.

건물주를 향한 불신이 냄비 뚜껑 들썩이듯 주민들 사이에서 바글바글 끓었다.

주민들이 감내하거나 스스로 해결해온 불결과 불편과 불안이 동자동에서도 9-2×의 방값이 가장 싼 이유였다. 혹시 발생할지 모를 안전사고를 염려해 일제 퇴거와 건물 공사를 추진한다는 건물주의 설명을 주민들은 곧이듣지 않았다. 가난한 자신들을 내쫓고 건물을 리모델링해 값을 올려 팔거나 중국인 관광객 대상의 게스트하우스를 만들 것이라고 의심했다. 동자동에서도 게스트하우스로 변신하는 쪽방과 여인숙이 늘어나고 있었다.

그 숫자들에서 이야기는 시작됐다.

9와 2×.

9-2×라 불리는 건물이었다.

45.

45명이 사는 45개의 방이 45개의 집을 이루는 건물이었다.

2와 5.

건물주가 2월 5일 노란 딱지를 붙여 강제퇴거를 통보했다.

3과 15.

3월 15일까지 방을 비우라고 요구했다.

40.

퇴거 날짜까지 40일만 허락됐다.

4와 20.

딱지 부착 열흘 뒤 새 숫자가 등장했다.

건물주와 주민 비대위원들, 서울시 공무원 등이 서울 종각역(종로구) 부근 다방에서 만났다.[3] 비대위원들은 관리인과만 연락해왔던 상상 속의 건물주를 처음 봤고 건물주 부부도 관리인 없이 주민들을 처음 대면했다.

주민들 "이렇게 갑자기 나가라는 법이 어디 있습니까."

건물주 "잘 아시겠지만 저희 건물은 임대차계약서도 없고,[4] 보증금도 없고, 월세 15만 원을 선불로 내시면 한 달 생활하시다 한 달 내에 나가고 싶으실 때 언제든지 나가시는 방식입니다."[5]

주민들 "딱지 붙을 때까지 길게는 18년을 산 사람도 있어요. 이렇게 갑자기 나가라는 법이 어디 있습니까."

건물주 "우리 거주자 분들의 힘들고 어려운 상황을 십분 이해하기에 보증금은 물론 월세도 15년 동안 단 한 번도 인상하지 않고 지금껏 15년 전 월세 금액인 15만 원씩만을 받아왔습니다."

주민들 "월세가 그만큼인 건 건물 꼴이 도저히 그 이상 받을 수 없기 때문입니다. 이렇게 갑자기 나가라는 법이 어디 있습니까."

건물주 "현재의 건물은 물이 새고 콘크리트가 드러날 정도로 많이 노후화된 상태입니다. 평소부터 낡고 오래된 건물로 안전 문제에 많은 걱정이 있었습니다."

주민들 "그동안 건물 상태 한번 살펴보러 온 적 없으면서 우리 안전 생각하는 척하면 믿겠습니까. 이렇게 갑자기 나가라는 법이 어디 있습니까."

건물주 "……"

말 없음. 그렇게 건물주는 할 말이 없어야 했다.

건물주 부부를 만나기 전 비대위원들은 무엇을 묻고 어떻게 답할지 연습했다. 건물주에게 밀려서는 안 된다며 단단히 벼르고 준비했다. 이 낡은 건물에서 어떻게 살아왔는지만 똑똑히 말해도 왜 나가란다고 그냥 나갈 수 없는지 설명될 것으로 그들은 기대했다.

말 없음. 그렇게 예행연습에서처럼 건물주는 할 말이 없어야 했으나……

"건물주 부부가 굉장히 말을 잘했는지 비대위원들이 부부의 말만 듣다 왔다대."

'다방 대면' 직후 9-2× 주민들 사이에서 실망스럽다는 말이 돌았다. 건물주가 아니라 비대위원들이 할 말을 하지 못했다고 했다.

4월 20일.

다방에서 그 날짜가 제시된 배경을 놓고 주민들 사이에

서 미묘한 갈등이 일었다. 숫자들이 나오고 숫자들에 이야기가 붙으면서 믿고 싶은 이야기와 믿을 수 없는 이야기가 불신하는 자와 불신받는 자 사이에서 엉키기 시작했다.

"4월치 월세까지 미리 낸 사람들이 있습니다."[6]

다방에서 비대위원장 김택부(76)가 건물주 부부에게 말했다.

건물주가 김택부를 쳐다보다 물었다.

"퇴거 '시점'을 언제로 하면 좋겠다는 겁니까?"

김택부가 부부를 쳐다보다 물었다.

"퇴거 '기점'을 언제로 하면 좋겠다는 겁니까?"

서울시 공무원이 말했다.

"4월 20일로 하면 되겠네요. 두 달 여유 두고요."

건물주는 아무 말도 하지 않았다.

김택부도 아무 말도 하지 않았다.

김택부는 속으로 생각했다(고 했다).

솔직히 사유재산이긴 하지. 무조건 안 나가겠다고만 할 순 없지. 4월 20일이 기점이라면 나도 동의 안 할 수가 없지. 내가 아무리 비대위원장이라지만 9-2×도 남의 재산이란 말이지. 이제 여름이 오니까 비계 치고 건물 안전진단 들어오면 방 며칠 비워주고 공원에서 자면 되겠지. 이 정도도 안 하겠다면 사람도 아니지. 이 정도 했으면 다들 잘했다고 하겠지.[7]

그렇지?

김택부는 스스로에게 물었다.

"좋습니다. 그렇게 합시다."

김택부가 동의하며 다방 면담은 끝났다.

몸이 안 좋다는 건물주 남자에겐 김택부가 웃으며 덕담도 건넸다.

"건강합시다."

'그렇지?'란 자문에 '그렇다'고 답했던 김택부의 판단을 주민들은 '그럴 만했다'고 인정해주지 않았다. 언제까지 방을 비워야 하는지를 두고 비대위원장이 주민들 동의 없이 4월 20일로 정해버렸다며 항의했다.

"시점이 아니라 기점이라니까."

글자 한 자 때문에 빚어진 오해라며 김택부가 해명했다.

퇴거 시점이 2월 25일로부터 두 달 뒤인 4월 20일이 아니라 4월 20일을 기점으로 두 달 뒤인 6월 20일이라고 이해했다며 김택부는 억울해했다.

"시, 가 아니라 기, 라니까."

김택부의 설명은 주민들을 이해시키지 못했다. 9-2×를 넘어 동네 전체에 소문이 났다.

……비대위원장이 돼서 집주인한테 말도 제대로 못하고 합의해줬다. ……4월 20일인지 6월 20일인지가 중요한 게 아니라 결국 나가야 한다는 게 문제다. ……퇴거 불가란 뜻을 전하라고 했더니 퇴거에 동의해버리고 왔다. ……돈을 받았을지도 모른다. ……무효다.

마음 상한 김택부는 좁은 방 안에서 두문불출했다.

내가 말이지.

관리인한테 협박까지 당한 사람인데 말이지. 딱지 붙고 이틀 뒤 늦은 밤에 말이지. 관리인이 내 방문을 열고 버티고 서서 소리치더란 말이지. '늙은이가 왜 비대위원장을 맡았냐'며 협박하더란 말이지. 고성이 오갔지만 나와보는 인간 하나 없더란 말이지. 내가 일어나 발로 차려고 하니까 관리인이 도망갔단 말이지. 건물주 부부 만났을 때 이 사실을 이야기했지만 그들은 '우리가 믿는 아저씨'라며 두둔하더란 말이지.

내가 말이지.

생명의 위협까지 느낀 사람인데 말이지. 한 달 뒤쯤 내 방 전기가 끊기고 난방이 안 돼 밤새도록 떨었단 말이지. 배선에 문제가 생겼나 싶어 물어봤더니 다른 방들은 괜찮더란 말이지. 관리인 소행이 분명했단 말이지. 해명하라고 사흘간 여유를 줬지만 지금까지 아무 일도 없단 말이지. 건물주가 시켜서 한 행동으로 볼 수밖에 없단 말이지. 불안하고 겁이 나서 정상적인 생활을 할 수 없단 말이지. 심장이 떨려 병원에 갔더니 맥박이 정상이 아니라며 큰 병원에 가라더란 말이지. 그 내용을 정리해서 용산경찰서장한테 보내는 '수사 의뢰 및 신변보호 요청서'[8]까지 썼단 말이지. 나쁜 놈 철저히 조사해달라고 말이지.

내가 말이지.

용산파출소 자율방범대 1조 조장이란 말이지. 조장이 돼서 경찰에 신변보호 요청이나 하면 체면이 안 서겠더란 말이지. 요청서를 쓰기만 쓰고 접수는 안 했단 말이지. 내가 그런 마음의 소유자인데 말이지. 그런 나를 주민들이 못 믿겠다고 한단 말이지. 신변보호 요청서 쓴 날(3월 19일) 주민총회가 있었단 말이지. 나는 화가 나서 안 가버렸단 말이지. 그 자리에 서울시 담당자가 왔다는데 비대위원장도 안 만나고 돌아갔더란 말이지. 나를 무시하는 거 아니냔 말이지.

숫자들이 쌓이면서 의혹이 피어올랐다.

뿌옇고 잡히지 않는 의구심들이 숫자들과 더해지고 곱해지며 9-2×를 뭉게뭉게 감쌌다.

내가 말이지.

서울시장 면담 있던 날 말이지. 시장하고 한판 대차게 뜨려고 단단히 벼르다가 말이지. 속이 상해서 아프다며 못 가겠다고 했단 말이지. 아파서 못 가겠다면 비대위원장이 없으면 안 된다면서 박카스라도 하나 사들고 찾아와야 하는 것 아니냔 말이지. 안 가겠다니까 억지로라도 가자고 안 하더란 말이지. 나중에 보니까 401호 성덕윤(61➡151쪽)이 나 대신 갔더란 말이지. 까짓것 비대위원장 안 하면 그만이란 말이지.

김택부(➡170쪽)가 등을 돌리고 누웠다.

1 강제퇴거 시한이 닥칠 때까지 주민들이 퇴거를 거부하자 건물주는 무작정 나가라는 게 아니라며 노후화된 건물로부터 주민들의 안전을 지키기 위한 정밀안전진단을 실시하겠다고 했다.

2 9-2× 건물의 강제퇴거 논란이 일자 용산구청은 퇴거 시한 다음 날 9-2×를 방문해 육안으로 안전 여부를 점검했다. 주민들은 그 결과를 9-2× 건물 앞에 써 붙였다.

3 2015년 2월 15일.

4 정확하게는 임대차계약서가 없는 것이 아니라 계약 기간을 한 달로 명시한 약식 계약서(건물주 쪽에서는 관리인이 대신 서명)를 쓰고 세입자들이 입주했다.

5 강제퇴거 '논란'이 언론을 통해 알려지고 '사태'가 되자 건물주가 9-2× 주민들에게 보낸 편지('거주민님들께 올리는 글')에서 인용.

6 이하 김택부의 주장.

7 김택부와의 인터뷰.

8 김택부가 작성한 '수사 의뢰 및 신변보호 요청서'와 인터뷰를 토대로 재구성.

16

미
남

401호 성덕윤

1954년 경기도 여주 출생

7개월 거주

목에 닿는 싸늘한 촉감에 소름이 싸르르 돋았다.

모래바람의 열기에도 소총의 냉기는 덥혀지지 않았다. 온몸의 털들이 공포로 바짝 일어섰다. 뜻을 알 수 없는 위협의 말들이 목 주위의 공기를 얼리며 귓속으로 달려들었다.

"&*$%@^#*%&."

"알았어, 알았어."

무슨 뜻인지 몰랐지만 알아야 했다.

알아듣진 못했지만 따르지 않으면 죽이겠다는 의미만큼은 알아들을 수 있었다. 목을 겨누는 놈도 내 말을 알아듣지 못할 테지만 알아들었다는 신호만큼은 알아듣길 바랐다. 고개를 뒤로 돌려 놈을 보려 할 때마다 소총 개머리판이 머리를 후려쳤다. '내 얼굴을 보는 순간 너는 죽는다'는 총 든 놈의 의지가 얼얼한 통증을 실어나르며 정신을 혼미하게 만들었다.

"아무토 엔다마 온조르 렐바라."[1]

"알았어, 쏘지 마."

총구에서 기어나온 화약 냄새가 코끝에서 매웠다.

언제든 내 머리에 총알이 박힐 수 있다는 사실을 화약 냄새는 알아들을 수 없는 말보다 강력하게 경고했다. 화약 냄새를 따라 변성기를 끝내지 않은 목소리가 쫓아왔다. 이 땅에선 십대 후반으로밖에 보이지 않는 남자아이들이 총을 들자마자 전사가 됐다.

1981년 스물일곱 살에 나는 이라크에 있었다.

그해 한양건설은 하이파 시가지 공사를 수주하며 이라크에 처음 진출했다. 바그다드 시청의 발주를 받아 지하 1층·지상 8층 건물 13채와 상가 등을 건설하는 사업[2]이었다. 한 해 전까지 한양건설의 해외 사업은 사우디아라비아와 쿠웨이트를 중심으로 진행됐다. 이라크 공사 수주는 한양건설의 중동 시장 다각화로 평가받았다.

나는 사우디에서 몇 년 노가다해서 목돈을 들고 돌아올 계획이었다. 그 돈이 밑천 없는 나의 밑천이 돼줄 것이라 믿으며 견딜 생각이었다.

나의 바람은 잘못된 주소지로 배달됐다. 한양건설은 나

를 사우디가 아닌 이라크로 보냈다. 이라크는 이란과 전쟁[3] 중이었다.

한밤중에 운전대를 잡은 나는 졸음으로 하품을 하고 있었다. 갑자기 드르륵 드르륵 총소리가 들렸다. 순식간에 지프로 뛰어오른 놈이 목 뒤에 소총을 들이댔다.

"온젤라 메날 사야라트."[4]

"알았어, 알았어."

놈이 총구로 목을 찌르며 같은 말을 되풀이했다.

"온젤라 메날 사야라트."

"알았어, 알았어."

종교적 신념과 국가적 이권을 둘러싼 전쟁[5]에 두 나라의 국민 전체가 참전해 죽이고 죽어나갔다. 전쟁물자가 부족한 이라크 민병대가 한 달에 한 번꼴로 쳐들어와 건설현장을 털어갔다. 갑자기 닥치는 습격으로부터 보호받기 위해 건설사는 인부들 막사를 이라크 군대 옆으로 옮기기도 했다. 광주에서 시민들을 죽이고 정권을 잡은 군인들이 살아남은 사람들을 온통 빨갱이로 몰며 총칼로 때려잡을 때였다. 이라크에서 나는 달러를 벌려면 먼저 민병대의 총칼에서 살아남아야 했다.

"알았어, 알았다니까."

할 수 있는 건 그 말뿐이었는데 개머리판이 오른쪽 옆구리를 비껴치듯 내리찍었다. 훅, 순간 멈춘 숨이 후, 되돌아왔을 땐 극심한 고통이 치밀었다.

"아 씨바아아아아아알."

한줌 숨을 들이마시며 이를 악물고 통증을 씹었다.

"온젤라 메날 사야라트."

놈이 주문처럼 같은 말을 반복하며 총구로 다리를 쳤다.

"알았으니까 살려줘."

나도 주문처럼 같은 말을 반복하며 두 손으로 옆구리를
감싸 안았다.

놈이 총구로 계속 다리를 찔렀다. 신발을 벗으라고 찌
르는 것인지, 바지를 내놓으라고 두드리는 것인지, 다리를
잘라버리겠다고 때리는 것인지, 뜻을 알 수 없는 행위가
반복될 때마다 강도도 세졌다.

어쩌라는 것인지 이해하지 못해 쩔쩔매면서도 나는 안
도했다. 계속 때리기만 하는 것을 방아쇠를 당길 생각은
없다는 뜻으로 이해했다. 나와 놈의 말이 서로 뒤엉키며
알아들을 수 없는 서로의 말을 붙들고 매달렸다.

온젤라…… 알았어…… 메날 사야라트…… 알았다고……
온젤라…… 제발 알았다니까…… 메날 사야라트…… 살려만
줘……

목 뒤에서 총을 겨누던 놈이 운전석 옆 보조석으로 상체
를 뻗었다. 돌아보려 할 때마다 내 머리를 후려치던 놈이
통하지 않는 말을 참지 못하고 스스로 얼굴을 보였다. 오
른쪽 옆에서 나를 노려보며 놈이 소리쳤다.

"온젤……"

"알았……."

순간 놈의 눈과 내 눈이 마주쳤다.

아주 짧았지만 아주 길었던 찰나에 나는 겁먹은 놈의 얼굴을 봤다. 위협하려고 일그러뜨린 놈의 얼굴에 앳된 두려움이 있었다. 놈이 지프 문을 열라는 손짓을 했다. 놈은 죽이겠다고 협박하는 것이 아니라 제발 차에서 내려달라고 애원하는 것처럼 보였다.

그 나라로 건너가 막노동을 하는 것이 가난한 내가 살아가는 방법이었고, 그 나라에서 태어나 총을 드는 것이 가난한 소년들이 살아가는 방법이었다.

"알았어."

내가 운전석 문을 열자 놈이 발로 나를 밀어냈다.

지프에서 굴러떨어지면서 나는 비로소 살았다고 생각했다. 놈이 나를 보며 웃는지 우는지 모를 표정을 남기고 문을 닫았다. 지프를 빼앗은 놈이 환호일지 비명일지 모를 소리를 지르며 차를 몰아갔다. 지프를 빼앗긴 나는 큰 숨을 내쉬며 민병대의 눈에 띄지 않는 곳으로 몸을 피했다.

내가 민병대에 지프를 빼앗긴 것만 두 차례였다.

지프에 앉아 "알았어"를 반복하다 죽을 뻔한 나는 두 번째 총구가 겨눠지는 날엔 정말 죽을 수도 있다는 사실을 알았다. 민병대가 다시 습격하던 어느 밤 나는 지프를 두고 알아서 도망쳤다. 살아남는 것이 가장 급한 시절이었다.

전쟁이 격화되고 있었다.

이라크와 쿠웨이트를 잇는 교각 공사장에 이란 전투기들이 저공으로 날며 포탄을 쐈다는 소식이 들려왔다. 팔레비 왕조 시절 이란이 미국에서 산 팬텀[6]의 공격으로 많은 사람이 죽었다고 했다. 미국이 중동의 대표 친미 국가 이란에 판 무기들이 이슬람혁명[7] 뒤 이란의 반미 전선에서 미국을 겨냥했다.

한양건설 팀도 사우디로 피란을 준비했다.

한양건설의 캠프엔 한국인들뿐 아니라 가난한 나라에서 온 사람들이 노동자로 일하고 있었다. 인도, 태국, 이집트 인들이 인력시장을 형성했다. 한국인들이 그들을 고용해 일을 시켰다. 피란 이야기가 나오자 각국의 노동자들은 캠프를 따라가야 할지 귀국해야 할지 고민했다. 나의 고민도 그들의 고민도 오래가지 않았다. 귀국하기 위해서라도 일단은 사우디로 가야 했다.

그즈음 이라크의 가스 살포[8] 소식이 전해졌다. 이라크가 전쟁에서 밀리면서 화학무기를 썼다고 했다. '바람이 불어 가스 방향이 바뀌는 통에 우리 군인들도 많이 죽었다'고 현지 이라크인들은 말했다.

나는 미남자였다.

어릴 때부터 보는 사람마다 잘생겼다며 내 머리를 쓰다듬곤 했다. 어른들은 '언젠가 얼굴값하게 돼 있다'며 칭찬인지 욕인지 모를 말을 했다. 나는 제발 내 얼굴이 욕먹을

값이라도 하길 바랐지만 살면서 얼굴 덕을 본 적은 없었다.

중동으로 가기 전까지 나는 재수 옴 붙은 놈이었다.

없는 집에 입만 많았다. 나는 아홉 남매 중 하나였다. 아버지 어머니는 아이 아홉을 대책 없이 낳고 살아남으면 대책 없이 키웠다. 큰형님은 어린 나이에 죽었고 내 밑의 동생도 커보지 못한 채 죽었다. 일곱이 살아남아 대책 없이 자랐다. 아버지의 대책은 맏이가 된 둘째형과 둘째가 된 셋째형한테까지만 미쳤다. 첫째 혹은 둘째형은 대학까지 보냈고, 둘째 혹은 셋째형은 고등학교까지 진학시켰다. 셋째가 된 넷째누나와 넷째가 된 다섯째 나부터는 학교에 가지 못했다.

나는 국민학교까지만 다녔다.

그조차 졸업하지 못했다. 5학년 때 가뭄이 심했다. 하늘이 가뭄을 벌처럼 내리자 아버지는 벌을 받듯 열두 살짜리에게 논밭 살피는 일을 맡겼다. 그날 나의 공부도 끝이 났다. 아버지는 어차피 농사꾼 될 녀석에게 학교 공부는 낭비라고 했다. 배우지 못한 아버지는 배우지 못한 한을 첫째가 된 둘째가 풀어주길 바랐으나 아버지의 바람이야말로 낭비였다.

큰형님이 된 둘째형님은 아버지의 한을 풀어주기보다 아버지의 근심을 쌓았다.

대학 졸업 뒤 취직한 형님은 기술자로 독일을 다녀왔다. 독일에서 배운 기술과 경험을 살려 사업을 시작했다. 집을 담보로 건물을 사더니 들어먹었다. 아버지는 얼마 되지 않는 집안 논밭을 팔아 형님에게 보냈다. 둘째가 된 셋째형님은 결혼하면서 집안의 남은 재산들을 팔아 가져갔다. 첫째인지 둘째인지 누가 몇째인지를 다투던 형님 둘이 내가 첫째니 네가 둘째니 하면서 탈탈 털어갔다. 집안 재산을 다 팔아먹은 지랄인지 나발인지 하는 형님 둘이 가져간 재산까지 다 날려먹었다. 둘은 이제 농사를 짓겠다며 아버지가 돌아가신 고향 집에 내려와 눌러앉았다.

첫째도 아니고 둘째도 아니며 첫째인지 둘째인지 지랄인지 나발인지에도 못 낀 채 아버지가 시키는 대로 형님들 뒷바라지하며 살아온 나는 그 아버지가 죽고 나자 먹다 남은 찬밥이 됐다. 집안 재산을 말아먹기만 했던 형님들은 다 말아먹고 하나 남은 집에 들어와 주인이 됐고 나는 더 부살이가 됐다. 그 집에 끼어 살 틈을 빼앗긴 나는 결국 나이 스물넷에 고아처럼 집을 나왔다.

서울로 올라간 나는 아파트 건설현장에서 일했다. 전국을 다니며 송전탑 세우는 일도 했다. 스물다섯일 땐 대청댐[9] 짓는 데서 먹고 자며 일했다. 그렇게 몸으로 때우며 중동 가기 전까지 허름한 집 한 채 살 돈을 모았다.

그놈의 형님인지 원수인지 모를 것들이 이젠 돈을 빌려달라고 했다. 외국으로 공부하러 가는 조카들 유학 자금이 없다며 수천만 원을 빌려갔다. 그 새끼들과 그 새끼들의 새끼들이 결국 떼먹었다. 얼굴은 곱상한데 관상이 더러운

지 내 인생이 그랬다. 가족이란 승냥이들한테 늘 뜯기기만 한 것이 내 얼굴값이었다.

나는 돈을 벌고 싶었지만 죽고 싶지는 않았다.

이라크에서 사우디로 건너온 나는 총소리와 포격소리 속으로 다시 들어갈 생각에 끔찍했다. 나는 살고 싶어 한국으로 귀국했다.

한국으로 돌아온 내가 할 수 있는 일은 많지 않았다. 막노동을 했다. 같은 노가다였으나 한국에서의 노동은 중동 모래사막에서보다 촉촉하지 않았고 중동에서만큼 돈이 모이지도 않았다. 다시 중동으로 나가볼까 싶어 한 건설사가 파견 인부를 구하는 사무실을 찾아갔다.

제기랄.

그 건설사가 사업을 수주한 현장이 이번엔 이란이라고 했다. 얼굴값이 나한테 하는 짓이란 게 그랬다. 신인지 운명인지 나한테 자꾸 장난을 치는구나 싶었다.

그래, 어디 해보자.

나는 모래 대신 물을 택했다. 원양어선을 탔다. 원래 스페인까지 비행기로 가서 배로 갈아탄다고 하더니 결국엔 부산에서부터 배를 탔다. 53일 하고 한나절 걸려 도착한 곳이 아르헨티나 남단 해역인 포클랜드였다.

참치잡이 배라고 들었는데 채낚기로 오징어를 잡았다. 참치잡이를 주로 하고 참치가 없을 땐 오징어를 잡는다고 했다. 실제로는 참치가 안 잡혀 계속 오징어만 잡았다.

고기잡이를 시작한 지 얼마 안 돼 난리가 났다.

포클랜드전쟁[10]이었다. 배에서 라디오를 듣는데 영국 왕자[11]까지 참전한다고 했다. 전쟁을 피해 갔으나 또 전쟁이었다. 아예 저주를 하는구나 싶었다. 재수 없는 놈은 자빠지면 코가 깨진다고 했다. 깨지고 깨져서 이젠 어디가 성한지도 알 수 없는 얼굴이 내 얼굴이었다. 내가 그 전쟁에서 죽었다면 라스팔마스섬[12]에 안치됐을지도 모를 일이었다.

뱃일을 그만두고 건설현장을 다녔다.

공사장에서 아시바 설치하는 일을 했다. 그 일을 다니던 2000년 밤 뿌우웅 소리가 나는가 싶더니 강렬한 빛이 눈앞을 스쳐갔다. 아산만에서 평택 안중 쪽으로 넘어오는 길이었다. 횡단보도를 건너다 갓길로 달려오는 덤프트럭에 치였다.

정신을 잃고 병원에서 깨어났더니 일이 이상하게 돌아갔다. 처음엔 트럭 과실이 열 중 아홉이라고 했던 보험회사가 나중엔 나의 과실이 아홉이라고 했다. 사고로 머리가 안 돌아가던 나는 바로잡을 힘이 없었다. 내가 원래 푸념을 잘 안 하는데 지랄 같은 인생이었다.

큰 사고를 당했지만 어머니한텐 알리지 못했다.

형님들도 모른 척했다. 고향 집에 가질 못하니 혼자 몸을 추스르지 못했다. 외환위기 뒤여서 일자리가 없었고 사고 후유증도 심했다. 가진 돈이 떨어지자 2004년부터 노숙을 시작했다.

5000원으로 일주일 사는 노하우를 습득했다.

빵값은 폐점 시간에 가까워질수록 떨어졌다. 밤 10시쯤 가면 1000원에 바케트빵을 하나 살 수 있었고 운이 좋을 땐 두 개도 샀다. 어떨 땐 공짜로 주는 경우도 있었다. 그렇게 얻은 바케트빵을 가방에 가지고 다니며 배고플 때마다 4분의 1조각씩 떼어 먹었다. 한 조각 먹을 때마다 물 한 그릇씩 마셔 배를 불렸다.

나는 성격이 내성적이었고 낯을 많이 가렸다.

노숙하는 처지에도 밥을 얻어먹기까지 오랜 시간이 걸렸다. 2010년이 돼서야 밥 얻어먹는 법을 배웠다. 길에서 생활하는 사람들이 알려줬다. 그들이 얻어온 밥을 같이 나눠먹기도 하고 내가 얻어온 밥을 나눠주기도 했다. 그들에게 옷을 얻어 입었고 얼굴값을 스스로 깎아 낮아지는 법도 배웠다. 내게 살아갈 길을 알려준 거리의 동무들이 그동안 많이 죽었고 그들에게 배운 나는 아직 살아 있었다.

동자동에선 2012년부터 머물렀다.

9-× 3층으로 들어갔다가, 9-× 2층으로 옮겼고, 9-×× 1층으로 이사했다가, 2014년 가을 9-2×의 4층 첫째 방으로 들어왔다. 그 방들을 거쳐 나는 이 세계의 외진 둥지에 깃들었다.

나, 9-2×의 미남자.

서울시장 만나는 날 '아파서 못 간다'는 비대위원장의 말을 누군가 전했다. 주민 대표 중 한 명으로 내가 대신 뽑혔다. 수줍음 많은 나는 '미남자가 가야 한다'는 말을 거부하지 못했다. 내 방이 내 세계의 전부인 나는 으리으리한 시청에 들어서자마자 주눅이 들었다. 시장실에서 얼굴값도 못한 채 나(➡184쪽)는 한마디도 하지 못했다.

1 '돌아보면 죽는다'는 뜻의 아랍어.

2 1981년 10월 24일 동아일보. 이듬해 4월에도 한양건설은 이라크 관개청
   에서 발주한 4500만 달러 규모의 관개배수공사(티그리스강 범람 방지 및
   농경지 정비)를 따냈다(1982년 4월 28일 매일경제).

3 이란-이라크전쟁. 1980년 9월 시작해 1988년 8월 끝났다.

4 '차에서 내려'를 뜻하는 아랍어.

5 이란-이라크전쟁은 이슬람 시아파-수니파 간 갈등과 샤트알아랍 수로
   의 영유권 분쟁으로 벌어졌다. 전쟁 발발 1년 전(1979년) 이란에선 중동
   의 대표적 친미 정권이던 팔레비 왕조가 호메이니의 이슬람혁명으로 무
   너졌다. 미국이 중동에 구축해놓은 가장 강력한 친미 국가가 가장 강력한
   반미 국가 중 하나로 돌변했다. 국경을 맞댄 이란과 이라크는 같은 이슬
   람 국가이면서도 다른 이슬람 국가였다. 시아파(이슬람 최고 성직자이자
   정치적 지도자인 칼리파의 추대 방식에서 혈통을 강조)와 수니파(선출제
   로 추대·전체 이슬람의 90퍼센트 차지)는 사실상 다른 종교라 싶을 만큼
   깊은 갈등을 겪었다. 이란은 시아파의 종주국을 자처했다. 이란은 소수의
   수니파가 다수의 시아파를 통치하는 이라크와 늘 긴장관계였다. 이슬람
   혁명으로 혼란을 겪는 이란을 팽창 정책을 쓰는 이라크 후세인 정권이 침
   공했다. 정치적으로는 시아파 타도를 외치는 한편 경제적으로는 호르무
   즈 해협과 샤트알아랍 수로 등의 영유권을 노렸다. 전쟁은 시간이 흐를수
   록 국제전의 양상을 띠었다. 이란을 중심으로 반미·반서방 파고가 거세질
   것을 우려한 서방 국가들은 무기 공급 등으로 이라크를 지원했고 미국은
   후세인의 민간인 학살을 묵인했다. 1년 안에 승전을 노렸던 이라크의 계
   획과 달리 이란의 거센 반격으로 전쟁은 8년 동안 소모전으로 전개됐다.

6 1958년에 미국에서 개발된 F-4 전투기의 이름. 한국엔 1969년 처음 배치

됐다. 한국의 팬텀 배치는 미국을 제외한 국가로는 영국에 이어 두 번째 였고 아시아에선 최초였다.

7 1979년 호메이니가 일으킨 종교·반미 혁명. 혁명 이후 이슬람은 신정국 가가 됐다.

8 이라크는 전세가 불리해질 때마다 화학무기를 사용했다. 이라크의 살인 가스 사용 정황은 1980년부터 불거졌다. 1984년 3월엔 유엔 조사단이 이 라크가 이란과의 전쟁에서 인체에 치명적인 겨자 가스와 신경약품을 사 용했다고 공식 보고했다. 1988년 후세인은 이라크 내 쿠르드족 자치 지역 인 할라브자(술라이마니야주)에서 반정부 쿠르드족이 이란과 손잡고 독 립을 모색했다며 사린가스 등을 살포했다. 5000여 명이 학살되고 7000 여 명이 심각한 후유증을 앓았다. 가스 살포를 주도한 알리 하산 알마지 드(후세인의 사촌으로 2010년 사형)에겐 '케미컬 알리'란 별명이 붙었다.

9 한국에서 세 번째로 큰 댐. 대전시로부터 동북쪽으로 16킬로미터, 청주시 로부터 남쪽으로 16킬로미터 지점에 있다. 1975년 3월에 착공해 1980년 완공했다.

10 포클랜드는 아르헨티나 내륙에서 480킬로미터 떨어진 섬이다. 남대서양 의 포클랜드는 동서로 나뉜 두 개의 큰 섬과 770여 개의 작은 섬으로 이뤄 져 있다. 아르헨티나는 19세기 초부터 영토에 근접한 포클랜드가 자국 땅 임을 주장했고, 1833년 이후 포클랜드를 점령·통치한 영국은 아르헨티나 의 철수 요구를 받아들이지 않았다. 1982년 4월 아르헨티나가 포클랜드 의 권리를 선언하며 섬을 점령하자 당시 대처 정부의 영국은 무력으로 대 응해 두 달여 만에 패퇴시켰다. 아르헨티나군 700여 명과 영국군 250여 명이 사망했다. 전쟁 패배로 지지를 잃은 아르헨티나 군사정권은 1983년 민간정부로 대체됐다.

11 당시 왕위 계승 2순위였던 앤드류 왕자. 그는 1980년부터 2001까지 해군에서 복무했다. 포클랜드전쟁이 벌어졌을 때 그는 헬기 조종사로 참전했다.

12 스페인령 카나리아제도의 섬. 1970~1980년대 한국 원양어업의 전진기지였다. 당시 사망한 원양어선원들은 경제적·종교적 문제 등으로 국내로 송환되지 못한 채 대서양 라스팔마스섬 등(남태평양 사모아, 남미 수리남과 아프리카 앙골라)에 안치(320기)됐다. 2015년 해양수산부와 한국원양산업협회의 송환사업으로 일부 유해가 국내로 돌아왔다.

17

소
란

"야 이 개새끼야."

211호 김석필이 욕을 퍼부었다.

욕을 먹은 상대도 욕에 욕을 더해 쌍욕을 내질렀다.

"야 이 개새끼한테 물려 뒈질 쌔끼야."

두 남자가 서로를 개새끼라며 싸우는 소리에 아직 새끼
개인 강아지 '마로'(→187쪽)가 놀라 왕왕 짖었다.

"이삿짐을 날라주면 도대체 어쩌자는 거야?"

김석필이 마로의 아버지(주인) 천종식(68)을 "개만도 못한
새끼"라며 힐난했다.

"야 이 어린놈의 쌔끼야. 내가 저 개새끼 애비다."

천종식이 쩌렁쩌렁한 목소리로 마로를 가리키며 쌍자음
을 발음했다.

"이 마당에 형님 행세하고 싶어? 이사를 말려도 모자를
판에 나이는 개새끼 처먹였냐?"

화를 누르지 못한 김석필이 "개 대가리만도 못한 대가
리"라며 천종식의 머리를 치려 했다.

"쳐라 쳐. 이 쌔끼야."

김석필에게 머리를 갖다 대며 천종식이 삿대질을 했다. 땅에 코를 박고 킁킁 대던 마로가 입맛을 다시며 머리를 도리도리 털었다.

김석필은 완력으로 질 사람이 아니었고, 천종식은 말발로 질 사람이 아니었다. 둘을 뜯어말리느라 동네 주민들이 깡충깡충 뛰는 마로와 골목을 경중경중 뛰어다녔다.

그날 아침 천종식은 리어카로 309호 우권화의 이사를 도와주고 푼돈을 받았다.

9-2× 주민들의 이삿짐은 많지 않았다.

커다란 배낭 하나면 살림살이를 다 쌀 수 있었다. 중고로 구한 소형 냉장고와 고물 텔레비전 정도가 남의 손을 빌릴 짐의 전부였다. 이사 인력을 부르면 구입 비용보다 이사비가 더 나왔다. 이사하는 주민들 대부분은 이웃의 도움을 받고 짜장면 한 그릇을 사거나 그냥 짐을 버리고 갔다. 그들이 버린 고물이 다시 동네 누군가의 방으로 들어가 살림이 됐다.

우권화는 주민들과 잘 어울리지 않았다.

그는 전국의 건설현장을 다니며 일용직 노동을 했다. 대부분 국민기초생활 수급자인 9-2× 주민들과 달리 그는 작은 돈이라도 벌어 직접 생계를 해결했다. 그는 멀리 나가 집을 비운 사이 건물주가 짐을 강제로 들어내는 일이 생길까 걱정했다.

우권화(➡175쪽)는 일이 없던 이날 아침 천종식에게 밥값을 쥐어주고 그의 도움을 받아 조용히 방을 비웠다. 그가 이사한 방은 9-2×에서 맞은편 대각선으로 50여 미터 떨어진 7-×에 있었다. 이사라지만 고작 몇 걸음 옮겨가지 못했다. 새 집이라지만 9-2×에서처럼 한 뼘 쪽방일 뿐이었다.

"내가 그놈하고 친구다. 친구가 친구 도와준 게 잘못이냐?"

천종식이 우정으로 방어막을 쳤다.

"지금 우리 비상인 거 몰라서 이사를 거들어? 우리더러 우씨처럼 다 나가란 소리냐?"

김석필이 상황 논리로 공격했다.

천종식의 방은 9-2×를 마주보는 다가구주택에 있었다. 다가구주택에 있다지만 9-2×의 방과 크게 다르지 않은 지하방 한 칸이었다. 그는 동네에서 드물게 아내가 있었다. 그도 한때 9-2×의 주민이었던 적이 있었다. 여자와 같이 살게 되면서 9-2×를 나와 십여 걸음 떨어진 방으로 옮겨갔다.

이날[1]은 건물주가 공사 재시도를 예고한 날이었다.

그동안 건물주 부부는 '퇴거 불응 때 명도소송과 단전·단수' 방침을 내용증명으로 보내며 주민들을 압박했다. 한 달여 전 아시바 설치에 실패한 건물주는 이날 다시 공사를 시작할 것이라고 알려왔다.

공사는 강행되지 않았다.

대신 건물주는 쪽방상담소에 요청해 주민들을 불러 모았다. 건물주는 오지 않고 상담소가 부부의 뜻을 전달한다는 공지에도 주민들은 건물주를 직접 대면하듯 가장 깨끗한 옷으로 갈아입고 모였다. 몸이 불편한 고령의 주민들은 지팡이를 짚고 조금씩 걸음을 옮겼다.

쪽방상담소장 논란이 두 달 넘게 계속돼 저희도 가만히 지켜볼 수만은 없었습니다. 어제 건물주, 서울시 공무원과 같이 만나 이야기를 나눴습니다. 건물주에겐 주민분들이 계속 머무르고 싶어 하신다는 의견을 전했습니다. 건물주도 공사를 반드시 진행해야 하는 사정이 있다고 했습니다. 대출받아 건물을 리모델링하는 것이라 여러분이 공사 뒤에도 계속 거주하려면 세 가지 조건부터 따라야 한다고 했습니다.

첫째. 공사엔 목돈이 들어가니 월세를 동네 평균 시세로 받겠다.

둘째. 더는 보증금 없이 살 수 없으며 앞으론 보증금을 내라.

셋째. 계속 살겠다면 퇴거를 전제로 면제한 월세를 납부하라.

이상 세 가지 요구 사항에 대한 여러분의 의견을 주시기 바랍니다.

주민 1 보증금을 얼마나 내라고 하던가요?

소장 100만 원 정도라고 했습니다. 주민분들은 그 돈을 감당할 수 없으니[2] 협의해보겠다고 했습니다.

주민 2 방세는 얼마나 올리겠다고 하던가요?

소장 저희 상담소가 조사했을 때 서울시 쪽방촌 평균 월세가 21만 4000원으로 확인됐습니다.

여기저기서 한숨과 실소가 터졌다.

김석필의 묵직한 목소리가 상담소를 울렸다.

김석필 나도 수차례 방을 옮겨다니며 이 동네에서만 27년을 살았소. 이 방 저 방 다 지내봤지만 9-2×는 보증금 없는 이유가 있어요. 그만큼 사람 살 집이 못 된다 이거예요. 꼭 올려야 한다면 보증금은 50만 원 정도가 합당해요. 월세도 9-××는 17만 원, 9-××가 18만 원, 9-××가 20만 원이요. 방값도 올려야 한다면 20만 원을 넘어선 안 됩니다.

주민 3 20만 원 넘는 건 말이 안 되지. 18만 원 선에서 해야지.

방값의 구체적인 수준을 두고 이야기가 진행되자 주민들의 강고하던 퇴거 불가 입장이 확 흩어졌다. 양진영(➡ 184쪽)이 의견을 보탰다.

양진영 이 동네에서 우리 사는 방이 가장 작아요. 난방도 제대로 안 되고 누전 위험도 커요. 그래서 방값이 쌌던 거요. 보증금이니 월세 인상이니 말하기 전에 보수부터 해줘야 합니다.

김택부 건물주 말에도 일리는 있어요. 우리 바람대로만 할 순 없어요. 건물주가 안 받겠다고 한 3개월치를 보증금으로 삼읍시다. 월세는 2만 원 정도 인상해주고.

김택부(➡184쪽)의 말에 주민들은 반응을 보이지 않았다.

그는 비대위원장으로서 신임을 잃은 상태였다. 서울시장 면담 불참 전후로 그의 권위는 무너졌고 이후 협상에서도 자연스럽게 배제됐다. 건물주가 받지 않겠다고 한 월세도 애초 1개월치[3]였다. 그마저 계속 거주가 아니라 퇴거를 전제로 한 것이었다.

주민들은 건물주를 만나고 올 때마다 협상력이 무너졌다. 건물주와 이야기하고 온 사람들이 건물주의 뜻을 전하면 다른 주민들로부터 불신을 받았다. 협상단도 해체되고 다시 꾸려지길 되풀이했다.

듣고 있던 지하8호 문철국(61)이 나서서 중심을 잡았다.

9-2×에서 그의 별명은 '문 박사' 또는 '브레인'이었다. 그가 왜 그 별명으로 불리게 됐는지는 동네에서도 소문이 분분했다. 이유를 정확하게 아는 사람은 아무도 없었고 그도 스스로 설명하지 않았다.

문철국 논점이 이상하게 흘러갑니다. 일반적으로는 집주인이 나가라면 나가야겠지만 이곳은 쪽방촌입니다. 복지가 우선돼야 할 지역이다 그 말입니다. 하루아침에 퇴거 공고하고 아시바 붙이는 건 집주인의 횡포입니다. 보증금 내고 살 방이라면 집주인도 복덕방에 방을 내놓고 세입자를 구해야지 왜 이따위로 합니까. 언제 무슨 일이 생길지 모르는 방에 우리가 살고 있어요. 그동안 찾아와서 애로 사항 없냐고 물어본 적도 한번 없으면서 보증금을 내라고요? 세 가지 제안이란 것도 우리가 도저히 따를 수 없는 조건을 내세워 결국 다 내보내려는 속셈이라고 볼 수밖에 없습니다. 상담소부터 자기 존재 이유를 똑바로 알아야 합니다. 생활에 어려움을 겪는 주민들 지원하라고 상담소가 있는 겁니다. 이름부터 '집주인상담소'가 아니라 '쪽방상담소'다 그겁니다. 집주인 이야기나 심부름꾼처럼 전할 생각 말고 똑바로 우리를 대변하라 그 말입니다.

'옳소'가 터져나왔다.

지하1호 김주택(62)이 문철국의 말을 거들었다.

김주택 대책 없이 나가라고 할 땐 뭐요. 우리가 죽든 살든 상관없단 이야기 아니었소? 그러더니 이제는 선심 쓰듯 계속 살고 싶으면 보증금 내고 월세 더 내라는 거예요. 결국 이러자고 딱지 붙인 거였소? 안 나가면 명도 소송하겠다고 협박하는데 어디 누가 이기는지 해봅시다. 집주인 아주 나쁜 사람입니다. 무슨 대단한 방처럼 말하는데 아무리 건강한 사람이 와도 병 걸릴 수밖에 없는 방들이에요. 자기가 한번 살아보라고 해요. 나도 서울역에서 오래 노숙했소. 미장일 하면서 밥 사먹었소. 내가 그 기술로 여기 방도 직접 수리해서 살아요. 이 썩은 방에서 집주인이 할 수 있는 건 한 가지뿐입니다. 그냥 지금 내는 돈 내고 살게 내버려두라는 말입니다.

말하면서 열이 오른 김주택(➡181쪽)은 말을 마친 뒤 밖으로 나가 열을 식혔다.

문철국이 요점을 정리했다.

문철국 우리는 나가고 싶어도 못 나가는 사람들이에요. 아파 누워서 움직일 수 없는 사람들도 많아요. 그래도 쫓아내면 바로 송장 치우는 거예요. 잘 들으세요. 여기서 제2의 용산참사가 벌어질 수도 있어요.

문철국도 자리에서 일어섰다. 그를 따라 주민들이 잇달아 상담소를 떠났다.

소장 그럼 건물주의 세 가지 제안 모두 받아들일 수 없다는 뜻으로 전달하면 될까요?

주민들 그러시오.

자리를 털고 나온 주민들이 상담소 밖에서 추가 토론을 벌였다.

208호 이기방(➡214쪽)이 말했다.

"아무리 잘났어도 바보가 셋이 모이면 천재가 지는 거라고. 우리가 바보라도 알 건 다 안다고. 우리가 바보같이 살면 깔보지 말고 바보같이 살도록 내버려둬야지 바보를 왜 건드려."

문철국(➡177쪽)은 '숨은 의도'가 있다고 의심했다.

"여기가 오랜 재개발 지역이잖아. 우리 내쫓고 건물 리모델링해서 재개발 때 값 잘 챙겨 받으려는 거 아니겠어."

"야 이 개새끼야."

상담소에서 돌아온 김석필(→185쪽)이 천종식(→188쪽)과 다시 한판 붙었다.

천종식의 품에 안긴 마로가 '내 욕 좀 그만하라'는 듯 왕왕 짖었다.

---

1 건물주가 건물에 비계를 설치하며 공사를 시도한 날(3월 16일)로부터 25일 뒤인 2015년 4월 10일.
2 2015년 당시 국민기초생활 수급자인 주민들에게 입금되는 한 달 수급비는 48만 원이었다.
3 이후 퇴거 논란이 길어지면서 건물주는 "2개월치까지 안 받을 수 있다"고 발언.

18

가
루

309호 우권화(➡195쪽)는 9-2×에 '노란 벼락'이 친 뒤 두 번째로 방을 비운 사람이었다.

첫 번째 이사는 105호 민태진이 했다. 관리인이 퇴거 이야기를 꺼냈을 때 주민들 중 그가 가장 먼저 짐을 싸 떠났다. 방문마다 퇴거 공지가 붙기도 전이었다.

그는 9-2×에서 관리인과 친하다고 알려졌다. 누구보다 먼저 관리인의 말을 따른 민태진을 두고 주민들은 '관리인의 첩자'란 시선을 보내기도 했다.

그가 주민 대표들과 서울시장의 면담이 있던 날 시청 앞 '강제퇴거 반대' 집회에 참석했다. 팻말도 들고 구호도 따라 외쳤다.

민태진은 병원을 자주 드나들었다.

그는 정신질환을 앓았다. 그동안 겪어온 과거와 지금 겪고 있는 현재를 시간 위에 잘 배열하지 못했다. 관리인의 강요로 9-2×를 떠났지만 그는 자신이 이사해야 했던 전후 맥락을 또렷이 파악하지 못했다. 그는 원치 않은 강제퇴거가 아니라 스스로 원한 자발적 이사라고 이해했다.

봄꽃이 진 동자동으로 하얀 꽃가루가 날았다.

몽실몽실한 꽃가루들이 코앞으로 떠다닐 때마다 민태진은 재채기를 했다. 몽실몽실하게 떠다니는 그의 마음과 기억들도 한자리에 내려앉지 못하고 꽃가루 뭉치처럼 바람결에 쓸려 날아다녔다.

민태진(➡182쪽)이 강제퇴거로 움직인 거리는 30미터였다. 그가 옮겨간 9-××는 9-2×에서 메인 골목 아래로 건물 두 채 건너 있었다.

19

박사

지하8호 문철국

1954년 출생(고향은 "비밀")

10년 거주

"형님, 이거 좀 봐줘요."

사랑방[1] 대표가 윗옷 안주머니에서 겹겹으로 접은 종이를 꺼내며 말했다.

그가 한 겹 한 겹 펼친 종이엔 제대로 정리되지 않은 문장들이 끼어 있었다. 공사 중지 가처분 신청서 초안이었다. 돋보기안경을 쓰고 법조문 몇 개를 찾아가며 문장을 고쳐줬다.

한참을 설명한 뒤 말했다.

"가처분 신청은 아직 시간이 있어. 건물주가 공사를 강행하는지 우선 보자고. 진행 상황에 맞춰 문구도 좀 더 고치고."

"형님 말대로 하죠."

사랑방 대표가 내 뜻을 따라줬다.

그는 내가 검사 출신이라고 믿고 있었다. 내가 이 동네에 오기 전 변호사로 일했다고 소문내는 사람도 있었다. 내가 누구인가를 놓고 동네에선 말들이 많았다. 나의 정체를 알 수 없어 수상하다는 말들도 돌았다.

알려고 해선 안 된다.

나를 궁금해하지 말아야 한다.

나도 내 과거를 밝힐 생각이 전혀 없다.

햇빛도 들지 않는 9-2× 지하방에서 숨어살아가는 나를 숨어살 수 있도록 내버려둬야 한다. 나는 숨어살기 위해 이 동네로 왔다.

그래도 하나는 바로잡고 싶다.

내가 법을 꽤나 알지만 나는 사법고시와는 무관한 사람이다.

나는 법률가들을 싫어한다. 정치인, 언론인, 성직자도 미워한다. 그들이 아무리 전문적인 언어로 이 세상을 재판하고, 아무리 아름다운 언어로 이 세상을 선동하고, 아무리 날카로운 언어로 이 세상을 고발하고, 아무리 성스러운 언어로 이 세상을 근심해도, 온 세상을 삐딱하게 보는 나 같은 인간은 속지 않는다. 그들의 먹잇감이 되지 않으려면 그들의 진짜 속셈을 간파해야 한다. 솔로몬의 지혜와 제갈공명의 전략으로 무장해야 한다. 내가 이 동네에서 숨어살기로 한 이유이기도 하다.

그래도 하나는 말할 수 있겠다.

국가가 모종의 일을 진행하려면 특수기관이 필요하다. 나는 그 필요를 수행하는 에이전트였다. 내가 소속된 기관이 얼마나 무서운 곳인 줄 모를 것이다. 기관에서 내게 시킨 일로 마음의 부담이 너무 컸다.

그 일을 거부하며 외국으로 나가다 공항에서 쓰러졌다. 깨어나보니 병원이었다. 잇몸이 헐고 이빨이 다 빠져 있었다. 정신까지 오락가락했다. 병원에서 나온 뒤 한동안 노숙을 했다. 모든 관계를 단절하고 잠수를 탔다. 내가 이 동네에 와 있는 줄 아는 사람은 아무도 없다. 가족과도 연락을 끊었고 금융 기록도 다 없앴다. 나를 세상에 없는 존재로 만들기 위해 할 수 있는 노력을 다 했다. 말소된 주민등록을 되살린 지도 얼마 안 된다.

없는 사람으로 살아왔던 내가 퇴거 사태 때문에 불가피하게 나서게 됐다.

내 개인적인 이야기는 공개돼선 안 된다. 내 이야기가 밖으로 새어나갈 경우 나는 어쩔 수 없이 꿈틀할 것이다. 내가 꿈틀하면 여러 사람 다칠 것이다. 내(➡184쪽) 신분을 떠들어댄 사람부터 응징할 것이다.

1 동자동사랑방. 쪽방 세입자들의 자치조직으로 9-2× 사태 초기부터 주민
  들의 강제퇴거를 막기 위해 지원했다. 대표도 동네 주민이 돌아가며 맡
  았다.

20

전
투

전투태세였다.

이른 아침부터 9-2× 주민들이 건물 앞에 집결했다. 평소보다 일찍 일어난 동네 사람들도 하나둘 9-2× 앞으로 모였다. 출근하는 직장인들이 힐끔거릴 만큼 메인 골목의 공기는 여느 때와 달랐다.

긴급사태였다.

예고된 공사 날짜를 두 차례 건너뛴 건물주가 이날[1] 아침 공사를 강행한다고 통보했다. 주민들의 얼굴이 걱정과 긴장으로 딱딱해졌다. 잠시 뒤 벌어질 일을 놓고 9-2× 앞에서 저마다의 전망이 분출했다.

지하1호 김주택이 담배를 피우며 '이번에도 엄포에 그칠 것'이란 낙관론을 제시했다.

"여기 사는 사람들 다 환자들이야. 조금만 삐끗해도 뒤로 넘어지고 앞으로 고꾸라져. 자칫 부딪히다 문제 생기면 자기들이 더 손해일 텐데. 아마 공사 못 들어올 거야."

304호 이수걸(62)은 '낙관 반 비관 반'의 견해를 폈다.

"개별 행동만 안 하고 버티면 우리가 이기겠지. 각자 살

길 찾겠다고 방을 빼기 시작하면 중구난방 깨지는 거고."

균열은 이미 시작되고 있었다.

건물주가 단전·단수와 고소·고발 방침을 거듭 밝히면서 주민들도 흔들리고 있었다. 사유재산이므로 중재는 할 수 있지만 공사를 막을 순 없다는 시청과 구청의 입장도 주민들의 불안을 키웠다. 민태진과 우권화가 짐 싸 나가면서 발생한 빈방들이 물먹은 습자지처럼 건물 전체로 번질 것이란 생각에 주민들은 애가 탔다.

이수걸도 알고 있었다. 한번 벌어지기 시작한 틈은 틀어막기 힘들다는 사실을 그는 모르지 않았다.

"한 명 한 명 빠지면서 구멍이 커지는 거지. 물이 새는가 싶다가 어느 순간 댐이 팍하고 터지는 거야. 집주인이 그걸 노리고 내용증명 보내고 하는 거 아니겠어."

낙관하고 싶은 바람과 비관할 수밖에 없는 현실이 인생의 링에서 만나 서로를 상대로 주먹질할 때마다 이수걸(→ 243쪽)은 체득해왔다.

한 번만이라도 낙관이 비관을 역전 케이오시켜주길 바랐던 그를 이 세계는 '운명'과 '노력'이 난투하는 링 위에 뱉어놓은 채 '결과는 너의 책임'이라며 방관하듯 심판질해왔다. '운명은 자기 하기 나름'이라며 노력의 점수를 채점해온 세계는 그 격언을 붙들고 똥줄을 태워온 그의 앞에서 마지막엔 늘 비관의 손을 들어올렸다. '살면서 세 번의 기회가 온다'는 격언도 그에겐 '그러니까 기회를 잡든 놓치든

네 탓'이란 뜻이었다. 격언은 언어를 부리는 자들의 세계관이었다. 그 세계에서 불행은 오직 불행한 자들의 몫이었다. 언어 없는 사람들의 삶이 그들의 격언 속에서 모든 책임을 떠안았다.

9-2× 주민들은 삶의 배경은 모두 달랐지만 삶의 과정은 놀랄 만큼 다르지 않았다.

그들은 모두 가난했다. 그들은 부모 세대 때부터 가난을 유전처럼 물려받았다. 전쟁 중 고아가 돼 가난했거나, 가난 때문에 전쟁 같은 삶을 살아야 했다.

부모가 가난했으므로 배우지 못했고, 배우지 못했으므로 학력을 얻지 못했다. 재력과 학력이 없었으므로 인맥도 없었고 등에 업을 '빽'도 없었다.

평생 '가난의 경로'를 이탈하지 못한 채 한차례 반전의 기회도 얻지 못하고 살아왔다. 흔들릴 때 붙들어줄 사람 없이 흔드는 대로 흔들려온 그들이었다. 자주 흔들렸다고 해서 흔들리지 않는 기술이 생기는 것도 아니었다. 평생 흔들려왔으므로 그들은 가장 잘 흔들리는 사람들일 뿐이었다. 그들이 무서워하는 것은 다시 흔들리는 것이 아니라 흔들 때마다 흔들리는 것 외엔 다른 방법이 없는 삶의 되풀이였다.

"오늘 낮에 공사업체에서 나한테 전화를 했더라고. 내일 아시바 설치하겠다면서. 내가 방문 뜯고 전기 수도 끊기만 끊어봐라, 우리도 막간다, 일단은 그래 놨어요."

짜장면을 비비던 201호 박철관이 경과를 설명했다.

전날 저녁 주민들 몇 명이 여인숙 골목[2]에 위치한 중국집에 모여 대책을 논의했다. 비대위원장 김택부(➡302쪽)가 주민들의 신뢰를 잃고 미남자 성덕윤(➡230쪽)도 역할을 못 하자 건물주 쪽의 의사는 박철관을 통해 전달됐다.

며칠 사이 9-2× 주민들의 대화는 '절대 공사 불가'에서 '아시바 설치까지는 동의'해주는 것으로 분위기가 바뀌어 있었다. 이사 문제도 '절대 퇴거 불가'에서 '옮길 방을 알아 볼 사람은 알아보되 주소지는 9-2×에 두고 계속 싸우자'는 쪽으로 이야기가 진행됐다.

"나도 방을 새로 얻더라도 끝까지 싸우겠소. 이사 가더라도 진입신고는 하지 맙시다."

204호 양진영이 생각을 밝혔다. 그는 서대문 쪽 매입임 대주택을 신청해둔 상태였다.

306호 이병례가 동의했다.

"양씨 말대로 합시다. 우리는 그동안 방세를 꼬박꼬박 내 온 사람들입니다. 우리도 우리 방을 지킬 이유가 있어요."

양진영이 참석자들의 의견을 물었다.

"내일 아시바 치러 오면 막아야 합니까, 그냥 둬야 합니까."

지하8호 문철국(➡214쪽)이 법률·행정 용어를 쓰며 답을 냈다.

"도로점용허가[3]로 할 수 있는 것은 고작 아시바 치는 정도예요. 일단 충돌하지 말고 평화롭게 하도록 놔둡시다."

박철관이 소주잔을 비웠다.

"그러자고."

박철관은 동자동 7-×에 새 방을 계약했다.

지금 방이나 그 방이나 그 방이 그 방이었지만 9-2×엔 없던 보증금이 50만 원이었고 월세도 3만 원 비싼 18만 원이었다.

211호 김석필이 손목에 차고 있던 커다란 염주를 빼서 돌리며 서운함을 표했다.

"내가 말이에요. 오늘도 새벽 다섯 시에 일어나서 건물 앞에서 혼자 일인시위를 했단 말이에요. 옆집 문제가 아니라 우리 문제잖습니까. 이 건물에서 못 나가겠다면 안 나갈 수 있도록 행동을 해야 하는 것 아니겠어요. 말만 그렇고 실제론 다들 바쁘다, 병원 간다, 아프다면서 동참을 안 해요. 너무 서운해요. 다들 남 일 보듯 하고 나 혼자 투쟁하듯 하니까 결국 돌아오는 게 아시바잖아요. 나도 이사 갈 방을 알아보고 있어요. 누가 나한테 욕을 하려면 하고 돌을 던지려면 던져요. 방 계약해서 방세는 내겠지만 나는 이 건물에서 끝까지 싸울 겁니다. 잠도 211호에서 계속 잘 거예요. 이사를 가더라도 문제가 해결되면 211호로 돌아올 겁니다."

김석필의 상기된 목소리를 이병례가 달랬다.

"석필씨 그간 고생 많았습니다."

동석한 옆 건물 9-×× 주민 조필두가 응원했다.

"공사 들어오면 9-××도 동참하겠습니다. 여러분만 있는게 아니에요. 우리가 옆에 있으니까 같이해봅시다."

"그래요."

그들의 박수 소리가 건너편 테이블의 건배 소리에 섞여 왁자했다.

"그래도 307호 정씨는 봐줘야 돼요. 아파서 나간 건데."

이튿날 아침 긴급사태를 맞아 나와 있던 310호 김중용 (58)이 307호를 변호했다. 제 살 길 찾아 떠나는 사람들과 정씨는 다르다는 뜻이었다. 김중용이 그를 대변하는 이유가 있었다.

며칠 전 천주교 수녀들이 와서 307호 정영보(71)를 충북 음성의 꽃동네[4]로 데려갔다. 온통 술병과 쓰레기로 가득 덮인 방에서 건강이 악화된 정영보는 순순히 수녀들을 따라갔다. 그가 나간 뒤 김중용이 정영보의 방으로 이사했다. 그가 살던 310호는 비만 오면 천장 가운데가 새 물이 주인 행세를 했다.

정영보가 남긴 술병들은 김석필이 정리했다.

김석필은 국민기초생활 차상위 계층[5]이었다. 그는 동네 공원과 화장실 청소 등을 전제로 조건부 지원을 받았다. 김석필은 "이것도 내 일"이라며 정영보(➡197쪽)의 방을 청소했다. 술병이 치워진 방을 김중용(➡510쪽)이 걸레로 닦아낸 뒤 자신의 짐을 옮겼다. 건물주의 강제퇴거 공고 뒤 한두 명씩 퇴거자가 나오면서 9-2× 안에선 작은 이주가 벌어졌다. 빈방이 조금이라도 낫다 싶으면 자체 이사를 하는 경우가 있었다. 방 이사를 막을 관리인도 이젠 없었다.

102호도 김석필이 치웠다.

그 방도 어느새 빈방이 돼 있었다. 방주인 선중현(66)이 몸만 챙겨 사라졌다.

선중현은 9-2× 주민이었지만 9-2×에 상주하진 않았다. 그는 한 달에 두어 번씩 와서 잠만 자고 갔다. 다른 곳에 거처가 있는지 거리에서 살다 들어오는지 알려지지 않았다. 사업에 실패해 큰 빚을 졌다는 소문이 있었지만 그와 직접 대화를 나눠본 사람은 별로 없었다. 그가 어디로 이사했는지도 아무도 몰랐다. 선중현의 빈방은 옆방과 맞은편 방에 사는 주민들이 자기 방에서 넘쳐나는 짐들을 옮겨두는 창고가 됐다.

개똥이라도 내에 바앙 닭똥이라도 내에 바앙

내에 바앙을 두고오오 또 어어데로 가알끄나.

9-2× 입구에 앉은 양진영이 굵고 느린 타령조의 목소리로 한탄 같은 결의를 다졌다.

쫓아내며언 쫓겨나며어 여기까지이 와았는데

서글프다아 이내 인생 결사반대 못 나간다아.

강아지 마로(➡205쪽)가 양진영의 무릎 위로 뛰어올랐다.

마로 아버지 천종식(➡205쪽)이 전봇대 옆에 쪼그리고 앉아 하품을 했다.

1차 공사 예고일에 천종식과 한판 떴던 김석필은 중절모에 선글라스를 끼고 전투에 대비했다. 모자 안에서 빡빡 민 김석필의 머리가 용맹스러웠다.

그는 결전의 날을 맞아 전날 바리깡으로 직접 머리를 밀었다. 그동안 그는 9-2×벽에 빨간 라커로 "결사반대"라 쓴 뒤 건물 앞에서 노숙을 하며 야간 경비를 서왔다. "공사 들어오면 가스통에 불 붙여 끌어안고 옥상에서 뛰어내린다"던 그도 이사 갈 방을 알아보고 있었다.

가장 먼저 방을 비운 105호 민태진(➡243쪽)은 "대장이 9-2×에서 나가려고 한다"며 배신감을 표했다. 김석필은 동자동에서만 27년을 살아온 남자였다. 새 방도 동자동 7번지 쪽에서 알아보고 있었다. 서로 죽일 듯 싸웠던 천종식이 소개한 방이었다.

따닥 따다닥.

굵직한 당구공 몇 알이 검은 비닐봉지 안에서 부딪혔다.

누군가 봉지를 흔들며 씩 웃었다.

"방어용이야."

그는 공격용이 아니란 점을 강조했다.

"이리 줘."

다른 주민이 그에게서 봉지를 빼앗았다.

"이런 거 함부로 쓰면 안 돼. 큰일 나."

따다닥 따닥.

봉지 안의 당구공들이 이 손에서 저 손으로 넘겨지며 투 쿠션 쓰리 쿠션을 하고 있을 때 골목 아래에서 처음 보는 남자가 작업복 차림으로 걸어 올라왔다.

아침 8시였다.

"어디서 왔소?"

양진영이 물었다.

작업장이라고 알고 온 건물 앞에 동네 사람들이 잔뜩 모여 있자 남자는 가까이 오지 못하고 멀찍이 떨어져 섰다. 남자가 "철거일 하러 왔다"고 답했다.

"철거? 썅."

김석필이 짧은 욕을 뱉었다.

"진짜 온다 이거지."

양진영이 마로를 쓰다듬으며 말했다.

골목 아래에서 남자 한 명이 또 올라왔다. 먼저 온 남자가 "일하러 왔냐"고 묻자 두 번째 남자가 고개를 끄덕였다. 첫인사를 나눈 두 사람은 작업반이 모두 도착하길 기다리며 담배를 나눠 피웠다. 인력사무소를 통해 소개받고 온 남자들이었다. 인력사무소는 작업반장 연락처를 건네며 "일당 12만 원짜리 일"이라고 설명했다. 작업반장이 전화기 너머에서 "방 문짝 뜯는 일"이라며 그들에게 출근 시간을 알렸다.

김주택(➡255쪽)이 화가 치민 목소리로 물었다.

"당신들 하는 일이 무슨 일인 줄 알고나 왔어? 우리 내쫓는 일이야. 우리 죽이는 일이라고."

박철관이 소리를 질렀다.

"아시바 매러 온다더니 무신 문짝을 뜯어?"

양진영이 마로를 가슴에 품고 얼굴을 비비며 사람들을 진정시켰다.

"저 사람들이 뭔 죄겠어요. 저 양반들도 먹고살자고 왔을 텐데."

주민들의 눈치를 살피며 남자 둘이 서로 이야기했다.

"이거 못할 일 같은데."

"우리야 그냥 시키는 대로 해야죠."

오전 9시.

트럭 한 대가 도착했다.

남자 세 명이 짐칸에 타고 있었다. 운전석에서 작업반장으로 보이는 남자가 내렸다. 이미 와 있던 두 명을 합쳐 인부 다섯 명에 반장 한 명이 9-2× 앞에 섰다. 인부들은 수건으로 얼굴을 가리고 손에 전기드릴을 들었다.

작업반장 방문 떼러 왔어요. 대표자가 있으면 이야기하고 싶습니다.

박철관 아시바만 매. 건물 안으로는 못 들어가.

엄장호 문짝 뗄 수 있으면 어디 떼봐. 우리가 가만히 보고만 있나. 아직 사람들 다 살고 있는데 복면 쓰고 뭐 하는 짓이야. 아시바 치려면 쳐. 건물 안으로는 한 발도 못 들여놔.

404호 엄장호(67➡229쪽)는 베트남전쟁 참전용사였다.

작업반장 우리는 하청받은 거라 하라는 대로 하는 거예요. 그거 말고 잘 몰라요.

김주택 여기 다 환자들이에요. 강제로 하다간 사고 난다니까. 어떻게 책임지려고 그래.

언성이 높아지자 방에 있던 9-2× 주민들이 건물 밖으로 나왔다.

새꿈어린이공원에 있던 사람들도 건너왔다. 102호 선중현(➡231쪽)이 방에 두고 간 매트리스가 건물 앞에 깔렸다. 김석필이 "이런 날"을 대비해 챙겨뒀던 매트리스였다. 주민들이 매트리스 위에 올라가 가부좌를 틀고 앉았다. 동자동 메인 골목에서 연좌농성하는 낯선 모습이 펼쳐졌다.

양진영(➡206쪽)이 낮고 굵은 목소리로 말했다.

"나를 죽이고 들어가시오."

그의 무릎 위에서 뛰어내린 마로가 인부들을 향해 왕왕 짖었다. 마로 아버지가 기특하다며 손뼉을 쳤다.

대치가 계속됐다. 쪽방상담소와 주민센터 직원들, 서울시 담당 공무원도 나와 상황을 지켜봤다. 주민들은 서울시에 불만이 많았다. 시가 적극적으로 문제 해결에 나서지 않는다고 생각했다. 시는 시대로 고충을 토로했다.

우리가 건물주한테 제안했다, 퇴거 요구를 취소하고 주민들 거주를 보장하면 시가 비용을 들여 리모델링을 해주겠다, 건물주는 제안을 거부했다, 보증금 합산 2억여 원에 매달 월세 1000여만 원을 보장해주면 수락하겠다고 한다, 그러자면 주민들이 보증금 450만 원에 월세를 25만 원은 내야 한다, 도저히 받을 수 있는 안이 아니었다, 건물주는 더 이상 쪽방을 운영하지 않으려는 생각이 명확하다, 건물주의 내심은 쪽방이 아닌 외국인 대상의 게스트하우스를 만들려는 것이다, 한 달에 1000만 원의 수익을 내려면 게스트하우스를 염두에 두고 있다고 봐야 한다, 그래도 개인 재산이므로 시가 나서서 강제로 못하게 할 순 없다, 우리는 물리적 충돌을 원하지 않는다.[6]

건물 진입이 불가능하다고 판단한 작업반장이 건물주에게 전화를 걸었다. 주민들이 듣지 않도록 골목 아래로 내려가 통화했다. 주민들은 꼼짝하지 않았다. 어느새 9-2× 앞은 수십 명이 모여 웅성거렸다. 사람들이 많아질수록 주민들의 몸에도 힘이 들어갔다. 파출소에서도 나와 혹시 있을 충돌을 주시했다.

통화를 마친 작업반장이 인부들을 불러 모았다.

몇 마디 말을 나눈 그들이 작업도구들을 챙겼다. 대치한 시간여 만에 트럭이 시동을 걸어 동네를 떠났다.

주민들의 얼굴엔 오랜만에 웃음이 돌았다. 집주인이 나가라면 별수 없이 따라야 했던 그들은 여럿이 모이자 그때까지 겪어본 적 없는 감정을 경험했다. 아무것도 주장할 것 없이 살아온 삶이었으나 본래부터 아무것도 주장할 것 없는 존재는 아니었다는 사실을 깨달으며 그들은 알 듯 모를 듯한 기분을 느꼈다.

'승리'는 짧았다.

정오 무렵 건물주 부부가 도착했다.

흩어졌던 주민들이 다시 모였다. 그들의 항의가 시작됐다. 박철관이 따졌다.

"아시바만 친다고 하더니 왜 문짝을 떼라고 시켜요?"

이병례(➡509쪽)가 말했다.

"우리가 어떻게 살아왔는지 봐야지 무턱대고 이러시면 안 됩니다."

건물주가 9-2× 안으로 들어가려 하자 주민들이 길을 텄다.

인부들을 대차게 막아섰던 그들은 건물주이므로 건물 안으로 들어가는 것을 막지 못했다. 9-2×에서 18년을 산 사람도 처음 보는 건물주의 '건물 입장'이었다. 건물주를 따라 계단을 오르내리며 누군가는 "방이 이렇게 엉망"이라고 했고, 누군가는 "그동안 뭐 하다 이제 왔냐"고 했다.

내부를 처음 둘러본 뒤 건물주가 말했다.

"주민분들 말씀처럼 건물이 노후하고 위험한 지경이니 수리를 해야 합니다. 여러분 안전을 위해서라도 리모델링을 꼭 해야 합니다."

"그동안 죽는지 사는지 신경도 안 쓰더니 이제 와서 우리 걱정입니까?"

누군가 물었다.

"여러분이야말로 무턱대고 이러시면 안 되죠. 지금까지도 많이 기다린 겁니다. 5월 안에는 비워주셔야겠습니다."

주민들의 기세가 급격하게 수그러들었다.

"6월 말까지는 시간을 주세요."

누군가 부탁했다.

퇴거 시한이 거론되는 순간 '나갈 수 없다'는 입장에서 '언제까지 나가면 되냐'로 논점이 튀었다. 다시 퇴거 시점을 정하는 논쟁이 되고 말았다.

건물주가 재차 통보했다.

"기다릴 만큼 기다렸으니 앞으로는 법적으로 가능한 모든 조처를 취하겠습니다."

주민들은 오전의 흐뭇했던 기분을 싹 잃어버렸다.

주민 안전을 위한 보수공사라고 거듭 강조해왔던 건물주가 주민들에겐 말하지 않은 속마음이 있었다.

내 재산을 가지고 내가 리모델링하겠다는데 무슨 근거가 필요한가, 두 차례 이상 내용증명을 보냈으니 언제든 단전·단수도 가능하다, 보수공사 하고 화재보험 들어서 상응하는 가격을 쳐서 받겠다, 게스트하우스를 해서 우리도 원하는 수익을 내겠다.[7]

때를 맞춘 듯 동네 골목 곳곳에 세입자를 구하는 쪽지가 붙었다. "우리 쫓겨날 때가 되니 쪽방들이 영업을 시작한다"는 생각에 9-2× 주민들은 서글퍼졌다.

"빈방 있습니다."

7-× 건물에도 나무 팻말이 걸렸다.

우권화(➡277쪽)가 이사한 건물이었다. 박철관(➡260쪽)이 방을 계약한 건물이었고, 김석필(➡205쪽)이 방을 계약했으나 고칠 게 너무 많아 위약금 1만 원을 내고 해약한 건물이었다.

짧은 전투가 끝나고 이사철이 다가오고 있었다.

1 2015년 4월 30일. 공사가 예고됐던 10일과 20일을 그냥 지나친 건물주가 세 번째 통보한 공사 강행 날짜.

2 여인숙이 몰려 있는 동자동의 한 골목. 메인 골목이 속한 블록과 그 뒤 블록 사이를 통과한다. 허름한 여인숙들과 식당들이 골목의 좌우를 이룬다. 여인숙은 여행객이 잠깐 머무는 숙박시설이 아니라 저소득층의 값싼 장기 거주지가 된 지 오래였다.

3 도로 구역 안에서 공작물·물건 기타의 시설을 신설·개축·변경 또는 제거하거나 기타의 목적으로 도로점용을 허가하는 것.

4 충청북도 음성에 위치한 노숙인 복지시설.

5 일을 하지 않아야 수급비를 받는 국민기초생활 수급자들(별도 수입이 있어서는 안 됨)과 달리 차상위 계층은 노동을 전제로 일정 금액을 지원받는다.

6 서울시 담당 공무원과의 인터뷰.

7 건물주와의 인터뷰.

21

초
록

307호 정영보

1944년 강원도 화천 출생

6년 거주

그렇다고 나는 생각한다.

여기 초록이 쌓여 있다.

저 푸른 초원[1]을 갖지 못한 내 방에 초록이 가득하다. 그림 같은 집[2]도 아닌 내 좁은 방에서 초록이 가로 세로로 퍼지며 번식한다. 초록을 보고 있으면 눈과 마음이 흐물거린다. 그 초록에 몸을 파묻으면 마음이 말랑해지고 울화도 노곤해진다.

내 방은 사시사철 푸르다. 볕 좋은 봄날 한 모금 하면 초록이 봄꽃처럼 화창하고, 땀으로 범벅된 여름 두 모금 하면 초록이 태양처럼 끓는다. 낙엽 지는 가을에 세 모금 하면 초록이 단풍처럼 만발하고, 눈 내린 겨울 밤 한 병 하면 초록이 폭설처럼 울창하다.

　여기 내 가난이 초록으로 쌓여 있다.

　초록 막걸리병이 병 둘이 되고 병들로 늘어나면 초록도 초록빛이 되고 초록 들이 된다. 내 방 안에 누워 있으면 술병들로 초록을 틔운 작은 들이 눈앞에 펼쳐진다. 너르진 않아도 술병으로 쌓은 들을 보고 있으면 마음이 술렁거린다. 평생 가져본 적 없는 푸른 논밭에서 내 것이었던 적 없는 누렁소가 아지랑이 속에서 쟁기를 끌며 엄무우 운다. 엄무우 소리에 나는 엄마아 운다. 늙은 내가 엄마 엄마 엄마아아 운다.

　초록 술병들이 삐죽삐죽 돋은 초록 들의 끄트머리에서 내 젊은 날의 들이 튀어나온다. 배고픈 들이었다. 남의 집 농사를 거들며 밥을 얻어먹던 십대 때 초록은 봄나물처럼 향긋한 대신 장딴지에 오른 풀독처럼 쓰리고 아렸다. 여러 집을 떠돌며 밥을 구해야 했다. 농가 사랑방에 묻어 살기도 하고 화전민 산채에 끼어 살기도 했다. 날마다 초록의 들에서 밥값을 했으나 젊은 나는 늘 허기졌다. 얕은 밥그릇은 숟가락질 몇 번 하고 나면 바닥을 보였다. 배 속으로 허겁지겁 밥을 밀어넣고 나면 배고픔으로 속이 얹혔다.

　막걸리병들 사이에서 초록 소주병들이 농도를 더한다.

백여 개의 막걸리·소주병들이 방바닥에 쌓여 있다. 속옷과 수건을 던져놓아 옷걸이가 된 선풍기 옆에서도 초록 술병들로 가득한 대짜 쓰레기봉투들이 빵빵하다. 오래도록 먹은 것들이었다. 하루에 조금 먹을 때는 한 병이고 많이 먹어봐야 고작 두 병이다. 술꾼들은 하루에도 몇 병씩 마시지만 나는 다르다. 한 모금도 좋고 두 모금으로 족할 때도 있다. 속이 허하면 한 모금 하며 허(虛)를 채우고 속이 쓰리면 한 모금 더 하며 속을 달랠 뿐이다. 이 초록의 술병들은 오랫동안 쌓인 것들이다. 나는 그렇다고 생각한다. 이 술병들은 오래 돈은 초록이다. 나는 그렇다고 생각한다.

초록은 어린 시절 내 몸에서도 자랐다.
초록이 무서운 때를 아나. 나는 안다. 초록이 빈틈없이 빽빽하면 컴컴해졌다. 녹색과 흑색의 사이는 멀지 않았다. 초록이 싱그러움을 넘어서면 괴물이 튀어나올 듯한 어둠이 됐다. 초록의 어둠 속에 들어가 봤나. 나는 들어가 봤다.
고향 화천에서 태어났을 때 아버지는 목재소에서 일하는 목수였다. 기술이 있으니 닭장 딸린 세 칸짜리 나무집을 지어 살았다. 육이오 전쟁 때 춘천으로 피란 가던 중 엄마가 행방불명됐다. 외아들이어서 아버지와 둘이 살았다. 전쟁 뒤 아버지는 초록이 짙은 산판[3]에서 숯 굽는 일을 했다.
아버지는 생사를 알 수 없는 엄마를 찾는 대신 새엄마

를 얻었다. 초록의 숲에 어둠이 들면 아버지는 술을 마셨고 새엄마도 술을 마셨다. 아버지는 나를 때렸고 새엄마도 나를 때렸다. 술을 마신 두 사람은 당연한 듯 서로 싸웠고 정해진 순서처럼 나를 때렸다. 그때마다 내 몸에선 초록의 멍이 싱싱했다. 몸에서 돋은 초록이 머릿속을 기어다니며 숲을 이뤘다. 검은빛이 초록빛을 삼키기 시작할 때쯤 집을 뛰쳐나왔다. 깜깜한 초록의 숲에서 벗어나길 바라며 남의 집을 떠돌았다.

나는 술맛으로 술을 마시진 않는다.

나는 밥 대신이라 생각하고 먹는다. 한 끼 밥 먹는 정도만, 꼭 그 정도만 마신다. 그렇다고 나는 생각한다.

냄비가 있긴 있다. 먼지가 가득 앉은 냄비가 언제 밥을 끓였는지 알 수 없을 뿐이다. 초록의 술병들 주위에서 먹다 남은 음식들이 자리를 다툰다. 버리지만 않으면 언제든 먹을 수 있는 것들이다. 그렇다고 나는 생각한다.

저 이불 위에서 굴러다니는 닭 뼈다귀들도 아직 먹을 만하다. 어릴 때 집에서 기르던 닭이 사오십 마리는 됐고, 어릴 때 내가 발로 차며 분을 풀던 닭들이 사오십 마리는 됐다. 내 머릿속을 날개로 휘저으며 날아오르는 닭들이 지금도 사오십 마리는 된다.

음식이 아니라 쓰레기라는 사람도 있지만 함부로 쓰레기 취급해선 안 된다. 초록과 어둠의 경계가 흐릿하듯 쓰레기 아닌 것과 쓰레기의 경계도 뚜렷하지 않다. 쓰레기통에서 건진 음식을 먹어봤나. 나는 먹어봤다. 썩은 맛이라고 아나. 나는 안다.

썩은 맛도 맛이고 더러운 맛도 맛이다. 음식이 쓰레기가 되고 사람이 쓰레기가 되는 것이다. 본래 이 세상은 치울 수 없을 만큼 쓰레기로 가득하다. 치울 수 없으면 같이 사는 것이다. 나는 그렇게 생각한다.

서른 살 넘어 쓰레기가 넘치는 서울로 왔다.

마포 만리동고개 인쇄소에서 잡부로 일했다. 인부도 못 되는 잡부란 무엇인지 아나. 나는 안다. 온전한 인간으로 대접받지 못하는 잡스러운 노동력은 공사판에서도 잡티처럼 거추장스러운 인간이었다. 시키는 일만 고분고분하게 해야 했다. 땅 파고 삽질하는 노가다로 살면서도 잡부는 가라는 대로 가고 하라는 대로 해야 했다. 월세 낼 돈이 없으니 하루 벌어서 하루 방값을 치르며 살았다. 난장(노숙)도 많이 쳤다. 길거리에서 살며 쓰레기통 옆에서도 자고 쓰레기처럼 치워지기도 했다.

내 초록의 냄새가 이 방에 층층으로 쌓여 있다.

곰팡이가 까맣게 슨 빵 조각과 스티로폼 그릇에 고인 김칫국물, 뭘 넣었는지도 기억나지 않는 검은 봉지 속의 어떤 것들이 담배꽁초, 쓰고 버린 나무젓가락, 라면 봉지, 벗은 양말, 벗은 옷, 때로 절은 이불과 한데 엉켜 찌들고 시큼한 냄새를 초록의 술병들 사이로 밀어올렸다.

언제나 두통이 있었다. 냄새 때문이라기보다 산다는 것 자체가 원래 골치 아픈 것이다. 나는 그렇게 생각한다.

초록에 쫓기며 살았다.

검은 초록에 쫓기다 지쳐 언제부턴가 묽은 초록을 마시기 시작했고, 언제부턴가 초록을 들이켤수록 내 방에 초록이 하나둘 늘어났다. 나를 따라와 방에 퇴적된 초록 술병들은 검은 초록으로부터 내 곁을 지켜준 유일한 친구였다.

푸른곰팡이처럼 초록이 가득 핀 방에 누워 있으면 마음에도 곰팡이가 끼었다. 좁은 방의 대부분을 초록에게 내어주고 나는 내 방에서 곰팡이처럼 붙어 있다. 초록 술병들이 방을 잠식해오면 나는 흔쾌히 벽 쪽으로 바짝 붙어 모로 누워 잔다. 초록을 곁에 둘 수 있다면 내 남은 삶은 그 한 뼘으로 족했다.

한 뼘이라도 초록의 내 땅을 갖길 바랐던 적이 있었다. 콩이나 팥, 마늘, 도라지 같은 시시한 것이라도 내 땅에 심어보고 싶었다. 그 땅에 닭 사오십 마리를 키우고 싶었다. 토끼, 개, 돼지, 소도 길러보고 싶었다. 내 욕심은 고작 그것이었다.

"고물, 고오물"을 외치며 리어카를 끌었던 적이 있었다.

고물을 따라다니면서 처음 동자동에도 왔다. 9-2×에 살기 시작한 이유는 싼 방값 때문이었다. 방이 안 좋아서 사람들이 별로 안 좋아하는 방이었다. 이 방에서 살면서 내 머리통도 그새 온통 새하얘졌다. 혀도 잘 돌아가지 않고 말하는 것도 시원찮아졌다. 건물주가 나가라면 나가면 되는 일이었다. 갈 곳은 마땅치 않지만 어떻게든 살아갈 것이었다. 사는 건 어렵지만 지극히 간단한 일이기도 했다.

우거진 초록이 방을 점령하고 방 밖으로 흘러내리려 할 때 천주교 수녀들이 소문을 듣고 찾아왔다. 초록을 헤치고 들어와 내 손을 잡은 수녀들이 꽃동네로 갈 것을 권했다. 떠나야 할 이유는 없었지만 남아 있어야 할 이유도 없었다. 동네 이름이 예뻐 그러자고 했다.

방을 나가자면 초록의 병들부터 수확해야 했다.

이 병들을 버리지 않고 모아둔 까닭이 있었다. 빈병 하나당 가게에서 이삼십 원씩 쳐줬다. 병을 챙기려 하자 수녀들이 말렸다. 병들은 가져갈 수 없다고 했다.

병을 포기한 나는 뚜껑들을 하나하나 챙겼다. 초록을 데려갈 방법이 내(➡276쪽)겐 있었다.

나는 그렇다고 생각한다.

22

마
로

마로가 왕왕 짖었다.

"야 이 개새끼야."

마로가 짖는 소리보다 "개새끼"를 욕하는 소리가 컸다. 마로는 개의 새끼였지만 개새끼는 아니었다.

아빠(천종식➡340쪽)가 남자에게 "개새끼"라고 소리 지르자 남자(김석필➡264쪽)도 아빠에게 "개새끼"라며 소리를 질렀다. 아빠가 계속 소리를 질렀고, 남자도 계속 소리를 질렀고, 마로도 계속 소리를 질렀다. 새끼 개와 "개새끼" 소리로 메인 골목이 시끌시끌했다.

"개새끼"가 자주 등장하는 골목이었지만 새끼 개는 마로밖에 없었다. 강아지나 고양이를 키우기엔 동자동 한 평 방은 너무 작았다. 메인 골목에서도 쪽방이 아닌 다가구주택에 방을 얻어 사는 아빠였기에 마로는 길러질 수 있었다.

발발이 마로는 발발거리며 골목을 뛰어다녔다.

골목의 구석구석을 냄새 맡고 이곳저곳에 오줌을 누며 영역을 표시했다. 마로의 영역은 자동차가 씽씽 달리는 대로에서 여러 겹 벗어나 있었다. 큰길에서 한 번 꺾으면 길이 좁아졌고, 한 번 더 꺾으면 건물이 낮아졌고, 한 번 더 꺾으면 잿빛이 펼쳐졌다.

마로에게 넓고 깨끗한 도로는 위험했다.

마로에겐 좁고 지저분한 골목이 안전했다. 메인 골목 위로 뻗은 급경사 비탈길을 마로는 혀를 빼물고 오르내렸다. 9-2× 옆골목 계단을 깡충깡충 내려가 바닥에 코를 박고 킁킁댔다. 여인숙 골목에선 식당이 내다 버린 음식물 쓰레기를 먹으려다 아빠에게 혼이 났다.

엉덩이를 깔고 앉은 마로가 뒷발을 들어올려 목을 털었다.

다리 짧은 마로의 머리 위에서 사람들의 다리가 오락가락했다. 마로가 사는 집 맞은편 건물(9-2×) 앞에 동네 사람들이 모여 떠드는 날이 잦아졌다. 다투는 소리도 자주 들렸다. 사람 다리 수십 개가 머리 위에서 어른거리면 마로는 자신의 다리 사이로 꼬리를 내리고 아빠나 아저씨(양진영 ➡233쪽)를 찾았다.

쫓아내며언 쫓겨나며어 여기까지이 와았는데

서글프다아 이내 인생 결사반대 못 나간다아.

전기 드릴 든 사람들을 가로막고 앉아 아저씨가 흥얼거렸다.

마로가 아저씨 무릎 위로 폴짝 뛰어올랐다.

"우리 마르고 닳도록."

아저씨가 반기며 마로의 머리를 쓰다듬었다.

마로의 별명은 '마르고 닳도록'이었다. 아저씨가 지어 불렀다. 마르고 닳도록 귀여워하겠다는 것인지, '네 처지도 마르고 닳도록 고생길'이란 뜻인지 아저씨는 따로 설명해주지 않았다.

아저씨 품에 안겨 9-2×에 들어갈 때마다 마로는 코를 벌름거렸다.

아저씨가 아빠한테 마로를 빌려 그의 방에 데려가면 마로의 코가 바빠졌다. 곰팡이 냄새에 쉰 김치 냄새와 식은 라면 국물 냄새가 더해져 마로의 코를 간지럽혔다. 아저씨가 잠에 빠지면 마로는 옆에서 같이 졸거나 방바닥을 기어다니는 바퀴벌레를 잡으며 놀았다. 몇 개 되지 않는 물건들로 꽉 찬 방에서 뛰어다닐 수도 땅을 팔 수도 없는 마로는 금세 시무룩해져서 방문을 긁어댔다.

"나를 죽이고 들어가시오."

'드릴 남자들'이 9-2×에 진입하려 하자 아저씨가 나직하게 경고했다.

아저씨 무릎 사이에 머리를 묻고 있던 마로가 고개를 들고 남자들을 향해 소리를 끓였다.

크르르르릉.

"우리 마로 잘한다."

강아지 마로가 다 큰 개처럼 짖었다.

우월월월월.

"마로 착하다. 커피 먹자."

아저씨가 흐뭇해하며 마시던 커피를 종이컵째 마로 앞에 내밀었다. 마로가 혀로 커피를 바닥까지 핥아먹었다. 동네에서 마로는 '커피 먹는 개'로 유명했다. 커피 중에서도 달달한 믹스 커피만 먹었다.

키 작은 마로의 세계는 키 큰 인간들의 세계와 달랐다.

마로의 눈은 사람의 무릎 아래에서 두리번거렸고, 마로의 귀는 사람의 청력 저편으로 쫑긋거렸다. 아빠와 아저씨가 보지 못하는 것들이 마로의 눈엔 보였고, 아빠와 아저씨가 듣지 못하는 소리가 마로의 귀엔 들렸다.

106호 방에서 지하7호 유경식(➡342쪽)의 걸레를 피해 살아남은 벌레가 방 밖으로 나와 꿈틀거리다 마로의 눈에 띄었을 수도 있었다. 다리 불편한 지하4호 이황수(➡333쪽)가 땅바닥을 10센티미터씩 밀어내며 한 끼 밥을 향해 나아가는 소리가 마로의 귀에서 슥슥슥슥 했을 수도 있었다. 인간의 무릎 높이 아래에서 보고 듣지 않으면 보이고 들리지 않는 존재들이 마로의 눈앞에서 바글거리고 있는지도 몰랐다. 유경식이 걸레질해 닦아낸 영혼과 이황수가 무료 급식소에 간 사이 죽어버린 영혼을 새끼 개 마로가 왕왕 짖으며 배웅했는지도 몰랐다.

아빠와 아저씨의 옛날과 지금은 다르지 않았다. 아빠와 아저씨는 지금과 앞날이 다를 것이라 기대하지도 않았다. 반전이라곤 없는 아빠와 아저씨의 이야기들은 옛날과 지금과 앞날 사이를 오가며 뒤섞이거나 순서를 바꿨다.

아빠와 아저씨 품에서 자라온 마로의 시간도 아빠와 아저씨의 시간들 틈에 끼어 있었다. 어제 욕한 아빠와, 오늘 욱한 아저씨와, 내일 걸레질할 지하7호 남자와, 날마다 다리를 슥슥슥슥 할 할아버지의 시간이 마로에겐 차례대로 배열되지 않았다. 아빠와 아저씨가 지나온 시간과 그들 앞에 다가올 시간이 마로의 작은 머릿속에서 순서를 따르지 않고 삐죽삐죽 튀어나왔다.

전봇대 옆에 배를 깔고 하품하는 마로가 졸음으로 눈을 끔벅끔벅했다.

어느 날 작은 가방에 살림살이를 우겨넣은 사람들이 마로의 눈앞에서 메인 골목을 올라가거나 내려갈 것이었다 (➡216쪽).

잠을 방해하는 파리를 삼키려다 목에 사레 든 마로가 켁켁 기침을 했다.

어느 날 벽을 때려 부수는 해머 소리가 마로의 귓전을 쾅쾅 때릴 것이었다(➡254쪽).

아빠를 앞장선 마로가 짧은 다리로 계단을 뛰어내려갔다.

어느 날 낡은 세탁기를 나르다 지친 아빠가 계단 아래로 세탁기를 밀어버리면 마로가 놀라 멀리 달아날 것이었다 (➡340쪽).

아빠 가슴에 안긴 마로가 방 안을 두리번거렸다.

어느 날 마로를 품에 넣은 아빠가 페인트칠을 새로 한 문을 열고 방 크기를 이리저리 가늠할 것이었다(➡491쪽).

마로가 혀로 앞발을 핥아 얼굴을 닦으며 동네 너머를 응시했다.

잿빛에서 한 번 꺾으면 유리벽들이 퉁겨내는 햇빛으로 눈이 부셨고, 낮은 건물에서 한 번 더 꺾으면 우뚝우뚝 솟은 빌딩들 사이에서 길을 헤맸고, 좁은 길에서 한 번 더 꺾으면 동자동 골목보다 몇 배는 넓어 어지러운 세상이 나왔다. 어느 날 아저씨를 태운 트럭이 그 세상 어딘가로 모습을 감출 것이었다(➡229쪽).

마로가 배가 고픈지 입맛을 다시며 낑낑거렸다.

어느 날 어미가 된 마로의 새끼가 동자동을 떠난 아저씨의 무릎을 낑낑거리며 파고들 것이었다(➡386쪽).

23

경로

가난의 뿌리는 머무는 장소가 아니라 머무는 곳으로 이
끈 길들과 그 길을 찌르는 뾰족한 돌멩이들 틈에 박혀 있다.

24

격
파

각개 격파였다.

9-2× 주민들이 공원 옆 희망나눔센터에 한 명씩 모였다.[1]

건물주가 세입자들을 한자리에 소집했다. 전날 "가능한 모든 법적 조처를 취하겠다"고 선언한 건물주가 하루 만에 주민들을 조여왔다. 공사를 저지했다는 생각에 뿌듯해하자마자 건물주 앞에서 기가 꺾였던 주민들이 굳은 얼굴로 자리에 앉았다.

공사업체 직원들이 센터 문 앞에서 출입을 통제했다.

건물주 부부 중 남편이 세입자 명단과 대조하며 본인이 맞는지 확인했다. 9-2× 세입자가 아닐 경우 공사업체가 문을 막아섰다. 퇴거 통지가 붙었을 때부터 주민들을 도와온 사랑방도 '외부 세력'으로 지목돼 문을 넘지 못했다. 그들의 도움 없이 오직 주민들 각자가 건물주와 공사업체를 상대해야 했다.

"오늘 여러분에게 모이시라고 한 것은……"

건물주가 입을 열었다.

"세입자 대표를 뽑아 소통 창구를 일원화함으로써……"

공사업체 직원이 종이 한 장을 들고 다니며 주민들 앞에 내밀었다. '세입자 대표 위임 권한 동의서'란 제목 아래 각자의 이름이 적혀 있었다.

건물주는 "동의하면 서명하시라"고 했다.

"향후 (세입자 대표가) 건물주 또는 기관과 협의한 내용을 문서로 각 세입자들에게 사전 통보하여 과반수 이상이 찬성에 서명 동의하였을 경우 전체적인 결정으로 인정하고 찬성하지 않은 세입자도 결정된 사안에 무조건 따르기로 한다."

퇴거 여부를 둘러싼 주민들 각자의 판단을 앞으로는 과반수 의견 안에 묻어버리겠다는 의미였다. 세입자 개인의 의견과 입장을 하나하나 묻는 것이 아니라 선택할 수 있는 여지를 좁혀 통보하면 주민들이 동요한다는 사실을 건물주는 이제 알고 있었다.

"서명하신 다음 이름 옆에……"

언제까지 방을 비울지 퇴거 시한을 적으라고 했다.

세입자 대표를 정한다는 구실이었지만 실제로는 주민 한 명 한 명에게 퇴거 동의를 받아내려는 목적이 컸다. 건물주는 월세로 주민들을 흔들며 '결정'을 요구했다.

① 5월 말까지 방을 비울 경우 4월 월세를 면제하고 5월 방값을 하루 5000원씩 깎아주겠다.

② 계속 거주하려는 사람은 밀린 두 달치 월세를 갚고 6월부터는 매달 21만 4000원을 내라.

한 달 수급비가 49만 원인 주민들에게 5~7만 원 월세 인상[2]은 큰 부담이었다. '퇴거 불가'를 외치며 저항해오던 주민들은 제3의 안을 내지 못한 채 '둘 중 하나'를 골라야 하는 처지에 몰렸다.

"서울시하고 다 짜고 하는 짓거리 아니겠어."

지하8호 문철국(➡267쪽)은 음모론을 제기하면서도 퇴거 동의에 사인했다.

"이젠 지겹다. 나가라면 나가지. 내가 뭐 아쉽다고."

나눔센터를 나온 사람들은 담배를 피우며 각자의 선택을 풀어놨다.

208호 이기방(➡488쪽)의 말엔 체념이 묻어 있었다.

"매달 21만 4000원을 어떻게 내."

이기방이 방으로 돌아가지 못하고 가로등 켜진 공원을 서성였다.

들어갈 땐 '절대 반대'를 고수했던 사람들이 나올 땐 "더러워서 나간다"로 바뀌어 있었다. 참석자 스물일곱 명(전체 45명) 중 열다섯 명이 '5월 31일까지 퇴거'에 서명했다. 여덟 명이 '미정'이었고 네 명이 '계속 거주' 의사를 밝혔다.

"계십니까."

이튿날부터 방문 두드리는 소리가 9-2×를 울렸다.

전날 참석하지 않았거나 '미정'과 '계속 거주'를 써낸 사람들의 방을 공사업체 직원들이 찾아다니며 노크했다. '둘 중 무엇이냐'며 거듭 종이를 내밀었다.

일괄 퇴거 요구로 집단 반발을 부른 뒤 세입자 개인을 압박하는 쪽으로 전환한 건물주의 전략이 먹히고 있었다. '주민들'이었던 그들이 주민과 주민으로 분리되자 '퇴거 반대' 대오도 힘이 빠지기 시작했다. 혼자 건물주를 맞닥뜨린 주민들은 함께했을 때의 결기를 잃고 움츠러들었다.

3개월을 버틴 주민들의 심리선이 급격히 무너졌다.

9-2×에 빈방들이 빠르게 늘어났다.

---

1 2015년 5월 1일.
2 기존 월세는 14~16만 원.

이삿짐들이 좁은 방을 몽땅 먹어 치우고 복도로 흘러넘쳤다.

"어느 쪽으로 누우실 거예요?"

짐을 날라준 사랑방 회원이 지하5호 서혜자(79)에게 물었다. 수건으로 얼굴의 땀을 닦으며 서혜자가 난감해했다.

"아무리 연구해도 자리가 안 나와."

짐을 넣었다 뺐다 하며 공간을 만들어보려 했지만 한 평도 안 되는 방에서 나올 공간은 쥐어짜도 한 평도 안 됐다.

시멘트 바닥에서 검게 그을린 양은 냄비가 발에 차이자 어둠으로 그을린 복도 저편에서 쨍한 쇳소리가 굴러다녔다. 복도에서 대기하는 짐들이 방 안을 노려보며 '저길 어떻게 들어가냐'고 수군대는 듯했다.

"그 방이나 이 방이나 똑같이 코딱지만 한데……"

그 방에 들어갔으니 이 방에도 들어가겠지, 말하고 싶었으나 하나마나한 말이란 걸 서혜자도 알았다.

숨 쉬고 사는 생명체에게 틈은 숨길이었다.

코딱지에게도 최소한의 틈은 필요했다. 콧구멍이 모두

막히면 사람은 숨 쉴 수 없었다. 짐 나르느라 고생한 사랑방 회원에게 미안한 것인지, 짐들에게 미안한 것인지, 서혜자가 돌아서며 들리지 않게 한숨을 쉬었다.

서혜자가 지팡이를 짚고 '그 방'에서 '이 방'으로 이사했다.

건물주가 정한 퇴거 시한을 사흘 남긴 날[1]이었다. 멀리 가지 못했다. 9-2× 뒤쪽 블록에 자리 잡은 건물이었다. 직선거리로 고작 40미터 거리였다.

사람은 어디든 갈 수 있었지만 그가 어디든 갈 수 있는 것은 아니었다. 헌법은 거주 이전의 자유[2]를 보장했지만 그에게 보장된 자유는 아니었다. 가난한 서혜자가 동자동에서 옮겨갈 수 있는 곳은 동자동밖에 없었다. 가난은 가난한 땅 밖에서는 머물 곳을 찾지 못했다.

서혜자는 9-2×에서 네 명[3]뿐인 여성 중 한 명이었다.

"죄다 영감들밖에 없는 건물에서" 그는 목소리 낮춰 눈에 띄지 않게 살았다. 9-2× 앞에서 '작은 전투'가 있던 날[4]에도 그는 남자 주민들로부터 떨어져 앉아 말없이 연좌했다. 건물주의 소집에 응하지 않았던 그의 방으로 다음 날 공사업체 직원이 찾아왔다. 이사 날짜를 확정하라는 요구에 월말까지 방을 빼겠다고 약속했다.

"선반에 얹으면 무거워서 내가 못 내리는데."

직사각형 가방이 논쟁거리였다. 가방 둘 자리를 두고 해답 없는 토론이 벌어졌다. 이사를 도운 이들이 선반을 짜서 위에 올리자고 했다.

이삿짐.

이삿짐이었지만 이사하는 짐이라고 하기엔 너무 적었다. 방 한 칸이 집인 사람들에겐 줄일 수 있는 만큼 최대한 짐을 줄이는 것이 가질 수 있는 만큼 최대한의 살림을 갖는 방법이었다. 많이 줄여야 많이 갖는다는 이 부조리한 원리를 동네 주민들은 이사할 때마다 예외없이 마주했다.

그 적은 짐조차 그 방엔 너무 많았다.

방 폭이 2미터도 되지 않았다. 절대적으로 적은 서혜자의 짐이 절대적으로 좁은 방에 부려져 상대적으로 많아 보이는 착시를 일으켰다.

"가방을 방 밖으로 빼고 옷은 상자에 넣어 쌓죠."

서혜자는 갈등했다.

"그럼 옷이 구겨져서 안 돼."

궁리를 거듭해도 그 방에서 찾아낼 방법이 더는 없었다.

선반 위에 두는 것으로 사랑방 회원들이 결정했다. 선반은 좁아터진 방에서 터져나오는 짐들을 처리하는 가장 효율적인 수단이었다. 회원들은 서혜자의 이삿짐을 들이기 전에 나무판자로 선반을 만들어 사방 벽을 둘렀다. 서혜자도 아무 말 하지 않았다.

이사한 방의 월세는 21만 원이었다.

9-2× 지하방은 14만 원이었다. 서혜자는 거금 7만 원에 값할 만큼 새 방이 미덥지 않았다. 주민들이 같이 사용하는 공동세면장은 물이 잘 넘쳤다. "세숫대야 물을 확 쏟아

버릴 수도 없고 채소를 마음대로 씻기도 어렵다"며 그는 걱정했다. 지하에서 지상으로 올라왔지만 그는 너무 높이 올라갔다. 무릎이 좋지 않은 그는 3층 계단을 오르내리는 데 힘이 부쳤다. 서혜자는 남은 날이 얼마 안 된다는 것을 알았다. "잠자리 근심만 안 하면 좋겠다"는 것이 이사하며 품은 그의 바람이었다.

서혜자가 누렇게 변색된 소형 냉장고 옆에 여행가방을 뒀다. 선반을 짜기 전까진 그 자리 말고 둘 곳이 없었다. 서혜자가 냉장고 문을 열자 문이 가방에 받혔다. 속이 허한 냉장고가 배 속을 절반밖에 드러내지 못했다.

돌아온 것인지 쫓겨온 것인지 서혜자는 애써 생각하지 않으려 했다.

이사 간 9-×는 그가 2005년까지 20년을 살았던 곳이었다. 9-× 건물주는 보수공사를 이유로 그와 세입자들을 내보냈다. 9-×에서 쫓겨나 9-2× 지하로 내려간 서혜자는 10년 뒤 똑같은 이유로 9-2×에서 강제퇴거돼 자신을 내쫓았던 9-×로 돌아갔다.

가난의 경로는 철거와 강제이주의 무한궤도 속에 갇혀 있었다.

빠져나오고 싶어도 빠져나올 수 없는 미로였다. "소설로 쓰면 읽고 울지 않을 수 없는 이야기들"을 끌고 서혜자(➡ 221쪽)는 미로를 헤맸다.

1 2015년 5월 28일.

2 헌법 제14조. "모든 국민은 거주·이전의 자유를 가진다."

3 두 명은 방만 얻어놓은 채 거의 들어오지 않았다. 실제 상주하는 여성 주
   민은 지하5호 서혜자와 지하6호 이필숙뿐이었다.

4 2015년 4월 30일.

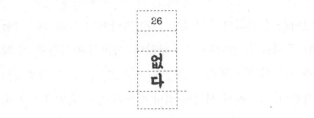

지하5호 서혜자

1936년 부산 출생

10년 거주

부모 있어요?

"그런 거 없어요."

자녀 있어요?

"그런 거 없어요."

결혼했어요?

"그런 거 한 적 없어요."

그런 거 없다.

자꾸 물어봐도 그런 거 없다.

부모 없이 태어난 사람은 없어도 부모 없이 자란 아이는 얼마든지 있었다. 이모할머니가 엄마에게 아버지란 사람을 중매했다. 엄마는 키가 작았다. 아버지란 사람은 키 작은 여자와 결혼하지 않겠다며 다듬잇돌을 안고 마루에서 굴렀다. 아버지란 사람이 엄마와 하기 싫은 혼인을 억지로 했으니 엄마가 끌어안고 산 것은 남편이 아니라 고생이었다. 혼인 사흘 만에 먹을거리가 떨어졌는데 아버지란 사람은 문지방을 베고 "배고파 배고파"만 했다. 땅 한 뙈기 없어도 몸은 성하므로 남편이란 사람이 머슴이라도 살면서 처자식을 먹여 살릴 거라 생각했던 엄마는 절망했다. 엄마가 일해서 푼돈을 벌어오면 아버지란 사람이 빼앗아서 화투로 날려버렸다. 내가 젖도 안 뗐을 때 아버지란 사람이 엄마를 내쫓았다. 그 아버지란 사람 집에서 아버지라 여긴 사람 없이 나란 사람은 자랐다.

그런 거 없다.

'엄마'를 붙이면 엄마가 됐지만 아버지란 사람과 사는 여자라고 모두 엄마는 아니었다. 아버지란 사람은 엄마를 쫓아낸 뒤 스님 딸과 재혼했다. 젖먹이가 불쌍하다며 나를 데려간 외할머니가 나를 돌려주며 "잘 키워달라"고 부탁했을 때 아버지란 사람은 말했다. "내 자식인데 잘 키우든 못 키우든 뭔 상관이랍니까." 기가 찬 외할머니는 돌아가는 길 내내 울었다. 나는 새엄마란 여자에게 배고파도 밥 달란 말을 하지 못했다. 배가 너무 고파 길거리에 엎드려 눈에 보이면 뭐든 주워먹었다. 동네 어른들이 삶아먹고 버린 고동 껍데기를 돌로 깨서 말라붙은 내장을 발라먹었다. 밭에서 고구마를 캐먹고 흙바닥에서 포도 껍질과 참외 껍질을 주워먹었다. 영양실조에 걸리고 위장병이 생겨 배가 풍선처럼 부풀었다. 먹을 수 없는 것까지 먹으려 덤비면서도 정작 꽁보리밥 한 덩어리를 못 삼켰다. 걸으면 어지러워 자꾸 넘어졌다. 하도 먹으려 들자 아버지란 사람이 쥐를 잡아 구워먹였다.

그런 거 없다.

미안하니까 미안했지만 배고팠으므로 미안하진 않았다. 두 살 때 헤어진 엄마를 열아홉 살에 다시 만났다. 엄마가 누런 광목치마 저고리를 입고 나를 보러 왔다. 가진 것 없던 엄마는 수건에 싸온 삶은 고구마 다섯 개를 내 손에 쥐여줬다. 엄마는 새 남자를 만나 아이를 하나 낳았는데 그 남편이란 사람도 죽어버렸다. 엄마가 사는 오두막을 찾아간 적이 있었다. 엄마가 귀하게 다루는 항아리가 있어 뚜껑을 열어봤다. 안에서 하얀 보리가 고왔다. 수확이 끝난 남의 논에서 엄마가 이삭을 하나하나 주워 찧은 보리였다. 먹지도 못하고 아껴둔 보리가 탐나 몰래 퍼서 품에 숨겼다. 엄마와 동생의 배고픔보다 나의 배고픔이 급했다. 그

보리로 지은 밥을 숨어서 혼자 먹고 탈이 났다. 그 보리밥을 생각할 때마다 언제 어떻게 세상을 떴는지도 모르는 엄마에게 미안했다.

그런 거 한 적 없다.

결혼은 했어도 혼인신고를 못했으니 결혼식은 했지만 결혼은 하지 않았다. 열여덟 살에 시집을 갔다. 아버지란 사람이 나보다 일곱 살 많은 남자에게 "가서 살라"며 나를 보냈다. 남편이란 사람은 아무것도 가진 것 없는 이북 출신 남자였다. 한 해 뒤 전쟁이 났을 때 남편이란 사람이 실종됐다. 제주도[1]에 있다는 편지가 한참 만에 왔다. 전쟁에 투입할 병사가 모자라자 헌병이 아침에 일하러 가던 남편이란 사람을 붙잡아 제주로 보냈다. 휴전 뒤 제대한 남편이란 사람은 미군부대 주변을 맴돌았다. 군부대 노무자가 돼 물자를 빼돌리면 돈을 많이 벌 수 있다며 인천, 부평, 의정부의 부대를 옮겨다니며 일했다. 그 남편이 다시 사라졌다. 제주도로 갔는지 이북으로 갔는지 연락 한번 오지 않았다. 살았는지 죽었는지 영영 소식이 끊겼다. 두 해밖에 같이 살지 않았다. 북에서 내려와 전쟁통에 호적도 만들지 못했으니 남편이란 사람은 서류상 '없는 사람'이었다. 남편이란 사람이 한때 내 곁에 있었는지 이젠 나도 현실감이 없었다. 혼인신고를 하지 않았으니 이혼할 것도 없었다.

자식이랄 것도 없었다.

 그런 거 없다.

 남들 다 있는 보통의 삶이 나에겐 없었다. 여자도 사람
인데 여자인 나는 사람처럼 살았나. 여자의 일생이 그런
것이라고 말하는 여자들은 그런 일생을 사람처럼 살았나.
여자의 일생이란 그런 것이라고 지껄이는 남자들은 그 여
자의 일생을 사람의 시간으로 대했나. 엄마가 살아온 일생
을 내가 되밟고 있다고 느꼈을 때 나는 고작 스무 살이었
다. 남편이란 남자가 없어졌을 때 나는 아버지란 남자에게
쫓겨난 엄마가 살기 위해 할 수밖에 없었을 일들을 생각했
다. 그 일이 무엇인지 어려서 알지 못했던 나는 내가 늙도
록 해온 일들이 엄마의 일이었음을 알았다. 공장을 다녔지
만 여자에게 주어지는 일거리는 일정하지 않았다. 한 달에
열흘에서 보름 정도밖에 일하지 못했다. 경남 마산과 의령
등지를 다니며 과자공장에서 일했다. 그 공장에서 과자를
떼서 머리에 이고 부산으로 가서 장사했다. 길가에 보자기
를 펴고 노점상을 했고 식당에서 음식을 나르고 설거지를
했다. 서울도 일거리와 잠자리를 찾아서 왔다. 찾아도 쉽
게 찾아지지 않았고 늘 손가락 저편에서 아스라했다. 여자
인 나는 사람처럼 살기보다 사람이 더는 할 수 없을 때까
지 일을 했다.

그런 거 없다.

별일 없는 이야기가 내겐 없었다. 소설로 쓰면 우는 사람 많을 이야기는 있었지만 소설거리도 되지 않는 그저 그런 심심한 인생이 내겐 없었다. 굽이굽이 풀어놓다 엉켜버린 실타래처럼 수습되지 않는 이야기는 많았지만 꼬인 실뭉치를 한 올 한 올 풀어헤쳐 되감아줄 사람이 내겐 없었다. 내 하잘것없는 이야기도 신성모 같은 자들의 이야기만큼이나 이야기할 만하다며 받아 적어줄 누군가가 내겐 없었다. 무서운 국방장관이 군용차들의 헤드라이트 불빛을 받으며 고향집에 왕림하는 동안 모래가 절반인 곡식을 찧어 연명하던 배고픈 내 이야기는 바람에 쓸려 그 불빛 멀찍이 날아갔다. 붙들지 못한 이야기들을 길에 흘리고 그 이야기들과 떠돌며 평생 잠자리를 근심하며 살았다. 여전히 누울 자리 걱정을 떨치지 못한 채 나는 다시 이삿짐을 날랐다. 가슴이 답답하고 심장이 뛰고 목구멍이 말라붙었다. 기력을 잃은 마음이 오늘내일한다.

그런 거 없다.

이사가 힘들고 고단할 뿐 9-2×를 떠난다고 해서 섭섭할 것은 없었다. 어차피 나는 사람들과 어울리며 살지도 않았다. 온통 남자들뿐인 건물에서 여자인 나는 목소리 한번 크게 낸 적이 없었다. 한여름 남자들이 웃통을 벗고 다니는 복도를 나는 마음 편히 오가지 못했다. 팬티만 입은 남자들이 더위에 지쳐 방문을 열어젖힌 채 누워 있으면 방 앞을 지나가는데도 낯이 뜨거웠다. 남자들이 오가며 들여다볼까봐 나는 아무리 더워도 문을 열지 못하고 방 안에서 벌겋게 익어갔다. 남녀가 같이 쓰는 탓에 화장실과 세면장이 아무리 급해도 나는 참을 수 있을 때까지 참는 데 익숙했다. 옆방에서, 건넛방에서, 위층에서, 건물 밖에서, 길가와 공원에서, 남자들이 술 마시고 고함지를 때마다 나는 넓은 방보다 그들의 시선과 소리로부터 숨을 수 있는 방을 원했다. 쫓겨나는 것이 원통하고 분할 뿐 쫓겨나는 곳이 9-2×든 9-2××든 상관없었다. 내 마음은 벌써 이생을 다했다. 반드시 붙어 있고 싶은 방, 세상에 남기고 싶은 이야기, 그 이야기가 가닿았으면 싶은 사람, 그런 방과 이야기와 사람이 이제 내겐 없었다.

그런 거 나(➡229쪽)에겐 처음부터 없었다.

27

이
사

"잔챙이들부터 내리라고."

3층 계단을 내려가던 404호 엄장호가 위를 올려다보며
말했다.

따라 내려오던 다리가 엄장호의 머리를 밟는 듯 차는 듯
했다. 경쾌하게 내려가는 엄장호의 머리 위에서 계단을 딛
는 다리와 다리의 스텝이 어긋났다. 두 다리는 발을 내밀
고 거두는 속도가 서로 달랐다.

"……"

위에서 반응이 내려오지 않자 엄장호가 고개를 들어 답
을 채근했다.

"알아먹었어?"

"알았다니깐요."

'잔챙이'를 든 403호 최용구(55)가 계단 아래에서 어른거
리는 엄장호의 머리를 밟는 듯 차는 듯하며 '형님'의 말을
퉁겨냈다.

9-2×는 새벽부터 부산했다. 서혜자(➡277쪽)가 지팡이를
짚고 이사하기 닷새 전[1]이었다. 4층의 다섯 개[2] 방 중에서

세 개가 한꺼번에 빠지고 있었다.

"그냥 좀 살게 해주지. 돈 얼마나 더 벌겠다고."

먹은 것도 없는데 엄장호는 속이 불편했다.

집주인을 향한 서운하고 섭섭한 마음이 아침식사를 거른 위장에서 얹힌 밥처럼 묵직했다. 목구멍에서 가래를 끌어올린 엄장호가 복도 창밖으로 퉤하고 뱉었다.

쫓겨나도 이사였으므로 이삿짐처럼 옮겼다.

한두 번 해본 이사가 아니었지만 이사라고 하기엔 할 때마다 짐이 너무 옹색했다. 가진 것 전부를 싸들고 떠나는 것이므로 이사가 아니라고 하기에도 이사 말곤 달리 부를 말이 없었다. 이사할 짐은 없었지만 이사할 짐이 있는 것처럼 날라야 이사할 맛이라도 났다. 사다리차를 타기엔 왜소한 짐들이 종이 상자에 담겨 계단을 타고 건물 밖으로 나왔다.

가장 젊은 최용구가 4층에서 3층까지 짐을 옮기면 엄장호와 401호 성덕윤이 받아 1층으로 내렸다. 무거운 짐을 들고 오르내리기엔 태어날 때부터 한쪽이 짧은 최용구의 다리가 버텨주지 못했다.

평소 수염으로 덥수룩하던 최용구의 턱이 이날따라 말끔했다. 새벽 일찍 일어나 수염을 깎고 깨끗한 옷을 입었다. 그는 이사 가는 동네 주민들에게 단정한 첫인상을 주고 싶었다.

1층에서도 두 사람이 짐을 옮겼다.

101호 고정국(58)과 109호 조만수(59)가 4층 사람들과 같이 이사했다.

고정국은 옆방 102호에 보관했던 짐들부터 옮겼다. 102호에 살던 선중현은 한 달 전쯤 서울시 공무원이 건물주의 '단호한 입장'[3]을 전한 그날 바로 방을 뺐다. 선중현(➡510쪽)의 방이 비자 고정국은 개인 창고를 얻은 것처럼 자기 방의 넘치는 짐들을 빈방에 옮겨뒀다. 방 두 개에 쌓여 있던 짐을 합쳐도 그의 이삿짐은 가방 몇 개와 상자 몇 개가 전부였다.

101호에서 고정국의 짐들이 빠지자 그 방의 보이지 않던 주인이 드러났다.

습기와, 곰팡이와, 거미와, 못과, 비닐테이프가 고정국을 데리고 살고 있었다. 습기를 이불처럼 덮어쓴 채 푹 젖은 벽이 있었다. 습기 찬 벽을 점령한 시커먼 곰팡이들이 있었고, 곰팡이 핀 벽을 흘러내리는 거미들이 있었다. 거미들이 매달려 턱걸이하는 못이 사방 벽에서 촘촘했고, 못과 못을 연결한 비닐테이프가 방을 엑스(X) 자로 횡단하는 빨랫줄이 돼 있었다. 그것들이 장악한 방에서 고정국은 손님처럼 얹혀살았다.

빈방의 벽마다 마권 구매표들이 메모지 역할을 하며 붙어 있었다. 붉은 글씨로 쓰인 '베팅 방법'이 '한 방'을 열망하는 고정국의 마음을 붉도록 긁어댔다.

베팅 방법 안내

- 단승: 1등 말을 적중(적중 확률 1/10)
- 연승: 1, 2, 3등 안에 들어올 말을 적중(적중 확률 3/10)
- 복승: 1, 2등 말을 순서에 상관없이 적중(적중 확률 1/45)
- 쌍승: 1, 2등 말을 순서대로 적중(적중 확률 1/90)

붉은 글자들로 후려치듯 휘갈겨 쓴 문장들이 마권 위에서 팔뚝질을 하며 외쳤다.

"돈, 거래하지 않는다!"

"나의 소원은 로또 1등이다!"

"로또 1등 돼서 노숙자 인생을 떠나자! 벗어나자! 해방되자!"

고정국의 구호들은 그가 떠난 빈방에서 닷새 뒤면 뜯겨나갈 것이었다. 그의 말라붙은 염원들도 물기 잃은 지렁이처럼 꿈틀대다 말라버릴 것이었다.

조만수는 꽁지머리를 찰랑이며 가방을 날랐다.

길게 기른 머리카락과 희끗희끗한 턱수염을 가진 그는 가만히 있으면 '스타일'이 났다. 사람 좋아 자주 웃는 그는 웃음이 환할수록 앞니 빠진 잇몸이 드러나 스타일을 깼다.

조만수는 9-2×에서 드물게 방에 책상을 두고 살았다.

길가에 버려진 책상을 주워다 "대충 망치질 몇 번 했더니 대충 쓸 만해서 대충 쓰고" 있었다. 책상이 공간의 절반을 잡아먹는 방에서 그는 책상 아래로 발을 집어넣어야 겨우 누울 수 있었다.

그는 방 안에 있을 땐 주로 책상 앞에 앉아 있었다. 그 책상에서 그는 대부분 컴퓨터를 만지작거리며 시간을 보냈다. 책상 위엔 9-2×에선 드물게 데스크톱 컴퓨터가 있었다. 주택가에 버려진 컴퓨터를 들고 와서 "대충 고치고 조립했더니 대충 쓸 만해서 대충 쓰고" 있었다.

조만수의 방은 화장실 바로 옆이어서 냄새가 자기 방인 줄 알고 들어왔다.

그 방은 복도를 사이에 두고 고정국의 방을 마주봤다. 나이가 한 살 차이인 조만수와 고정국은 9-2×에서 단짝이었다. 화장실 냄새가 심해지면 그들은 가장 좋은 옷으로 갈아입고 건물을 나섰다. 동네를 빠져나와 도시를 건너다니며 축복을 지불한 뒤 '고급 음식'을 배에 넣어(➡394쪽) 돌아왔다.

2층에선 양진영이 1층으로 짐을 내렸다.

쪽방에서 쪽방으로 이사 다닐 동안 그가 이삿짐을 싸기는 이번이 처음이었다. 머무르면 없는 것도 쌓이는 법이었다. 가방 하나 메고 피신하듯 몸만 옮겨다녔는데 9-2×에 사는 5년 사이 전에 없던 짐이 생겼다. 남대문 인근 쪽방에서 동자동 10-×로, 다시 9-×로, 그러다 9-××로, 그렇게 9-2×까지 맨몸으로 왔던 그는 이제 '그래 봤자 가방 몇 개'로 불어난 짐을 들고 원치 않게 동자동 밖으로 나가려 하고 있었다.

"가방 엄청 많아."

등에 자기 가방을 멘 303호 박세기가 양진영의 가방을 들어주며 말했다.

"이 방 생활 5년 만에 가방 한 개가 여섯 개가 됐다"며 양진영이 웃었다. '결사반대'[4]가 흐르는 벽 앞에 이삿짐이라기보다 여행 짐에 걸맞은 가방들이 하나둘 모였다.

박세기(→258쪽)는 9-2×의 최장기 거주자 두 명 중 한 명이었다. 18년 전 입주할 때도 최연소였고, 18년이 지난 지금도 그는 가장 어렸다. 그의 가방엔 건설현장 작업복이 들어 있었다. 퇴거 딱지가 붙고 방이 불안해진 뒤부터 그는 일하러 나가지 못하는 날이 많아졌다.

연희동(서울시 서대문구) 매입임대주택으로 '집단이주'하는 날이었다.

101호 고정국, 109호 조만수, 204호 양진영, 401호 성덕윤, 403호 최용구, 404호 엄장호는 퇴거 압박이 시작된 직후 매입임대를 신청했다. '흩어지고 싶지 않다'는 소망이 받아들여져 한 건물에 들어가도록 '선처'됐다. 한꺼번에 임대신청서를 작성하며 그들은 LH 직원에게 호소했다.

"우리 뿔뿔이 흩어지면 고독사합니다."

새벽부터 시작된 '큰 이사'에 지하부터 4층까지 주민들의 잠이 다 달아났다.

여섯 명이 동시에 이사를 나가자 9-2× 전체가 이사하는 것처럼 건물 안팎이 떠들썩했다. 이사할 수밖에 없는 현실에 체념한 세입자들이 한 명씩 조용히 사라졌던 건물에서 이날 처음 모두가 지켜보는 왁자지껄한 이사가 펼쳐졌다.

아침 8시 50분께 용달차가 도착했다.

"차곡차곡 쌓아."

엄장호가 트럭 위로 올라간 성덕윤에게 가방을 올리며 말했다.

성덕윤이 가방을 받아 트럭 안쪽부터 채웠다. 용달차 기사가 성덕윤이 내려놓은 가방과 상자를 크기에 따라 정리했다.

방에서 나온 주민들이 이사를 지켜보거나 짐을 날라주거나 작별인사를 했다.

다리가 불편한 104호 안장선(➡277쪽)이 다리 불편한 최용구의 짐을 같이 옮겼다. 오른쪽 검지손가락이 없는 안장선을 말리며 왼쪽 손가락 세 개가 없는 최용구는 "괜찮다"고 했다. 귀에 입을 대고 고함을 치지 않으면 알아듣지 못할 정도로 청력이 상한 안장선은 최용구의 말을 못 들었는지 다리를 절룩이며 계속 짐을 날랐다.

207호 이준길(74➡277쪽)의 표정은 조금 복잡했다.

그는 9-2×에서 6년을 살았다. 주민들 중 드물게 결혼을 했다. 가족 모두와 연락을 끊고 살았다.

그의 짐이 이날 트럭에 같이 실릴 수도 있었다. 그도 여섯 명과 매입임대주택을 신청해 같은 건물에 방을 배정받았다. 동자동의 지리에 익숙해진 그에게 연희동 집까지 찾아가는 길은 너무 멀고 복잡했다. "길눈이 어두운" 그는 겁이 나 이사를 포기했다. 대신 따로 봐둔 방(35-×××)으로 닷새 뒤 옮길 예정이었다.

9-2×에서 직선거리로 85미터 떨어진 방이었다. 그 방에서도 그는 오래 살지 못할 것이었다. 어두운 길눈이 밝아지진 않았지만 그는 10개월 뒤 다시 강동구 둔촌동의 매입임대주택으로 이사하게 될 것이었다. 그 이삿길엔 다리와 손과 귀가 불편한 104호 안장선이 함께할 것이었다.[5]

2층 복도 창문에서 206호 백대진(57➡277쪽)이 아래를 내려다봤다.

그도 연희동 주민이 될 뻔했다. 연희동 매입임대에 당첨됐지만 이준길처럼 "왠지 무서워" 동자동에 남기로 했다.

그도 이준길이 택한 동자동 35-×××로 이사를 준비하고 있었다. 35-×××도 몇 년 전 리모델링 과정에서 주민들의 강제퇴거가 벌어진 건물이었다. 되풀이되는 철거와 퇴거의 경로 위에서 그들의 길은 서로 스치고 겹쳤다. 각자 '다른 길'을 거쳐 동자동으로 왔으나 동네에 온 뒤 밟을 수 있는 '다른 길'은 별로 없었다.

지하7호 유경식(➡342쪽)의 관심은 떠나는 사람보다 남는 살림살이에 있었다.

이사하는 사람들이 가져가지 않고 내놓는 물건들을 유심히 봤다. 개중에 아직 쓸모가 남은 고물들이 그의 손을 거쳐 다시 팔려나갈 것이었다.

"고마 이거나 한 모금씩 하고 잘들 살아요."

고정국이 이사를 도와준 사람들에게 캔커피를 돌렸다.

그와 조만수가 빠진 1층에선 101호, 102호, 108호, 109호 등 마주보는 네 개 방이 모두 비게 됐다. 양진영까지 이사를 나가면서 2층은 열한 개 방 중 다섯 개 방만 남았고, 최용구·성덕윤·엄장호가 빠진 4층엔 한 개 방에서만 사람이 살았다.[6]

차를 댄 지 한 시간 만에 트럭이 시동을 걸었다.

"짐이 많이 늘어난 줄 알았는데 그래도 고작 이것뿐일세."

여섯 명의 이삿짐을 모두 싣고도 1톤 트럭 두 대가 채 차지 않았다.

작별은 무감하게 끝났다.

출발하는 트럭의 뒤통수를 향해 지하11호 박부석(63➡ 510쪽)이 엄지를 치켜들었다.

시끌벅적한 이사는 돌이킬 수 없는 현실을 온 동네에 공인하는 계기가 됐다. 떠나는 자들을 보내며 남은 자들도 자신의 떠날 날을 계산했다.

트럭은 30분을 달려 목적지에 도착했다.

떠들썩하게 떠나온 거리는 4킬로미터였다.

동자동에서 연희동까지 그들은 그만큼 갔다. 그만큼이 동네를 벗어나 밀려간 거리였고 밀려갔으나 그 이상은 가지 못하는 거리였다.

여섯 명이 각자 계약한 방의 문을 땄다.

9-2×에서 가장 높은 층에 살았던 성덕윤과 엄장호가 연희동에선 가장 낮은 층으로 내려갔다. 두 사람은 월세가 지상의 절반(보증금 50만 원·월세 9만 8000원)인 지하방을 서둘러 찜했다. 9-2×에서 '절친'이었던 고정국(→278쪽)과 조만수는 연희동에서도 1층에 나란히 방을 붙였다. 양진영이 1층에서 두 사람의 건너편에 방을 잡았다. 다리가 불편한 최용구만 혼자 떨어져 3층으로 올라갔다. 그가 절룩이며 살아오는 동안 그 삶을 이용해온 '그놈들'(→352쪽)이 있었다.

그들의 새 집도 방이 하나였다.

원룸이었지만 9-2× 방보단 넓고 깨끗했다. 작지만 방마다 별도의 화장실이 있었고, 좁지만 세탁기를 둘 수 있는 별도의 베란다가 있었다. 이 특별할 것 없는 방이 그들에겐 특별했다.

"이렇게 '큰 방'에서 살아본 지가 25년쯤 됐을까."

이삿짐을 방으로 나르며 양진영은 "기억도 안 난다"고 했다.

최용구는 갑자기 커져버린 방을 어떻게 채울지가 고민이었다.

"매트리스도 놓아보고, 세탁기도 사보고, 창문에 커튼도 쳐보고……"

그동안 한 번도 해보지 못한 것들이 어서 해봐야 할 것들이 돼 그에게 닥쳤다.

'이젠 연희동 사람들'이 된 그들이 옮기던 짐을 내려놓고 건물 아래에서 담배를 피웠다. 그들은 이사 첫날부터 '너무 큰 방'의 보일러 가스비를 걱정했다.

"못 견디게 추운 날만 잠깐 켰다가 금방 꺼야지."

늘어날 공과금 지출을 계산하며 엄장호가 말했다.

"계속 틀어두면 안 되고 타이머 맞춰서 때 되면 멈추게 해야 돼."

25년 전 '이렇게 큰 방'에서 살아봤던 양진영이 비결을 공유했다.

그들은 가스보일러 사용하는 법부터 배워야 했다.

정해진 시간에만 난방이 됐던 9-2×에서 그들은 보일러를 직접 켜고 꺼본 적이 없었다. 열쇠를 전달하러 나온 LH 직원이 가스 밸브 열고 닫는 법과 수도계량기 보는 법을 그들에게 설명했다.

"LH예요?"

이사를 한참 쳐다보고 있던 '새 동네'의 여성 주민이 물었다.

대답하는 사람이 없자 그는 "할 말이 있다"며 LH 직원의 팔을 잡아끌었다. 멀찍이 떨어진 구석으로 직원을 데려간 뒤 말했다.

"동네가 위험해지고 있어요."

LH 직원이 되물었다.

"무슨 말씀이신지?"

주민이 목소리를 낮춰 불만을 표했다.

"LH 집에 이사 오는 사람들이 밤마다 술 먹고 난리예요. 자꾸 이런 사람들 우리 동네에 데려다 놓으면 어떡해요."

LH 직원은 난감해했다.

"그것까지 저희가 책임질 순 없어요. 심하다 싶으시면 경찰에 신고하세요."

주민의 목소리가 순간 높아졌다.

"시끄러워 살 수가 없잖아요. 저 사람들 아주 저질이에요."

그 말이 날아가 여섯 명의 귀에 꽂혔다. 엄장호(➡245쪽)가 뒤돌아서며 조용히 혼잣말을 했다.

"누가 자기한테 밥이라도 달랄까봐."

새 이웃들에게 깔끔하게 보이려고 오랜만에 면도를 했던 최용구(➡278쪽)는 손으로 맨들맨들한 턱을 쓰다듬으며 땅바닥을 쳐다봤다.

이야기를 끝내고 집으로 올라가는 여성 주민에게 조만수(➡278쪽)가 공손하게 말했다.

"우리는 그렇게 술 안 마셔요. 저희 고급한 사람들이에요."

그들을 맞는 불편한 시선에 그들의 마음도 불편해졌다.

그 시선이 동자동에서 연희동까지의 거리였다. 그 거리를 사이에 두고 시끄러운 쪽방촌에서 조용한 빌라촌으로 그들의 동네가 바뀌었다. 조용하지 않은 가난은 민폐가 되는 공간에 그들은 와 있었다.

"앞으론 동자동도 적적하겠구나."

성덕윤(➡278쪽)이 햇빛 가득한 하늘을 보며 깊은숨을 내

쉬었다.

　한 뼘 방에 누군가를 들이기 어려운 동자동 주민들은 골목에서 만나고, 대화하고, 다퉜다. 강제퇴거로 주민들이 떠나면서 그들의 말과 목소리도 따라 이사 갔다.

　"저기요."

　그들이 다시 짐을 풀고 있을 때 양진영(➡278쪽)이 입주한 방 옆에서 문이 열렸다. 안에서 나온 젊은 남자가 짜증을 애써 누르며 부탁했다.

　"저요, 밤새도록 일하는 사람이에요. 낮에 조금이라도 자야 밤에 일할 수 있어요. 저 좀 잘게요. 정말 조금만 잘게요. 제발 조용히 좀 해주세요."

　가난과 다투는 것은 가난이었다.

1 2015년 5월 21일.

2 4층 방 다섯 개 중에서 가장 큰 방을 쓰던 관리인은 '방값 횡령' 의혹이 제기된 뒤 건물주로부터 해임돼 떠났다. 401호 성덕윤, 403호 최용구, 404호 엄장호가 동시에 이사하자 4층엔 402호 김명근만 남았다. 방들이 철거되면서 부서진 벽 사이에 혼자 남아 있던 김명근(➡267쪽)도 얼마 뒤 9-2×를 떠났다.

3 2015년 4월 27일. 서울시가 건물주와 협상을 시도했으나 건물주는 '더는 기다릴 수 없다'며 '내부 철거와 단전·단수를 단행하겠다'는 입장을 밝혔다.

4 빨간 라커로 쓴 퇴거 반대 구호.

5 이날까지 이준길과 안장선은 아직 자신들의 앞날을 알지 못했다.

6 이날까지의 이사 상황. 이후 남은 주민들도 차례로 방을 비우게 된다.

28

충
혈

이수걸의 정신이 들었을 때 흑백의 방에서 혼자 도도한 빨강이 있었다. 버리지 않은 우유팩과 막걸리병 사이에서 방을 빨갛게 밝힌 세 송이 꽃이었다. 모르는 빨강이었다. 어떻게 방에 들어온 장미인지 쓰러졌다 깨어난 그는 기억하지 못했다. 핏줄 선 빨강이 눈에 어른거렸다. 머리에 피가 몰린다고 느끼는 순간 의식을 잃었다. 평생 빨간 맛을 봐왔다. 인생이 밍밍할까봐 매운맛 좀 보라며 뿌린 고춧가루 같았다. 빨간 냄새가 코끝에서 가신 적이 없었다. 지난 시간은 핏기 잃은 생선처럼 비렸다. 생기 빨간 날이 이젠 지겨웠다. 빨강, 그 새빨간 마음이 되살아날 때마다 남은 날들이 뒤를 돌아보며 몸을 비틀었다. 이수걸이 민태진의 방에서 흐리고 몽롱한 눈으로 빨간 장미를 바라봤다. 물새는 304호에서 물과 함께 누웠던 이수걸은 민태진(➡339쪽)이 이사 나간 105호로 피신해 빨강과 함께 누웠다. 이수걸이 민태진의 방으로 옮기자마자 이수걸의 빈방은 해머를 맞고 벽이 뚫렸다. 자신들도 모르는 사이 방과 방으로 이어진 두 사람은 6개월 뒤 방과 방으로 다시 연결(➡503쪽)

될 것이었다. 빨강. 이수걸(➡277쪽)의 정신이 들었을 때 흑백의 방을 두리번거리는 충혈된 눈동자가 있었다.

404호 엄장호

1945년 황해도 출생

6년 거주

용사의 밥상을 차려보겠습니다.

삼겹살까지는 아니더라도 생선 쪼가리 하나는 있으면
좋겠습니다. 비싼 갈치까지는 아니더라도 값싼 고등어 한
토막은 있으면 좋겠습니다. 기름 둥둥 뜬 고깃국은 아니더
라도 희멀건 콩나물국이라도 있으면 좋겠습니다. 그 정도
면 성찬이라고 하겠습니다. 그 정도만 돼도 말년 용사의
한평생이 싱겁지 않을 찬거리라고 하겠습니다.

고등어를 조린다고 해봅시다.

고등어 한 마리를 이삼천 원에 샀다고 칩시다. 냄비에
넣고 끓인다고 고등어조림이 되는 건 아닙니다. 간장을 넣고 조려야 조림이라고 할 수 있겠습니다. 고춧가루도 넣어야 매콤해지고, 양파라도 넣어야 달짝지근해지고, 무라도 넣어줘야 시원해집니다. 사오천 원이 달아나는 것입니다. 고등어보다 고등어를 조리는 돈이 더 들어가는 것입니다. 넣지 않는다고 안 될 건 없겠지만 그땐 고등어조림이라기보다 고등어삶음이 되는 것입니다. 못 먹을 건 없겠지만 먹을 수 있는 음식도 못 되는 것입니다.

콩나물국을 끓인다고 해봅시다.

콩나물국은 가장 싸게 끓일 수 있는 국 중의 국이라고 하겠습니다. 아무리 싸게 끓이더라도 콩나물만 넣는다고 콩나물국이 되는 건 아닙니다. 소금과 다시다만 넣는다고 국물이 되는 것도 아닙니다. 마늘을 다져 뿌려야 하고 파도 썰어넣어야 하는 것입니다. 넣을 건 넣어야 국물이 되는 것이지만 어떻게든 일단 국물만 되면 되는 것입니다. 콩나물국이든 미역국이든 물을 많이 넣고 국물 양을 늘리면 그만큼 오래 먹을 수 있는 것입니다. 한번 끓여두면 며칠을 집중적이고 구체적으로 먹을 수 있는 것입니다.

그 정도만 돼도 좋겠다고 해봅시다.

그 정도만 돼도 좋겠지만 그 정도를 모두 바라는 것도 아닙니다. 찌개를 자작자작 끓여먹는 것을 좋아하지만 좋아한다고 모두 하겠다는 것은 아닙니다. 자작자작 못 끓여서 안 끓이는 것이 아니라 자작자작 끓이고 싶어도 달랑달랑한 돈이 무서워 못 끓이는 것입니다. 그래서 여차하면 운동이 있는 것입니다. 운동을 하고 나면 입맛이 좋아집니다. 고등어 없이도, 콩나물국 없이도, 여차하면 김치가 있는 것입니다. 여차하면 열심히 운동을 한 뒤 밥을 물에 말아서 여차하면 김치하고 먹는 것입니다.

여차하면 운동을 한다고 해봅시다.

나는 등산을 좋아합니다. 남산이든 수락산이든 땀 흘리며 올라갔다 내려오면 배가 고파집니다. 배를 고프게 하려고 등산을 하지만 몇 시간 동안 등산을 하려면 김밥 한 줄과 물 한 병은 필요한 것입니다. 아무리 배고프게 먹어도 삼사천 원은 깨지는 것입니다. 운동이 반찬인데 운동하려고 집 밖에 나가면 돈이 드는 것입니다. 돈을 아끼려면 집에 있어야 하는데 집에 있으면 속이 더부룩해서 밥맛이 없어지는 것입니다. 밥맛이 없으면 운동할 맛도 없어지는 것입니다. 밥 대신 소주 마시고 이불 뒤집어쓰고 자는 것입니다.

수급비로 48만 원을 받는다고 해봅시다.

방값 18만 원[1]을 내고, 전화요금 내고, 나머지 돈으로 쌀 사고 반찬 사고 한 달을 사는 것입니다. 이빨이 빠진다고 칩시다. 늙어서인지 하나 빠지면 또 하나 빠지는 것입니다. 몸살 앓고 나면 또 빠지고, 잘 못 먹어서인지 또 빠지고, 결국 성한 이빨들은 죄다 빠져버리는 것입니다. 고등어조림이 있다고 쳐봅시다. 콩나물국이 있다고 해봅시다. 운동 안 해도 밥맛 당기는 반찬들이 있다고 해봅시다. 이빨이 없으니 씹지를 못하는 것입니다. 수급비에서 한 달 쓸 돈을 빼고 나면 이빨에 쓸 돈은 없는 것입니다.

용사의 삶이란 것이 있다고 해봅시다.

아니라면 아니겠지만 일단 용사였다고 해봅시다. 무슨 대단한 용사였던 것은 아닙니다만 그렇다고 용사가 아니었던 것도 아닙니다. 용맹스런 자가 용사가 되는 것이 맞겠으나 어이없게 용사가 되는 일도 없지 않은 것입니다. 원치 않아도 용사가 돼버리는 것이 불쌍한 용사들이 만들어지는 원리일지 모르겠습니다. 불쌍한 용사들이 죽어나갈 땐 코빼기도 안 보이던 인간들이 '내 힘으로 세우고 지켜온 나라'라고 사기 치는 세상인 것입니다.

재수 없는 놈이 용사가 된다고 해봅시다.

군입대 뒤 사단 공병부대에 배치됐던 것입니다. 고참들이 졸병들한테 자꾸 술심부름을 시켰던 것입니다. 걸리면 영창 갈 일인데도 자꾸 시킨 것입니다. 추운 겨울에 술을 사오는데 열이 받은 것입니다. 그 술을 마시고 '에이 시팔' 하며 큰 돌로 내 발등을 찍어버린 것입니다. 술심부름을 시킨 고참이 자기가 시킨 사실을 비밀로 해달라는 것입니다. 석 달 뒤면 군생활 끝나는데 무사히 제대할 수 있도록 도와달라는 것입니다. 그야말로 남자답게 비밀을 지켰던 것입니다. 내가 '간덩이 부은 쫄병 놈'이 돼 뒤집어쓴 것입니다. 그 바람에 포병부대로 전출됐던 것입니다.

용사는 빽도 없고 뭣도 없는 인간들이라고 해봅시다.

전출 간 포병부대의 대장이 부르더니 군생활 할 만하냐고 묻는 것입니다. 할 만하지 않았지만 그럼 할 만할 때까지 뺑이 치라고 할까봐 제법 할 만하다고 한 것입니다. 대장이 할 만하다니 그럼 더 열심히 해보라며 휴전선 철책부대로 보내버린 것입니다. 철책부대로 갔더니 지오피[2] 안으로 들여보낸 것입니다. 근무 중인 어느 날 부르더니 이왕 군생활 하는 거 제대로 한번 하라는 것입니다. 베트남에 가서 진정한 용사가 되라는 것입니다. 공병부대에서 포병부대로, 포병부대에서 철책부대로, 철책부대에서 베트남으로, 가다가다 전쟁터까지 간 것입니다. 조또, 참전 용사가 된 것입니다.

용사는 그렇게 돼버리는 사람이라고 해봅시다.

스물다섯인가 스물여섯에 베트남전쟁에 파병된 것입니다. 상황실에서 전파를 잡거나 전파를 보내는 통신병이 된 것입니다. 그나마 다행이라고 생각했는데 주둔지가 있는 산골짜기로 다시 보내진 것입니다. 용사가 된다는 것은 무서운 일이란 사실을 그때 알아버린 것입니다. 베트남전쟁에서 용사의 일이란 베트콩과 서로 총질하는 것입니다. 서로 총질을 하면 서로를 죽여야 살아남는 것입니다. 총질하다 겁을 먹기 시작하면 겁을 먹은 만큼 더 열심히 총질하는 것입니다. 민간인도 베트콩으로 보이고 베트콩도 민간인으로 보이는 것입니다. 가리지 않고 죽여야 용사다운 용사가 되는 것입니다.

용사만 할 수 있는 일이 있다고 해봅시다.

빛이 너덜너덜 찢겨 조각만 남은 밀림이었습니다. 햇빛까지 잡아먹는 빽빽한 밀림을 벗어나고 싶었습니다. 밀림만 벗어나면 죽고 죽이는 일 없이 살 수 있을 것 같았습니다. 한국군들이 마지막으로 철수[3]할 때 같이 귀국한 것입니다. 돌아오니 나이 서른이 다 돼 있었던 것입니다. 밀림에서 벗어나서야 알게 됐습니다. 전쟁터만 전쟁터가 아니었던 것입니다. 피는 한국에 돌아왔더니 더 튀기더란 말입니다. 사는 것이 전쟁이란 말이 용사 출신으로서 확실히 이해되더란 말입니다. 말이 용사지 어쩌다 용사가 된 자가 할 수 있는 일은 없더란 말입니다. 결국 중동으로 가서 건설 역군이 된 것입니다. 용사만 할 수 있는 일이란 어쩌면 '그것 말고는 할 수 있는 게 없는 일'인지도 모르겠습니다.

용사는 가는 곳이 전쟁터인 인간이라고 해봅시다.

사우디아라비아로 간 것입니다. 밀림에서 총질하는 용사가 아니라 사막에서 삽질하는 용사가 된 것입니다. 고원지대에 군부대 건물을 짓는 일이었던 것입니다. 남의 나라 전쟁터에서 살아남은 자가 먹고사는 전쟁에서 살아남겠다고 다시 남의 나라 군부대 건설현장으로 간 것입니다. 공군 부대였던 것입니다. 조종사 대부분은 사우디인들이 아니라 미국인들이었던 것입니다. 숙련된 조종사들이 부족했던 사우디가 미국 조종사들을 용병으로 고용한 것입니다. 용병들이 거주하는 아파트와 체육관을 짓는 일이었던 것입니다. 나는 개목수였던 것입니다. 용사가 목수도 아닌 목수 보조가 된 것입니다.

용사는 그 이름으로 이용당하는 사람이라고 해봅시다.

죽고 죽이는 시절을 살아온 것입니다. 박정희가 총 맞아 죽고 전두환이 총으로 사람들을 죽일 때 돌아온 한국이었습니다. 용사를 깔고 앉은 놈들이 정권의 군홧발 노릇을 시킬 불쌍한 용사들을 계속 만들어내고 있었습니다. 한국으로 돌아온 용사가 한국에서 계속 떠돌았던 것입니다. 집에서 나와 떠돌았고, 아는 사람들을 피해 떠돌았고, 아비를 찾는 딸도 만나지 않고 떠돌았던 것입니다. 새우잡이 배도 타봤고, 돼지농장에도 있어봤고, 인간 똥도 퍼봤던 것입니다. 기차역에서도 살아봤고, 산에서도 살아봤고,

길에서도 살아봤던 것입니다. 전쟁 같은 인생을 산 것입니다. 도망친 줄 알았던 밀림 속을 계속 헤매고 있었던 것입니다.

어떻게든 살아남는 자가 용사라고 해봅시다.

전쟁을 끝내려는 인생들의 정리를 거들며 내 전쟁을 버틴 적이 있었습니다. 그들의 정리를 대신 해주고 정리된 물건들을 가져다 팔며 살았던 것입니다. 이사 가는 사무실도 정리했고, 문 닫는 식당도 정리했고, 주인이 사라진 술집도 정리한 것입니다. 안마업소를 정리할 땐 더 정리할 것 없는 생활을 어떻게 정리해야 할지 몰라 우는 여자들을 본 것입니다. 그러면서 생각한 것입니다. 전쟁터에서든, 사막에서든, 살아남아라. 바다에서든, 농장에서든, 살아남아라. 식당에서든, 술집에서든, 살아남아라. 똥을 치우든, 빌어먹든, 살아남아라. 몸을 팔든, 마음을 팔든, 살아남아라. 살아남자. 더러워도, 구차해도, 살아남자. 살아남는 자가 용사다. 살아남는 것이 복수다. 주문 걸듯 다짐하는 것입니다.

1 엄장호의 방은 9-2×에서 가장 컸고 방값도 가장 비쌌다.

2 GOP(general outpost). 남방한계선 철책선에서 경계근무를 하며 적의 기습에 대비하는 소대 단위 초소. 군사분계선과 남방한계선 사이에서 비무장지대를 관측하는 GP(guard post·경계초소)와 구분된다.

3 단계적 철군을 시작해 1973년 마지막으로 철수했다.

"같이 떨어져 뒈져불자고."

지하9호 김상천이 건물주를 옥상으로 잡아끌었다.[1]

화가 치민 김상천이 두 팔로 건물주의 한쪽 팔을 억세게 당겼다. 팔을 잡힌 건물주는 끌려가지 않으려고 난간을 붙들고 버텼다.

"아니 왜 이래요?"

나이 여든을 앞둔 노인이 필사적으로 힘을 짜냈다. 오십 대 중반의 건물주는 노인의 팔을 떼어내려 안간힘을 썼다. 죽기 살기로 잡아당기는 김상천과 딸려 올라가지 않으려는 건물주가 계단 위아래에서 씨름했다. 손과 손이 서로의 팔을 움켜잡고 줄다리기를 했다.

"이렇게 살아서 뭐 허겠냐고."

김상천은 정말 죽을 기세였다.

건물주가 인부들을 데려와 공동화장실 문을 뜯자 김상천이 건물주에게 달려들었다.

"이거 놔요"

"앞으로 봐도 죽겠고 뒤로 봐도 죽겠는데 같이 뒈져버리는 것밖에 헐 게 뭐가 있어. 죽자, 죽어뿌자."

아무리 노인이라도 죽자고 덤비는 사람을 제어하긴 쉽지 않았다. 주민들이 말리며 두 사람을 떨어뜨렸다.

엿새 전[2] 아침부터였다. 깨고, 찢고, 뜯는 소리가 9-2×를 흔들었다. 퇴거 요구 딱지를 붙인 지 석 달 만에 건물주가 방들을 부수며 건물 내부 철거를 시작했다.

가난한 방들이 빈속을 드러냈다.

벽이 무너지고 문짝이 떼어졌다. 창틀이 뽑히고 선반이 주저앉았다. 벽지가 버짐 핀 피부처럼 벗겨져 너덜거렸다. 방의 뼈가 부러지고, 근육이 해체됐으며, 핏줄이 터졌다. 묽은 위액처럼 방에서 가난이 배어나왔다.

"아직 사람이 살고 있는데 말이지."

지하1호 김주택이 "나쁜 놈들"이라며 말끝을 갈았다.

그는 "쫓겨나본 사람"이었다.

김주택은 미장 기술자였다. 흙손으로 시멘트를 발라 마감하는 기술이 낡은 공법이 되면서 그의 일거리도 줄어들었다. 미장으로 먹고살기 힘들게 된 뒤론 노가다팀에 속해 숙소 생활을 했다. 사장이 얻어준 방에서 공동생활하며 건설 일이나 이사 일을 했다. 사장은 일을 따면 숙소에 머무는 사람들을 현장에 보내고 소개료를 받았다. 사업에 망한 사장이 숙소 임대료를 내지 못하자 그도 잠잘 곳을 잃고 쫓겨났다. 일당 이사 일을 하던 중 피아노를 나르다 허리를 다쳐 연골이 터지고 갈비뼈가 튀어나왔다. 더는 일을 하지 못하게 되면서 수급자가 돼 동자동에 왔다. 그는 쫓겨나봐서 쫓겨나는 것의 막막함을 알았다.

"방에서 못 나가고 월세도 올려주지 않을 거라고 집주인에게 확실히 이야기해뒀어."

'임전무퇴'를 주창했던 그는 철거가 시작되자 옆 건물로 방을 옮겼다.

쪽방은 방마다 한 개의 집이었다. 9-2× 건물 한 채는 마흔다섯 명이 사는 마흔다섯 개의 집이었다. 헤머질 몇 번에 한 사람의 삶이 깃든 집들이 썩은 무처럼 쑥쑥 뽑혀나갔다.

5층짜리 건물이 철거촌으로 바뀌고 있었다. 벽 뚫린 방 옆에서 사람이 살았고, 문짝 떨어진 방 맞은편에서 사람이 살았다. 문을 가진 방보다 잃은 방이 더 많은 공간에서 폐허와 사람이 공존했다.

9-2×의 지상 1층과 지하 1층은 빛의 유무로 나뉜 두 세계였다. 계단을 타고 지하로 내려가는 사람은 한낮에도 다른 차원의 세계로 진입하는 경험을 했다. 지하에 발을 딛는 순간 빛의 실종에 맞닥뜨린 동공이 시야를 잃어버렸다.

김상천의 방은 김주택의 방과 복도를 사이에 두고 대각선 끝에 있었다.

김주택(➡277쪽)의 방은 계단 바로 아래였다. 그의 방 앞으로 희미하게 떨어지는 빛이 김상천의 방까진 기어가지 못했다. 자연광이 접근하지 못하는 깊은 굴의 가장 안쪽에 김상천의 방은 쪼그리고 있었다.

나이 스물이었을 때 김상천은 죽만 먹고 살 게 뻔한 미래가 무서워 도둑차를 타고 서울로 올라왔다.

"고등학교만 마쳤어도 사무실에서 일할 수 있었을 텐데" 국민학교도 못 간 그는 "맨날 땡볕을 쪼이고 눈비를 맞으며 밖에서" 일했다. 그는 "공사장에서 공구리를 치고, 시장에서 지게로 짐을 나르고, 식당과 건물을 청소하고, 길거리에서 쓰레기를 치우며, 얼마를 받아야 하는지도 모르고 주는 대로 받으며" 살았다.

공부를 하고 싶어 했던 아들은 가르칠 형편이 못 되는 아버지가 미워 중학생일 때 집을 나갔다. 행방을 몰라 연락이 닿지 않는 아들을 생각하며 그는 "잘되라고 기도"했다. "잘돼서 언젠가 찾아와주길 기대"했다. 그의 유일한 소원이었다.

그는 "어렵게 얻은 전세방까지 경매로 넘어가 날린 뒤" 동자동에 왔다. 9-2× 지하에서만 다섯 개 방을 옮겨다니며 '지하 인간'으로 지냈다. 15년 동안 지하에서 올라올 길이 그에겐 열리지 않았다.

"같이 죽자, 같이 죽자고."

방을 빼지 않으면 전기와 물을 끊겠다는 건물주의 말에 김상천(➡260쪽)은 흥분했다.

"겨울에 뜨신 물이 안 나와서 세수도 복지관 가서 한다고. 여기서 15년을 사는 동안 주인이라고 한번 와보지도 않더니만, 뭐라?"

건물주가 서둘러 계단을 내려갔다.

경찰서로 가서 김상천을 폭행 혐의로 신고했다.

철거가 시작된 첫날에만 열여섯 개의 방이 해머를 맞았다.

사람 살던 곳이 거주 불가능한 '공가'로 바뀌고 있었다. 벽을 뚫고 지붕을 헐어 주민들을 공포로 밀어넣는 철거용역들의 '이주 관리' 방식이 9-2×에서도 펼쳐졌다.

303호 박세기의 방도 공가들 사이에 끼어 있었다.

그도 한때 철거용역(➡269쪽)으로 남들 집에 오함마를 박아넣었다. 사람 사는 집을 공가로 만들며 9-2× 방값을 벌었던[3] 그가 이젠 철거민이 돼 "절대 못 나간다"며 방을 사수했다.

폐허가 한 칸씩 영역을 넓혔고 방은 하나둘씩 쫓겨났다.

아직 사람이 살고 있는 공간에서 깨진 벽돌들이 바닥에 뒹굴었다. 남은 자들은 떠난 자들의 방에 들어앉은 폐허를 바라볼 때마다 떠나야 할지 남아야 할지 갈등했다.

철거 시작 이주일 뒤[4] 9-2× 주민들과 시민사회단체는 서울시청 앞에 모여 '강제철거 반대' 기자회견을 열었다. 지나가는 사람들 몇 명이 짧은 눈길을 던지다 거뒀다.

1 2015년 6월 1일. 철거현장에 나온 건물주 부부 중 남편과 주민들이 충돌했다.
2 2015년 5월 26일.
3 박세기는 대부분 국민기초생활 수급자인 9-2× 주민들 중에서 몇 안 되는 비수급자 중 한 명이었다.
4 2015년 6월 11일.

31

웬수

"내가 진짜 너 때문에 좆이 빠진다."

201호 박철관이 202호 권영진(78)을 타박했다.

김상천이 건물주에게 "죽자"며 덤빈 날 박철관은 옆방의 권영진을 반강제로 이사시켰다.

"지는 태평하게 가만히 있는데 내가 뭐가 아쉽다고 방 얻어서 짐까지 날라주나."

권영진의 가방을 멘 박철관이 느려터진 권영진의 등을 떠밀며 재촉했다.

"내가 어쩌다 네놈 옆방에 살아서. 웬수 같은 놈."

자기 생활을 못 챙기는 '웬수들'이 9-2×에도 적지 않았다. 박철관은 욕을 하면서도 웬수들이 "자빠져 뒈지는 건" 보고 있지 못했다.

"그냥 노숙하면 돼."

퇴거 딱지가 붙은 뒤 박철관이 "어떡할 거냐"고 물을 때마다 권영진은 남의 일처럼 말했다.

"미친놈아, 그럼 수급비도 끊겨."

박철관이 역정을 냈다.

국민기초생활보장 수급 자격은 일정한 거주지가 있는 사람한테만 주어졌다. 거주지가 없어진 사실이 확인되면 수급 자격을 박탈당했다.

"술만 처먹으면 개가 되는" 권영진에게 동네 집주인들은 방을 주지 않았다. 박철관은 "개구신 든 놈 인생이 불쌍해서" 권영진이 이사 갈 방을 대신 물색했다. 그냥 두면 수급비를 술값으로 탕진하고 거리 인생으로 돌아갈 것 같았다. 권영진에게 통장의 수급비를 찾아오게 한 뒤 박철관이 직접 방을 구해 계약까지 해줬다. 계약한 방을 보여주며 박철관은 "죽지도 않고 명만 길다"며 권영진을 타박했다.

박철관의 방도 철거 첫날[1] 박살났다.

그가 매일 쓸고 닦아 9-2×에서 가장 깨끗했던 방이 "귀신 꼴"이 됐다.

철거 전날 그는 201호에서 톱으로 합판을 잘랐다. 그의 방이 목수의 작업실로 변해 있었다. 그는 이사 가는 방에 짜넣을 선반을 만들고 있었다. 이삿짐은 가벼운 것들부터 하나둘씩 들고 날라 모두 옮겨둔 뒤였다.

201호도 처음엔 '귀신 꼴'이었다.

습기가 시커멓게 잡아먹은 벽을 박철관이 직접 미장을 하고 벽지를 발라 살 만하게 만들었다. 옮겨가는 방에도 귀신이 살고 있었다. 201호로 들어갈 때 했던 것처럼 박철관이 며칠 동안 방을 고치고 전등을 갈고 장판도 깔아 귀신을 내쫓았다. 벽지를 뜯어내다 허리를 삐끗했다.

"귀신아, 돌아간 내 뼈다구 돌려놔라."

능숙한 톱질에 맞춰 박철관이 명령인지 부탁인지 모를 말을 귀신한테 던졌다.

새로 얻은 그의 방은 메인 골목 위쪽에 있었다.

9-2×에서 35미터 거리밖에 되지 않았다. 9-2×엔 없는 보증금이 있었고 월세가 3만 원 더 비쌌지만[2] 아궁이 있는 부엌이 딸려 있었다. 수십 년 만에 부엌 붙은 방에 살게 된 그는 조금 설레기도 했다.

박철관은 그 방을 한 달 전에 계약했다.

한 달치 월세도 그때 미리 내뒀다. 한창 퇴거에 반대하고 있을 때였지만 만일에 대비하자는 생각이었다. 쫓겨난 9-2× 주민들이 한꺼번에 방을 구하기 시작하면 방을 못 잡을까 걱정됐다. 매달 20일에 수급비가 입금됐다. 그즈음 방이 동날 거라 예상한 그는 사람들이 몰리기 전에 먼저 움직였다.

"아이고, 내 팔자야."

이사하는 날 박철관이 210호에서 여행 가방 하나를 들고 나왔다. 210호에 널브러져 있던 옷가지와 신발, 통장 등을 박철관이 가방에 쑤셔넣었다. 그의 웬수는 권영진(➡277쪽)만이 아니었다.

210호 최중호도 박철관에게 "징글징글한 웬수"였다. "꼴도 보기 싫었지만" 외면하진 못하는 웬수 중의 웬수였다. 얼마 전 어떤 여자가 박철관에게 전화를 걸어왔다.

"저, 최중호씨 부탁인데요. 두 달 뒤면 나가니까 대신 짐 좀 챙겨달라고요."

전화를 끊은 박철관은 생각할수록 화가 났다.

"이런 씨부랄 놈이. 내가 보낸 편지엔 답장도 안 하더니 느닷없이 여자를 시켜서리."

성질이 오르자 박철관의 관자놀이가 벌떡벌떡 뛰었다.

그는 한 달 전쯤 최중호에게 편지를 썼다.

"방을 비워줘야 하니까 누굴 보내든지 해서 짐을 챙겨 가라."

수신처는 서울구치소였다.

최중호는 강제퇴거 딱지가 붙기 두 달 전 구치소에 수감 됐다. 한동안 안 보인다 싶던 최중호가 지난 연말에 먼저 박철관에게 편지를 보냈다. 폭행 시비에 걸려 500만 원 벌 금형을 받았는데 낼 돈이 없어 교도소 노역을 살고 있다고 했다. 하루 5만 원씩 탕감받아 석 달 뒤면 출소한다고 했 다. 밀린 방값은 나가서 낼 테니 그동안 쫓겨나지 않게 관 리인한테 잘 말해달라는 부탁이었다. 나온다던 시기에 최 중호는 나오지 못했다.[3]

짐을 찾아가는 대신 아예 이사 가는 방에 보관해달라는 최중호가 박철관의 짜증을 돋웠다. 여자의 전화여서 더 심 술이 났다. 쉴 새 없이 교도소를 들락거리면서도 교도소 밖에 있을 때 최중호는 늘 양복을 빼입고 다녔다. 그 양복 을 입고 여자들을 만나고 다녔다. "이 웬수 놈이 사기꾼인지 늙은 제비인지 여자들은 알고나 있는지" 박철관은 궁금했다.

"인간이 불쌍해서 내가 한 번만 더 봐준다."

최중호의 가방을 챙겨 나온 박철관이 그 말을 뱉고 피식 웃었다.

"그 인간이 불쌍한 건지 이러고 있는 내가 불쌍한 건지, 어휴."

최중호의 가방을 들고 메인 골목 비탈을 오른 박철관이 가쁜 숨을 내쉬며 땀을 닦았다.

숨을 고른 뒤 비탈 옆의 건물 안으로 들어갔다. 비탈보다 가파른 계단을 박철관이 가방을 당기며 등산하듯 올라갔다. 숨이 목구멍에 걸려 그르렁그르렁했다. 9-2×에서 오르내리던 계단보다 훨씬 좁고 경사도 급했다. 넘어지면 골로 가는 기울기였다. 한겨울 여러 사람 미끄러뜨려 병원으로 실어보낸 계단이었다. 3층까지 가방을 끌어올린 박철관이 녹초가 됐다.

"나오기만 나와보라. 이 잡놈을 그냥."

먹을 사람 없는 욕을 한사발 쏟아낸 박철관(➡277쪽)이 자신의 새 방 구석에 최중호(➡440쪽)의 가방을 뒀다.

그날 새벽 9-2×에선 와장창하는 소리가 들렸다.

최중호의 옆방 211호 김석필이 1층 교회 새시 문을 깼다.

"왜 우리를 팔아먹고 지랄이야."

9-2× 건물 1층엔 작은 교회가 있었다.

쪽방 두 개를 붙인 크기였다. 가운데 벽을 터서 만든 교회는 대개 문이 잠겨 있었다. 목사는 9-2×에 살지 않았다. 평소엔 얼굴 보기가 힘들었다. 예배 있는 날 시간 맞춰 온 목사가 자물쇠를 따면 동네 주민 몇 명이 모여 앉아 '주님'을 불렀다.

술을 마신 김석필이 벽돌을 주워 문 잠긴 교회에 던졌다. 유리가 깨지며 새벽 고요를 깨뜨렸다.

"듣자 하니 모금액이 꽤 된다던데."

9-2× 사태를 전하는 종교 방송에서 목사가 주민들을 도와달라며 자신의 계좌번호를 안내했다.

"얼마가 모였으면 얼마가 모였다고 까놓고 얘길 해야지."

김석필의 고함 소리가 이젠 몇 명 남지 않은 9-2× 주민들의 잠을 방해했다.

"우리 돕겠다고 모금한다더니 우리한텐 주지도 않고."

나가보진 않았지만 김석필이 던진 벽돌에 돌멩이 하나 얹은 주민들이 없지 않았다.

"아무 말 없이 날름 먹겠다는 거냐."

와자자장창.

유리 파편이 튀어올라 김석필의 다리에 박혔다.

"죄송합니다."

다음 날 김석필은 술이 깨자마자 목사에게 전화해 사과했다.

교회 앞 깨진 유리들도 치우고 빗자루로 깨끗이 쓸었다.

유리 조각을 빼낸 문틀엔 얇은 합판을 끼워 땜질했다. 그 날 이후 교회 문은 다시 열리지 않았다. 며칠 뒤 교회도 철 거됐다.

김석필의 고향은 전남 광양이었다.

어렸을 때 아버지에게 맞은 어머니가 농약을 마시고 목숨을 끊었다. 10년 뒤 술에 취해 시골길을 걷던 아버지는 차에 치여 사망했다. 김석필은 식당에서 설거지를 하고 중국집에서 배달을 하고 이삿짐센터에서 짐을 나르며 성인이 됐다.

고향은 광양인데 본적은 독도였다.

'울릉도 동남쪽 뱃길 따라 이백리'에 위치한 '외로운 섬 하나 새들의 고향'을 일본이 하도 '자기네 땅이라고 우겨서'[4] 독도 주민이 되기로 작정했다. 독도에 주소를 올리려는 사람은 경상북도 울릉군 울릉읍 독도리 20번지와 30번지 중 하나[5]를 고를 수 있었다. "20번지보다 30번지가 더 높은 것 같아서" 김석필은 30번지를 택했다.

김석필(→339쪽)은 거주 만 8년 1개월째 되는 날[6] 9-2×에서 방을 뺐다.

다리에 감은 붕대 위로 핏물이 배어나와 있었다. 절룩이는 다리로 메인 골목 비탈을 올라간 그는 박철관의 새 방 옆 건물에 짐을 풀었다.

철거촌이 된 9-2×를 하루에도 몇 명씩 떠났다.

법·제도적 이론과 정세 분석으로 퇴거의 부당함을 설파

했던 '박사' 지하8호 문철국(➡277쪽)도 이사했다. "저들의 움직임을 살피며 솔로몬과 제갈량의 지혜로 대응해야 한다"던 그는 9-2× 바로 옆 건물에 방을 얻은 뒤 더는 지혜를 발휘하지 않았다.

지하10호 김동기(79)도 박사와 같은 건물에 방을 구했다.

"불안해."

지팡이를 짚고 뻥 뚫린 방들을 쳐다보며 "이러지도 저러지도 못하겠다"고 한숨지은 지 며칠 만이었다. 한국전쟁 때 가족을 잃고 미군부대 하우스보이로 일했던 김동기(➡277쪽)는 '요정 정치'의 현장에서 '시대의 주먹들'에게 서빙했다.

세 명이 연희동 매입임대로 이사 간 뒤 혼자 4층에 남았던 402호 김명근(71➡510쪽)[7]은 새꿈어린이공원 뒤편으로 짐을 옮겼다. 그가 두고 간 때 묻은 매트리스와 빈 고추장통, 뒤꿈치 닳은 등산화가 그 없는 방에 남았다.

1 2015년 5월 26일.
2 보증금 50만 원에 월세 18만 원.
3 최중호는 취객끼리 붙는 폭행 시비와는 '다른 종류의 폭행'에 연루됐다.
4 1982년 발표된 가요 〈독도는 우리 땅〉의 가사. 박문영이 작사·작곡했고 정광태가 노래했다.
5 20번지는 서도, 30번지는 동도에 해당한다.
6 2015년 6월 1일.
7 김명근은 9-2×에서 드문 비수급자 중 한 명이었다. 구두 수선 일을 하며 혼자 힘으로 살았다.

32

용역

303호 박세기

1970년 충청도 어느 곳[1] 출생

18년 거주

나도 미친놈이었다.

모르니까 한 짓이었다.

사람이 떨어져 죽었다.[2]

20여 미터 높이의 망루였다.

서른네 살 여자였다.

아들과 딸이 하나씩 있었다고 나중에 들었다.

철거민 열 명이 올라간 망루였다.

철거용역 삼백 명이 투입됐다.

나는 열 명을 쫓아내려고 들어간 삼백 명 중 한 명이었다.

그날 나는 적준[3]의 선봉대였다.

너구리 작전[4]이 전개됐다.

돌과 화염병을 던지며 망루를 공격했다.

빈집에서 주워온 옷과 이불, 장롱을 쌓아 불을 질렀다.

폐타이어가 타면서 연기를 뱉어냈다.

맵고 독한 연기가 시커먼 뭉게구름처럼 하늘로 솟았다.

철탑 망루에 불이 붙었다.

망루에서 사람들이 뛰어내렸다.

용역들이 달려가 떨어진 사람들을 구타했다.

땅에 부딪혀 의식을 잃은 여자가 병원에서 죽었다.

여자는 집 없는 가난한 세입자였다.

여자처럼 나도 집 없는 세입자였다.

집이 없어서 떨어져 죽은 여자처럼

나도 어딘가에서 떨어진 느낌이었다.

석 달 전[5] 고향에서 도망쳐 서울로 올라왔다.

가장 싼 방을 찾아다니다 동자동 9-2×에 방을 얻었다.

내가 그때까지 본 가장 작고 엉성한 방이었다.

그 방에서 쫓겨나지 않을 돈을 벌기 위해

쫓겨나지 않으려고 싸우는 철거민들을 쫓아냈다.

그때 내 나이 스물일곱이었다.

9-2×에서 가장 어렸다.

검붉게 타는 불꽃과 울부짖는 비명과 그 안의 내가,

철거용역이 된 나를 변명하는 그 이야기가,

못 만든 영화의 한 장면처럼 뻔하고 재미없었다.

적준과 다원.

한때 나는 그 이름의 맨 앞에 서길 주저하지 않았다.

전봇대에 붙은 모집 광고를 보고 찾아간 현장이었다.

사람 떠난 빈집을 허무는 일이 철거인 줄 알았는데

살고 있는 사람을 몰아내는 일을 그곳에선 철거라고 했다.

선봉대는 일당 50만 원을 받았다.

위험하고 잔인한 일일수록 많은 돈을 줬다.

몽둥이를 들고 빨간 모자를 쓰고 철거민들과 뒤엉켰다.

빨간 모자가 용역의 신분을 증명하며 나를 지켰다.

빨간 모자끼리는 때리지 않았고 경찰도 빨간 모자는 건드리지 않았다.

빨간 모자가 벗겨졌을 때 나도 빨간 모자를 쓴 용역들한테 두들겨 맞았다.

죽은 새처럼 후두둑 떨어지는 사람들을 봤다.

용역과 싸우다 떨어지고
불길을 피하다 떨어지고
전깃줄을 붙들고 매달리다 떨어졌다.
떨어진 사람들을 눈앞에서 보며 나도 바닥없이 떨어졌다.

불이 붙은 채 망루에서 떨어진 몸을 봤다.
몸은 순식간에 새까맣게 타버렸다.
불에 타 남자인지 여자인지 구분할 수 없었다.
철거되고 떨어지고 불에 탄 그들이 누구인지
철거하고 떨어뜨리고 불태운 그들은 사람인지
나는 사람인지
나는 어디까지 사람이고 어디서부터 사람이 아니었는지
사람이 해선 안 되는 일을 하며 나는 눈을 감아버렸다.

나처럼 집 없을 것이 분명한 철거용역들은
자기들처럼 집 없는 사람들을 쫓아내고
사람의 일일 수 없는 일을 해서 번 돈으로
사람의 무리에 끼기 위해 발버둥 쳤다.
빨간 모자를 쓰는 것은 사람들에게 버림받지 않기 위해
짐승이 되는 일이었다.

철거하고 부쉈던 나는 이제 건설하고 짓는 일을 한다.
50만 원에 선봉대가 됐던 나는

100만 원을 줘도 그 일은 하지 않았다.

노가다 잡부로 일당 9만 원만 벌어도 나는 사람으로 살고 싶었다.

이제 일당 벌이도 제대로 주어지지 않는 지금의 나는

정말 사람으로 살고 있는지 확신할 수 없다.

내 나이 마흔다섯이 됐다.

여전히 9-2×에서 가장 어렸다.

삶은 돌고 돌았다.

나는 내가 쫓아내던 철거민이 됐다.

나를 쫓아내는 사람들 눈에 나(➡278쪽)는 사람으로 보일지 모르겠다.

1 박세기는 자신의 고향과 서울에 오기까지의 과정을 말하지 않았다.

2 1997년 7월 25일. 서울시 동대문구 전농3동 철거현장에서 한국 재개발·
재건축과 철거 투쟁 역사에 기록된 비극이 벌어졌다. 강제철거 반대와 가
수용단지 설치 등을 요구하는 세입자들이 18미터 철제 망루에서 한 달째
농성을 하고 있었다. 철거용역 300여 명이 불을 지르자 농성 주민들이 불
길을 피해 망루 아래로 뛰어내렸다. 팔다리, 허리, 갈비뼈 등이 부러진 채
남자들은 경찰에 연행됐고 여성인 박순덕은 사망했다.

3 한국 철거용역의 대명사 '다원'의 전신. 과거 철거용역업체들은 폭력조직
이 사업체로 옷을 바꿔 입은 경우가 많았다. 다원 사주 이금열도 폭력조
직에서 활동하다 적준에 들어가 철거현장을 지휘하며 '실력'을 발휘했다.
적준 사주의 신임을 얻어 사업을 인수한 뒤 다원으로 회사명을 바꿨다.
1998년 인권운동사랑방과 천주교인권위원회, 민주사회를위한변호사모
임 등 12개 시민사회단체는 〈다원건설(옛 적준용역) 철거범죄 보고서〉
를 펴냈다. 시민사회가 사법처리를 위한 대책위를 꾸리고 공동보고서를
펴낼 만큼 다원은 철거현장을 살인·방화·폭력·성폭행으로 물들이며 잔혹
함과 인권 유린의 상징이 됐다. 그 다원이 보고서 발간 15년 뒤 일개 철거
용역업체가 아닌 20여 개의 계열사를 거느린 기업으로 재등장했다. 철거
단일 업종에서 토목공사, 시행, 시공, 골프장으로까지 사업 영역을 넓힌
상태였다. 그사이 '철거왕'이란 이름을 얻은 이금열은 사업을 키우는 과정
에서 저지른 범죄행위(968억 원 횡령과 150억 원 배임 등)로 2013년 구
속(2018년 출소)됐다. 다원은 2019년 현재 경남 창원에서 국내 1위 엔터
테인먼트 기업인 SM과 손잡고 6000억 원대의 창원문화복합타운(창원
SM타운) 사업을 진행하고 있다.

4 이불이나 폐타이어 등에 불을 붙인 뒤 연기를 하늘로 올려보내 망루 농성

중인 철거민들을 해산시키는 방법.
5 1997년 4월.

33

퇴
적

고여서 굳은 가난이었다.

9-2× 주민들이 동자동에 고여 굳고 있었다.

철거가 시작될 때까지 미리 이주했거나 이주 예정이었
던 주민들은 전체 마흔다섯 명 중 스물여섯 명[1]이었다. 그
들 중 여덟 명(30.7퍼센트)만 동자동 밖으로 나갔다. 연희동
매입임대주택으로 이사한 여섯 명 외에 두 명이 더 있었다.

천호동(서울 강동구)으로 옮긴 308호 장광준(63)은 본래 9-2
×에서 자는 날이 드물었다. 그는 주로 천호동 찜질방에서
숙식하며 건설현장에서 일했다. 그는 동자동에서 출근하
는 날이면 일터 근처에 잡은 숙소로 물건들을 하나둘씩 옮
기며 방을 뺐다.

다른 한 명은 충북 음성 꽃동네로 간 307호 정영보였다.
그는 병뚜껑을 가득 채운 자루 두 개를 싸들고 꽃동네로
갔다. 산골짜기에 있는 요양원에서 지냈다. 요양원이 병뚜
껑을 고물상에 팔고 받은 돈을 그에게 줬다. 그 돈을 아껴
가며 정영보(➡541쪽)는 몰래 막걸리를 마셨다. 그의 모습이

안 보여 요양원 직원들이 산을 헤매는 경우가 많았다. 그
때마다 걸어서 30분 거리에 있는 가게에서 혼자 막걸리를
마시고 있었다.

용산구 안에서 이동한 사람은 열네 명(53.5퍼센트)이었다.

동네를 바꾸지도 않았고, 길을 건너지도 않았다. 모두 동
자동 안에서 움직였다. 그들 전부 직선거리 100미터를 넘
지 못했다. 몸에 100미터짜리 밧줄을 묶고 밧줄이 허락하
는 거리 안에서 맴돈 것 같았다. 열네 명 전원이 쪽방에서
쪽방으로 옮겼다.

흐르지 못하고 퇴적되는 가난이었다.

304호 이수걸(➡503쪽)과 305호 정효승(➡493쪽)은 208호
이기방(➡488쪽)이 이사한 곳으로 갔다. 지하5호 서혜자(➡
489쪽)가 같은 건물(9-2×에서 40미터 거리)에서 그들을 만났다.

지하1호 김주택(➡464쪽), 지하6호 이필숙(➡464쪽), 지하8
호 문철국(➡464쪽), 지하10호 김동기(➡464쪽), 104호 안장선
(➡438쪽), 202호 권영진(➡464쪽)도 각기 흘러 한곳(2미터 거리)
에서 합쳤다.

205호 박기택(➡449쪽)·206호 백대진(➡561쪽)·207호 이준
길(➡561쪽)이 공원 뒤 동일 건물(85미터 거리)로 모였고, 메인
골목 비탈 집엔 201호 박철관(➡342쪽)과 309호 우권화(➡
510쪽)가 깃들었다.

연희동 매입임대로 옮겨간 101호 고정국(➡341쪽)·109호 조만수(➡341쪽)·204호 양진영(➡321쪽)·401호 성덕윤(➡475쪽)·403호 최용구(➡352쪽)·404호 엄장호(➡477쪽)도 한 건물(4킬로미터 거리)에서 다시 이웃이 됐다.

한번 고인 가난은 흩어져도 다시 고였다.

길의 상흔을 몸에 새긴 사람들이 길의 끝자락에서 이웃을 이루며 살다가, 흩뿌려진 뒤, 다시 모이고 있었다. 그들은 웅덩이의 물방울 같았다. 돌멩이에 맞아 튀어오른 물방울들은 멀리 날지 못한 채 웅덩이로 흘러 되돌아왔다. 가난이 모이는 것은 갈 곳이 없기 때문이었다.

떠나는 이유와 떠나지 못하는 이유는 다르지 않았다. 떠나는 자는 가난해서 떠났고, 남는 자도 가난해서 남았다. 누가 들어오고 누가 나가든 가난만 변함없이 방에 남아 차곡차곡 쌓였다.

"어디 갔다 와요?"

203호 박수광(52➡299쪽)이 2층 계단을 지나 3층으로 올라가는 두 사람을 보고 물었다. 303호 박세기가 301호 김대광(83)의 팔을 부축하며 조심스럽게 한 계단씩 밟았다.

"맛있는 거 먹고 오지."

박세기의 팔을 잡은 김대광이 흐뭇하게 말했다.

"할아버지 모시고 된장찌개 먹었어요."

박세기가 '맛있는 것'의 정체를 공개했다.

두 사람은 모처럼 메인 골목 초입의 식당에서 밥을 사 먹고 왔다. 식당 밥값도 부담인 그들에겐 흔치 않은 일이었다.

김대광과 박세기는 3층에서 방 한 칸을 사이에 두고 살았다.

김대광은 9-2×에서 가장 나이가 많았고, 박세기는 9-2×에서 가장 나이가 적었다. 그들은 9-2×에서 가장 오래 거주(18년)한 두 사람이었다.

"미국?"

9-2×에서 나가면 자식들 있는 미국으로 갈 거냐는 물음에 김대광의 목소리가 갑자기 커졌다.

"내 발명을 인정받아야 가든지 말든지 하지. 이것 봐, 그거 알아 몰라?"

김대광의 "알아 몰라?"가 시작되자 사람들이 서둘러 자리를 피했다.

그는 9-2×의 최고 학력자[2]였다.

그의 "알아 몰라?"에 한번 붙잡히면 놓여나지 못했다. "대한민국에서 나만 아는 이야기"나 "내가 최초로 한 일들"이 그의 입에서 쏟아졌다. 몰라도 안다며 잡아떼고 일어서야 말의 홍수를 피할 수 있었다. 시작은 있어도 끝이 없는 그의 이야기를 지치지 않고 상대해주는 사람도 박세기뿐이었다.

"할아버지 좀 주무세요."

김대광이 알려주기 전에 박세기(➡303쪽)가 그를 방으로 들여보냈다.

"사람들이 배울 생각을 해야지 말이야."

입안에 쌓인 말을 풀어놓지 못해 아쉬워하며 김대광이 천천히 신발을 벗었다. 그가 301호로 올라섰다. 김대광의 방 안에서 언덕이 우뚝했다.

가난한 시간이 쌓여 언덕이 된 방이었다.

낮이든 밤이든 9-2× 안팎에서 빛은 기를 펴지 못했다.

건물 안으로 들어온 햇빛은 창문 앞에서만 우쭐댔다. 복도 안쪽으로 조금만 들어가면 햇빛은 어둠의 기에 눌려 금세 풀이 죽었다.

밤이 되면 건물 안에서 새어나온 흐린 불빛이 건물 밖의 짙은 어둠 속으로 빨려들었다. 건물 너머 고층빌딩이 쏘는 빛 아래서 9-2×의 불빛은 빛이 바랬다.

3층 불빛은 특히 힘이 없었다. 301호 창문 앞에 가득 쌓인 언덕이 빛의 외출을 막았다.

김대광의 방 안에선 '융기'가 일어나고 있었다. 옷인지, 이불인지, 서류인지, 고물인지 분간할 수 없는 것들이 김대광의 가슴 높이까지 쌓여 있었다. 그가 9-2×에서 살아온 18년의 시간이 층층으로 퇴적돼 고대의 고분처럼 봉긋했다. 언덕은 천장을 향해 계속 자라고 있었다.

정작 살림살이들은 방에 들어가지 못한 채 복도 구석이나 3층과 4층 사이 계단에 나와 있었다. 누가 찾아와도 방안에 들이지 못하는 김대광은 방문 앞 통로에 낮은 플라스틱 의자를 두고 손님을 앉게 했다. 자신은 방문턱에 엉덩이만 걸치고 3층 전체가 쩌렁쩌렁 울리는 목소리로 말했다.

"있어봐."

'알아 몰라?' 만큼이나 '있어봐'도 주의해야 할 단어들이었다.

김대광이 무언가를 찾으려면 언덕을 파헤쳐 캐내야 했다. 그가 던지는 '알아 몰라?'에 별생각 없이 '모른다'고 답했다가 언제 끝날지 모르는 이야기에 걸려드는 사람들이 있었다.

한번 이야기를 시작하면 김대광은 자기 말이 사실이라는 증거를 보여주려고 했다. 어떤 증거를 동원할지 결정하면 김대광은 언덕에서 발굴 작업을 시작하며 말했다.

"있어봐."

언제 끝날지 모르는 이야기 앞엔 언제 끝날지 모르는 발굴이 있었고, 언제 끝날지 모르는 발굴 앞엔 언제까지나 기다리는 인내가 필요했다.

"들어봐."

김대광이 발굴해낸 자료를 들고 천자문 읽듯 느릿느릿 읽었다. 읽은 다음엔 다시 물었다.

"알아 몰라?"

김대광은 방을 들고 날 때마다 언덕을 오르내렸다.

하루에도 몇 번씩 등산과 하산을 했다. 일상도 언덕의 고도에 따라 꾸려졌다. 무릎 높이에서 신발을 벗었고, 허리 높이에서 생활을 했고, 가슴 높이에서 잠을 잤다.

"아이고 삭신이야."

언덕을 등반하던 김대광이 중턱에서 멈춰 잠시 숨을 골랐다. 그가 고개를 돌려 소리를 질렀다.

"창조경제? 발명인을 이렇게 푸대접하고 창조는 무슨 놈의 창조야?"

쪽방 돈키호테(➡284쪽)의 목소리가 철거촌으로 변한 9-2×를 쩌렁하게 울렸다.

1 스물여섯 명의 분류는 이렇다. 열네 명은 동자동 내 이동. 여덟 명은 동자
  동 밖으로 이동. 한 명(209호 나환수)은 사망. 한 명(201호 최중호)은 교
  도소 수감. 두 명(102호·107호)은 확인 불가.
2 대학교 중퇴. 9-2× 주민들의 학력은 대부분 초등학교와 중학교에서 멈췄
  다. 무학도 없지 않았다.

301호 김대광

1932년 서울 출생

18년 거주

나[1]는 김대광.

부모님이 지은 이름. 이름에 빛(光)[2]이 있다. 고향은 서울 종로구 재동. 재 뿌려진 동네다. 수양대군이 단종의 충신들을 참살했을 때 마을 사람들이 아궁이에서 퍼온 재로 흐르는 피를 덮었다는 땅이다. 재동국민학교와 경복(福)고등학교를 나왔다. 이름엔 빛이 있었고 고등학교엔 복이 있었는데 어떤 놈이 국민학교 때부터 재를 뿌렸는지 빛도 복도 못 보고 살았다. 대학은 야간부를 다녔는데 전쟁 중에 중퇴했다. 깜깜한 시절이었다.

알아 몰라?

전쟁이 끝나고 국민학교 선생이 됐다. 강원도 양구로 발령이 났다. 양구는 남북이 뺏고 뺏기던 산골짜기였다. 그 깊은 골짜기에서 누가 빨갱이였네 파랭이였네 하며 갈등이 깊었다. 정을 못 붙이고 있는데 엉덩이를 냇가에 붙이고 앉아 그림만 그리는 남자를 보게 됐다. 남자는 날마다 빨래하는 여자들을 그렸다. 그 남자가 그리 유명한 사람이 될지 몰랐다. 그 그림이 그리 비싼 그림이 될지 그땐 몰랐다. 박수근[3] 알아 몰라?

나는 김가나다.

내가 직접 지은 한글 이름. 김라마바도 아니고 김사아자도 아닌 김가나다. 위대한 한글의 첫 세 글자를 내 것으로 만든 이름이다. 1950년대부터 써왔으니 나란 사람은 얼마나 진취적이고 도전적인가. 한자로 이름을 짓는 건 이름에 사대주의를 내걸고 사는 일이다. 대한민국 사람들이 미래를 안 본다. 한글로 서로를 부르는 것은 대한민국의 미래를 부르는 일이다.

알아 몰라?

양구 생활을 못 견뎌 학교를 그만두고 서울로 돌아왔다. 박정희가 정권을 잡고 휘둘렀다. 공화당 사무총장을 지낸 길전식[4]이 내 경복고 선배였다. 길 선배가 '야 대광아, 국가재건국민운동본부[5]에 들어가라'고 하더라. 나더러 '모윤숙[6]

여사를 옹호하라'고 했다. 내가 모 여사를 경호하고 다녔다. 이승만 정권 때 모 여사가 유엔 대표를 구워삶아서[7] 유엔이 단독정부 수립을 승인해준 것 아닌가. 유엔 승인이 아니었으면 이승만은 대통령 못 됐다. 야 인마, 대한민국에서 이런 비화 아는 사람은 나밖에 없어. 알아 몰라?

나는 역사의 생존자.

모 여사 사망 뒤 내가 세상을 등지고 있을 때[8]였다. 길 선배가 '너 밥이라도 먹으라'며 다리를 놔줘 경찰에 들어갔다. 북한산에서 경비를 서고 있는데 수상한 부대가 두 줄로 행군을 하며 지나갔다. 김신조 부대 알아 몰라? 한국군 군복을 입고 있었는데 낌새가 수상쩍었다. 무전으로 보고했더니 뒤쪽에 가는 한 놈을 잡아 검문을 해보라는 지시가 떨어졌다. 검문을 하려는데 종로경찰서장이 보고를 받고 도착했다. 마침 버스 한 대가 서장 지프차 뒤에 멈췄다. 시내버스를 군부대 버스로 오인한 김신조 부대가 수류탄을 던졌다. 총격전이 벌어졌다. 공비들 대부분이 사살됐고 경찰서장도 죽었다. 나는 땅바닥에 납작 엎드린 덕에 죽지 않고 살았다. 내가 보고하지 않았으면 김신조 부대가 청와대까지 들어갔을 것이다. 그땐 박정희 대통령이 청와대에서 텔레비전 보고 있을 시각이었다. 내가 훈장을 받았어야 하는데 죽은 경찰서장이 받았다. 대한민국이란 그런 나라다. 맞나 안 맞나?

김신조 사건 1년 전 내 이야기가 신문에 났다. 서울시경 정보과에 있을 때였다. 제목이 '순경이 이룬 100만 불의 꿈'[9]이었다. 들어보라.

"제련 후 바다에 버리고 있는 찌꺼기 수출은 순수 외화 획득액이 1억 9000여만 원의 것이다. 어느 날 (일본) 우에시 마제작소에서 '한국에선 설광(屑鑛·쇳가루)을 어떻게 처리하고 있는가 알아달라'[10]는 부탁이 왔다. '한국제련공사[11]에 알아봤더니 바다에 버리고 있다는 것이에요.' 김 순경은 어이가 없다는 웃음을 지은 뒤 '국제 시세를 알아보니 1톤에 10달러, 장항제련소에서 매일 100톤이 바다에 버려지고 있다는 사실을 알게 되었다'고 말했다. 지난 11월 초 일본 오사카에 있는 한 회사와 수출 계약을 맺었다. 제련소와는 2년간 계약, 이 2년간에 외화 획득은 1톤에 10달러로 따져 72만 달러(한화 1억 9400여만 원), 회사의 모든 경비를 뺀 순수 익은 1억 2300여만 원."

내막을 알아야 한다.

내가 정보과에서 일하며 자료를 보니까 장항제련소에서 쇠똥을 바다에 버리고 있었다. 일본 업자들이 나한테 그걸 살 수 있게 도와달라고 했다. 그렇게 사간 쇠똥에서 일본인들이 금을 뽑아낸다는 계획이었다. 이것도 들어보라.

"그러나 김 순경은 독백이 있고 호소가 있다. '굶주리고 헐벗은 순경 생활에서 얻게 된 꿈을 남에게 줄 수 없습니다. 현재 우리들의 꿈의 반을, 주식의 50퍼센트를 강요하는 마수[12]가 넘실거리고 있습니다. 국가에 보탬이 된다면 모를 일이되 양심적인 정치가의 미명을 빌어 사욕을 내세우니 한심스럽다'며 김 순경은 떨리는 목소리로 '정말 타오르는 이 불을 끄지 말아다오' 호소했다."

내가 공무원이니까 나서서 사업을 할 순 없었다.

한 국회의원에게 회사 회장을 맡겼다. 정치 마수가 뻗쳤다. 나하고 기사 쓴 기자하고 남산 중앙정보부에 끌려갔다. '저 사람은 죄가 없다'고 내가 이야기해서 기자는 풀려나고 나는 한 달 동안 고문을 당했다. 회사도 빼앗겼다.

이걸 알아야 한다. 포항제철은 박정희가 내 정보를 이용해서 만든 것이다. 쇠똥에서 금이 나온다는 정보. 이 사실을 아는 사람은 세상에 나 말고 없어. 알아 몰라?

나는 발명가.

고문으로 심신이 상해 한동안 세상을 떠돌았다. 사업에서 손을 떼고 발명의 길로 들어섰다. 1988년 스위스 제네바 발명전에 나가 한국 최초로 금은동상[13]을 한꺼번에 쓸었다.

세계 최초로 돌심지도 만들었다. 내가 국민학교 선생일 때 분필로 칠판에 글씨를 쓰다가 마침 분필에 기름방울이 떨어진 일이 있었다. 그때 생각해둔 걸 참고해서 분필 가루와 시멘트 가루에 기름을 섞어 돌심지를 발명했다. 모두

면심지를 쓸 시절인데 돌심지를 만들어낸 것이다.

아크릴 스테이플러도 세계에서 처음 만들었다. 미국 회사 사장이 와서 왜 아크릴로 만들었냐고 물었다. 쇠로 된 스테이플러는 전자파를 받는다, 아크릴이 전자파를 차단해 건강에 좋다, 그랬더니 미국 사람들이 박수를 치며 환호했다. 내가 특허만 마흔 개 가진 사람이다.

알아 몰라?

1997년 모래에서 금을 거두는 사금 채취기를 만들었다. 들어보라.

"노다지를 찾아 25년간 모래와 씨름해온 노(老) 발명가의 꿈이 마침내 이루어졌다. 개인 발명가 김대광(65)씨는 지난 24일 강원도 홍천군 강변에서 자기가 개발한 선광기(選鑛機)로 모래에서 사금과 우라늄 원료인 모나자이트, 지르콘, 일메나이트 같은 각종 광물질 채집에 나섰다. 그는 지난 81년 모래 속에서 각종 광물질을 기계로 채취하는 방법을 특허 출원해 3년 후 특허등록을 마쳤지만 최근에야 본격적인 채취 기계를 완성할 수 있었다."[14]

이것도 들어보라.

"초겨울의 차가운 강바람 속에 한 노 발명가의 사금 채취기 제품 발표회가 열렸다. 발명 외길을 걸어온 김대광씨가 30년 집념의 결실인 '비중(比重)분리선광기와 채취포집장치'를 선보이는 자리였으나 참관인은 인부를 포함 고작

10여 명뿐. 8일 상오 10시 강원 홍천군 서면 반곡리 홍천강에서 있은 이 조촐한 발명 이벤트는 한국 발명계의 현주소를 여실히 보여주는 현장이기도 했다. 김씨는 이러한 상황에도 '일생을 바친 제품이며 세계적으로 최고의 경쟁력을 가진 특허품'이라고 자신 있게 설명했다."[15]

이것까지 들어보라.

"속보. 노 발명가 김광식씨가 발명한 사금 채취기가 중국으로 수출될 전망이다. 김씨는 5일 중국 베이징시 차오닝구에 소재한 강마상무발전중심과 대당 50만 불씩 5대를 제작·수출하기로 협의, 의향서를 작성했다고 밝혔다. 김씨는 '강마상무발전중심이 신문 기사를 보고 계약 의사를 전해와 베이징을 방문, 일을 성사시켰다'고 밝혔다."[16]

알아 몰라?

나는 쪽방 돈키호테.

사람들이 나를 부르는 별명. 쪽방의 정신 나간 늙은이라며.

내가 우리나라 최초로 발명 전문 잡지[17]를 창간한 사람이다. 한국은 발명가가 창조자로서 대접받으며 살 수 있는 나라가 아니다.

가족들과 에디슨의 나라 미국으로 이민을 갔다. 영어도 안 통하고 먹고살 일도 막막했다. 도저히 못 살겠다 싶어 나만 사흘 만에 돌아왔다. 마누라와 아이들은 지금도 미국에 있다. 마누라가 빌딩 청소를 하며 아이들을 키웠다.

한국에 온 지 18년이 됐다.

미국에서 돌아와서 처음엔 효자동(종로구)에서 살았다. 방세를 6개월 내고 나니까 돈이 다 떨어져서 서울역에서 노숙했다. 동자동에 싼 방이 있다고 해서 왔다. 18년을 9-2×에서 지냈다.

301호에서 남은 인생을 발명에 매진했다. 지금 9-2×에 사는 인간들 중 그땐 303호 젊은 놈밖에 없었다. 새파란 이십대였던 자식이 흰머리 희끗한 사십대 중반이 되는 동안 나는 한국 발명계를 흔들 획기적인 작품들을 줄줄이 내놨다. 사금 채취기는 9-2×에 살기 시작한 첫해에 만든 발명품이었다.

2004년엔 한국 최초로 독도 조형물을 만들어 서울시청 광장에 전시했다. 일본인 세 놈이 와서 "빠가야로" 하며 덤벼드는 통에 몇 대 맞았다.

2006년엔 국제발명대회에 풍력·태양광 발전기를 들고 나가서 금메달[18]을 땄다. 풍력발전기인데 바람을 사용하지 않는 세계 최초의 풍력발전기였다.

이것도 알아야 한다.

내가 세계 최초로 풍력 전기자동차 특허를 냈다. 특허가 나한테 있으니까 일본이 전기자동차를 못 만들고 하이브리드 차를 만든 것이다. 내가 돈이 없으니 현대자동차에 가져가서 브리핑을 했다. 멍청한 놈들이 어떻게 풍력으로 자동차를 움직이냐며 자신 있으면 나보고 스스로 만들라고 했다. 별수 없이 내가 없는 돈 긁어모아 직접 제작했다. 드디어 탄생한 것이다. 무연료 일렉트릭 볼케이노. 이름하여 전기활화산.

내가 컨테이너에 증속 발전장치를 넣었다.

가속은 에너지를 계속 공급해야 한다. 증속은 한 번 스타트를 시켜주면 관성의 법칙에 따라 계속 회전한다. 특허 내는 데 3년이 걸렸다. 특허 심사관이 계속 이론을 써내라고 했다. 내가 욕을 했다. 이론을 하면 내가 교수가 되고 박사가 됐겠지.

열받아서 싸웠다. 야 이 새끼야. 에디슨과 노벨이 논문을 썼냐. 발명가는 발명품으로 증명하는 것이다. 무식한 놈들. 발명가가 특허청장이 된 적이 한 번도 없다. 우리나라가 그런 나라다. 맞나 안 맞나?

볼케이노 제작비가 1억 3000만 원이었다.

기가 막힌 발전기를 만들어놓고도 그 돈을 다 못 줘서 제조사가 평택에 압류해놨다. 돈 마저 주고 볼케이노 가져와 돌리면 전기혁명이 일어난다. 우리나라 에너지 문제는 다 해결된다. 바람도, 화력도, 수력도, 원자력도 필요 없다. 컨테이너 안에서 스타트를 한 번만 넣으면 무한정 돌면서 전기를 만든다. 일렉트릭 볼케이노가 돌리는 발전단지를 만들어서 에너지 영토를 넓히자는 게 내 신념이다.

오늘날 미국이 세계 최강국이 된 것은 에디슨이 전구를 발명한 덕이다. 발명왕이 지구촌을 광명의 세계로 이끌었다. 내 볼케이노로 미국에 발전단지를 조성하면 한국의 에너지 영토가 미국까지 확장되는 것이다.

고맙게도 나의 노고를 알아주는 사람들이 없지 않았다.

"자랑스런 명인 표창장. 고통과 시련 민족의 수난사와 함께 발명가로서의 외길 인생을 통해 오직 육체와 정신을 발명만을 위해 평생을 바치신 발명의 대가 김대광 님은 태평양을 건너 미국의 호화로운 생활을 마다하시고 오로지 연구만을 위해 홀홀단신 귀국하시여 초라한 쪽방을 연구실로 선택하시여 고령에도 불굴의 투지와 도전정신으로 의식주를 당신 손으로 직접 해결하시며 연구에만 몰두하시는 당신의 모습이 진정 아름답고 자랑스럽습니다. 더욱이 현재 완성하신 자력 인공 풍력발전기는 무동력 발전기로서 연료를 사용하지 않는 저탄소 녹색성장의 대안이 될 21세기가 요구하는 최고의 명품으로 온 세계인의 이목을 집중시킬 걸작이기에 더욱 박수를 보내며…… 2009년 12월 27일, 우리것보존협회, 총재 윤○○, 부총재 송해."[19]

송해 알아 몰라?

나는 백도라지.

나를 백도라지라고 불러라. 쪽방 돈키호테는 남들이 부르는 말, 나는 스스로 백도라지라고 한다. 백도라지는 인삼 다음으로 좋은 약재다. 도라지가 겨울 건강에 좋다는데 백도라지인 나는 추운 겨울이 너무 무섭다. 내가 거리 생활을 해보지 않았나. 나는 추우면 두뇌가 안 돌아가는 사람이다.

청계천 상가는 거리의 연구실이었네.

청계천 담벼락은 통곡의 계곡이었네.

서울역 대합실은 허기진 배를 물로 채우며 기도하는 성소였네.

돌아가기 싫은 시절을 생각하며 김가나다로서 지은 시조다.

추운 거리로 다시 나갈 순 없다. 나가더라도 볼케이노는 가동해놓고 나가야 한다. 볼케이노 되찾을 날을 기다리며 18년 동안 301호에서 버텨왔다. 볼케이노를 돌리기 전까진 이 방을 떠날 수 없다.

한동안 건물주 압박은 견뎌내야 한다.

건물주가 내 짐을 방에서 들어내겠다길래 한 달만 기다려달라고 했다. 그때까지 볼케이노 시범 가동을 끝내겠다고 했다. 미국 모처에서 곧 돈이 들어올 것 같다. 그 돈으로 발전기 돌리고 나면 가족이 있는 미국으로 갈 생각이다.

자식들은 볼케이노 가지고 미국에 들어오라고 한다.

미국에서 가동하면 되지 않냐는 건데 그러면, 이 자식들아, 볼케이노는 미국 소유가 되는 것이다. 나는 구한말 친일파처럼 21세기 친미파가 되고 만다. 내가 한국에서 먼저 인정받은 뒤 미국에 갖고 가야 자식들도 마음 편하게 살 수 있다. 내가 이런 애국심의 소유자인데 대한민국이 안 알아준다.

발명가의 인생 스토리가 이렇다.

아나 모르나?

1 김대광의 이야기는 사실 관계가 분명치 않다. 현대사의 굵직한 사건들과 얽힌 이야기들은 그의 말처럼 직접 겪은 일들인지, 자신을 중심에 두고 편집한 것인지 구분하기 어렵다. 발명에 관한 이야기들은 그를 다룬 신문 기사나 등록된 특허 등으로 일부 확인된다.

2 실명에도 '광' 자가 포함돼 있다.

3 1914년 출생~1965년 사망. 강원도 양구가 고향인 한국 근현대 대표 화가. 양구 냇가가 배경인 1959년 작 〈빨래터〉는 2007년 12월 당시까지 국내 경매 사상 최고가인 45억 2000만 원에 낙찰됐다. 박수근은 빨래터에서 본 한 여성(김복순)을 사랑해 결혼했다.

4 1924년 출생~2011년 사망. 전남 장흥 출생. 경복고와 연희대를 거쳐 육군사관학교를 나왔다. 방첩부대 정보처장 시절 5·16 군사쿠데타에 참여했다. 8년 동안 공화당 사무총장을 지냈고 국회의원에 다섯 차례 당선됐다.

5 5·16 군사쿠데타 직후 최고 통치 기구였던 국가재건최고회의가 1961년 6월 '국가재건국민운동에 관한 법률'을 공포하고 관변 국민 동원 운동을 전개했다. 주관 단체로 재건국민운동본부를 두고 도·시·군·구는 물론 읍·면과 리·동 단위까지 조직했다. 군사쿠데타의 정당성을 홍보하고 반공 이념 등을 전파했다.

6 1910년 출생~1990년 사망. 1933년 첫 시집 《빛나는 지역》과 1937년 장편 산문집 《렌의 애가》를 출간했다. 1940년대 들어 임전대책협의회, 조선임전보국단 부인대, 국민의용대 총사령부 등에서 활동하며 적극적인 친일에 나섰다. 해방 뒤엔 1950년 대한여자청년단장, 유네스코 총회 한국대표, 여성단체협의회 이사, 여류문인협회장 등을 맡으며 이승만·박정희 정권 내내 통치 세력과 공조했다. 1971년엔 제8대 국회 공화당 전국구 의

원이 됐다. 1991년 금관문화훈장이 추서됐다.

7 모윤숙은 1948년 유엔 임시위원단의 중립국 대표로 방한한 인도의 크리 슈나 메논을 설득해 대한민국이 한반도의 유일 정부로 승인받도록 한 것 으로 알려져 있다. 그는 '낙랑클럽'이 마련한 파티에서 메논과 안면을 튼 뒤 그와 이승만 사이의 연락책 구실을 했다. 모윤숙은 영어 능력과 미모 를 갖춘 여성들로 꾸린 사교 모임 '낙랑클럽'을 주도(총재 김활란·회장 모 윤숙)했다. 낙랑클럽은 미군정 관료나 해외 사절의 파티에 초청돼 그들을 접대했다. 남한 단독정부에 반대해왔던 메논은 모윤숙 때문에 마음을 바 꿨다고 회고했다.

8 길전식이 국회의원과 공화당의 주요 직책을 맡아 활동했던 시기는 1960 ~1970년대였고, 모윤숙은 1990년에 사망했다.

9 1966년 12월 19일 경향신문.

10 신문 기사를 보면, 장항제련소의 슬래그 매매 계약 전에 김대광은 남해 편백나무숲에 대한 연구 보고서를 구해 읽는다. 나무의 9할 이상이 고사 목으로 처분된다는 사실을 알게 된 그는 고사목들을 일본 도쿄의 우에시 마제작소에 판매하는 계약을 맺었다고 기자에게 설명한다. 순경 신분의 그가 어떻게 농림부에서 관리하는 나무들을 일본에 팔 수 있게 됐는지는 언급되지 않는다. 김대광에게 슬래그 매입 방법을 문의한 회사도 나무 사 업을 함께했던 일본 기업 우에시마제작소다.

11 장항제련소. 1936년 조선제련주식회사로 설립돼 1962년 한국광업제련 공사, 1972년에는 한국광업제련주식회사 등으로 이름을 바꿨다. 지금도 장항엔 슬래그 벽돌로 지은 빨간색 건물들이 곳곳에 남아 있다. 제련소에 서 금속을 녹이고 남은 찌꺼기인 '슬래그'를 섞으면 벽돌들이 붉은색을 띠 었다.

12 슬래그 사업 소식을 전하던 기사는 김대광으로부터 사업을 빼앗으려는 '정치적 마수'에 대한 언급으로 건너뛴다. 김대광이 말하는 '마수'가 무엇인지에 대해선 설명이 없다.

13 제16회 국제발명·신기술 전시회에서 한국은 17점을 출품해 13점이 입상했다. 당시 보도(1988년 4월 3일 매일경제)를 보면 김대광은 '모터사이클 헬밋창 와이퍼'로 동상을 수상했다.

14 1997년 10월 24일 조선일보.

15 1997년 11월 13일 한국일보.

16 1997년 12월 24일 한국일보.

17 김대광은 《발명문화》란 잡지 발행인으로 활동했다.

18 2006년 대한민국발명특허대전에서 김대광은 '태양에너지, 자력 및 풍력을 이용한 발전장치'로 한국발명진흥회장상(동상)을 받았다. 이때 같은 상을 받은 사람 중에 세월호 참사 당시 수배 중 사망한 청해진해운의 유병언이 있었다. 그는 '포터블형 세정 공급호스의 세정용 자동물통'으로 수상했다.

19 우리것보존협회란 곳에서 준 '명인대상'의 문구. 방송인 송해가 협회 부총재로 이름을 올렸다.

사
수

빨랫줄이 복도를 횡단했다.

한 평 방 안에 갇혀 있던 빨랫줄이 방 밖으로 탈출해 방과 방 사이의 통로를 가로질렀다. 터져버린 천장 아래에서 빨랫줄이 전깃줄과 영역을 다퉜다.

203호 박수광이 방에서 끌고 나온 빨랫줄을 복도 반대쪽으로 잡아당겼다. 벽을 뚫고 나온 철근에 돌려 감아 팽팽하게 묶었다. 빨아 넌 지 얼마 안 된 그의 속옷들이 빨랫줄 위에서 물방울을 뚝뚝 흘렸다. 천장에서 실핏줄처럼 불거진 전깃줄에선 누수가 부른 물방울들이 핏방울처럼 떨어졌다.

복도를 점령한 빨랫줄 탓에 불편할 사람이 2층엔 없었다. 2층에 살고 있는 사람은 박수광 혼자였다. 열한 개 방 중 그의 방을 제외한 열 개의 방이 파괴됐다. 건물 잔해들을 담은 포대자루들이 복도와 계단에 가득했다.

박수광은 웃통을 모두 벗은 채였다.

계절이 여름으로 진입[1]하고 있었다. 공기가 잘 통하지 않는 9-2× 안은 벌써부터 달궈지고 있었다. 박수광의 늘어난 러닝셔츠가 빨랫줄에 매달려 사지를 늘어뜨렸다.

전날 건물주가 변호사와 함께 그를 찾아왔다. 하루빨리 방을 비우라며 알아들을 수 없는 법조문을 읊었다. 일주일 전엔 건물주가 데려온 인부들이 해머로 2층을 부쉈다.

박수광은 정해둔 입장이 있었다.

"지금 이 건물에서 벌어지고 있는 일은 세계적인 일입니다."

그가 숨을 삼키고 말했다.

"세계적인 일이므로 보상금으로 1000만 원은 받아야겠습니다."

말을 꺼낸 김에 끝까지 했다.

"1000만 원도 과한 게 아닙니다. 나의 최종 목표는 리모델링이 끝나면 지하에 무상으로 방을 얻는 것입니다."

건물주는 어이없어 했다. "끝까지 나가지 않으면 명도소송을 하겠다"며 변호사를 쳐다봤다.

"그렇다면······."

그러니까 입장이 그렇다는 것이었다.

수없이 연습한 입장 대신 끝까지 하지 않겠다고 작정한 말이 박수광의 입 밖으로 나왔다.

"방이 구해지는 대로 나가겠습니다."

건물주와 변호사가 "서두르라"는 말을 남기고 돌아갔다.

박수광이 방에서 짐 몇 개를 복도로 뺐다.

이삿짐을 싸기 위해서가 아니라 방을 좀 더 넉넉하게 쓰기 위해서였다. 그가 혼자 사는 2층이었으므로 최대한 공간 활용도를 높일 생각이었다.

그러니까 그는 정해둔 입장이 있었다.

방을 구하면 나가겠다는 것이었다. 방도 안 구했는데 나가겠다는 뜻은 아니었다. 방을 구할 때까지는 억지로 끌어내지 않는 한 나갈 생각이 없었다. 당장 방을 구할 생각이 그에겐 전혀 없었다. 그는 몇 달 전 이 입장을 정하면서 7월치 방세까지 미리 내뒀다.

"쏴라."

지휘관의 지시에 따라 관군들이 왜군을 향해 화살을 날렸다.

"공격하라."

매복 중이던 관군들이 달려나가 왜군들과 백병전을 벌였다.

박수광이 복도 중앙에 내놓은 텔레비전을 의자에 앉아 시청했다. 관군이기도 했고 왜군이기도 했던 그(➡307쪽)가 사극을 보며 라면을 먹었다.

관군의 일정과 왜군의 일정이 두 달 전 그의 달력에서 사라졌다. 퇴거 압박이 세지면서 그는 관군도 왜군도 되지 못하고 방을 지켰다.

건물주가 박수광을 만나고 간 날 박수광만 만난 것은 아니었다. 그는 남은 주민들에게 "방을 비우면 이주비로 10만 원씩 지급하겠다"고 제안했다. 제안을 받아들인 네 명이 방을 빼는 데 동의했다.

그들을 제외해도 9-2×엔 퇴거를 거부하는 여섯 명이 있었다. 지하(지하9호 김상천)와 1층(106호 김택부)과 2층(박수광)에선 층마다 한 명씩 남아 방을 사수했다.

"이 제안까지 거부하면 법적으로 내보내겠다"는 건물주의 경고에 1층의 김택부는 답했다.

"그러시오."

사태 초기 세입자비상대책위원장이었던 김택부는 건물주와의 사이에서 모호한 태도를 취하다 주민들의 신뢰를 잃었다.

"9-2×는 사유재산이고 세입자도 양심이 있으니 퇴거 시한(또는 기한) 두 달을 주면 수용할 만하다"고 했다가 이름뿐인 위원장이 됐다. 그가 "세입자들이 끝까지 싸워달라는데 나 혼자 달랑 나가버릴 수 없다"며 1층 끝방을 지켰다. 퇴거 거부 이유를 묻는 언론사 기자에게 김택부(➡319쪽)가 강조하며 말했다.

"갑의 횡포에 맞선 을의 저항이라고 써주시오."

지하의 폐허는 섬뜩했다.

빛이 들지 않는 지하는 사람들이 가득 살아도 한밤이면 으스스할 때가 있었다. 사람이 말라버리고 벽이 주저앉은 암흑의 지하에서 김상천은 혼자 밤을 견뎠다.

지상의 방으로 옮기고 싶어도 퇴거 거부자들의 방 외엔 성한 방이 없었다. 그는 날이 밝자마자 어둠에서 올라와

9-2× 입구 앞에 쪼그려 앉았다. "같이 죽자"며 건물주를 끌고 옥상으로 올라갔던 그였지만 날이 갈수록 심신이 오그라들고 있었다.

"공사하러 또 오겠지. 또 오면 또 죽어야겠지."

의지를 다질수록 김상천(→318쪽)의 어깨는 땅과 가까워졌다.

"어디 갔다 와?"

301호 김대광이 303호 박세기에게 물었다.

"공치고 와요."

"뭐, 공을 쳐? 공은 차는 거야 이눔아."

박세기가 흥 없이 말을 받았다.

"그 공이 아니고요."

아침 일찍 인력시장에 나간 박세기는 일을 잡지 못하고 돌아왔다.

철거용역을 그만둔 뒤부터 그는 수도권 전역으로 다니며 건설현장에서 일했다. 퇴거 사태가 벌어진 뒤엔 철거로부터 방을 지키느라 출근 횟수가 줄었다.

경기가 안 좋아져서인지 인력시장에 나가도 선택받지 못하는 날이 많아졌다. 일주일에 사흘은 나가보지만 공치는 날이 잦았다.

"아니긴, 알아 몰라?"

김대광의 '알아 몰라?'는 상대방이 알게 모르게 튀어나왔다.

"알고말고요."

박세기(➡318쪽)가 서둘러 방으로 들어갔다.

혼자 남은 복도에서 김대광(➡322쪽)이 독백인지 방백인지 모를 말을 쏟아냈다.

알아 몰라?

일렉트릭 볼케이노. 일단 돌리기만 하면, 이봐, 군 병력도 줄일 수 있어. 재벌 기업이 레이저 탱크를 만들려다 못 만들었어. 내 볼케이노를 이용하면 얼마든지 대량생산할 수 있어. 이 탱크 하나면 10개 대대 감축이 가능해. 그래서 나는 이 방을 못 나가. 이 방을 떠나면 안 돼. 미신이라고 할 놈도 있겠지만 이 방을 나서면 아이디어가 안 떠올라. 나는 이 방에 있을 때라야 발명이 되는 사람이야. 누워서 천장을 보고 있으면 천장이 나의 도면이 돼. 그 도면을 보면서 내가 불멸의 발명을 하는 거야. 야 이 새끼들아. 이 어마어마한 발명을 무시하고 나를 개 좆으로 알아?

3층도 붕대를 감을 수 없을 만큼 처참했다.

폭격 맞은 전쟁터처럼 보였다. 세 명의 퇴거 거부자가 살아남은 전우처럼 아침마다 서로의 안부를 물었다.

박세기의 방과 복도를 가운데 두고 맞은편 311호에서 김윤창이 "고뇌를 때리고" 있었다. 술을 마시며 고뇌를 때리는 것이 평소 습관이었던 그는 철거가 시작된 뒤부터 마시는 술의 양이 늘었고 때리는 고뇌는 부풀었다.

방이 하나씩 사라질수록 그는 깊은 잠에 빠져들었다.

공사 소음과 먼지를 견디며 낮에도 계속 잤다. 머리카락이 사방으로 뻗친 김윤창이 방에서 나와 슬리퍼를 꿰어 신었다. 복도에 쌓인 벽돌 잔해를 피해 슬리퍼를 끌었다. 벽이 뚫려 공터가 된 방으로 가서 쓰레기 더미에 오줌을 눴다.

"못 나가. 갈 데도 없고 갈 돈도 없어."

기둥에 몸을 기댄 김윤창이 앞뒤로 흔들거리며 말했다. 갈 곳 없는 그처럼 그의 오줌발도 멀리 가지 못했다.

그에겐 공동화장실까지 갈 의지 한 움큼이 없었다. 문짝이 떨어져나간 화장실이나 벽이 사라진 방이나 그는 차이를 느끼지 못했다. 수치를 가려줄 그 무엇도 9-2×엔 남아 있지 않았다.

김윤창의 방에서 같이 지내던 남자도 보이지 않았다.

남자는 김윤창이 노숙 시절 만난 동생이었다. 그가 갈 곳 없이 떠돌자 김윤창은 혼자 눕기도 비좁은 방에 동생을 들였다.

한 평 방에 두 명의 어른이 사는 일은 동자동에서도 찾기 힘들었다. 김윤창의 잔소리를 들으면 며칠씩 나갔다 돌아오곤 하던 동생(42➡318쪽)이 철거가 시작된 뒤 어디론가 떠났다.

소변을 본 김윤창(➡317쪽)이 방으로 돌아가 누웠다. 황폐한 방 안에서 껍질 잃은 애벌레처럼 웅크렸다.

1   2016년 6월 16일 상황.

203호 박수광
1963년 서울 출생
6년 거주

"레디 액션."

감독이 외쳤다.

카메라가 돌았다.

번호도 없는 조선 졸병으로서 관군들 무리에 섞여 뛰쳐나갔다. 임진년에 파죽지세로 북상 중인 왜군을 저지하러 삼지창을 들고 뛰었다. 지휘관을 맡은 단역이 소리쳤다.

"진격하라."

미리 지시받은 대로 관군들이 함성을 질렀다.

"와 와아아 와아아아아."

반대쪽에서 왜군이 행군한다고 치고 매복해 있던 관군들이 기습 공격을 펼쳤다. 관군을 발견하고 전투태세를 취하는 왜군들이 있다 치고 산비탈을 달려 내려갔다. 관군들을 향해 조총 심지에 불을 붙이는 왜군들이 있다 치고 창을 꼬나 잡았다. 창끝이 왜군들에게 닿기도 전에 그들이 쏜 총알에 맞았다고 치고 앞으로 고꾸라졌다. 짓밟고 지나가는 왜군들 발아래에서 죽었다고 치고 꼼짝 않고 시체를 연기했다. 조선 관군의 전멸이었다.

감독이 외쳤다.

"커트. 다음 씬."

카메라가 멈췄다.

"레디 액션."

감독이 외쳤고 카메라가 돌았다.

번호도 없는 왜국 졸병으로서 왜군들 무리에 섞여 행군했다. 임진년에 한양으로 파죽지세 북상 중일 때 매복 작전을 펼치는 조선 관군을 맞닥뜨렸다. 왜장을 맡은 단역이 소리쳤다.

"고노 야로오오오오오."

미리 지시받은 대로 왜군들이 일사분란하게 전투태세를 갖췄다.

반대쪽에서 "와 와아아 와아아아아" 소리 지르는 조선 관군들이 있다 치고 행군 대형에서 사격 대형으로 정렬했다. 삼지창을 들고 산비탈을 뛰어내려오는 관군들이 있다 치고 조총 심지에 불을 붙였다. 창을 꼬나 잡고 코앞까지 다가온 관군들이 있다 치고 방아쇠를 당겼다. 총알에 맞고 고꾸라지는 관군들이 있다 치고 오합지졸들을 모조리 도륙했다. 관군 시체들이 널브러져 있다고 치고 그들을 타넘으며 한양으로 행군을 계속했다. 왜군의 완승이었다.

감독이 외쳤다.

"커트, 다음 씬."

카메라가 멈췄다.

"레디 액션."

감독이 외쳤고 카메라가 돌았다.

번호도 없는 조선 백성으로서 피란민들 사이에 섞여 도망쳤다. 어쩌구저쩌구 단역은 소리치고, 어쩌구저쩌구 백성들은 우왕좌왕, 어쩌구저쩌구 감독 지시, 어쩌구저쩌구 갈팡질팡.

나는 조선 관군으로서 왜군 조총에 맞아 죽었다. 산비탈에 널브러져 있다가 "커트" 소리를 들으면 옷을 갈아입고 왜군이 됐다. 심지에 불을 붙인 조총으로 관군들을 쏴 죽였다. 조총을 '앞에 총' 하고 진격하다 "커트" 소리를 들으면 옷을 바꿔 입고 조선 피란민이 됐다. 조선 관군으로 죽자마자 왜군으로 환생한 뒤 피란민으로 도망가는 나는 주연도 조연도 단역도 아닌 보조였다. 그 무엇도 아니면서 그 무엇이든 돼야 하는 사극 엑스트라[1]였다.

싸구려 드라마 같은 전개였다.

가족 중에 공부다운 공부를 한 사람이 없었다. 아버지와 어머니는 학교를 다니지 못했고 4남 1녀인 아들딸은 국민학교만 마쳤다. 나는 4남 1녀의 사남이었다.

함경북도에서 태어난 아버지는 전쟁 중 혼자 월남해 남한 출신인 어머니와 결혼했다.

여기까지만 "했다"고 말할 수 있었다. "한 것 같다"고 말할 수밖에 없는 이야기들이 우리 가족을 따라다녔다. 제각각의 아들과 딸이 4남 1녀로 묶인 과정을 아버지와 어머니는 설명해주지 않았고 나도 굳이 묻지 않았다. 내게 4남 1녀는 추정해야 하는 관계였다.

아버지와 어머니 사이에 태어난 자식이 세 명까지는 아닌 듯했다.

아버지는 분명 첫 번째 결혼이 아니었다. 이북에서 결혼을 했는진 모르겠고 몇 번을 결혼했는지 알고 싶지도 않았다. 어머니도 아버지와의 결혼이 처음이었는지 두 번째였는지 분명치 않았다. 큰형님과 둘째형님은 아버지가 지금의 어머니와 결혼하기 전에 낳은 자식으로 나는 알고 있었다. 두 형님들이 같은 어머니한테서 났는지는 들은 적이 없었다. 아버지가 지금의 어머니와 결혼할 때 두 형님을 데려왔다고 하므로 두 분이 만나 낳은 자식은 나머지 두 명일 것이었다. 셋째형님과 막내 여동생.

그럼 나는.

나는 나머지에도 끼지 못한 나머지였다. 4남 1녀 중 두 명과 나머지 두 명. 그리고 나머지도 못 되는 '나머지 밖의 나머지'인 나.

그러니까 나는 아버지 쪽 '계열'이었다.

계열이었다고 말할 수밖에 없다. 나는 아버지가 어디선가 낳아서 데려온 아들이었다. 그 어디선가가 어디인지는 나도 몰랐다. 나는 친어머니를 기억하지 못했다. 첫째·둘째형님의 어머니는 아니었다고 하고, 지금의 어머니도 아니었다고 하니, 아버지와 맺어진 그 밖의 누구였다고 해야 계산이 맞다.

이미 두 아들이 있었던 아버지와 지금의 어머니가 만나 셋째 아들을 낳았다. 3남을 형성하고 있던 가족에 어디선가 온 내가 더해져 4남이 됐고 그 뒤 막내 여동생이 태어나 1녀를 보탰다. 출생의 비밀을 면밀히 탐구해보지 않아 그리 된 이야기라고 추측할 뿐이다. 비밀을 캐고 싶을 만큼 나는 '우리 가족'이 애틋했던 적이 없었다. 그들과 만나지 않은 지 20년쯤 됐다.

뻔하고 재미없어 매번 편집될 이야기였다.

국민학교 때부터 가출을 반복했다. 한 번 가출하면 이삼년은 돌아가지 않았다. 어찌어찌해서 돌아가면 어찌어찌하든 다시 집을 나왔다.

식당 설거지를 했고 짜장면 배달도 했다. 거리잠에 익숙했고 운이 좋으면 식당 방을 쓸 수 있었다. 돈이 조금 모였을 땐 구로공단 주변 벌집에서도 지냈다. 내게 이 방, 9-2×의 203호는 작은 방이 아니었다. 이 방보다 큰 방에서 자본 적이 없었다.

"커트 커트."

그래, 감독아 외쳐라.

재미도 감동도 없는 가족사는 잘라줘야 한다. 이런 드라마는 그만 만들어져야 한다.

나는 엑스트라지만 주연급들만 갈 수 있다는 해외 로케이션만큼은 부럽지 않았다.

해외 로케랄지 해외 방랑이랄지 해외 노숙이랄지 지겹도록 해봤다. 대륙과 나라를 오가는 장대한 스케일의 여정에서 나는 나대로 주인공이었다.

집을 나왔다 돌아가길 반복하던 스무 살 무렵 나는 파라과이로 떠났다. 아버지가 파라과이로 이민한 지인의 중매를 섰다. 일이 잘 풀려 기분이 좋아진 그 사람이 초청해 이민 비자를 받았다. 내가 좋아서 바다를 건넜는지, 아버지가 나를 보내버렸는지, 아 다르고 어 다를 바 없이 지금 생각해보면 그 말이 그 말이었다.

나는 기술 하나 없는 외국인이었다.

초청해준 아저씨의 옷장사를 도와주다 노숙을 시작했다. 노숙을 하면 마약이 접근했다. 마약이 흔한 나라였다. 청소년 때부터 마약을 쉽게 접했고 마약을 권하는 교민들도 있었다.

나는 마약을 하는 대신 마약을 연구했다.

너무 흔한 것을 할지 말지 선택하자면 연구적 토대가 있어야 했다. 마약의 역사를 연구해보면 결론이 나왔다. 아편전쟁에서 중국이 영국한테 졌는데, 그러면 마약이란 무엇인가. 아편전쟁에 져서 홍콩이 중국에 넘어갔는데, 그러면 독성이란 무엇인가. 영국에 넘어간 홍콩이 중국으로 돌아가기까지 155년이 걸렸는데, 그러면 나라가 망하는 이유는 무엇인가.[2] 바로 약 때문인 것이다.

파라과이를 떠나 아르헨티나도 가고 브라질도 가고 칠레와 페루도 갔다.

남미를 오르내리며 외국인 노동자로 떠돌았다. 10년간 남미 로케랄지 방랑이랄지 노숙이랄지 끝내고 멕시코를 거쳐 미국으로 올라갔다. 미국에선 2년쯤 머물렀다. 교민 식당에서 배달을 하거나 꽃집에서 운전을 했다. 캐나다에도 갔다. 시에서 짓는 건물 공사장에서 막노동을 했다.

각국의 거리에서 자봤다.

남미에서 잘 때는 맞는 일이 많았다. 건달들은 뺏을 돈이 없으면 때렸다. 뉴욕에서 노숙할 땐 자선단체에서 잠자리와 용돈을 줬다. 교민들의 입을 통해 대사관으로 소식이 들어가면 비행기표를 주며 빨리 귀국하라고 독촉했다. 마지막엔 경찰이 추방했다.

나라마다 장단점이 있었지만 한국만 한 나라가 없어 돌아왔다.

해외 로케랄지 방랑이랄지 노숙이랄지 그리 나쁘지 않았지만 연구의 결과가 그랬다. 남미의 거리, 북미의 거리, 유럽의 거리에 빠삭해지니까 훤히 보였다. 한국인이 가장 살기 좋은 거리는 역시 한국 거리란 결론이 나왔다.

서울역에서 노숙을 했다.

오랜만에 돌아온 한국의 거리는 기대만큼 살 만한 거리가 아니었다. 한국에선 노숙을 하려고 해도 돈이 들었다. 나라를 돌아다니며 끌고 다니던 여행가방을 지하철 물품 보관함에라도 맡겨야 일을 다닐 수 있었다.

연구 결과를 갱신하고 싶을 땐 다시 외국에 나갔다.

엑스트라로 일해 번 돈으로 브라질에 다녀왔다. 왕복 비행기표를 끊었는데 브라질 남부를 여행하다 귀국 날짜를 놓쳐 눌러앉았다.

쪽방에 살면서도 외국을 오가는 노하우가 있었다. 우선 체류 비용을 아끼기 위해 도착하는 첫날부터 노숙을 한다. 노숙을 할 땐 최대한 사람들 눈에 띄는 번화가를 찾아간다. 어둑한 공원에서 자면 마약을 권하는 사람이 접근한다. 슬럼에서 잘못 잤다간 두들겨 맞고 도망치는 일만 생긴다. 비행기표나 긴급한 돈이 필요할 땐 교민회나 한인 교회에 부탁한다. 2년 정도 브라질을 돌아다니다 대사관을 찾아갔다. 대사관이 연결한 한인 교회에서 돈을 대줘 귀국할 수 있었다.

나는 세상을 알기 위해 다녔다.

아시아와 유럽의 생각이 다르고 아메리카와 아프리카의 사고방식이 다르다. 열심히 다녀야 세상을 알 수 있고 세상을 알아야 다시 열심히 다닐 수 있다. 열심히 다니면서 연구한 결과는 이렇다.

첫째, 여자란 무엇인가.

미국에서 말하는 여자는 무엇이고, 남미에서 말하는 여자는 무엇인가. 여자를 알려면 1960년대 이전을 연구해야 한다. 조선시대부터 최근까지의 모든 연구들을 종합해 답을 찾아야 한다. 여자가 살 수 있는 문명이라면 조선시대가 굳이 존재했겠나. 미국 정부가 있었겠나.

둘째, 기독교는 왜 생겨났나.

우주문명을 이룩할 수 없을 땐 자폭하기 위해서다.

세상을 연구하면서 이 사실들을 깨달았다.

깨달은 인간이 누구에게도 의지하지 않고 살려면 독립된 공간이 필요하다.

내 꿈은 전국 어디에든 독립된 방을 하나 얻어 정부로부터 독립돼 사는 것이다. 6년 전 살던 고시원 주변이 재개발되면서 9-2×로 쫓겨왔다. 6년 만에 똑같은 처지가 됐다. 강제집행 할 때까지 203호에서 나가지 않겠다.

1980년대까지만 해도 주인 없는 땅에 금 긋고 판자 심어 사는 사람들이 있었다.

4남 1녀의 사남으로서 부모님과 살던 집도 무허가 판잣집이었다. 언젠가 그런 집을 짓고 살 것이다. 무허가 집이 지어지면 철거반이 수시로 찾아올 것이다. 끝까지 버티면 땅까진 아니어도 건물은 인정받을 수 있을 것이다. 그렇게라도 하지 않으면 나는 집 한 칸을 가질 수 없다. 연구 결과가 그렇다. 그 집이라도 지키면서 살겠다.

"커트 커트."

감독이 외쳤다.

끊으면 끊기고 자르면 잘리는 대로 살아왔다. 커트하면 커트되는 엑스트라지만 내 인생까지 그냥 커트되게 둘 순 없다.

"레디 액션."

누가 외치나.

어떤 놈이 멋대로 카메라를 돌리나.

번호도 없는 인간이지만 뜻대로 되진 않을 것이다. 당신들이 쓴 각본대로 움직이진 않을 것이다. 커트하든 액션하든 내 인생은 내가 감독할 것이다. 나가란다고 이 방에서 쉽게 나가주진 않을 것이다.

---

1 박수광은 수급자가 아니었다. 드라마 촬영 현장에서 엑스트라 일을 하며 방값을 벌었다. 보조 출연자를 촬영장에 공급하는 업체를 통해 한 달에 두세 차례 일했다.
2 박수광의 주장은 정연하게 이어지지 않았다.

37
단전

건물주가 전기와 수도를 끊었다.[1]

인간 생활의 기본 조건이 차단되자 인간 삶의 최저선이 뒤따라 추락했다.

그날 밤 사고가 났다.

낮에도 햇빛이 잘 들지 않는 건물에서 전깃불이 쫓겨나자 어둠이 9-2×의 밤을 빈틈없이 채웠다.

무너진 방들 사이에서 고뇌를 때리며 누워 있던 311호 김윤창이 방턱을 내려와 불빛 없는 복도로 나섰다. 수돗물까지 끊긴 줄은 몰랐던 그가 통로 벽을 더듬으며 공동 세면장으로 발을 옮겼다. 치우지 않고 방치한 철거 잔해에 발이 걸려 앞으로 넘어졌다. 깨진 벽돌 더미와 찢어진 문짝에 부딪혀 머리가 깨지고 눈이 찢어졌다. 깜깜한 계단을 내려갈 자신이 없었던 김윤창은 피를 흘리는 채로 방으로 돌아갔다.

날이 밝은 뒤 건물 상태를 살피러 온 동네 주민이 그를 보고 깜짝 놀랐다. 검붉은 피가 말라붙은 얼굴로 김윤창이 방에 누워 있었다. 김윤창은 의식이 몽롱해져 있었다. 주민이 그를 흔들고 깨워 병원에 입원시켰다. 그가 갈비뼈와 어깨 통증을 호소했다. 당뇨병과 췌장염으로 그는 벌써 몸이 많이 상해 있었다.

병원 응급실에 눕자 김윤창의 방 사수 의지는 급격히 꺾였다. 그는 입원 다음 날 병원에서 외출해 9-2× 옆옆 건물(10미터 거리)에 방을 얻었다. 짐은 311호에 남겨둔 채 병원으로 돌아갔다. 그의 한 달치 방값은 철거 직후까지 그 방에 얹혀 지내던 동생(➡334쪽)이 내주고 갔다.

김윤창의 방 계약 사실을 확인한 건물주가 311호를 철거했다. 자물쇠가 채워진 방문을 인부들이 떼어내고 해머로 벽을 때렸다. 짐은 김윤창(➡327쪽)의 새 방으로 날랐다.

단전·단수 전날 지하9호 김상천·203호 박수광·303호 박세기(➡440쪽)가 건물주와 만나 최후 협상을 벌였다.

변호사를 대동한 건물주가 각 층마다 퇴거 거부 주민들을 찾아다니며 법적 대응 계획을 밝힌 지 닷새 뒤였다. 주민들은 이주비 200만 원씩을 요구했다. 퇴거가 완료되면 이미 나간 사람들까지 모두 10만 원씩 지급하겠다는 방침을 건물주는 고수했다. 의견은 모아지지 않았고 건물주는 이튿날 전기 차단기와 수도꼭지를 뗐다.

콰쾅 콰쾅 콰쾅.

쇠가 벽을 치는 소리로 건물 전체가 진동했고, 쇠가 벽을 칠 때마다 분진이 피어올라 건물 전체로 날아다녔다.

퇴거 불응 주민들은 자신들의 방을 제외한 모든 것이 깨지는 동안 건물 밖에서 서성였다. 공사를 점검하는 건물주 부부와 언쟁을 하거나 부부의 시선을 피하며 발 둘 곳을 찾았다. 그들에게 하루해는 길었다. 당일 공사가 끝나면 그들은 폐허를 헤치고 방으로 돌아가 촛불을 켰다.

"우리 위원장님 건강하셔야 할 텐데. 조금만 버팁시다."

지하9호 김상천이 106호 앞을 지나며 김택부의 안부를 물었다.

"공사 분진이 눈에 들어가서 혈관이 터졌어요."

촛불 밝힌 방에 앉아 있던 김택부가 김상천에게 고마움을 표했다. 김택부의 눈 흰자위가 새빨갰다.

"사람이 이렇게 고통스러울 수가 없어."

지하로 내려가는 계단 앞에서 김상천은 발을 내딛지 못했다.

계단 아래는 검은 물감으로 겹겹이 덧칠해 깊이를 알 수 없는 심해 같았다. "죽기 아니면 살기"라며 남은 결기를 끌어올렸던 그가 "깜깜해도 너무 깜깜하다"며 철거에 맞서 지켜온 지하방으로 돌아가길 겁나 했다. 사고를 우려한 옆 건물 주민이 어느 날부터 자신의 쪽방으로 김상천을 데려가 재웠다.

건물주가 김상천을 주민센터에 신고했다. 주소지와 거주지가 달라 부정 수급에 해당한다며 조사를 요구했다. 퇴거에 완강하게 저항하던 김상천(➡464쪽)은 결국 옆 건물로 이사했다.

단전·단수 뒤 김윤창과 김상천이 방을 빼면서 9-2× 주민 마흔다섯 명 중 마흔한 명이 떠났다. 네 명만 끝까지 남아 인간이 살 수 없는 조건을 견뎠다. 인간이 살 수 없는 조건에서도 살아내는 존재가 인간이었다.

"원시생활이 이랬을랑가."

김택부가 붉은 눈으로 생고구마를 씹어 먹었다.

촛불이 만든 그의 잔영이 복도에 일렁거렸다. 어둠이 내린 얼굴로 뿌리채소를 뜯어먹는 모습이 굴 안쪽에 웅크리고 먹이를 핥는 야생의 생명체처럼 낯설었다. 예전 재건대 시절이나 거리 생활 때 그가 도와줬던 사람들이 소식을 듣고 찾아와 김밥과 생수를 놓고 갔다.

그들 중 한 명이 가져다준 작대기 하나가 김택부의 방문 옆에 세워져 있었다. 한밤중에 방을 나설 때면 김택부는 그 작대기로 좌우를 두드리며 통로에 쌓인 위험을 감지했다.

불빛을 잃은 지 엿새째 되는 날 김택부(➡437쪽)가 두루마리를 들고 옥상으로 올라갔다. 그가 두루마리를 늘어뜨리자 옥상에 목을 묶은 글자들이 주르륵 흘러내렸다.

"단전 단수 건물주를 규탄한다."

남은 주민 네 명은 법원에 공사 중지 가처분을 신청했다.

203호 박수광의 방엔 불이 들어와 있었다.

그는 뒷건물에서 따온 전기를 연결해 방을 밝혔다. 그의 방에서 흘러나온 불빛은 통로 안쪽으로 기어갈 만큼 생기가 돌진 않았다.

전기와 수도가 끊기자 9-2×는 더위와 냄새의 차지가 됐다. 냉장고에서 음식이 녹아내렸고 오물이 쌓인 공동화장실에선 파리가 끓었다. 문짝이 떨어져나간 2층 화장실 앞을 박수광이 천을 매달아 가렸다.

"최소한 똥 누다 계단 올라오는 사람과 눈 마주치면 안 되니까."

한여름인데도 선풍기를 돌릴 수 없는 박수광(➡339쪽)은 윗통을 벗고 사우나 더위를 버텼다.

그는 해가 지면 매트리스를 방에서 꺼내 2층 복도 창문 앞에 깔았다. 창문으로 넘어오는 바람 조각에 의지해 더운 밤을 났다.

최악의 날들이었다.

9-2×는 인간이 견딜 수 있는 환경은 어디까지인가를 확인하는 실험실 같았다.

"어휴."

연희동으로 이사 간 양진영이 1층 계단에 앉아 한숨을 쉬었다.

그는 건물 입구에 걸린 우편함에서 자기 앞으로 온 우편물을 찾고 있었다. 여전히 9-2×로 배달되는 우편물들을 양진영은 동자동에 올 때마다 들러서 찾아갔다. 그는 옥상에서부터 시작해 부서진 방들을 둘러보고 내려온 참이었다. 그가 살던 204호 앞에선 점심을 먹고 온 인부 두 명이 벽돌 더미 틈에 신문지를 깐 채 쪽잠을 자고 있었다.

"박살났네, 죄다 박살났어."

아무리 형편없는 방이라도 자신이 살던 방이 형편없이 부서지자 그의 마음의 형편도 편치 않았다.

"잘 지내셨어요?"

3층 계단을 내려오던 양진영이 301호 김대광에게 인사했다.

김대광이 말없이 양진영을 쳐다봤다. 양진영이 쓰고 있던 마스크를 내리며 다시 인사했다.

"저예요. 온통 엉망진창인데 지낼 만하세요?"

김대광이 되물었다.

"누구슈?"

김대광은 양진영을 못 알아봤다.

그는 치매 기운이 올라올 때면 오래 본 사람도 기억하지 못했다. 양진영이 싱긋 웃었다.

"웬 마스크야?"

김대광이 알 듯 모를 듯한 얼굴의 양진영에게 다시 물었다.

"메르스^2 때문에요."

양진영이 다시 씩 웃고는 계단을 내려갔다.

메르스 예방 차원이라지만 그가 쓴 마스크는 너무 여러 번 빨아 헐렁하게 늘어나 있었다. 김대광의 말이 양진영(➡ 386쪽)을 따라 계단을 내려갔다.

"조류인플루엔자 돌았을 때 내가 공기 살포식 정화기 특허를 냈어. 스물네 시간 돌아가는 기계야. 선풍기 앞에 에어클린 살포기를 달면 공기가 깨끗해져. 메르스 예방에도 직방이란 말이야. 이거 도대체 아는 거야 모르는 거야?"

며칠 전이었다.

"빨리 받아."

9-2× 앞에 엉덩이를 깔고 앉아 있던 김대광이 호통을 쳤다. 지나가던 동네 사람이 고개를 꾸벅이며 인사했을 때 김대광이 지갑에서 1만 원을 꺼내 내밀었다. 주민이 손을 저으며 받지 않으려 하자 김대광의 목소리가 커졌다.

"절을 받았으면 절값을 줘야 하는 거야. 받아."

김대광은 옆에 있던 한 여성에게도 캔커피를 주며 물었다.

"누구슈?"

건물주 아내였다.

"괜찮다"며 거절하는 그에게 김대광은 "처음 만나 반갑다"며 계속 커피를 권했다. 못 이긴 건물주 아내가 어색한 얼굴로 커피를 받았다. 김대광은 상대가 자신을 내보내려는 사람이란 사실을 잊고 있었다.

김대광의 방에 쌓인 짐들이 3층 통로로 조금씩 내려오고 있었다.

물건들이 일부 빠지면서 그의 방에 솟은 '언덕'도 그만큼 낮아져 있었다. 건물주 남편이 이사를 도와주겠다며 짐을 들어낸 탓이었다. 그때 김대광은 짐을 빼고 있는 사람이 누구인지, 어떤 상황이 벌어지고 있는 것인지, 제대로 판단하지 못하는 상태가 돼 있었다.

"이거 받아."

김대광이 짐을 꺼내는 건물주 남편에게 5달러짜리 지폐를 건넸다. 건물주 남편이 놀라 물었다.

"왜 이러세요?"

"내가 해야 될 일을 대신 해주니까 고마워서 그러지."

김대광이 안 받겠다는 사람을 야단치며 끝내 5달러를 쥐어줬다.

"이 새끼들이 무슨 짓을 한 거야?"

그날 저녁 정신이 맑아진 김대광은 "집주인이 강제로 짐을 들어냈다"며 경찰에 신고했다.

건물주가 김대광의 큰아들 전화번호를 입수해 연락한 적이 있었다. 미국에 산다던 아들은 한국에 있었다. 건물주는 "아버지를 설득해 이사시키든지 직접 데리고 가든지 하라"고 요구했다. "방법을 찾아보겠다"던 아들은 이후 전화를 받지 않았다.

김대광이 신발을 벗고 깜깜한 방 안으로 들어갔다.

언덕 꼭대기까지 올라가 반쯤 앉고 반쯤 누웠다. 그의 몸무게에 언덕 가운데가 움푹 눌렸다. 잡동사니 언덕이 분화구처럼 가라앉아 그의 양옆을 감쌌다. 김대광이 비밀 이야기하듯 속삭였다.

"미국 정부가 오래전부터 침몰하지 않는 배를 만들려고

시도하고 있어. 수많은 과학자와 교수들이 달라붙었는데 안 되는 거야. 내가 거북선을 보고 2년을 연구한 끝에 침몰을 모르는 배를 개발했단 말이야. 아들한테 특허 출원하라고 했더니 아들이 잘못하면 큰일 난대. 미국이 사활을 건 프로젝트인데 내가 먼저 특허 냈다가 무슨 해코지 당할지 모른다는 거야. 이런 이야기 아무한테나 하는 거 아니야. 알아 몰라?"

김대광의 언성이 높아졌다.

"천장을 보면서 구상을 해야 되는데 불이 안 들어오니까 천장이 안 보여. 도면이 안 보이니까 아무것도 안 보여."

언덕 위에서 뱉어낸 그(→434쪽)의 목소리가 불빛 없는 3층 복도로 메아리처럼 울려 퍼졌다.

"무서워. 깜깜해. 무서워."

1 2015년 6월 23일.
2 당시 메르스(중동호흡기증후군) 피해자가 잇달아 발생하고 있었다.

311호 김윤창

1959년 서울 출생

4개월 거주

승천은 고사하고 군홧발에 자근자근 밟혔다.

용 때문이었다.

팔뚝에 흑룡 한 마리가 달라붙어 있었다.

한자로 새기다 만 용(龍)이었다. 팔에 용 한 마리 키워 없는 위엄을 갖고 싶었다. 쓸 줄도 모르는 한자를 바늘로 따라 그린 뒤 먹물을 뿌렸다. 용을 얻으려 했으나 이무기인지, 뱀인지, 지렁이인지 모를 애매한 생물이 팔뚝에서 시커멓게 말라 비틀어졌다. 용의 힘을 빌려 나를 깔보는 놈들에게 위압감을 주려 했지만 용 같지도 않은 용 문신이 선량한 시민들에게 위압감을 준다며 군인들이 팔을 꺾었다.

전두환이 계엄령을 때리고 광주를 총칼로 짓이긴 직후
였다. 청계천8가 포장마차에서 술을 마시다 군인들에게
끌려갔다. 모가지를 비틀린 용이 용을 쓰며 빠져나오려 했
지만 소용없었다. 군인들이 꺾인 팔을 붙들고 용용 죽겠지
놀리는 듯했다. 용 꼬라지가 용다웠다면 치욕만큼은 덜했
을지 모르겠다. 용이 됐다면 하늘로 올라가 도도하게 땅을
비웃었겠지만 용이 되지 못한 나는 진창에 처박혀 땅을 저
주했다.

용상(龍床)에 앉으려던 군인 새끼 때문이었다.

삼청교육대는 전두환이 만든 짐승 우리였다. 사람 같지
않은 사람을 사람들로부터 분리시키겠다며 가두고, 때리
고, 짓밟고, 구경했다. 그 안에서 나는 한 마리 짐승이었다.
용 거시기뿐 아니라 호랑이, 표범, 여우, 너구리, 오소리가
한 우리에 갇혔다. 전국에서 끌려온 각종 문신들이 각종
짐승들을 대표해 사냥되고 포획됐다.

땡볕에 빡빡 굴리면서도 물을 주지 않아 목마른 짐승들
이 개골창에 머리를 묻고 흙탕물을 핥았다. 소총 개머리판
으로 개처럼 두들겨 맞고 여럿이 죽었다. 한 구역을 주름
잡진 못해도 주름처럼 접혀버리진 않으려고 용이 되고 호
랑이가 되고 표범이 되고 여우와 너구리와 오소리가 됐던

인간들이 개죽음을 당했다. 거리의 쓰레기를 뒤지며 살아남은 들개들만 동족의 죽음 앞에서 달을 쳐다보고 우우우 우우 울었다.

제발 죽이지만 말라고 무릎 꿇고 빌었으나 무릎 꿇고 빌게 만든 놈들을 향한 분노가 내 안에서 펄펄 끓었다. 부러지고 깨져 몸이 아팠지만 몸의 통증보다 마음의 울분이 컸다. 출소 뒤에도 텔레비전에서 전두환만 나오면 죽이고 싶은 생각에 몸이 저렸다. 개골창에 머리를 처박고 흙탕물을 핥았던 그때처럼 온몸이 갈증으로 활활 타오를 때마다 술잔에 입을 밀어넣고 소주를 핥았다.

용을 동경했던 내 이야기는 창신동(서울시 종로구)에서 시작해야 옳다.

창신동 달동네는 승천을 꿈꾸는 거시기가 가장 높이 올라갈 수 있는 고도였다. 국민학교만 마친 나는 봉제일을 배워 창신동에서 미싱을 돌렸다. 공장에서 먹고 자며 옷을 만들고 이불을 만들고 가방도 만들었다. 내 손끝에서 재단되고 기워지며 홈패션이 탄생했다.

홈.

포근한 단어였다. 재수 없이 4남 1녀의 장남이었다. 동생들 학비라도 대려고 실과 바늘을 잡았다. 꿰매면 뜯어지고 꿰매면 뜯어지더니 포근해야 할 홈으로 찬바람이 쏟아져

들어왔다.

홈.

차가운 단어였다. 부모는 돌아가셨고, 남동생 하나는 술로 죽었고, 나머지 동생들과는 연락을 끊었다. 서로가 서로에게 짐이었으니 홈은 무슨 홈. 그저 개뿔이었다.

호옴.

내게 주어지지도 않았지만 내가 발음하지도 못할 단어였다. 아내와도 이혼했다. 용을 빙자했다는 이유로 끌려가 납작 짓밟혀 나온 뒤 심해진 나의 알코올 중독 탓이었다. 작은아이는 아내가 데려갔고 내가 맡은 큰아이는 보육원으로 보냈다.

창신동이 나의 움푹한 홈이었다.

그 땅이 내가 깃들 수 있는 유일한 공간이었다. 굴러떨어진 용이 오목하고 길게 팬 홈 안으로 기어들어가 미싱 페달을 밟았다. 드르륵드르륵. 골목 깊숙한 곳마다 미싱 돌아가는 소리가 도시의 낮은 숨결이 되어 떠다녔다. 나의 가난을 창신동의 밤낮에 기워 붙이며 홈 없는 내가 누군가의 홈을 꾸밀 홈패션을 지었다.

용이 못 된 인생이라고 욕된 인생이어야 할 이유는 없었다.

"네까짓 게. 크크큭."

내 팔뚝을 보고 술 취한 그가 웃었다.

그래, 너까지.

IMF 사태로 일을 잃었다. 동대문 평화시장에서 하청주던 업체가 부도를 내면서 내가 일하던 곳도 문을 닫았다.

"뭐냐, 주제에 용은."

내 팔뚝을 보고 코웃음 치던 군인들이 떠올랐다.

그래, 너까지.

망한 회사에서 같이 일하던 선배였다. 생계가 막막해진 사람끼리 마주 앉은 술자리에서 비웃음이 안주거리가 될 순 없었다.

자라지 못한 내 용한테 개구리 한 마리라도 잡아줬나. 싱겁다며 퉤퉤 뱉어지긴 마찬가지 신세면서 네가 뭔데 나를 간보나. 뭔데 너까지 나를 멸시하나.

축 늘어져 있던 용이 벌떡 일어났다.

팔에 힘이 들어가자 여의주는커녕 구슬도 물지 못하던 용이 화염을 뿜으며 술상 너머로 달려들었다. 주먹과 발로 옆구리를 몇 번 쳤는데 선배가 엎어져 몸을 말았다. '나 죽는다'며 소리 지르길래 '엄살 부리지 말라'며 나도 소리 질렀다.

시팔, 사람이 그렇게 쉽게 죽는 줄 알았나.

군인, 그 깡패보다 깡패 같은 새끼들이 곤봉으로 머리를 까고, 군홧발로 허리를 돌려 차고, 소총으로 뒤통수를 후려 찍어도 나는 죽지 않고 살아남았다. 산다는 게 뭔지 아

나. 죽지 않으면 사는 것이다. 군인이 '인간쓰레기'라고 패고, 세상이 '쓸모없는 인간'이라며 패도, 죽지 않고 살아남으면 용한 것이다. 그게 용이다. 시팔, 내가 용이다.

사람이 그렇게 쉽게 죽는 줄 몰랐다.

장파열이라고 했다. 구속돼 수감됐다. 살인자가 돼보니 죽고 사는 문제가 한끝 차이인 줄 알게 됐다.

징역 4년을 살고 모범수로 가석방돼 창신동으로 돌아갔다. 매일 미싱을 돌렸고, 매일 술을 마셨고, 자주 싸움이 붙었고, 다시 교도소에 갇혔다. 어렸을 때 소년원 생활부터 내 전과가 20범은 된다고 경찰이 말했다. 조또. 술에 찌든 용이 비늘 홀라당 벗겨진 알몸으로 동자동에 떨어졌다.

한 칸 감옥에서 나온 용이 한 칸 방에서 살았다.

"오빠, 콩나물국이라도 끓여먹어. 잘 잡숴야 해."

애자 누나가 콩나물 1000원어치를 사들고 방으로 찾아왔다. 둘이 앉으니 빈자리가 없었다. 나보다 네 살 많은 누나는 나를 볼 때마다 오빠라고 불렀다. 고시원을 떠돌던 내가 동자동에 온 것은 애자 누나의 남편 덕이었다. 승구 형님이 싼 방이 있다고 알려줘 311호에 들어왔다.

"아이고, 사는 게 힘들어."

애자 누나가 콩나물 봉지를 방구석에 두며 습관처럼 한탄을 읊었다.

"누나는 신랑 있잖아."

"남편 놈은 초등학교 다니느라 바빠."

애자 누나는 남들이 '남편 잘 있냐'고 물으면 "남자가 한글도 몰라서 초등학교에 넣었다"고 답했다.

승구 형님은 교도소에 있었다. 가게에서 술을 먹다 시비가 붙었는데 영업 방해로 고발됐다. 벌금형을 선고받았으나 벌금 낼 돈이 없어 징역을 택했다. 애자 누나는 승구 형님 면회를 다녀오는 길이면 콩나물을 사서 내 방문을 두드렸다. 당뇨에 췌장염에 우울증 약까지 먹는 내게 누나는 "빈속에 약 먹으면 안 된다"며 콩나물을 사 날랐다.

"황수 오빠는 밥 먹고 왔나 몰라?"

"황수 형님이야 어떻게든 먹고 다니니까."

어떻게든 먹고 다니는 지하4호 황수 형님은 밥때마다 아픈 다리에 몸을 싣고 무료 급식소를 오갔다. 슥, 슥, 슥, 슥, 10센티미터씩 수백 미터를 이동해 밥을 먹고 슥, 슥, 슥, 슥, 10센티미터씩 수백 미터를 걸어 방으로 돌아왔다.

황수 형님은 나의 소개로 9-2×에 왔다.

우리는 십수 년 전 사직공원(서울 종로구 사직동) 뒷산에서 같이 노숙했다. 1년 전 황수 형님이 10센티미터씩 움직여 밥을 먹고 돌아왔을 때 형님 방에서 죽어 있던 '그 인간'도 우리와 어울려 자던 사람이었다.

황수 형님은 자기 이야기를 잘 하지 않았다.

산에서 살 때 그는 구름 사이로 나온 달을 보며 드문드

문 옛일을 말했다. 형님의 아버지가 항구 마을로 나가 생선을 떼어오면 어머니는 생선 담은 광주리를 머리에 이고 팔러 다녔다. 아버지는 교통사고로 돌아가셨고 어머니는 연탄가스를 마시고 입원한 뒤 행방불명됐다. 어릴 때부터 아팠던 황수 형님은 창자가 꼬여 큰 수술을 했다. 친구들이 국민학교 다닐 때 형님은 남의 집에서 날품을 팔았다. 열한 살 때 하루 40원을 받던 형님은 스물여덟에 일당 2500원을 받았다.

"걔는 완전히 갔나 봐? 어디 있대?"

애자 누나가 생각난 듯 정태(42)의 안부를 물었다.

"어디 절이라던가. 나한테 삐져서 나갔는데, 방이 이렇게 박살났으니 돌아올 일도 없지."

잘 곳 없이 떠도는 정태의 꼴이 눈에 밟혀 311호에서 함께 지냈었다.

정태는 한쪽 눈을 다쳐 실명했다. 구순의 늙은 부모와 형 집에 얹혀살다 형수한테 쫓겨났다. 젊은 놈이 일은 안하고 술만 마시니까 참다못한 형수가 내보냈다.

고시원에 살던 내가 췌장염으로 쓰러져 입원했을 때 '나 없는 동안 들어가 자라'며 정태에게 방을 내줬다. 퇴원하자마자 고시원을 정리한 뒤 승구 형님이 권한 9-2×로 정태를 데리고 옮겨왔다.

"얌마, 네가 내 상전이냐."

내가 술을 사오면 정태는 앉아서 처먹기만 했다. '재워주면 심부름이라도 해야 할 것 아니냐'며 한 대 팼더니 말도 없이 사라졌다. 전화를 받은 정태는 예전에 같이 다니던 산속 절에 있다고 했다. 아무리 절 인심이 좋아도 일도 안 하고 꽁으로 알을 먹으려 들면 절에서도 머지않아 쫓겨날 것이었다.

신령님한테도 책임이 있었다.

정태는 굿당 일을 할 때 산에서 만났다.

무당들이 정기 좋은 산을 찾아다니며 굿을 할 때 나는 일을 돕고 밥을 얻어먹었다. 굿을 의뢰받은 무당이 의뢰인을 데리고 산에 올라가면 굿에 쓸 무구(巫具)와 음식을 짊어지고 따라갔다. 무당이 신을 모시기 좋은 장소에 굿당을 차리면 돗자리를 펴고 음식을 깔았다. 무당이 한바탕 굿을 뛰고 내려가면 나는 굿당 주변에 텐트를 쳤다. 굿에 쓰고 남은 음식을 씹으며 굿당을 지켰다. '굿 성수기' 동안 산속에서 먹고 자며 굿당을 관리하는 것으로 신의 신세를 졌다.

많은 밤을 인왕산에서 보냈다.

무당들은 인왕산을 제일로 쳤다. 신을 부르는 중앙지가 인왕산이라고 했다. 무당들을 따라 지리산과 계룡산 등 전국의 산들을 오르내렸다. 한겨울에도 침낭에 몸을 넣고 산에서 굿당을 돌봤다. 아들딸 대학 합격하게 해달라고 비는 부모들부터, 병든 몸이 낫길 원하는 환자들과, 울며 신내림을 받는 어린 여자들까지, 온갖 사연의 사람들이 산에서 두 손 모아 빌었다. 무당들의 짐을 들고 올라간 어느 산속에서 정태와 알게 됐다. 그 산에서 나와 정태는 신에게 밥을 구하는 배고픈 자들일 뿐이었다.

애자 누나와 승구 형님도 산에서 만났다.

남자들이 무거운 짐을 나를 때 애자 누나는 상에 올릴 나물을 무쳤다.

황수 형님도 내가 굿당 일로 이끌었다.

형님 다리가 괜찮던 시절이었다. "귀신이 먹고 남겨서 그런가 맛을 모르겠다"면서도 황수 형님은 굿 음식을 남기지 않고 입에 쓸어넣었다. 나와 정태, 애자 누나와 승구 형님, 황수 형님은 그렇게 신령님이 맺어준 인연이었다. 신령님이 나 몰라라 해선 안 될 사람들이었다.

그 신성한 인연이 9-2×로 옮겨왔는데 신령님도 퇴거와 철거는 막지 못했다.

정태는 다시 산으로 올라갔고, 황수(➡504쪽) 형님은 직선거리 60미터 떨어진 방으로 이사했다. 승구 형님은 초등학교에서 되지도 않을 한글 공부 중이었고, 애자 누나는 나이 어린 나를 오빠라 부르며 콩나물을 챙겼다.

나는 물과 전기가 끊긴 건물에서 넘어져 피를 봤다. 이게 다 용 같지도 않은 거시기가 거머리처럼 내 인생에 들러붙어서 나를 빨아먹었기 때문이었다.

　고작 그렇게 생각할 뿐이었다.

　비나이다. 비나이다.

　무책임한 신령님께 비나이다.

　제 팔뚝에서 좆같은 용 거시기 좀 떼어가시길 간절히 비
나이다.

39

매물

"독립된 인격체를……"

공동화장실 문이 뜯겨나간 뒤 9-2× 출입구 앞에 종이 한 장이 나붙었다. 검은 매직으로 쓴 글자들이 서로 어깨를 걸고 시위했다.

"똥통에 구더기 취급! 웬일?"

연좌한 문장들이 소리 없는 팔뚝질을 하며 외쳤다.

"건물주가 사용해보아라!"

여름이 깊어지면서 물이 끊긴 공동화장실은 똥 무더기와, 똥에서 살아가는 구더기와, 똥 냄새를 맡고 달려든 파리떼로 들끓었다. 똥통이 돼버린 건물에서 퇴거에 불응한 사람들이 구더기와 똥파리의 주거 환경에서 살았다.

법원에서 공사 중지 가처분 심리가 진행되고 있었다. 가처분을 신청하며 주민들은 썼다.

"거주민들 중 30여 명이 정상적인 경제활동을 할 수 없는 기초생활 수급자로서 거동마저 불가능할 정도의 중노인들이고 작게는 1~2년에서 많게는 10년 이상을 거주하는 상태에 있고 그 외의 거주민들도 일용직 아르바이트로 생활을 영위하고 있는 극빈한 최저 생활자입니다. 건물의 구조상 이웃이 아니라 거동이 불편한 분들의 최소한의 활동을 도와야 하는 가족 아닌 가족으로서의 삶이 영위되고 있는 곳입니다. 거주민들의 생활 불가능 상태를 조성하는 건물주의 행위는 극단적인 상황, 즉 생명을 위협하는 살생으로 이어지는 간접 살인행위입니다."

심리 결론이 날 때까지 판사가 공사 진행을 멈췄다.

떨어져나간 화장실 문짝이 다시 설치됐고 끊겼던 전기와 물도 돌아왔다.

첫 심리에 건물주 부부가 출석했다.

주민들을 돕는 공익 변호사가 법정에서 건물주와 법을 다퉜다. 건물주는 주민들이 월세도 내지 않고 무단 거주하고 있다고 주장했다. 주민들은 월세를 내고 계속 살고 싶었으나 건물주가 퇴거를 강요했다고 반박했다. 월세 미납이 강제철거의 이유가 될 수 없다는 정황도 제시됐다. 203호 박수광(➡441쪽)은 퇴거 요구를 받자마자 7월치 방세까지 미리 내뒀으나 건물주는 6월에 단전·단수를 강행했다.

"민씨 오랜만이네."

211호 김석필이 105호 민태진의 어깨를 툭 쳤다.

민태진의 눈꺼풀이 스르륵 올라갔다 스르륵 내려갔다. 김석필을 봤는지 못 봤는지 입가에 옅은 미소를 띠더니 대꾸 없이 눈을 감았다. 그는 새꿈어린이공원 앞에 앉아 졸고 있었다.

꽃가루 날리던 날 공원 앞에서 봄볕을 쬐던 민태진은 한동안 동네에서 모습을 찾을 수 없었다. 늦봄부터 보이지 않던 그가 뜨거운 한여름 공원 앞 나무 그늘에서 더위를 피하고 있었다. 민태진(➡381쪽)은 정신질환이 심해져 몇 달간 병원에 입원했다 나왔다. 입원 전 그랬던 것처럼 그의 얼굴은 여전히 나른했다.

반응 없는 민태진을 지나친 김석필이 9-2× 앞에서 마로의 머리를 쓰다듬었다.

강아지 마로가 9-2×를 올려다보며 왕왕 짖었다. 2층 계단에서 우당탕 소리가 나고 있었다. 마로 아빠 천종식이 계단 아래로 뭔가를 굴리고 있었다.

"너네 아빠 잽싸다, 잽싸. 저걸 챙기네."

김석필이 마로에게 장난을 걸며 말했다. 이리저리 달아나는 김석필의 손을 핥으려 마로가 촐랑촐랑 뛰어다녔다.

김석필도 한 달 보름쯤 동네에서 사라졌다 돌아왔다.

병원에서 퇴원한 지 며칠 되지 않았다. 벽돌로 1층 교회 문을 깼을 때 다리에 날아와 박힌 유리 조각이 결국 탈을 냈다. 대충 혼자 소독하고 붕대를 감았더니 파상풍으로 번졌다. 9-2×에서 40미터 떨어진 방으로 이사한 김석필은 입원 전에 비해 살이 많이 빠져 있었다.

동자동 주민들은 누가 알려주지 않아도 본능적으로 직감하는 일이 있었다.

가난과 질병을 안고 사는 그들은 오랫동안 보이지 않으

면 입원했거나 입관됐거나 둘 중 하나였다. 그들은 그렇게 서로의 안부를 감각하고 확인했다.

결국 돌아왔군.

101호 고정국이 돌아왔다는 소문이 동네에 퍼졌다.

그를 동자동에서 봤다는 이야기가 이 사람 입에서 저 사람 입으로 건너갔다. 누군가는 '좋은 집으로 이사 갔으면 잘살 것이지' 하며 혀를 찼고, 누군가는 '어딜 간들 마음 편히 살 수 있었겠냐'며 결국 이럴 줄 알았다고 했다. 고정국이 돌아온 이유를 그로부터 직접 설명 듣지 않아도 동네 사람들은 짐작할 수 있었다.

연희동 매입임대주택으로 이사했던 고정국이 두 달이 채 안 돼 동자동으로 귀환했다.

9-2×로부터 80미터 거리의 쪽방 건물 2층에 방을 얻었다. 그가 연희동 동료에게도 알리지 않고 몰래 떠나버리자 연희동에 남은 단짝 조만수(➡379쪽)는 우울증으로 병원 치료를 받았다.

고정국을 따라 연희동으로 이사 간 이야기들이 그를 따라 동자동으로 돌아왔고, 고정국(➡379쪽)이 연희동에 남겨둔 이야기들이 그가 떠난 뒤에도 연희동 동료들 사이에 머물렀다.

왕왕왕.

마로가 9-2×를 올려다보며 짖었다.

천종식이 2층 계단으로 세탁기를 굴려 떨어뜨렸다. 굳이 힘들게 들고 나를 이유가 없다고 판단한 그가 계단 아래로 세탁기를 밀었다. 2층 공동세면장에 방치돼 있던 세탁기가 온 동네를 우당탕탕 두드리며 1층까지 굴렀다.

201호 박철관이 두고 간 세탁기였다.

9-2×는 공용 세탁기가 따로 제공되지 않았다. 더러운 꼴을 두고 보지 못하는 박철관이 10만 원짜리 중고 세탁기를 사서 '사용료 1만 원'을 낸 사람에게만 빨래할 권리를 허락했다. 공용 세탁기가 있는 건물로 이사하면서 박철관은 가져가봐야 놓을 자리도 없는 낡은 세탁기를 세면장에 두고 갔다.

계단을 치고 박으며 1층에 도착한 세탁기는 몸체 곳곳이 찍히고 떨어져나갔다. 건물 밖으로 세탁기를 빼낸 천종식이 드라이버로 해체했다.

"됐다."

천종식(➡492쪽)이 모터를 분리해 마로 앞에 놓았다.

그의 목표물은 세탁기가 아니라 세탁기 안의 모터였다. 모터에 감긴 구리선을 떼어 팔면 담뱃값 정도는 건질 수 있었다. 마로(➡391쪽)가 팔짝팔짝 뛰며 아빠의 '성공'을 축하했다. 천종식이 흐르는 땀을 닦으며 만족한 웃음을 터뜨렸다.

지하7호 유경식이 천종식과 마로 옆에서 그들의 환호를 지켜봤다. 세탁기를 먼저 챙기지 못한 탓에 유경식은 입맛이 썼다. 주인 없는 것이 고물이었지만 9-2×에서 고물은 유경식의 '영역'이었다.

건물이 철거되면서 박철관(➡439쪽)의 세탁기처럼 이삿짐에 끼지 못한 살림살이들이 고물로 수집됐다. 유경식이 버려진 고물들 중 되살릴 만한 것들을 쓸어 모았다. 헐거워진 나사를 조이고, 깨진 부분은 강력접착제로 붙이고, 찌든 먼지는 걸레로 깨끗이 닦았다.

유경식은 시간이 날 때마다 황학동 벼룩시장[1]에 가서 기능이 살아 있는 고물들을 헐값에 사왔다. 그가 어루만진 고물들이 중고 가전제품이 돼 다시 '매물'로 나왔다. 상품이 갖춰졌을 때 유경식은 9-2× 맞은편 전봇대에 종이 한 장을 붙였다.

매물

2인용 전기장판 2만 원

1인용 전기장판 2만 원

소형 전기난로 2만 원

중형 흰색 전기 압력밥솥 2만 원

소형 흰색 전기 압력밥솥, 소형 빨간색 전기 압력밥솥 각

1만 원

가겟집 210호로 문의.

매물의 짜임새는 여느 때와 다르지 않았지만 판매자의 거처는 더 이상 9-2× 지하7호가 아니었다.

유경식은 9-2×에서 10미터 떨어진 건물 2층에 방 하나를 봐뒀다. 9-2×에서 대가 없이 알아서 수도를 고치고 건물 수리도 했던 그에게 건물 주인은 '여기서도 이것저것 돌봐주면 월세를 1~2만 원 깎아주겠다'고 제안했다.

"나 이거 하나 사네."

김석필(➡504쪽)이 '상품' 하나를 만지작거리며 유경식에게 말했다.

시디플레이어 달린 라디오를 손에 들고 이리저리 살펴보던 그가 유경식에게 2만 원을 건넸다. 유경식(➡345쪽)이 황학동에서 1만 5000원에 사온 물건이었다. 그의 노동으로 율곡 이이 선생 한 장이 그의 손에 오셨다.

가난한 누군가가 버린 가난한 물건들이 누군가의 가난한 삶을 지탱하고 있었다.

---

1 서울시 동대문구 황학동 서울풍물시장.

지하7호 유경식

1952년 강원 양구 출생

9년 거주

"바른 자세로 읽고 쓰기."

그나마 활짝 피었으면 좋았을 것을.

죽은 자의 방에서 꺾어온 카네이션 조화(造花)가 낡은 텔레비전 옆에서 봉오리를 다물었다.

어차피 공장 기계가 찍어낸 꽃이라면 만개한 모습이라야 보기라도 좋았을 텐데. 어쩌다 꽃잎을 반밖에 열지 못하고 저리 안쓰러운 봉오리로 태어났을까. 왜 영영 피지 못할 저따위 봉오리가 되어 하필 평생 한 번도 피지 못한 채 죽어버린 자의 방에 꽂혔을까.

꽃봉오리를 볼 때마다 나는 생각했다.

누구한테 받은 헝겊 꽃다발이기에 그는 죽을 때까지 방에 뒀을까. 왜 나는 죽음이 만발한 그 방에서 저 꽃들을 뽑아 내 방으로 옮겨 심었을까.

꽃을 방에 들인 자가 시신이 돼 들려나가자 조화는 조화(弔花)가 됐다. 내 방으로 이사 온 뒤에도 그 꽃은 활짝 피지도 시들지도 못한 어정쩡한 자세로 그의 죽음을 애도했다.

죽음을 닦아낸 뒤 데려온 꽃다발이었다.

106호 남자가 혼자 죽어가며 토한 피를 닦아내고, 움직이지 않는 몸이 흘린 똥오줌을 닦아내고, 주검을 파먹으며 살이 오른 구더기를 닦아내고, 각혈과 대소변과 구더기가 만든 죽음의 냄새를 걸레질하며, 나는 방구석에서 풀이 죽어 창백한 꽃을 쳐다봤다.

뿌연 먼지가 덮어버린 붉은 꽃잎은 잘 먹지 못해 하얀 버짐이 핀 내 어릴 적 얼굴 같았다. 남자의 죽음을 닦은 걸레로 꽃을 세수시켜 내 방 텔레비전 옆에 뒀다. 죽음을 묻혀온 꽃이 살아 있는 나의 방을 칙칙하게 장식했다.

"재미있게 ㄱㄴㄷ."

나는 죽음을 먹고 살았다.

누군가의 죽음을 치우고 그들의 죽음이 남긴 것들을 거두며 내 삶을 지탱했다. 죽은 자가 방에 흘린 죽음을 걸레질하는 일은 죽은 자가 방에 남긴 유품을 갖기 위해 치르는 나의 노동이었다.

겨울에서 봄으로 넘어가는 계절은 죽음이 넘치는 건물에서 죽음을 수확하는 시기였다. 그 짧은 철에 두세 사람이 주검이 될 때도 있었다.

9-2×에서 나는 모든 층에서 죽음의 자리를 거뒀다. 지하에서는 내 건넛방의 죽음(105호)을 치웠다. 1층에선 지금은 비대위원장이 살고 있는 맨 끝방(106호)을 닦았다. 2층 방하나와 3층 방 두 개도 정리했다. 모두 혼자 맞은 죽음이었고, 모두 며칠을 혼자 견딘 죽음이었다. 부패한 주검들 아래로 방마다 시즙이 고였다.

건물주는 관리인을 두고 9-2×를 관리했다.

관리인을 통해 와보지 않고도 건물을 관리할 수 있었다. 관리인은 건물 안에서 사망자가 나오면 나를 시켜 죽음을 치웠다. 나를 통해 시신이 실려나간 어둡고 무섭고 끈적한 방을 청소할 수 있었다. 내가 죽음을 닦아내면 죽은 자와 다를 것 없는 사연을 가진 사람들이 아무 일 없었다는 듯 들어와 짐을 풀었다.

"다 함께 아야어여."

죽은 자들의 유품은 죽음을 정리하는 대가로 관리인이 내게 허락한 소득이었다.

유품이라고 해봐야 고물이었다. 고물은 먼저 갖는 자가

주인이었다. 나는 관리인이 나를 잘 봐서 죽음을 치울 기회를 준다고 생각했다. 죽음을 쓸고 닦은 뒤 빈방에 남은 물건들 중 쓸 만한 것들을 골라 가졌다. 죽은 자가 저승에 가져가지 못한 고물들을 수거해 얼룩을 씻고 나사를 조이고 흠을 땜질한 뒤 동네 사람들에게 팔았다.

9-2× 주민들의 세간은 모두 그렇게 이 방에서 저 방으로 오고 간 고물이었다. 누군가의 방에서 나온 살림이 누군가의 손에 들어가 고물로 팔렸고, 누군가 버린 고물이 다른 누군가의 방으로 들어가 살림이 됐다.

내가 치운 누군가의 죽음으로 누군가의 살림이 채워졌으니 이 건물의 죽음과 살림엔 구분이 없었다. 이 건물에서 산다는 것과 죽는다는 것의 차이는 내가 거둔 유품과 내가 파는 고물의 차이만큼이나 가까웠다.

내 살림살이도 죽은 자들의 유품들로 구성됐다.

헝겊꽃이 놓인 플라스틱 수납장은 106호의 죽음을 치우고 가져왔다.

꽃다발 앞의 전화기는 304호 시신의 흔적을 지운 뒤 데려왔다. 일흔 살쯤 돼 보였던 그 방 남자는 겨울 내내 방에 처박혀 술을 마시다 봄을 보지 못하고 죽었다. 울릴 일 없는 전화기가 가끔 울리면 그가 이승에 뱉어놓고 간 기침 소리를 들은 것처럼 깜짝깜짝 놀랐다.

수납장 옆의 오디오와 방바닥의 밥통도 내가 주워 팔고 남은 고물들 중 하나였다. 그 물건들만으로도 작고 좁은 내 방은 흘러넘쳤다.

"글자를 만들어요."

남들이 버린 물건들을 줍다 보면 버려지는 것들과 줍는 사람의 처지가 뭐가 다를까 싶을 때가 있었다.

돈 많은 사람들의 동네에 가면 멀쩡한 드럼세탁기와 오디오가 길에 나와 있었다. 쓰다 싫증나면 그들은 그냥 버렸다. 나는 평생 가져본 적 없는 것들이 버려졌고, 나는 중고로라도 살 수 없는 물건들이 고물이라고 불렸다.

대학교가 있는 동네에 가면 방세를 못 내 사라진 학생들의 물건을 얻을 수 있었다. 원룸이나 고시원, 하숙집 주인들이 목청 높여 욕을 하며 "싹 가져가라"고 했다.

고물은 쓸모없어서 고물이 아니라 버려져서 고물이었다. 쓸 만한 것들이 버려졌다는 이유로 고물의 이름을 얻으면 버린 것들을 주워 살아가는 사람들은 고물보다 못한 인생인가.

"주의 은혜로 종의 집이 영원히 복을 받게 하옵소서. 사무엘하 7장 29절."

성경 구절이 새겨진 나무판도 길거리에서 주워 내 방 벽에 걸었다.

종의 집에서 쫓겨난 신의 말씀을 내 방에 들이면서도 나는 영원한 복 따위는 구하지 않았다. 어린 내가 집에서 버려진 건 복을 구하지 않아서가 아니었다.

의사였던 아버지는 어머니가 돌아가신 뒤 몰래 마약성
주사를 맞았다. 그 사실이 드러나 의사 면허를 박탈당했
다. 병원 간호사였던 새어머니는 나를 춘천의 한 보육원으
로 보냈다. 그 뒤로 가족의 소식을 듣지 못했다.

"다정하게 인사해요."

보육원에서 나온 십대 후반부터 중국집에서 먹고 자며
짜장면을 배달했다. 과일 배달, 얼음 배달, 밀가루 배달, 연
탄 배달도 했다. 안 해본 배달이 없었지만 내가 가져본 적
없는 다정만큼은 배달할 수 없었다.

마흔 넘은 뒤엔 리어카를 끌며 고물을 주웠다.

고물을 찾아다니다 폐렴으로 쓰러져 병원에 실려갔다.
퇴원하고 갈 곳이 없어 서울역 지하도에서 노숙했다. 3년
간 거리잠을 잔 뒤 한 교회의 도움을 받아 9-2×에 방을 얻
었다. 고물 일을 하며 방값을 대다 뇌졸중으로 쓰러졌다.
고물도 더는 주을 수 없어 수급자가 됐다.

풍이 오고 나서부턴 혀가 굳어 말이 나오지 않았다. 주
워온 초등학교 국어교과서를 읽으며 혀를 풀었다.

"선생님을 따라 읽어봅시다."

느리지만 몸을 움직일 수 있게 되면서 시신 들려나간 방을 치워 고물을 얻었다.

나는 9-2×의 수리공이었다.

죽은 자들에 의지해 살았던 나는 망가진 곳을 발견할 때마다 고치고 땜질하는 것으로 그들에게 진 빚을 갚았다. 건물주가 떼어낸 공동화장실 문도 내가 다시 달았다. 나는 9-2×를 떠났지만 여전히 자신의 방을 떠나지 못하고 있을 망자들을 생각해 망치질을 했다.

그들과 나의 가난은 아무리 망치질을 해도 수리되지 않았다.

"어머니, 아버지, 아기, 나, 우리 가족."[1]

내(➡464쪽)게 없는 것들을 읽을 땐 발음이 더 꼬였다.

---

1 2015년 초등학교 1~2학년군 국어교과서(1-1 가)에 수록된 문장들.

41

그
놈

"최용구씨."

남자들이 초인종을 누르며 그의 이름을 불렀다.

"최용구씨 안에 계세요?"

연희동으로 이사 온 뒤 처음 울린 초인종이었다.

"계시면 문 여세요."

그의 인생에서 초인종 달린 문을 가진 것도 연희동 집이
처음이었다.

"최용구씨 문 여셔야 돼요."

유리 구멍으로 내다본 현관 앞에 경찰 두 명이 서 있었
다.

"예? 예……"

최용구의 심장이 뛰었다.

누군가 그의 이름을 다그칠 때마다 최용구의 심장은 자
신의 이름에게 쫓기느라 헐떡였다. 현관문을 연 최용구에
게 "없는 척 해봐야 좋을 것 없다"며 경찰들이 물었다.

"자동차는 왜 버렸어요?"

"예……, 예?"

"경기도 구리시에 자동차 버렸잖아요?"

경기오십다어쩌구저쩌구.

그 번호판을 단 자동차 이야기일 수도 있겠다고 최용구는 생각했다. 그 차의 자동차세 체납 통지서와 교통법규 위반 과태료 고지서가 동자동으로 셀 수 없이 날아왔었다.

"그런, 적, 차 버린 적, 없는데요."

본래 말을 더듬는 최용구에게 경찰은 경고했다.

"한 달 안에 소명하지 않으면 구속될 수도 있어요."

경찰이 돌아가자 최용구는 방구석에 놓아둔 작은 배낭을 열었다.

거리잠을 잘 때부터 그의 등에 매달려 연희동까지 따라온 배낭이었다. 배낭을 뒤집어 털자 그의 이름을 찾아온 우편물들과 고지서들이 쏟아졌다. 종이 무더기 사이에서 크고 작은 바퀴벌레들이 튀어나와 방 사방으로 흩어졌다.

최용구가 14년 동안 모아온 우편물 더미에서 3년 전 용산구에서 보낸 공문('자동차 방치행위 피의자 출석 요구')을 찾아냈다. 출석 시한은 공문이 발송된 그달 말까지였다. 출석 불응 3년 만에 경찰이 최용구의 현관을 두드렸다.

최용구는 최용구면서 최용구가 아니었다.

최용구는 최용구였지만 경찰이 죄를 물어야 할 최용구는 아니었다. 최용구 앞으로 날아든 우편물들 안엔 수많은 최용구가 있었다. 최용구를 훔친 최용구(들)[1] 때문에 최용구는 최용구란 이름으로부터 도망치며 살아왔다. 다리를 저는 그는 그 이름이 쫓아올 때마다 제대로 뛰지도 못하고 몇 걸음 만에 따라잡혔다.

2011년 4월 자동차 한 대가 수심 얕은 강 옆(경기도 구리시 수택동)에 멈췄다.

차에서 내린 그놈이 강을 바라봤다.

강은 경기도 포천시 수원산 계곡에서 시작됐다. 물이 줄기를 이뤄 남서쪽으로 기어들면서 남양주시와 구리시를 갈랐다. 609년 전 함흥(함경남도)에서 환궁하던 이성계가 그 강을 바라보며 8일을 묵었다고 했다. 아들 방원이 보낸 차사[2]를 목 베며 귀경을 거부했던 그가 한양을 지척에 두고 다시 주저했다.

그놈이 차에 등을 기대며 담뱃불을 붙였다(을지도 몰랐)다.

맑고 고요히 흐르며 왕의 회한을 달랜 강은 왕숙천(王宿川)이란 이름을 얻었다. 강의 이름이 거명될 때마다 지금의 뿌연 강물과는 어울리지 않는다고 강 주변에 사는 주민들은 생각했다. 주저 없이 차를 버리는 장소로 그놈은 그 강의 갓길을 택했다.

차량 번호 경기50다4078.

그놈이 최용구에게 법적 책임을 돌리며 써먹을 만큼 써먹은 차였다. 그놈은 차의 다섯 번째 운전자였다. 그놈에 앞서 다른 네 명의 그놈(들)이 같은 차를 몰았다. 다섯 명[3] 모두 최용구 앞으로 등록된 차를 최용구로 행세하며 사용했다.

차는 2001년 8월 생산됐다.

매그너스2.0 DOHC 로열 흰색 승용차였다. 10년 전 '최초의 그놈'은 자동차할부금융을 이용해 차를 뽑았다. 채무자는 최용구였다. 생산 나흘 뒤 ㄷ캐피탈(대전시 대덕구 소재)에 저당권(채권가액 1804만 원)을 설정하고 차를 인수했다. 그 차가 10년 뒤 '왕숙천 그놈'의 손에 있었다.

대포차는 공식적으로 사고팔 수 없었다.

마음껏 사용할 만큼 사용한 뒤 버렸다. 다섯 번째 그놈은 왕숙천 근처에 주소를 두고 살았다. 흐르는 강물을 바라보던 그놈은 자동차를 세워둔 채 강에서 멀지 않은 집으로 사라졌다. 경기50다4078은 생산 10년 만에 유기됐다.

차는 두 달 이상 방치됐다.

2011년 6월 30일 구리시가 견인했다. 이듬해 3월까지 주인이 나타나지 않자 폐차했다. 한 달 뒤 구리시는 차주인의 주소지가 있는 서울 용산구로 '자동차 방치 범죄 사실'을 이첩했다. 용산구는 '피의자 최용구'에게 출석 요구서를 보냈다.

최용구의 죄는 한두 가지가 아니었다.

최용구 명의의 대포차를 넘겨주고 넘겨받으며 다섯 명의 그놈(들)은 최용구의 이름 위에 빚과 불법을 차곡차곡 올렸다.

최용구가 빌린 것으로 돼 있는 ㄷ캐피탈 채무는 2005년

2998만 6728원으로 불어났다. 그놈은 차를 담보로 ㅎ캐피탈에서도 120만 원을 빌렸다. 2002년 3월 25일 ㅎ캐피탈은 최용구 앞으로 1158만 7945원을 법원에 청구했다. 청구 이튿날 법원은 ㅎ캐피탈의 자동차 가압류를 승인했다.

'왕숙천 그놈'은 차량 방치 7개월 전 구리시에서 주정차 위반 딱지를 끊었다. 2011년 1월 구리시는 과태료 체납으로 차를 압류했다. 과태료 부과와 압류 사실은 최용구 앞으로 통보됐다.

경기50다4078 출고 5개월 뒤부터 압류 기록들이 최용구의 이름 위에 탑처럼 쌓이기 시작했다. 그놈(들)이 돌아가며 사용한 대포차를 전국의 지자체·경찰·법원·기관들은 14년 동안 132차례[4] 압류했다.

그놈(들)이 운전대를 잡은 흰색 매그너스는 무한 질주했다.

거리낌 없이 교통법규를 어겼고 불법을 주저하지 않았다. 자리를 가리지 않고 차를 세운 채 일을 봤고(주정차 위반 56건), 제한 속도를 신경 쓰지 않고 달렸다(44건). 버스전용차로를 자동차전용도로처럼 사용(11건)했고, 통행료를 내지 않고 고속도로 톨게이트를 통과(3건)했다. 책임보험료(6건)와 자동차세(3건) 체납을 반복했고, 자동차 정기 검사 시한도 지키지 않았다(1건).

그놈(들)의 법규 위반은 서울과 수도권 전역에 동선을 찍었다.

2007년 4월 서울 관악우체국 앞을 버스전용차로로 주행했다. 2009년 2월과 4월엔 경기도 수원시 팔달구와 장안구에서 일을 봤다. 그해 10월엔 서울 용산구 이태원의 한 치과 앞에 차를 세웠고, 11월 오후엔 용산구 한강로동 두피관리센터 건물에 나타났다. 2010년 1월 서울 신촌의 한 교회에 주차했다가, 4월엔 신촌 쇼핑센터에 모습을 보였다. 2011년 1월엔 용산구 청파동 공원빌라에서 그의 차가 단속됐다. 무슨 일을 하고 다니는진 알 수 없었으나 그놈(들)은 주로 용산구에서 활동했다. 그놈(들)은 용산구에서 가장 많은 법규를 위반(전체 127건 중 62건·49퍼센트)[5]했다.

　자동차가 폐차될 때까지 그놈(들)은 경찰에 발각되지 않았다.

　그놈(들)의 대포차 사용엔 '기술'이 있었다. 현장에서 신원조회를 받지 않는 주정차와 속도 위반은 수없이 저질렀다. 신원조회 위험이 있는 음주운전이나 접촉 사고, 안전벨트 미착용 등은 한 차례도 단속되지 않았다. 그놈(들)은 자동차등록원부 24장 분량의 법 위반 책임을 모두 최용구에게 떠넘겼다.

　최용구는 핵분열했다.

　최용구의 배낭 안에서 바퀴벌레가 알을 까듯 그놈(들)으로부터 수많은 최용구(들)가 번식했다.

　그놈(들)은 곳곳에 최용구를 흘리고 다녔다.

　최용구의 이름으로 차를 뽑은 그놈과 최용구의 이름으

로 차에 저당권을 설정한 그놈이 같은 그놈인지 알 수 없었다. 최용구의 이름으로 왕숙천 옆에 차를 버린 그놈과 최용구의 이름으로 용산구에서 주정차 딱지를 뗀 그놈이 동일한 그놈인지도 확인되지 않았다.

최용구는 이 세계에 몇 명의 최용구가 존재하는지조차 헤아릴 수 없었고, 그 최용구(들) 중 어떤 최용구가 진짜 자신인지 어느 순간부터 구분하지 못했다.

전국 도처에서 깨어난 최용구(들)가 떼로 바글거리며 최용구에게 달려들었다. 거머리처럼 달라붙어 피를 빠는 최용구(들) 때문에 최용구는 자신의 이름이 무섭고, 징그럽고, 지긋지긋했다.

2001년 "취직시켜주겠다"며 최용구의 명의를 가져간 최초의 그놈들이 있었다.

검은 양복을 입은 남자 두 명이 서울역에서 노숙 중이던 최용구를 식당으로 데려가 소머리국밥을 사줬다. "취직에 필요하다"며 인감증명서와 주민등록등본을 떼게 했다. 소머리국밥 한 그릇에 최용구한테 받아간 개인 정보로 그놈(들)은 최용구가 본 적도 없는 최용구의 자동차를 뽑았다.

자동차를 구입하기 전부터 최용구(들) 명의의 휴대전화들(대포폰)도 수없이 개통했다. 그놈(들)이 사용한 통화요금은 최용구(들) 중 '가장 가난한 최용구'의 통신 채무가 됐다.

2001년 1월 말 그놈 중 한 놈이 쓴 휴대전화 사용료 36만 3000원이 최용구 앞으로 청구됐고, 같은 달 다른 그놈이 체납한 사용료 30만 7000원이 최용구의 채무로 남았다. 그해 8월엔 그놈들 중 하나인지 제3의 그놈인지 알 수 없는 그놈이 최용구의 이름으로 1100만 원을 대출받았다.

최용구의 이름으로 사업을 하는 그놈(들)도 있었다.

최용구는 언젠가부터 한 회사의 대표가 돼 있었다. 2009년 11월 오전 그놈(들)은 서울 송파구 방이동의 대게요리 전문점에 주차했다. 그 식당에서 직선거리 560미터 지점(방이동 160-×)에 그놈(들)의 전자상거래 회사가 있었다. 그놈(들) 중 한 명[6]이 최용구를 대표자 삼아 통신판매업체를 차렸다. 최용구가 소머리국밥을 얻어먹었던 2001년 서울시청에 사업신고를 완료했다. 대표 전화번호는 02-413-××××를 제출했다. 그때부터 송파구청이 발송한 등록면허세 체납세액 고지서가 매달[7] 최용구에게 날아들었다.

그 업체로부터 얼마 떨어져 있지 않은 송파구의 한 도로 옆엔 최용구 명의의 구두 수선 부스가 있었다.

최용구는 지체장애인이었다. 한쪽 다리가 10센티미터 짧아 평생을 절룩이며 살았다. 사출업체에서 일했을 땐 프레스에 눌려 왼쪽 손가락 세 개가 잘려나갔다. 그의 장애인등록증까지 활용해 그놈(들)은 구둣방을 운영했다.

흡혈은 집요했다.

한번 주둥이를 박아넣으면 빨아먹을 수 있을 만큼 빨아먹기 전엔 빼지 않았다.

그놈(들)은 계획적으로 최용구의 명의를 훔친 놈들이기

도 했고, 그놈(들)으로부터 별 생각 없이 명의를 산 놈일 수도 있었다. 빨릴 대로 빨린 최용구의 개인 정보는 그놈(들)에게서 그놈(들)으로 헐값에 매매됐다.

최용구의 정보가 그놈과 그놈을 거쳐 그놈(들)에게 넘겨질 때마다 몇 명인지도 알 수 없는 최용구(들)의 법적 책임이 동자동 9-2×에서 퇴거당한 최용구 한 명에게 집중됐다. 다단계로 번식한 최용구(들)가 최용구에게 몰려와 최용구를 뜯어먹었다.

"채무자의 변제 시효는 민법에 의거해 피상속인의 직계비속 및 직계존속과 배우자, 형제·자매의 순으로 승계되어 사망 후까지도 변제하도록 되어 있습니다."

2012년 2월 추심업체 ㅍ에셋컨설팅이 최용구 앞으로 채무 변제 촉구서를 보냈다.

한번 발생한 최용구의 채무들은 소멸되지 않고 유전처럼 이어졌다. 추심기관끼리 정보를 이양할 때마다 ⑷압류·강제집행 통지서가 최용구의 가방을 비집고 들어왔다.

자기 이름으로 몇 건의 대출이 발생했는지, 자신에게 돈을 받아내려는 추심업체가 몇 곳인지, 상환을 독촉받는 금액이 모두 얼마인지 최용구는 계산하지 못했다. 우편물이 배달될 때마다 상환액은 무럭무럭 자라났다.

"전·월세 보증금, 금융계좌(예금·적금·보험), 급여를 가압류하고 본안 소송·지급 명령을 통해 공소시효를 10년 연장하며 채무가 종결되는 그날까지 법 조치를 진행할 것을 통보합니다."

당신이 죽을 때까지.

당신이 죽어 소멸할 때까지 당신의 채무는 소멸하지 않을 것이란 메시지가 통지서 밖으로 튀어나와 최용구의 눈을 찔렀다.

그놈(들)은 2001년 전후 금융기관과 카드사·사채업체들을 돌며 최용구의 이름으로 돈을 빌렸다.

2003년 6월 27일 1금융권인 ㅎ은행은 최용구의 빚을 부실채권으로 분류해 ㅇ유동화전문유한회사에 매각[8]했다. 보통 수십억~수백억 원대의 채권 덩어리가 총액의 5퍼센트 안팎 금액으로 거래됐다. 채권을 산 업체는 양도받은 채권의 10퍼센트만 회수해도 적지 않은 이익을 남길 수 있었다. '한탕'에 대한 기대를 버리기 힘들수록 채무자를 향한 추심[9] 압박은 거세졌다.

ㅎ은행 채권을 산 ㅇ유동화전문유한회사는 2008년 11월 ㄷ자산관리대부에 최용구의 채권을 재양도했다. ㄷ자산관리대부의 추심기관인 ㅁ신용정보는 2009년 10월 최용구에게 원금과 이자를 합쳐 1251만 64원을 갚으라고 독촉했다. 2010년 2월 ㄷ자산관리대부가 ㄱ자산관리대부로 넘긴 채권은 10개월 뒤 다시 ㅍ에셋컨설팅으로 양도됐다. 2012년 2월 ㅍ에셋컨설팅이 최용구에게 통지한 변제 규모는 2193만 8805원으로 부풀었다. ㅍ에셋컨설팅은 2013년

소멸채권(금융기관과 개인 간 발생한 채권은 5년 뒤 소멸)까지 되살렸다.[10] 법원은 죽었던 채권에 새 생명을 부여했다. "사망 후까지" 받아내겠다며 ㅍ에셋컨설팅은 최용구를 압박했다.

"김정희(가명)의 보증인으로서 그의 채무를 변제할 의무가 있습니다."

최용구는 어떤 여자의 '보증 채무자'까지 돼 있었다.

김정희는 최용구를 보증인으로 내세워 ㅅ저축은행에서 대출했다. 김정희는 최용구가 모르는 여자[11]였다.

2010년 11월 ㅅ저축은행은 김정희에 대한 채권을 ㅎ파트너스대부와 ㅆ자산관리대부에 팔았다. 두 업체는 한 달도 안 돼 ㅋ자산관리대부로 채권을 재양도했다. 2011년 7월 ㅇ파이낸셜대부로 매각된 채권은 2014년 7월께 ㄹ대부로 넘어갔다. 2011년 1월 ㅋ자산관리대부에서 952만 7873원이었던 최용구의 보증 채무는 2015년 1월 ㄹ대부에선 1364만 6792원이 됐다. ㄹ대부의 압류·강제집행 통보 우편물은 최용구가 동자동을 떠날 때까지 9-2×로 꼬박꼬박 배달됐다. '당신이 죽어도 채무는 상속된다'며 도망갈 곳 없는 최용구를 몰아붙였다.

독촉서들을 배낭에 집어넣을 때마다 최용구는 '무자식이어서 다행'이라고 여겼다.

'왕숙천 그놈'이 수십 년 동안 강을 지켜봤다면 '성은을 입은 물'의 운명도 알았을 것이었다.

왕의 숙박으로부터 564년 뒤 원진레이온[12]이 흘려보낸 폐수로 강은 오염됐다. 주변 초등학교 학생들까지 교가를 부를 때마다 가사에 등장하는 왕숙천을 조롱[13]했다. 물은 흔적을 남기지 않고 흘렀지만 물이 지나간 자리엔 공장 폐수가 묻힌 악취가 진동했다.

최용구가 모르는 수많은 최용구(들)가 여전히 최용구의 이름으로 살고 있었다.

그놈(들)이 낳은 최용구(들)는 최용구가 평생 써보지 못한 돈을 쓰고, 최용구가 평생 타보지 못한 차를 타며, 최용구가 평생 가보지 못한 곳을 오갔다.

그놈(들)이 묻힌 불법의 얼룩 때문에 최용구는 국가기관과 금융회사들로부터 20년 가까이 추궁을 받고 있었다.[14] 범죄집단과 포악한 사회가 누가 주범인지 모를 만큼 시스템처럼 얽혀 거리에 부려진 그의 살을 바르고 뼈를 추렸다. 그의 범죄가 아니라고 말해도 달라지는 것은 없었고, 왜 그의 범죄가 아닌지도 최용구는 논리적으로 설명하지 못했다.

"징그러운 새끼들."

압류 통지서에 눌려 있던 바퀴벌레를 보며 최용구가 말했다.

"잡아도 잡아도 늘어나."

그가 통지서 뭉치로 달아나는 바퀴벌레를 내려쳤다.

최용구(➡369쪽).

도대체 몇 명한테 뜯기며 살았는지 모르는 그, 혹은 도대체 몇 명이나 되는지조차 알 수 없는 그놈(들)의 이름 위로 배 터진 바퀴가 짝 달라붙었다.

1 최용구는 명의 도용 피해자였다. 그의 이름을 도용한 '그놈(들)'이 최용구의 이름을 사용해 불법 이익을 취한 뒤 그 책임을 최용구에게 돌렸다. 공공기관·금융기관·대부업체·수사기관에서 날아온 체납 고지서·압류 통지서·출두 요구서들이 그의 앞으로 날아와 쌓였다. 최용구는 14년 동안 배달된 우편물들을 버리지 않고 가방에 보관했다. 그 우편물들을 분석해 '최용구의 이름으로 최용구에게 피해를 가한 자들'의 흔적을 추적했다.

2 함흥차사. 1·2차 왕자의 난으로 왕위에 오른 조선 태종이 아버지의 분노를 풀고자 보낸 사신.

3 최용구 명의의 자동차를 대상으로 서로 다른 이름의 다섯 명이 순차적으로 손해보험에 가입했다.

4 2002년 7건, 2003년 17건, 2004년 32건, 2005년 7건, 2006년 14건, 2007년 13건, 2008년 15건, 2009년 7건, 2010년 11건, 2011년 5건, 2012년 2건, 2013년 1건, 2014년 1건.

5 전체 127건 중 서울 용산구에서 62건, 강남구에서 11건, 중구에서 10건, 서초구에서 9건, 관악구에서 3건, 은평구에서 2건, 서대문구에서 2건, 마포구에서 2건, 중랑구에서 2건, 송파구에서 2건을 위반했다. 경기도에선 오산시에서 11건, 안양시에서 7건, 수원시에서 2건, 시흥시에서 1건, 구리시에서 1건을 어겼다.

6 대게 전문점을 찾은 명의 도용자와 동일인인지는 알 수 없다.

7 체납 고지서는 2001년부터 2015년까지 빠짐없이 최용구에게 발송됐고 2011년부터는 몇 년 단위로 묶여서 한꺼번에 배달됐다.

8 금융기관들은 회계법인에 부실채권 유동화(금융기관이 자금 회수를 위해 보유하고 있는 채권을 제3자에게 매각)를 맡기고 회계법인이 채권의 가격을 정해 공개 입찰한다. 대부업체끼리 사고팔 때는 수의계약도 이뤄

진다.

9 금융기관이나 대부업체가 부실채권을 회수하는 과정에서 추심이 개입한
다. 금융업체별로 추심팀을 둬 채무 이행을 독촉하거나 별도 업체에 추심
업무를 대행시키기도 한다. 추심 업무가 금융기관과 신용정보회사를 거
쳐 아래 단계로 내려갈수록 합법과 불법의 경계를 넘나들게 된다.

10 금융기관과 대부·추심 업체들은 소멸시효가 지난 채권도 잘 폐기하지 않
았다. 소멸채권도 가격 흥정에 쓸모가 있었다. 값어치가 없는 채권까지
보태 덩치를 키우면 채권 뭉치의 거래 가격을 높일 수 있다는 판단이 깔
려 있었다.

11 김정희도 명의 도용 피해자일 가능성이 컸다. 명의 도용자들이 대출을 받
는 과정에서 김정희의 신용이 낮아 대출이 어렵자 당시만 해도 대출금이
적었던 최용구를 보증인으로 끌어들였을 것으로 추정된다.

12 1966년 왕숙천 인근에 설립된 레이온 생산 공장. 다수의 이황화탄소 중독
환자들을 발생시키며 사회적 논란을 일으켰다. '원진레이온 사태'로 한국
직업병 역사의 대표적 기업으로 기록되며 1993년 가동을 중단했다.

13 공장 폐업 뒤 왕숙천 물이 정화되기 전까지 인근 ㅇ초등학교 학생들은 교
가를 부를 때마다 "왕숙천 맑은 물"이란 가사를 "왕숙천 똥물"로 바꿔 불
렀다.

14 2015년 8월 나는 최용구와 함께 명의 도용자들의 정체를 찾아나섰다. 나
이스평가정보(서울시 영등포구)를 방문해 그의 대출 연체 기록부터 확인
했다. 나이스평가정보는 개인의 비금융권 대출 연체 기록을 발생일로부
터 7년 동안 보관했다. 7년이 지나 연체 기록이 해제되면 5년 동안 해제
상태로 기록을 확인할 수 있었다. 최용구는 연체 기록도 해제 기록도 남
아 있지 않았다. 적어도 2003년 전에 이뤄진 대출이란 뜻이었다. 명의 도

용자들이 어떤 업체를 통해 얼마를 대출받았는지 일별할 수 있는 방법은 없었다.

서울 용산구청에선 최용구의 차량 방치행위 처리 경과를 살폈다. 최용구는 구리시 왕숙천 길가에 방치된 차와 자신이 무관하다고 구청에 더듬더듬 설명했다. 구청 담당자는 "사실에 부합하는 진술로 보여 무혐의로 검찰에 지휘 보고를 올리겠다"고 했다.

구제 조처는 기관별 장벽을 넘어서지 못했다. 검찰이 무혐의를 인정해도 차량 방치행위에 한해 적용됐다. 경기50다4078의 소유주가 아님을 검찰이 확증해줘도 최용구가 차주란 사실을 전제로 자치단체가 부과한 132건의 압류는 해제되지 않았다.

송파구엔 최용구의 이름으로 신고(2001년 12월 20일)된 통신판매업체 ㅋ사가 있었다. 송파구는 ㅋ사의 등록면허세 체납액 고지서를 매달 수년치씩 최용구에게 보냈다. 구청에서 ㅋ사의 사업자 신고대장을 확인했다. 기록된 전화번호로 전화를 걸었으나 "없는 번호"란 음성이 돌아왔다. 전자상거래업체로 신고했지만 인터넷 도메인 주소도 기입돼 있지 않았다. 사업자번호엔 999-99-99999라고 적혀 있었다. 행정기관이 임의로 입력한 '가라 번호'였다. 2001년 신고 당시엔 통신판매업 관련 법률이 허술했다. 사업자등록증을 첨부하지 않아도 '30일 이내 보완'을 약속받고 처리해줬다. 약속을 지키지 않은 경우에도 마땅한 처벌 조항이 없어 유야무야 넘어갔다. 잠실세무서는 "ㅋ사는 처음부터 사업자등록을 하지 않았다"고 확인했다.

2015년 ㅋ사는 '청산 종결' 상태였으나 그 회사가 체납한 세금은 최용구 앞으로 계속 청구됐다. 송파구는 ㅋ사를 직권말소해도 최용구가 '명의 도용 피해자'인지 '명의 대여 협조자'인지 확인되지 않는 한 체납 세금을 탕감할 수 없다고 했다. 경찰은 도용과 대여의 경계 확인이 어려워 수사 착수가 힘들다고 했다. 명의 대여일 경우 최용구는 사기죄의 공범으로 처벌될 수 있었고, 명의 도용일 경우 대여가 아님을 최용구가 입증해야 했다. 어느 곳에도 '피해자 최용구'는 없었다. 최용구에게 책임 변제를 요구한 기관들의 기록엔 명의 도용자들이 만들어낸 최용구(들)만 존재했다. 도용자들의 정체에 다가갈 수 있는 정보도 잡히지 않았다. 최용구(들)와의 관계를 끊으려 해도 끊을 수 없는 상황이 최용구에게 계속되고 있었다.

*이후 송파구청은 ㅋ사 대표와 최용구가 다른 인물이란 사실을 받아들여 최용구의 체납세액을 면제 처분했다.

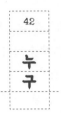

42

누구

403호 최용구

1960년 서울 출생

11년 거주

나는 누구인가.

"경기도 구리시에 자동차 버렸어요?"

연희동 집 문을 두드리며 경찰이 물었다.

나한텐 버릴 차가 없었다. 운전면허도 따지 못했다. 필기 시험만 세 차례 떨어진 뒤 포기했다. 한 번도 본 적 없는 자동차가 쥐덫처럼 나를 물고 놓아주지 않았다.

잡으려면 그놈(들)을 잡아야지.

그놈(들)은 초가을 오후에 나타났다.

"아저씨 취직시켜줄게."

서울역광장에서 노숙 중(2001년)이던 나에게 남자 두 명이 접근했다. 양복을 빼입은 모습이 점잖았다. 일할 사람들을 찾는다며 수입도 괜찮을 거라 했다.

"일단 밥부터 먹으러 갑시다."

날씨가 쌀쌀해지니 뜨끈한 국물이 당겼다. 고기 조각이 헤엄치다 만 국물을 먹은 지도 오래였다.

서울역 동료 박치상과 양복쟁이들을 따라갔다.

그들은 서울시청 근처 식당으로 우리를 데려갔다. 김이 무럭무럭 나는 소머리국밥을 주문했다. 고명으로 얹힌 머리고기가 실했다. 밥을 말아 입으로 밀어넣었다. 그 국밥 한 그릇에 나와 박치상의 인생까지 말아먹었다.

"아저씨들, 제출해야 할 것들이 좀 있는데."

국밥 뚝배기를 비우자 양복쟁이들은 우리를 동사무소로 데려갔다.

취직에 필요하다며 주민등록등본과 인감증명 등을 떼게 했다. 신원 확인용이라면서도 어떤 직종을 위한 신원 확인인진 설명하지 않았다.

증명서를 뗀 뒤엔 승합차에 태워 그들의 사무실로 안내했다.

양복쟁이들이 어떤 서류에 뭔가를 써넣었다. 직장을 구해준다더니 내가 재직 중인 회사라며 업체 이름을 적었다.[1] 그들은 그 서류로 은행에서 내 명의의 대출 통장을 만들었다.

그들은 고시원에 방도 얻어줬다.[2]

키 큰 남자 한 명이 고시원에 방을 잡고 동거[3]했다. 남자는 추가로 필요할 때마다 증명서들을 떼게 하거나 서류를 가져와 이름을 쓰게 했다. 나와 박치상을 이리저리 데리고 다니며 여기저기 지장을 찍으라고 했다. 남자는 그렇게 만든 서류들을 양복쟁이들에게 전달했다. 가끔 몇 만 원씩 용돈도 줬다.

나는 잠자리를 마련해주고 고시원 비용도 내주는 그들이 고마웠다.

거주 6개월째 됐을 때 고시원 주인이 그달 방값이 입금되지 않았다고 했다. 양복쟁이들한테 전화를 했더니 연락이 닿지 않았다. 키 큰 남자도 고시원에서 사라지고 없었다.[4]

박치상과 기억을 더듬어 찾아간 그들의 사무실은 비어 있었다. 누군가의 주민등록등본 복사본과 신분증을 위조한 흔적들이 사무실 바닥에 널려 있었다. 글자와 사진을 오려 붙여 꾸민 서류들이 쓰레기와 섞여 발에 차였다.

방값을 내지 못한 나와 박치상은 고시원에서 쫓겨났다. 우리는 다시 거리에 누웠고 거주지가 없어지면서 주소도 잃었다.

동자동 9-2× 주민이 된 건 노숙 3년 뒤였다. 한 복지단체가 방을 얻어줘 수급 자격이 생겼다. 불편한 다리를 끌고 4층으로 올라가 세 번째 방에 배낭을 내려놨다.

새 주소가 나오자 우편물들이 날아들었다.

세상의 모든 불법이 내 탓이라고 말하듯 셀 수 없는 양의 독촉장들이 배달됐다. 그 우편물들 속에서 나는 거액의 빚쟁이와 온갖 법을 어긴 범법자가 돼 있었다. 은행 빚, 사채 빚, 과태료 체납을 통보하며 추심을 압박하는 문서들이 배낭에 차곡차곡 쌓였다. 그놈(들)은 내 가난과 내 장애까지 뜯어먹었다. 내 이름으로 임대주택을 얻어 살았고 장애인 구두 수선 부스를 배정받아 영업했다.

사기당했다고 경찰서에 신고했을 때 나는 그놈(들)의 공범이 돼 있었다. 사기 공범으로 몰려 징역을 살고 나온 박치상은 거리에서 죽고 없었다.

박치상의 사망 소식을 들었을 때 나는 담배 한 개비에 불을 붙여 그가 눕던 자리에 두는 것으로 추모를 대신했다.

서울에서 태어난 나는 인천의 고아원에서 자랐다.

형은 행방불명됐다. 나와 고아원으로 보내졌던 동생은 입술과 손톱이 시퍼렇더니 결국 고아원에서 죽었다.

박정희가 총 맞아 죽던 해에 고아원에서 나와 자동차 부품회사에서 일했다. 프레스 기계에 눌려 손가락이 잘렸다. 약지는 모두 잘렸고, 중지는 한 마디만 남았고, 새끼손가락은 한 마디가 잘렸다.

다리 밑에서 자며 노숙을 시작했다. 밥 얻어먹을 곳을 찾아다니다 밥 얻어먹기 좋은 서울역까지 왔다. 밤이 깊어 서울역사에서 쫓겨나면 회현역으로 옮겨 지하도에 박스를 깔고 잤다. 철로 까는 일을 하다 죽은 아버지와, 죽었는지 살았는지 알 수 없는 형과, 죽음이 뭔지 모를 때 죽어버린 동생. 가족이라고 불렸던 그들보다 추운 겨울 거리에서 몸 붙이고 자던 박치상의 죽음이 내겐 훨씬 가까웠다.

가끔 생각나는 여자가 있었다.

한때 결혼했던 여자였으니 그 여자도 가족이었을 텐데 이젠 얼굴도 기억나지 않았다.

"이 여자 알아요?"

동자동 9-2×의 방문을 두드리며 경찰이 물었다.

"이 여자 남편 맞아요?"

불법체류자 단속 중 여자가 도망쳤다고 했다.

"진짜 결혼한 거 맞아요?"

경찰이 거듭 물었다.

그 여자, 멍반리.

그러니까 내가 그 여자의 남편이었다.

여자는 중국인이었다. 아마 스물네 살쯤이었을 것이다. 그 여자가 마흔 살의 나와 혼인신고를 했을 때가.

"최씨, 결혼 한번 하겠어?"

찌는 여름 403호 방문을 열어놓고 누워 있었다.

메인 골목 아래 쪽방(9-2×에서 30여 미터 거리)에 사는 임씨가 문밖에 서서 나를 내려다봤다. 임씨는 회현역에서 같이 노숙했던 사람이었다. 그가 중국 여성과의 결혼을 제안했다.

"이참에 중국 여행도 하고 돈도 벌고 어때?"

한국 체류를 원하는 중국 여자와 위장결혼을 하면 수수

료로 수백만 원을 벌게 해준다는 이야기였다.

"꽤 쏠쏠해."

임씨는 이미 수차례 해본 솜씨였다.

브로커는 따로 있었다. 임씨는 "쉽다"고 했다. 국제결혼 업체를 운영하며 위장결혼을 알선하는 전문가가 있으니 하라는 대로만 하면 된다고 했다.

임씨, 나, 박치상이 비행기를 탔다.

박치상도 죽기 전 위장결혼을 하러 중국에 함께 갔다. 바닥을 구르며 살아가는 우리는 서로의 바닥을 보며 그렇게 얽혀 있었다.

정체 모를 벌레 튀김들이 고소한 냄새를 풍겼다.

공항에서 택시를 타고 도착한 곳은 칭다오였다. 야시장을 지나 한 아파트에 닿았다. 임씨가 익숙하게 우리를 인솔했다. 여러 번 찾아온 곳이 틀림없었다. 브로커의 아내 집이었다. 브로커 남편은 한국에서 결혼할 남자를 찾고 브로커 아내는 중국에서 여자를 연결했다.

그 집에서 사흘을 묵었다.

오랜만에 기름 둥둥 뜬 탕을 매끼 먹었더니 주룩주룩 설사를 했다.

다음 날 임씨·박치상과 결혼할 여자들이 찾아왔다. 내결혼 상대만 오지 않았다. 브로커 아내가 두 쌍을 데리고 식당에서 밥 먹고 노래방에서 노래하고 서류 작업을 하는 동안에도 여자의 소식은 없었다. 사흘째 되는 날 그 여자가 왔다.

멍반리.

아랫입술 밑에 작은 점이 있는 여자였다.

"일 다니느라 시간이 없어 늦게 왔다"고 했다. 여자는 한국말을 한마디도 하지 못했다. 브로커 아내가 데려간 식당에서 여자와 말없이 밥을 먹었다. 브로커 아내가 서류에 적으라는 대로 적은 뒤 사진관에 가서 사진을 찍었다. 브로커 아내가 중국어로 무슨 말을 하자 여자가 가만히 내 팔짱을 끼었다. 이튿날이면 나는 한국으로 돌아가야 했다. 여자에게 노래방에라도 가자고 했다. 여자는 "할 일이 남았다"며 돌아갔다. 그것이 예식의 전부였다.

혼인신고서가 접수됐지만 멍반리가 한국에 오기까진 시간이 걸렸다. 브로커의 지시로 '내 아내의 입국을 하루빨리 허락해달라'는 탄원서를 주중 한국대사관에 써 보냈다.

멍반리, 한동안 그 여자를 잊고 지냈다.

한국에 입국한 여자가 9-2×의 내 방으로 찾아왔다. 좁은 방에 마주 앉으니 무릎이 닿았다. 한국어와 중국어가 알아듣지 못하는 상대를 향해 몇 마디씩 오갔다.

멍반리는 브로커가 정해준 여자였다. 사연이 궁금한 적 없었는데 한방에서 쳐다보고 있으니 여자가 궁금해졌다. 말이 통하지 않으므로 어떤 사연으로 나와 결혼해야 했는지 알 수 없었다.

여자가 다녀간 뒤 나는 이상해졌다.

여자와 진짜 부부가 되고 싶은 마음이 생겨버렸다. 여자와 말없이 앉아 있을 때 나는 여자 앞에서 안절부절못했다. 내 방에 들어온 누군가에게 나는 처음으로 미안했다.

같이 살자는 말을 하려면 좀 더 나은 방이 있어야 했다. 영구임대아파트를 신청했다. "너랑 같이 살 집이 생길 수도 있다"고 했으나 여자는 다시 오지 않았다.

여자는 휴대전화 케이스를 만드는 공장에서 일했다. 브로커에게 물어 여자를 알고 있는 식당 주인을 찾아갔다. 여자를 만나게 해달라고 부탁했을 때 식당 주인이 말했다.

"여자가 싫다는데 어째요."

그가 알고 있는 멍반리의 이야기를 들려줬다.

여자는 중국에 남편과 딸이 있었다. 한국에서 일해야 가족을 먹여 살릴 수 있다고 했다. 간단한 이야기였다.

나는 여자를 만나지 않고 돌아왔다. 추석과 설날에 10만 원씩 여자에게 보냈다.

"결혼한 거 아니죠?"

경찰의 질문에 나는 바로 답하지 못했다.

결혼한 것인지 하지 않은 것인지 내 마음이 모호했다.

"위장결혼 맞죠?"

경찰이 다그치자 나는 천천히 고개를 끄덕였다.

경찰이 돌아간 뒤 물어물어 여자를 찾아가 만났다. 중국어를 하는 사람을 가운데 두고 여자에게 말했다.

경찰이 찾고 있다, 붙잡히면 강제출국이다, 나와 진짜 결혼하면 걱정 없이 계속 한국에 있을 수 있다, 통역이 내 말을 멍반리에게 전했다.

수급비를 아껴 모은 돈으로 산 금반지를 여자에게 건넸다.

여자는 "받을 수 없다"고 했다.

돈을 벌어야 한다, 중국에 보내야 한다, 돈을 기다리는 식구가 많다, 통역이 멍반리의 말을 내게 전했다.

며칠 뒤 나는 여자와 이혼했다.

경찰이 알게 된 이상 나도 더는 그의 남편으로 살아줄 수 없었다. '서류 결혼'한 지 6년 만이었다. 여자는 이 나라에서 쫓기며 살 것이었다.

멍반리. 그 이름도, 점이 예뻤던 그 입매도, 이젠 애써 떠올려도 잘 생각나지 않을 만큼 모두 희미해졌다.

이름이라면 이제 지긋지긋했다.

나 최용구는 최용구(들) 때문에 죽고 싶을 때가 많았다.

자동차를 갖고 있다는 이유로 수급이 끊길 뻔했다. 추심업체가 통장을 압류해 장애수당(지체장애 6급)이 입금돼도 찾을 수 없었다.

"나도 모르는 사이에 내 이름 최용구가 막 팔려가지고⋯⋯"

파산을 신청하려고 해도 파산 절차가 너무 까다로웠다. 어려운 법률 용어를 아무리 읽어도 이해할 수 없었다.

스트레스가 극에 달하면 나는 목에 칼을 대거나 뛰어내

리려고 9-2× 옥상에 오르곤 했다. 죽으면 끝날까 싶었지만 죽어도 끝날지 알 수 없었다. 채권자가 포기하지 않는 한 죽음도 나의 빚을 해결할 수 없다고 추심업체들은 협박했다.

나는, 내 이름은, 최용구는, 더할 나위 없이 너덜너덜해졌다.

나는 누구일까.
그 많은 최용구(들) 중 나는 어떤 최용구(➡480쪽)일까.
언제부턴가 나도 헷갈리기 시작했다.

---

1 최용구는 구직 지원서인 줄 알았으나 대출 신청서였다.
2 남자들이 최용구 명의로 경기50다4078을 뽑은 지 3일 뒤인 2001년 8월 31일.
3 명의 제공자를 고시원에 붙잡아두고 동선을 확보하는 일은 명의 도용 집단의 고유한 수법이었다.
4 명의 도용 집단은 명의자의 서류와 서명을 써먹을 만큼 모두 써먹고 나면 연락을 끊고 잠적했다.

43

단짝

고정국이 말도 없이 연희동을 떠났다.

연희동 동료들이 붙잡을까봐 알리지도 않고 동자동으로 돌아갔다. 그것도 귀향이라면 고정국에겐 귀향이었다. 이사 뒤 둘째 달 월세 납입일 하루 전날이었다.

고정국이 가버리자 조만수는 우울증을 앓았다.

고정국과 조만수는 오랜 단짝이었다. 동자동 9-2×에서 복도를 사이에 두고 마주보는 방(101호와 109호)에서 살았고, 연희동에선 옆으로 붙은 두 방(103호와 104호)으로 들어갔다.

9-2×에선 각자의 방에서 문만 열면 서로의 방 안이 눈에 훤히 보였다.

그들은 팔을 괴고 옆으로 누워 건넛방을 바라보며 대화하거나 방문턱에 앉아 그날 하루 무엇을 함께할지 상의했다. 연희동 매입임대주택에선 방을 보러 왔을 때부터 나란한 두 개의 방을 찜했다. 다른 연희동 멤버들도 서둘러 방을 선점하는 두 사람을 보며 당연히 그러려니 했다.

고정국이 동자동으로 짐을 옮긴 사실은 조만수도 알지 못했다.

부러진 다리에 청테이프를 칭칭 감은 안경을 걸치고 아침마다 방문을 두드리던 그가 어느 날 조용했다. 고정국의 방에 불이 켜지지 않은 이틀 동안 조만수는 걱정이 돼 밤마다 문 앞에 나와 기다렸다. 고정국이 자신에게도 인사 없이 이사했다는 사실을 알았을 때 조만수는 한동안 고정국에게 전화도 하지 않았다.

"괜히 왔어."

동자동으로 돌아가고 싶다는 뜻을 고정국이 조만수에게 비치긴 했었다. 연희동으로 이사한 지 며칠 안 됐을 때부터였다.

"아무래도 여긴 아닌 것 같다."

조만수는 지나가며 하는 말인 줄 알았다.

돌아가고 싶긴 조만수도 마찬가지였다. 마찬가지였지만 마찬가지일 수 없는 것이 이사가 그렇게 간단한 일일 수 없었다. 며칠 다녀가듯 고정국이 돌아가버릴 줄 조만수는 정말 몰랐다.

짐이라고 해봐야 얼마나 된다고.

고정국에게 이사는 간단한 일이었다. 큰 맘 먹을 일도 아니었다. 방만 구하면 반나절도 걸리지 않았다. 등에 메고 손에 들고 가방 몇 개 옮기면 그뿐이었다. 그렇게 이사인지 이동인지 하면서 수십 년을 살아왔는데 새삼스러울 것 없었다.

돌아갈까.

오래 걸리지도 않았다. 고정국의 고민은 연희동 이사 당일 시작됐다. LH 직원으로부터 방 열쇠를 넘겨받으며 공과금 납부 설명을 들을 때부터였다.

"방값 외에 수도세·전기세·가스비는 다 별도입니다."

동자동에선 방값에 포함[1]돼 있던 요금들이었다. 월 수급비 48만 원(2015년 당시)으로는 엄두가 나지 않았다.

교통도 불편하고.

고정국은 직접 밥을 해먹지 않고 서울 곳곳의 무료 배식처를 찾아다니며 식사를 해결했다. 연희동 집은 지하철역과도 한참 떨어져 있어 역 근처에 위치한 동자동이 그리웠다.

고정국은 연희동 동료 아무에게도 말하지 않고 동자동에 방을 얻었다. 9-2×에서 80미터 떨어진 건물 2층에 월세 15만 원짜리 방(보증금 80만 원)을 구했다. 정신과 치료를 받고 퇴원한 민태진(➡503쪽)이 새로 짐을 푼 방 옆이었다.

외로워.

9-2× 동료들과 함께 이사했다고 해도 이웃은 다섯 명뿐이었다. 연희동에서 새 이웃을 사귈 수 있을 것 같진 않았다. 연희동의 빌라촌 주민들은 그들을 'LH 사람' 또는 '동자동에서 온 사람'으로 구별해 바라봤다.

섬 같아.

너른 바다 한가운데 그들 여섯 명만 따로 떠 있는 것 같앞다. 동자동 밖으로 이사한 사람들 중 얼마 지나지 않아 되돌아온 사람들이 꽤 있었다.

"더 좋은 집으로 갔으면 거기서 잘살 일이지 오긴 왜 와."

그렇게 핀잔을 줬던 고정국은 이제 그들의 선택을 이해할 수 있었다. 집만 좋아진다고 살기 좋아지는 것은 아니었다.

웬수라도 아는 체하는 사람들이 옆에 있어야지.

고정국은 연희동 집 보증금 50만 원(거주 약정 기간 2년)을 포기하고 도망가듯 동자동으로 돌아갔다.

"너만 외롭냐. 너 가면 나 외로워질 생각은 안 하냐."
조만수는 고정국이 섭섭했다.

동자동에서 같이 이사 온 동료들이 있었지만 고정국 같진 않았다. 아무리 친해도 하루 종일 같이 지낼 수 있는 사람은 따로 있었다. 속을 털어놓을 수 있어야 했고, 같이 놀러 다닐 수도 있어야 했고, 내 것 네 것 가리지 않아야 가능한 사이였다.

돌아가더라도 갈 땐 간다고 말하고 갈 줄 알았다.

고정국이 현관문 앞에 놓아두고 바람 쐴 때마다 앉곤 하던 의자가 어느 날 없어졌다. "말도 안 하고 가버릴 만큼 내가 너한테 그 정도밖에 안 됐냐" 싶어 조만수는 쓸쓸해졌다.

조만수는 고정국처럼 연희동 집 보증금을 포기할 자신

이 없었다. "쇠고랑 찬 것처럼 계약 기간이 끝날 때까지 연희동에 묶여 있어야" 했다.

"씨발, 왜 앞을 쳐 막고 지랄이야."

조만수의 입에서 격한 욕설이 튀어나왔다.

반대편에서 걸어오다 우연히 그의 길을 막은 청년이 놀란 얼굴로 길을 비켰다.

연희동 이사 직후 조만수도 새 동네에서 겉돌았다.

고정국이 동자동으로 돌아갈 생각을 하고 있을 때 조만수는 우울증에 빠져들고 있었다. 고정국이 떠난 뒤로 조만수의 우울증은 깊어졌다. 죽고 싶다는 생각이 불쑥불쑥 들었고 누군가와 부딪히기라도 하면 무의식적으로 욕이 달려나왔다. 마음이 너무 갑갑했다. 누구 하나 잘못 걸리면 사고 칠 것 같았다. 가슴속에 뜨거운 불덩어리가 들어앉은 듯했다. 보건소에서 간호사가 찾아와 약을 주고 갔다.

만수한텐 미안하지만 나부터 살아야겠다.

그 생각으로 고정국은 연희동을 떠났다.

조만수는 고사하고 연희동에 계속 있으면 그 자신부터 폭발할 것 같았다.

동자동으로 돌아와 방에 누웠을 때에야 고정국은 '동자동은 동자동'이란 실감이 났다. 연희동 때와는 다른 한숨이 나왔다. 연희동 집은 무엇보다 깨끗했다. 동자동 방은 무엇보다 지저분했다.

다락에 올라간 고양이가 쥐약 먹은 쥐를 먹고 죽었다. 고양이 사체에서 알을 깐 구더기들이 떼 지어 드글거렸다. 천장 틈을 타고 기어 내려온 구더기들이 사방 벽에 하얗게 달라붙어 꿈틀댔다.

집주인에게 말했더니 청소비 하라며 5만 원을 줬다. 고정국은 청소 인력에게 4만 원만 주고 청소를 맡겼다. 청소를 했는데도 구더기는 완전히 없어지지 않았다. 구더기를 볼 때마다 종이로 눌러 죽이며 고정국은 생각했다.

방부터 다시 구해야겠어.

떼내려 해도 떼낼 수 없는 것이 달라붙어 따라다니는 듯했다.

"그래도 매일 보잖냐."

고정국이 무안해하며 씩 웃었다.

"어지간히 다행이다."

조만수가 어이없어 하며 피식 웃었다.

고정국이 동자동으로 귀향한 뒤에도 두 사람은 거의 날마다 만났다.

조만수(➡386쪽)가 속을 털어놓을 수 있는 사람은 역시 고정국뿐이었다. 고정국(➡387쪽)이 동자동 이웃들을 다시 만났지만 그의 '절친'도 역시 조만수였다.

그들이 만나는 장소는 연희동도 동자동도 아니었다.

그들은 밥길(➡400쪽) 어딘가에서 만났다. 공짜 밥을 먹고 몇 백 원씩 구제비를 받는 그 길은 요일별·코스별로 달랐다.

"내일 거기?"

"그래, 거기서, 그때."

"거기 오냐"고 묻고 "거기 간다"고 답하면 약속은 정해졌다. 그날 그 코스에서 점심을 무료로 먹을 수 있는 '거기'는 '거기'뿐이었고 '거기'서 밥을 먹을 수 있는 시간은 '그때'뿐이었다.

---

1 전기세·수도세는 방값에 포함돼 있었고 가스비의 경우 9-2×엔 가스 자체가 들어오지 않아 청구 대상이 아니었다.

44

뽀삐

"요놈이 오줌 쌌다."

양진영이 무릎에서 뽀삐를 떼어냈다. 눈높이로 들어올린 뒤 무서운 표정을 지었다.

뽀삐가 양진영의 눈을 피하며 혀를 날름했다.

양진영이 뽀삐를 앞뒤로 살살 흔들며 위엄 있는 목소리로 말했다.

"이노옴, 아직 똥오줌을 못 가리다니 버릇이 없구나."

왕.

목이 앞으로 갈 때 몸은 뒤로 갔고 몸이 앞으로 당겨질 때 목은 뒤로 처졌다. 강아지 뽀삐가 못 참겠다는 듯 짖었다.

왕왕왕.

양진영이 점잖게 훈계했다.

"어허, 어른한테 성깔을 부리느냐."

"고만해라. 니는 오줌 안 싸나."

조만수가 양진영을 타박했다.

"어허 이런. 한참 어린놈이 형님보고 너라니. 뽀삐야 네 버르장머리는 아빠를 닮았구나."

조만수와 양진영의 나이 차는 두 살이었다.

으르릉, 월월.

뽀삐의 목에서 성견의 소리가 올라왔다.

"알았다. 누가 느그 아빠 딸 아니랄까봐."

양진영이 뽀삐를 내려놓으며 껄껄 웃었다. 뽀삐가 아빠 조만수에게 달려가 그의 양반다리 안으로 쏙 들어갔다.

조만수가 평소 형님이라던 양진영을 "너"라고 부른 것은 농담이기도 했고, 핀잔이기도 했고, 경고이기도 했다.

"한 번만 더 그런 일 있으면 확."

조만수의 말에 양진영이 멋쩍어 하며 입맛을 다셨다.

'그런 일'은 조만수의 단짝 고정국이 동자동으로 돌아간 뒤에 발생했다.

조만수는 우울증으로 입원했다.

동자동에서 목소리 뿜으며 살았던 그가 연희동에서 목소리 죽이며 살면서 마음의 병이 생겼다. 연희동은 조용한 동네였다. 목소리가 커지면 경찰에 신고가 들어갔다.

고정국이 떠난 뒤 증상은 심해졌다.

날이 밝으면 출근하듯 동자동으로 갔지만 저녁에 연희 동으로 돌아오면 가슴이 답답하고 터질 것 같았다. 불을 끄고 깜깜한 방에 누울 때마다 이대로 깨어나지 않으면 좋겠다는 생각과 싸웠다.

'나 하나 없어지면 남은 사람들이 편하지 않을까' 하는 충동이 하루에도 몇 번씩 그를 찾아왔다. 양진영은 가끔 술을 마시며 속의 화를 풀었지만 조만수는 건강이 안 좋아 술도 마시지 못했다.

동자동엔 앉아 있을 공원이라도 있었지만 연희동에선 집 밖으로 나가면 바로 도로였다.

상인들과 채소값을 흥정할 재래시장도 근처에 없었고 문 열고 들어가기조차 겁나는 마트밖에 없었다. 연희동 매입임대주택으로 오면서 동자동에서 살 때보다 지출이 많아졌다.

방을 계약할 때 조만수는 고정국(➡393쪽)에게 20만 원을 빌려 보증금에 보탰다. 한 달 수급비에서 방값과 추가 공과금·교통비를 제하면 반찬 살 돈도 별로 없었다. 하루 한 끼만 먹었지만 그 한 끼도 간장에 밥을 비벼 먹었다. 기증품으로 접수된 참기름을 동자동에서 얻어와 간장밥에 뿌렸다. 밥이 너무 뻑뻑하면 날달걀 하나 깨 넣고 미끌미끌하게 비벼 넘기거나 맹물에 된장을 풀어 마셨다. 연희동에서 방은 넓어졌지만 배는 쪼그라들었다.

조만수에게 '밥길'은 순례길(➡400쪽)이었다. 공짜로 끼니를 해결해주고 연희동을 잠시라도 벗어나도록 도와주는 '숨길'이었다.

컴퓨터.

길을 가다 전봇대나 담장 밑에서 폐 컴퓨터를 발견하면 자전거에 실어 집으로 가져왔다. 컴퓨터를 해체한 뒤 무작정 들여다봤다. 망가진 컴퓨터를 고치려는 목적이 아니었다. 그저 흩어진 부품을 다시 제자리에 맞춰 붙이는 데서 재미를 찾았다.

컴퓨터의 회로판은 복잡한 미로 같았다.

촘촘한 그물 같기도 했고, 끈적끈적한 거미줄 같기도 했다. 조만수는 미로에 갇혀 길을 잃은 것 같았다. 그물에 걸려 퍼덕이는 송사리 같기도 했고, 거미줄에 감겨 꼼짝 못하는 파리 같기도 했다.

회로의 뒤엉킨 선들을 보고 있으면 조만수는 이상하게도 아름답다는 생각이 들었다.

기술 원리는 이해하지 못했지만 조만수의 우울이 한동안 스스로를 가둘 수 있는 도피처가 돼줬다. 컴퓨터 본체와 부품들이 하나둘 쌓이기 시작했고 그의 방은 점점 고물상처럼 변해갔다.

강아지는 우울증을 이겨보려고 데려온 대화 상대였다.

'순례길'에서 받은 돈을 조금씩 모아 코스가 지나가는 모란시장[1]에서 사왔다.

너무 외로워 밥을 굶으면서도 강아지 살 돈을 모았다. 박스를 정성스레 이어 붙여 아담한 집을 만들어줬다. 밤엔 갓난아기 재우듯 재우고, 아침엔 늦잠 자는 아들 깨우듯 깨워서, 하루 종일 방 안에서 같이 시간을 보냈다. 알아듣는지 알 수 없는 말을 강아지에게 붙이며 조만수는 컴퓨터가 주지 못하는 체온을 구했다. 조만수가 양진영에게 강아지를 맡기고 병원에 입원한 일주일 동안 '그런 일'이 일어났다.

"여보게, 만수."
입원 이튿날 양진영이 울며 전화했다.
"만수, 이보게."
"형님 와 그라요?"
양진영이 말을 더듬었다.
"그러니까, 만수, 이보게."
조만수는 느낌이 좋지 않았다.
"강아지가 말이네."
죽었다고 했다.
지하 사람들(성덕윤과 엄장호)과 술을 마셨다고 했다. 강아지를 데리고 마셨다고 했다. 기분이 좋아 먹을 걸 많이 줬다고 했다. 나도 배고픈데 너는 얼마나 배고프겠냐며 듬뿍 줬다고 했다. 강아지는 자그마한 치와와였다. 조만수는 사료를 조금씩 주며 식사량을 조절했는데 양진영은 많이많이 줬다고 했다.
"으어어, 만수, 용서해주게."
술 취한 양진영의 말이 오락가락했다.
조만수는 할 말을 잊었다. 강아지를 두고 입원한 자신을 자책했지만 이미 늦었다. '그런 일'이 있은 뒤부터 조만수는 마음이 까칠해지면 양진영을 "너"라고 불렀다.

뽀삐는 강아지가 죽은 뒤 다시 입양해왔다.

뽀삐는 동자동 태생이었다. 동자동 마로의 새끼였다. 양진영이 9-2× 철거 공사를 막으며 건물 앞에 앉아 있을 때 그의 다리 위로 뛰어올라 그가 마시던 커피를 핥아먹던 마로(→492쪽)가 뽀삐의 엄마였다.

조만수(→393쪽)는 뽀삐를 돌보는 책임감으로 견디고 있었다.

밖에 나가면 조만수는 하루 종일 뽀삐 생각으로 가득했다. 무료 급식소에서 밥을 먹을 때도 뽀삐에게 줄 밥덩이를 남겨 비닐봉지에 담았다.

"내가 네 엄마랑 얼마나 친한지 아느냐 모르느냐."

양진영(→412쪽)이 뽀삐를 향해 손가락을 까딱까딱했다.

뽀삐가 왕왕 짖었다.

"어허 이 녀석, 내가 네 엄마가 가장 좋아하는 아저씨……."

조만수의 무릎 위에 머리를 묻고 있던 뽀삐가 목을 치켜들었다.

으르릉, 월월.

45

**꽝
꽝**

101호 고정국

1957년 원주 출생

4년 거주

동자동으로 돌아왔지만 연희동에 남은 만수와는 매일 만났다.

만수는 가족이 남아 있지 않은 내게 형제이자 가족이었다. 사는 동네는 달라졌지만 나와 만수는 모든 것을 함께 했다. 우리는 날마다 길에서 만나, 같이 길을 걷고, 길에서 헤어졌다.

매일의 밥길(➡400쪽)이 만남의 장소였다.

요일별·코스별로 정해진 그 길 어딘가에서 만나 한 끼의 허기를 채우고 다시 어딘가에서 손을 흔들며 각자의 집으로 돌아갔다.

도둑질이 아니었다.

나는 그렇게 믿었다. 평일 밥길에선 고기를 양껏 먹지 못했다. 그 밥길마저 토요일과 일요일엔 아예 닫혀버렸으니 주말과 휴일엔 '특식'이라도 먹어야 위안을 얻었다.

토요일이 되면 만수와 인터넷 검색부터 했다.

어느 지역에 괜찮은 결혼식장이 많은지 찾아봤다. 지역을 정하면 가진 옷 중 가장 단정하고 깨끗한 옷을 입고 길을 나섰다. 멀리는 인천까지도 갔으나 서울과 멀어질수록 음식의 질이 낮아졌다. 아무래도 강남 쪽이 나았다.

"좋은 날입니다."

예식장에 들어가면 인사하며 상황부터 살폈다.

사람들이 많고 식장 분위기가 좋아야 했다. 몇 사람 없는 결혼식에선 마음 편히 먹기 힘들었다.

"행복하게 사세요."

만수가 옆에서 덕담을 했다.

신랑과 신부의 결혼을 축하했다.

"아이고 얼마나 좋으세요."

결혼식 하객인 척하며 신랑 신부의 부모에게도 인사를 건넸다.

축의금 내는 테이블로 가서 축의금 접수는 생략하고 식권을 청했다. 하객이 몰려들고 혼주의 기분이 들뜬 상태라야 식권을 받기 좋았다.

일면식도 없는 사이였지만 인사하는 순간부터 우리는

정말 하객이 됐다.

밥 얻어먹으러 왔다는 걸 알면서도 식권을 주는 사람들이 있었다(고 믿었다). 우리는 속이지 않고 정정당당하게 밥을 먹었다(고 믿었다). 같은 결혼식장이라도 다른 날이나 다른 시간대에 가면 다시 얻어먹을 수 있었다.

무사히 식권을 받으면 간만에 '고급진 밥'을 먹었다. 뭘 훔치는 게 아니라 고픈 배를 채우는 것이었다. 주린 자들은 부처님도 불쌍해하며 눈감아줬다. 밥을 먹고 나면 그 대가로 마음 다해 잘살기를 빌었다.

식당에 들어가면 동자동에서 온 사람들이나 옛 노숙 동료들을 꽤 만났다. 평일 밥길에서 스쳐가는 그들을 주말 '특식 투어'에서 다시 스쳐갔다. 요즘엔 CCTV 감시가 심해져 결혼식장 가는 일은 그만뒀다.

보트가 달리고 말이 질주하는 길에도 만수와 동행했다.

인간은 밥만 먹고 살 순 없었다. 취미가 있어야 했다. 평일 밥길을 다 돈 뒤 코스 근처에 있는 경마·경정장엘 가끔 들렀다.

도박을 하기 위해서가 아니었다. 베팅해서 돈을 딸 생각은 별로 하지 않았다. 운이 좋으면 푼돈을 벌 수 있는 방법이 있었다. 길밥을 먹는 사람들 사이에 오랫동안 전수돼온 노하우였다.

첫째, 낙장을 줍는다.

사람들이 버린 경주권을 주워 경주 결과와 대조했다. 결과를 맞혔지만 베팅에 실패한 줄 알고 표를 버리는 사람들이 있었다. 베팅에 성공한 사실은 알았지만 배당금이 너무 적다며 그냥 버리는 사람들도 없지 않았다. 그렇게 버려진 경주권을 모아 환불하면 많을 땐 몇 만 원까지 수입을 잡을 수 있었다. 우리에게 낙장 줍기는 놀음이 아니라 일이었다. 경주장에서 낙장을 줍는 사람들이 있다면 대개 나나 만수처럼 길밥을 얻어먹는 인간들이었다.

둘째, 좋은 자리를 찜한다.

걸 돈은 없어도 일찍 가서 좋은 자리를 맡을 순 있었다. 스크린 앞 잘 보이는 자리를 원하는 사람들 중엔 돈을 주고 자리를 사는 경우가 있었다. 그들에게 자리를 비켜주고 몇 천 원씩 받았다. '자리 알바'한테 자리를 사기 싫은 사람들은 처음부터 추가 수수료를 주고 지정석 표를 사기도 했다.

셋째, 있는 돈을 털어 걸지 않는다.

가끔 베팅을 해볼 수도 있지만 낙장 줍기나 자리 알바로 번 돈으로만 했다. 딱 1000원어치만 걸었다. 100원부터 10만 원까지 배팅할 수 있었지만 나와 만수는 500원짜리 경주표 두 장을 사서 두 번 해보고 그만뒀다. 실패하더라도 본전이었다. 도박은 자제가 안 된다고 하지만 도박을 자제시키는 것은 가난이었다.

"전날 경주는 상당히 까다로운 편성이 많았지만, 크게

터지는 경주 없이 의외로 안정적인 배당의 흐름을 보였다. 일단 축으로 나섰던 강자들이 기대 이상으로 좋은 활약을 펼쳤기 때문인데, 금일 경주는 전날 경주보다 훨씬 편성 난이도가 까다롭기 때문에 이틀 연속 저배당 흐름이 이어지기는 쉽지 않을 것으로 전망된다. 따라서 강축이 포진하고 있는 몇몇 경주를 제외하고는 중고 배당에 좀 더 초점을 맞춰나가는 전략이 좋을 것으로 판단된다.”

낙장 줍다 집어든 경정 베팅 정보지가 “필승 전략”을 속보로 전했다.

“11경주 경주권 구매 3분 전입니다.”

만수와 1000원어치씩을 샀다.

보트가 달리기 시작했다.

경정장 안에 모인 눈들이 일제히 스크린을 향해 날아가 꽂혔다.

사방에서 고함과 환호가 터졌다.

“야, 야, 야.”

내 입에서도 마음 덩어리가 튀어나왔다.

밀리지 말고.

치고 나가야지.

조금만 더.

제발.

툭툭 끊긴 문장들이 토막 친 장어처럼 바로 죽지 않고 바닥에서 펄떡였다.

이런, 이런, 아이 씨.

꿈틀대던 말토막들이 금세 기운을 잃고 움직임을 멈췄다.

만수는 꽝꽝.

나도 꽝꽝.

베팅에 실패한 사람들의 "씨발"과 "조또"가 공기 중에 둥둥 떠다녔다.

나의 1000원어치 꿈도 다시 실현이 유예됐다.

동자동 9-2×에 살 때 나는 마권 구매표를 메모지 삼아 거창한 소망을 적어 벽에 붙여놨었다.

"일등 돼서 노숙자 인생을 떠나자! 벗어나자! 해방되자!"

남자는 세 가지였다.

부모를 잘 만나든지,

여자를 잘 만나든지,

후배를 잘 만나든지.

나는 모두 실패했다. 부모를 잘 못 만나 첫 단추부터 잘못 끼워졌는데 두 번째 세 번째 단추가 제자리를 찾을 리 없었다.

나 혼자 끼운 단추라는 게 구두닦이, 다방 시다, 식당 배달, 노가다 잡부, 술집 웨이터, 노숙인, 그리고 수급자였다.

동자동은 종착지였다. 더 밀려 갈 곳도 없었다. 그렇게 생각하며 그 동네에서 살았다. 연희동으로 가면서 동자동을 벗어나 좋을 줄 알았는데 나는 떠나온 그 종착지가 그리웠다.

만수 옆방에 이삿짐을 들였으나 아예 짐을 풀지도 않았다. 보따리를 한 달 동안 그냥 쌓아뒀다.

이웃에게 말없이 떠나는 것이 유별난 일도 아니었다. 우리는 어느 날 그렇게 어딘가로부터 와서 어느 날 그렇게 조용히 갈 길을 갔다. 그것이 우리가 오고 가는 방식이었다.

그렇게 연희동을 떠나, 만수(➡400쪽) 옆방을 떠나, 다시 조용히 도착한 곳이 동자동. 내(➡412쪽) 마음의 고향이자 벗어날 수 없는 늪.

그 동네였다.

인간의 줄이 뱀처럼 꿈틀거렸다.

줄의 머리가 먹이 앞으로 접근할 때마다 줄의 꼬리도 빠르게 반응했다. 줄어든 사람만큼 수축했다가 늘어난 사람만큼 팽창했다. 허기의 감각은 느슨해지는 법이 없었다.

"고기 나오는 건 귀신같이 알아서."

조만수가 혼잣말을 뱉었다.

꼬리에서부터 올라온 그가 머리가 되어 배식대 앞(아침 7시 19분)에 섰다. 커다란 국자를 들고 국물을 젓던 남자와 짧은 눈길을 섞었다.

30분 전쯤 지하철 안에 있던 그에게 '한 단어 문자'가 날아왔다.

"뼈다귀."

'국자'가 타전한 정보였다. 건너뛸 수 없는 식단이 조만수를 백석(경기도 고양시 일산동구)으로 이끌었다.

뼈, 다, 귀.

세 글자는 길 위의 사람들 손으로 길 위의 동료들에게 빠르게 전파됐다. 고기가 나오지 않을 때보다 갑절은 많은 사람들이 A교회 지하식당 입구에서 줄을 섰다. '소식통들'이 길에 뿌린 전언이 백석 코스로 그들을 데려왔다. 교회 배식을 도우며 밥을 얻는 국자는 조만수에게 누구보다 빠른 정보를 쐈다.

조만수가 널찍한 쇠그릇에 얼굴을 묻고 뜨거운 국밥을 넘겼다. 밥을 담은 그릇에 국을 부은 음식을 그는 국을 뜨지도 밥을 씹지도 않고 국밥 일체로 마셨다.

하아, 하아, 하아아.

식힐 틈 없이 목구멍으로 욱여넣어진 음식이 내장의 화끈거리는 소리를 밀어올렸다. 먹어야 하는 일은 언제나 급한 숙제처럼 그들을 괴롭혔다. 그들은 시간과 경쟁하며 먹었다. 돈이든 밥이든 때를 놓치면 손 위에도 배 속에도 아무것도 남지 않았다.

'짤짤이'를 가는 날이면 조만수는 전날 밤부터 잠을 제대로 자지 못했다. 기상 시간을 놓치면 하루 전체가 날아갔다.

새벽 6시. 조만수가 연희동 집을 출발했다. 한 해가 지는 12월의 어느 날이었다. 방을 나서는 주인의 기척에 뽀삐가 깨어 짖었다. 자전거를 타고 닿은 인근 전철역에서 백석행 노선을 확인했다.

A교회 지하식당에서 첫술을 뜬 지 5분여 만에 조만수가 밖으로 나왔다. 1층으로 올라가 로비에서 다시 줄의 꼬리가 됐다. 교회에서 나눠주는 500원짜리 동전 하나를 받아

주머니에 넣었다.

조만수의 짤짤이는 백석에서부터 시작했다.

짤짤이 코스는 서울과 경기의 경계를 넘나들며 그물처럼 얽히고, 뻗고, 가지 쳤다. 전국에 몇 개의 코스가 존재하는지 조만수도, 그의 동료들도, 행정기관도 알지 못했다. 가난했던 시절부터 가난한 사람들이 밥을 찾아 오랜 세월 걸으며 구축했을 것이라고 조만수는 추측했다.

'구제비'[1] 지급 기관들이 밀집한 지역들을 최단 거리로 연결한 뒤 길의 처음과 중간과 끝에 무료 급식소를 배치하며 코스들은 구성됐다. 수십 년간 그 길을 걸어온 사람들이 당대의 상황과 기관들의 형편과 자신들의 필요에 따라 조금씩 코스를 변경하며 후대로 전수해왔을 것이었다.

"형님, 거기 가봤어요?"

녹두색 점퍼를 입은 남자가 조만수에게 말을 걸었다. 그도 국밥을 넘기고 올라와 종이 커피를 마시고 있었다.

"밥맛이 괜찮아요."

그는 최근 다니는 코스의 무료 급식소를 조만수에게 추천했다.

'녹두'는 눈에 띄게 젊었다. 짤짤이 코스는 노인들만 걷는 길이 아니었다. 사람이 길에 부려지는 이유는 나이 때문이 아니었다.

조만수가 녹두의 점퍼 상태를 훑었다. 점퍼가 깨끗했다. 가방과 신발도 세탁이 돼 있었다.

짤짤이 길에 나온 사람들의 옷은 비교적 말끔했다. 같은 '홈리스'라 불려도 1년 내내 같은 옷을 입고 역사 주위를 떠나지 않는 사람들과는 달랐다. 녹두는 평소 노숙을 하다가도 짤짤이 코스가 닫히는 월요일엔 쉼터를 찾아 묵은 빨래를 하고 때를 씻어냈다. 조만수처럼 과거 노숙을 했던 쪽방·여인숙 주민들이 그들과 짤짤이 길에서 허름하지만 냄새나지 않는 차림새로 만났다.

조만수와 녹두가 백석역으로 뛰어들었다.

무료 밥을 급행으로 삼킨 사람들이 그들을 앞지르거나 뒤로 처졌다. 지하철이 들어오자 남자들이 탑승구 양쪽으로 쪼개져 달렸다.

백석역을 기점으로 짤짤이 코스는 두 개로 갈라졌다. 빵과 먹을 것이 필요한 사람들은 대화역(고양시 일산서구)으로 이동했다. 원당역(고양시 덕양구) 코스를 택한 사람들은 1000원쯤 돈을 더 모을 수 있었다. 각자의 필요에 맞게 코스를 선택한 사람들이 지하철에 올라탔다.

조만수와 녹두는 아침 7시 40분 원당행 지하철을 탔다. A교회로 올 때 한산했던 지하철이 직장인들의 출근 시간과 겹치면서 북적였다. 두 사람은 7시 53분 원당역에서 하차했다.

코스는 지역이 아니라 요일별로 짜였다.

구제비든 밥이든 매일 주지 않았다. 배고픈 자들은 수도권 전역을 뒤져 돈과 밥을 구할 곳을 요일별로 찾아 이어

붙였다. 조만수는 북쪽으로 대화, 동쪽으로 신설동(서울시 동대문구), 남쪽으로는 모란(성남시 중원구)이나 신갈(용인시 기흥구)까지 코스를 바꿔 오갔다.

녹두는 7년 전 조만수가 용산역 노숙인촌에서 살 때 만났다.

그곳에서 조만수는 '박스집'을 지어 몸을 밀어넣거나 비닐과 천 쪼가리를 막대기로 받쳐 지붕을 삼았다. 갑자기 안 보이는 얼굴이 생기면 세상 뜬 줄 알아먹는 공간이었다. 녹두는 "새파란 젊은 놈"으로서 "다 죽어가는 사람들" 틈에 섞여 살았다.

조만수와 녹두는 쉼 없는 속보로 뛰듯 걸었다.

짤짤이 코스는 쉬엄쉬엄 걸으며 밥도 먹고 돈도 받는 길이 아니었다. 정해진 시간을 맞추지 못하면 밥도 돈도 얻을 수 없는 길이었다. 교회나 성당·사찰은 그들을 어느 때고 기다려주는 곳이 아니었다.

"지난여름 300원 받으려고 10리 길을 걸었는데 결국 늦어버린" 조만수는 "땀을 질질 짜며 죽을 기분"이었다. 그는 배식·구제비 지급 시간과 지하철 시간표를 줄줄 꿰었다. 도보든 버스든 지하철이든 구간마다 목적지에 가장 빨리 닿을 수 있는 방법을 선택했다. 이동 시간과 현장 도착 시간을 정확히 배분해야 '죽을 기분'을 줄일 수 있었다. 그들의 걸음도 노동이었다. 몇 달만 걸으면 새 신발도 밑창에 구멍이 났다.

"노가다지."

조만수가 밭은 숨을 골랐다. 젊은 날 가난한 잠을 자며 그는 몸이 많이 망가졌다. 코스 종료 지점에 이를 때쯤 다리에 마비가 오는 날이 많아졌다. 그는 걸으면서 예수에게 기도했다.

"가진 것 없고 병든 제가 먹고살 수 있도록 다리라도 튼튼하게 해주십쇼."

오직 '예수'만 속도전에 오르지 않았다.

조만수가 뒤를 돌아봤을 때 행렬의 맨 끝은 역시 예수였다. 조만수가 속도를 높여 걸으면 예수는 금세 시야에서 사라졌고, 길턱에 앉아 담배를 피우고 있으면 저 멀리서 예수의 흐린 모습이 다시 나타났다.

예수는 늘 혼자 다녔다.

비교적 나이가 젊었으나 사람들과 어울리지 않았다. 그는 밥과 돈을 두고 경쟁하지 않았다. 밥을 먹을 때도 남들이 다 먹고 난 뒤에 먹었고, 구제비를 받을 때도 다른 사람들이 다 지나간 뒤에 받아갔다. 밥도 돈도 남아 있지 않으면 빈손으로 나와 남들 뒤를 다시 조용히 따라갔다. 그와 말을 나눠본 사람들도 거의 없었고 말을 붙여도 그는 거의 대답하지 않았다. 정체는 알 수 없으나 욕심을 부리지 않는 인물이라고 사람들은 생각했다. 짤짤이 길에서 그 남자는 예수라고 불렸다. 이름도 알려지지 않았으므로 그는 오직 예수였다.

조만수가 원당역에서 450미터를 걸어 B사찰에 도착(아침 8시)했다. 비구니 스님이 작은 플라스틱 통에서 300원을 꺼내 선착순으로 나눠줬다.

"감사합니다."

돈을 받을 때마다 조만수는 큰 소리로 인사했다. 그가 할 수 있는 유일한 보답이라고 생각했다.

구제비 금액은 코스별로 편차가 컸다.

기관에 따라 최소 300원에서 최대 1000원까지 줬다. 코스를 완주했을 때 화요일(3000원), 수요일(5500원), 목요일(8800원), 금요일(5000~8000원)마다 손에 쥐는 돈이 달랐다. 종교기관들이 가장 바쁜 토·일요일과 쉬는 월요일은 코스 구성 자체가 불가능했다. 코스마다 지급 주기가 격주 1회 혹은 매월 1회인 곳들도 끼어 있었다. 매주 치밀한 계산 뒤 코스를 선택해야 오차를 줄일 수 있었다. 과거 날마다 짤짤이를 뛰었던 조만수도 이젠 힘에 부쳤다. 구제비가 가장 많이 모이는 목요일과 금요일 위주로 다녔다.

아침 8시 15분 C성당에 도착해 대기했다.

성당 벤치가 짤짤이 일행으로 가득 찼다. 무리에 섞이지 못한 사람들은 성당 정문 밖을 돌았다. 25분을 기다려 컵라면 하나씩을 받았다(아침 8시 40분).

길은 성당에서 340미터 떨어진 D교회로 연결됐다. 먼저 닿은 사람들이 가방과 신문지 따위로 길바닥에 줄을 세워 순서를 찜했다. 차례에서 밀려 아무것도 받지 못했던 경험이 그들을 학습시켰다.

"이 꼴로는 못 가지."

머리가 하얗게 센 남자가 조만수에게 며칠 뒤 있을 조카 결혼식 얘기를 꺼냈다.

"부끄럽거든."

'하얀머리'는 웃는 듯 우는 듯했다. C성당을 나오면서 마시기 시작한 '모닝 막걸리' 한 병을 다 비웠다.

조만수보다 다섯 살 어린 그의 머리는 조만수보다 훨씬 하얬다. "너무 없이 살아서 빨리 늙었"다. 자기보다 검은머리가 많은 친형이 얼마 전 조카 소식을 전하며 그를 찾아왔다. 형이 차돌박이를 사줬지만 이빨이 안 좋은 하얀머리는 겨우겨우 먹었다.

"난 칠팔 년 전에 큰누나 죽었다는 이야기 듣고도 못 가 봤다."

조만수가 하얀머리를 위로하듯 스스로를 자조하듯 말했다.

'부잣집에서 태어났다면 이 길을 걷지 않았을 것'이라고 조만수는 짤짤이에 나설 때마다 생각했다.

그는 자라면서 어머니 젖을 먹지 못했다.

산후조리는 고사하고 미역국 한 그릇 제대로 먹지 못한 어머니는 그를 낳고도 젖이 바짝 말랐다. 동네 동갑내기 아기의 엄마한테 얻어온 젖으로 그는 살아남았다. 네 살 땐 조카를 갓 출산한 형수의 젖을 받아 마셨다.

병에 걸린 어머니는 피를 토하고 죽었다. "엄마 입에서 피 나온다"며 어린 조만수가 울자 어른들이 어머니 입을 솜으로 틀어막았다. 조만수가 꽉 잡은 어머니 손이 그의 손자국으로 파였다.

그는 초등학교 5학년 때 학교를 그만두고 식당에 나가 돈을 벌었다. 어머니 같은 형수가 아프다는 소식에도 조만수는 연락하지 못했다.

"안 죽고 살았네."

누군가 스쳐가며 조만수에게 말했다.

"오랜만이요."

조만수도 스치듯 말을 받았다.

한동안 만나지 못했던 사람들을 짤짤이 길에서 조우했다. 그렇게 가끔 만나 서로 생사를 확인했고, 그렇게 오랫동안 만나지 못하면 이미 죽었거나 다 죽어가는 줄 알았다.

얻어먹는 자도 밥 달라는 말이 처음부터 쉽게 나왔을 리 없었다.

9년 전 서울역에서 막 노숙을 시작했을 때 조만수는 꼬지도 하지 못했다. 배는 고픈데 어떻게 밥을 얻어야 할지 몰라 역사 바닥에 앉아 울었다. 처음 보는 남자가 다가와 빵을 먹인 뒤 데리고 다니며 짤짤이 코스를 가르쳤다. 조만수는 한 해 전 서울시청 지하도에서 그 "은인"을 봤다. "은인"은 짤짤이도 다니지 못할 만큼 몸이 망가져 거리잠을 자고 있었다. 조만수가 빵과 2만 원을 주고 왔다.

"성공했다~ 으."

덩치가 씨름선수만 한 젊은 남자는 목청도 쩌렁했다.

방금 500원을 받은 교회에 되돌아가 500원을 더 챙긴 뒤 자랑했다.

그의 뒤에서 한 목소리가 야단쳤다.

"너 같은 놈이 '따당'[2] 쳐서 구제비 끊기면 어떡할 거야."

'덩치'도 지지 않았다.

"그럼 안 받으면 되지."

남자가 타박했다.

"너 때문에 다른 사람들까지 피해 가잖아. 넌 그것까진 생각 못하지?"

구제비도 경기를 탔다.

코스를 완주하면 하루 3만 원을 모으던 '호시절'도 있었다. 2009년 금융위기 직후 금액이 절반 이하로 줄었다. 교회나 성당이 구제비 지급을 중단할 때마다 코스에 구멍이 생겼다. 구제비를 서둘러 받으려던 사람이 교회 앞에서 무단횡단하다 교통사고라도 당하면 교회는 구제비를 끊곤했다. 짤짤이 길에 '새 얼굴'이 나타나면 예의 주시하는 이유도 그래서였다. 따당을 치거나 물을 흐리는 행위로 구제비 지급 기관을 잃게 만들 수 있는 인물은 1호 경계 대상이었다.

덩치의 호주머니에서 이날 받은 동전들이 쩔그렁거렸다. 정신장애 3급[3]인 그는 돈을 받을 줄만 알고 쓸 줄 몰라

늘 호주머니가 요란했다.

코스는 경기도 고양시 덕양구 소재 교회들을 훑으며 나
아갔다.

E교회(오전 9시 53분·500원), F교회(오전 10시 5분·500원), G교회
(오전 10시 25분·1000원) 순서로 짧게는 260미터에서 길게는
4.3킬로미터를 걸어 닿았다.

주고받는 일은 순식간에 이뤄졌다. 주는 사람도 말이 없
었고 받는 사람도 조용했다. 앞줄에서 동전이 다 떨어지면
뒷줄에 있던 사람들은 짧은 불평을 뱉고 미련 없이 다음
장소로 이동했다.

규모가 큰 G교회에선 화장실도 사용하고 떡진 머리도
감았다. 구제비 지급을 기다리는 동안 의자에 앉아 잠깐
눈을 붙이기도 했다.

H교회(오전 10시 46분)에서 받은 봉지라면은 한쪽 귀퉁이
가 잘려 있었다. 라면을 모아 술로 바꾸지 못하도록 교회
가 생각해낸 방법이었다. 봉지라면을 끓여먹을 장소도 기
구도 없는 거리 홈리스들은 H교회를 들르지 않고 곧장 I교
회(오전 11시)로 향했다.

조만수가 행신동(고양시 덕양구) I교회 식당에서 점심밥을
받았다.

지역 홀몸 노인들이 먼저 와서 밥을 먹고 있었다. 코스
의 절반 지점에 밥맛 좋은 무료 급식소가 있으면 힘이 났
다. 조만수는 식판의 제육볶음을 덜어 식탁 맞은편 남자의

밥 위에 올렸다. 새벽에 귀한 정보(뼈다귀 배식)를 보내준 데 대한 답례였다.

그 남자, 국자가 돼지고기를 씹었다.

그도 백석에서 행신까지 와 있었다. 국자는 수급자가 아니었다. 볼펜을 판 돈과 짤짤이 해서 번 돈으로 쪽방 숙박비를 댔다.

국자 옆에서 덩치가 밥덩이를 입에 밀어넣었다.

"저놈이 바보 같아도 결혼식장에선 식권 두 장씩 꼬박꼬박 받아오더라고."

하얀머리가 조만수에게 귀띔했다.

하얀머리와 덩치는 토요일마다 결혼식장 투어를 하며 평소 못 먹는 '고급 음식'을 먹었다. "지난주엔 강남고속터미널 쪽으로 갔다 왔다"고 했다.

"요즘은 여기저기 죄다 CCTV라 조심해야 돼."

덩치가 제육볶음 뭉텅이를 우적우적 씹었다.

할머니들의 식사가 계속되는 동안 그들은 5분 만에 식판을 비우고 일어섰다.

조만수는 풍산역(고양시 풍동)행 지하철 탑승 시간을 놓쳐 언짢았다.

오전 11시 45분까지 닿아야 1000원을 받을 수 있는 코스가 날아갔다. 풍산역엔 낮 12시 13분에야 도착했다. 백석역에서 대화와 원당으로 각자의 코스를 택해 나뉘었던 사람들이 풍산역에서 다시 합쳐졌다.

권역 간 장거리 이동은 지하철을 이용할 수밖에 없었다. 하루 두세 차례만 지하철을 타도 그날 짤짤이 해서 번 돈의 절반이 사라졌다. 만 65세가 안 돼도 돈 안 내고 타는 '기술'이 그들 사이에 전수됐다. 장애인 지인이 있는 사람은 장애복지카드를 빌려 공짜로 탔다.

조만수가 사용하는 카드는 동자동 9-2× 108호 이구찬(66➡426쪽)의 것이었다.

이구찬은 왼쪽 시력을 잃은 장애인이었다. 그는 9-2× 세입자비상대책위원회 위원[4]으로 집회 때 마이크를 잡고 강제퇴거의 부당함을 호소했었다. 그가 조만수보다 먼저 9-2×에서 나갔다. 퇴거 사태 이후 세 번째 이사였다. 퇴거 반대의 선두에 섰던 그가 퇴거의 선두가 된 '이유'가 있었다. 이구찬이 밤에 몰래 방을 뺐을 때 조만수와 고정국이 그를 도와 짐을 날라줬다. 장애카드는 이구찬의 답례였다.

"쓸모없겠네."

하얀머리가 지하철 계단에서 주운 팔찌를 살피더니 조만수에게 건넸다.

팔찌 이음새를 유심히 보던 조만수가 쓰레기통에 던져 넣었다. 연결 부위가 금으로 만들어진 장신구를 주울 때가 있었다. 그걸 떼어내 편지봉투에 1년 동안 모은 뒤 금은방에 팔면 10만 원쯤 벌 수 있었다.

9-2×에서 조만수의 위층에 살던 양진영(➡477쪽)도 한때 이 코스에 동행했다. 양진영은 짤짤이 내내 쇠붙이나 구리

선을 주워 가방에 쟁였다가 고물상에 팔았다. 젊은 홈리스들은 동전이라도 주우려고 명동 거리를 밤새도록 돌아다니기도 했다. 길에 의지해 사는 사람들의 시선은 늘 땅바닥을 향해 있었다.

풍산역에서 나오자 눈앞으로 짤짤이 행렬이 길게 펼쳐졌다.

가난이 만든 행렬은 시각적이었다. 어떤 길은 그 위에 있다는 사실만으로 누군가의 가난을 고스란히 노출시켰다. 한 사람의 보이지 않는 사정이 그가 속한 행렬로 가시화됐다.

행렬은 도로 옆으로 흘렀고, 아파트 사이를 통과했으며, 공원을 가로질렀다. 보는 눈이 많아질 때마다 간격이 띄엄띄엄해졌다. "간격의 길이가 (행렬에 속하고 싶지 않은) 각자의 자존"이었다. 조만수와 남자들이 무리지어 걸을 때마다 그들의 얼굴로 사람들의 시선이 꽂혔다. 수군거림도 들렸다.

자신의 가난을 전시해서라도 부끄러움보다 무서운 배고픔에 맞서는 일은 격렬한 순례였다.

얻어먹는 자들의 걸음도 벌어먹는 자들의 노동만큼 고단했다. 몸을 쓰고 기운을 소진해야 밥을 먹을 수 있다는 사실은 벌어먹는 자나 얻어먹는 자나 다르지 않았다. "몸이 힘든 것보다 사람들이 쳐다보는 게 더 싫었던" 조만수도 굶주림 앞에서 부끄러움을 죽였다.

풍산역에서 시작하는 코스는 킨텍스 인근(고양시 일산서구)

까지 도보로 이어졌다.

J교회(낮 12시 24분·500원+티셔츠 1장), 2.1킬로미터 거리의 K성당(오후 1시·500원), 1.1킬로미터 떨어진 L교회(오후 1시 26분·500원), 530미터 걸어서 M교회(오후 1시 34분·500원), 3킬로미터 너머의 N성당(오후 2시 15분·1000원), 2.7킬로미터 저편의 O교회(오후 2시 49분·1000원)……

꽁지머리.

하얀 수염.

밝은 미소.

그것들이 조만수의 얼굴을 구별지었다. '밝은 미소'는 조만수가 늘 웃는 표정이라 좋다며 J교회에서 붙여준 별명이었다.

조만수는 연희동 매입임대주택으로 이사할 때 고정국에게 20만 원을 빌려 보증금(50만 원)을 마련했다. J교회에 그 이야기를 했을 때 교회는 봉투에 20만 원을 담아 조만수에게 건넸다. 그 돈으로 조만수는 고정국의 돈을 먼저 갚았다.

"밝은 미소님, 마음에 근심이 있으신가요?"

불과 한 달 만에 밝은 미소의 얼굴에서 미소가 사라지자 교회 권사가 물었다. 고정국이 동자동으로 돌아간 탓도 있었고 방값이 밀린 탓도 있었다. 조만수는 교회에 미소를 자꾸 구걸하는 듯해 더는 근심의 이유를 설명하지 않았다.

조만수는 열네 살 때 대구에서 상경했다.

"한 대롱(매혈) 뽑아주고 받은 돈으로" 기차표를 샀다. 2000년대 중반 월곡동(서울시 성북구) 여인숙에서 살다가 리모델링 공사로 강제퇴거당했다. 마포시장(서울시 마포구) 뒤편 여관이 철거되며 쫓겨났을 땐 거리에서 살았다. 동자동 9-2×에서의 퇴거는 그의 세 번째 내몰림이었다. 그때마다 복지와 행정은 어딘가에 숨어 모습을 드러내지 않았다. 국가는 희미하고 개인의 고통은 선명한 사회에서 "이런다고 삶이 나아지진 않겠지만 죽지 않을 순 있겠다"며 의지해온 '이런 일'이 짤짤이였다.

조만수는 가난한 순례길에서 사계절을 만났다.

봄의 새싹과 여름의 초록과 가을의 단풍과 겨울의 눈꽃을 그는 "하도 다녀서 눈 감고도 찾아가는 길" 위에서 목격했다.

겨울은 냉랭하고 황량했다.

온기를 얻는 데도 돈을 지불해야 했으므로 그는 몸 녹일 따뜻한 장소를 찾아 들어가지 못했다. 그 혹독한 길이 추운 겨울과 추운 봄과 추운 여름과 추운 가을을 견디게 한 그의 '모든 온기'였다.

저녁 6시 30분 P고등학교(서울시 동대문구)에 무료 저녁식사를 하러 도착했다.

일주일에 이틀 저녁 배식을 하는 종교계 학교였으나 이날따라 배식구는 열리지 않았다. 문 앞에 줄 세운 신문 몇 장으로 허탕 친 사람이 조만수만은 아니었음을 알 수 있었다.

고정국을 만날 거라 생각하며 온 곳이었다.

짤짤이 코스를 돌다 보면 동자동으로 돌아간 고정국과는 어디선가 자연스럽게 결합했다. 이날은 고정국이 P고등학교에서 저녁을 먹는다며 "거기서 보자"고 했다. 고정국이 오지 않은 것인지 왔다가 헛걸음하고 돌아간 것인지 조만수는 확인하지 못했다. 조만수가 전화를 걸었으나 고정국은 받지 않았다.

지하철역으로 내려온 조만수는 연희동으로 가는 대신 동자동으로 가는 길을 택했다. 그를 기다리고 있는 뽀삐가 아니라 기다리는지도 알 수 없는 고정국(➡419쪽)을 만나러 갔다.

조만수는 동자동으로 가는 길이 예전 같진 않았다.

오랫동안 반드시 가야 하는 길이었지만 이젠 가지 않아도 상관없는 길이 됐다. 그는 평생 걸었지만 다다를 목적지가 있는 것은 아니었다. 어쩌면 길에서 멈추지 않기 위해 걸었는지도 몰랐다. 이탈할 수 없는 길이었지만 길에서 멈추면 그가 향할 수 있는 곳은 아무 데도 없었다. 걸을 수 있는 길이 있다는 사실만으로 그는 멈추지 않을 수 있었다. 그 길마저 없었다면 아무도 알아차리지 못하는 곳에서 아무도 알아차리지 못하는 순간에 그는 멈춰 일어나지 못했을 수도 있었다.

이날 조만수(➡418쪽)의 짤짤이 길은 P고등학교에서 끝났다. 그보다 늦게 도착해 닫힌 문 앞에서 서성이는 사람은 오직 예수뿐이었다.

12시간 10분 동안 26.3킬로미터를 걸었다.

자전거를 1.7킬로미터 탔다.

지하철로 39개 역을 이동했다.

교회 열세 곳과 성당 세 곳, 사찰 한 곳과 학교 한 곳을 돌았다.

무료 식사 세 끼, 라면 두 개, 티셔츠 한 개를 얻었다.

현금은 8800원이었다.

---

1 종교기관 등이 찾아오는 홈리스에게 주는 소액의 돈.

2 '구제비 중복 수령'을 의미하는 은어.

3 누군가의 장애에 등급(1~6급)을 매겨 지원 내용을 결정하는 국가의 장애 등급제는 오랫동안 장애인들의 폐지(2019년 7월) 요구를 받아왔다.

4 9-2× 주민 비대위는 106호 김택부와 108호 이구택이 각각 위원장과 위원을 맡았다.

47

미
소

뻔한 이야기일 텐데,

쫓겨나는 일은 일도 아니었습니다.

쫓겨나는 일이 내게도 충격일 때가 있었다.

처음은 월곡동(서울 성북구) 여인숙이었다.

젊은 시절 나는 구두 기술자였다. 공장이 망해 문을 닫
자 노가다를 뛰며 공장 옆 여인숙에 방을 얻어 지냈다. 막
노동도 공치는 날이 많았고 공치는 날이 쌓일수록 내 마음
에도 허공이 생겼다. 달방으로 살던 여인숙이었다. 옛 주
인이 여인숙을 팔았는데 새 주인이 리모델링을 한다며 사
람들을 내보냈다. 사람들이 모두 짐을 싸들고 나갈 때 갈

곳 없던 나는 방을 부술 때까지 남아 버텼다. 낮엔 피시방에서 시간을 보내고 밤엔 벽이 뚫리는 방에 들어가서 잤다. 피시방을 왔다 갔다 하면서 컴퓨터 조립하는 법을 배웠다. 그때 남은 손의 기억이 늙어서 우울을 다스리는 위안이 될 줄 몰랐다. 월곡동 여인숙을 나온 뒤 서울역에서 노숙했다. 굶어죽을 줄 알았는데 '은인'을 만나 짤짤이를 배웠다. 서울역과 용산역을 오가며 난장을 깠다. 거주지를 잃으면서 주민등록이 말소됐다. 통신이 끊긴 휴대전화를 바닥에 집어던져 깼다.

다음은 마포의 여인숙이었다.

쫓겨나는 일의 충격이 처음보단 익숙했다.

재개발한다며 건물 자체를 철거했다. 여인숙은 집 없는 자들이 하루씩 낱개의 잠을 보태는 최저 주거공간이었다. 각각의 방마다 들어앉은 각각의 인생들을 지우며 도시는 줄기차게 깨끗해졌다. 나는 1년 만에 쫓겨났다. 쫓겨날 때 받은 한 달 방값으로 고시원에 방을 얻었다. 한 달 방값으로 살 수 있는 시간은 한 달뿐이었고 한 달 뒤 고시원을 나와 용산공원으로 갔다. 수중에 남은 돈으로 소주 스무 병을 사서 공원에서 사는 사람들과 나눠 마시고 드러누웠다.

그리고 동자동 9-2×였다.

쫓겨나는 일은 이제 정말 일도 아니었다.

6년을 살았던 방이 월곡동 여인숙처럼 구멍이 뻥뻥 뚫렸다. 세 번째 쫓겨나는 날 아침이었다. 101호 정국이(➡431쪽)

와 이사 트럭에 가방을 실으며 9-2× 건물을 올려다봤다. 하도 여러 번 쫓겨나서 쫓겨난다는 충격보단 쓸쓸함이 컸다. 매를 처음 맞을 땐 아파도 계속 맞으면 아프다는 감각이 옅어졌다. 충격이 계속되면 일상일 뿐이었다. 나의 우울은 충격이 더는 충격이 아닐 만큼 점점 충격적으로 변하는 내 삶의 쓸쓸함에서 왔다.

뻔한 이야기일 텐데,
쫓겨나는 사이사이에 노숙을 했는데요.

용산역 뒤에 노숙인촌이 있었다.
노숙인들 때문에 더러워지고 위험해진다며 언젠가부터 서울역 안에서 자지 못하게 했다. 길에서 알게 된 동생들이 용산역 뒤로 인도했다. 박스로 집을 짓고 사는 사람들이 있었다. 박스집 건축 노하우를 그곳에서 배웠다. 쓸 만한 박스는 길거리가 아니라 마트에 가야 구할 수 있었다. 가져가지 못하게 할 때가 많아 한 번에 한두 장씩만 얻어왔다. 테이프로 상자들을 이어 붙여 사각의 틀을 만들었다. 교회나 자선단체에서 받아온 침낭을 안에 깔았다. 겨울엔 비닐을 쳐서 한기를 막고 뚜껑을 만들어 덮었다. 들어가 누우면 몸에 꼭 들어맞는 관 속에 있는 기분이었다. 내가 죽었을 때 그만한 관에라도 들어갈 수 있을지 알 수 없었다. 지하철역 이동통로에 짓는 박스집은 하루 단위로 만들고 부숴야 했다. 용산역 노숙인촌에서는 철거하지 않고 한동안 살 수 있었다. 쫓겨나는 일이 일도 아니었던 내겐 아무리 집 같지 않은 집이라도 부수지 않고 내쫓지 않는 집이 가장 집다웠다. 지금도 가끔 찾아가 보곤 했다. 눈에 안 보이는 사람들은 살 만한 집을 얻어 떠난 것이 아니라 그사이 죽은 것이었다.

뻔한 이야기일 텐데,
스스로 죽으려는 사람들이 있었겠지요.

죽기 싫어도 죽음을 피할 수 없는 것처럼 죽고 싶어도 마음대로 죽을 수 있는 것은 아니었다. 병들어 오늘내일하는 사람도 오늘내일을 넘기고 모레글피까지 죽지 않았다. 자살하려는 사람들을 내가 몇 명 살린 적이 있다. 짤짤이해서 얻은 돈을 여러 사람이 한데 모으면 소주 몇 병과 돼지고기 한 덩이를 살 수 있었다. 한강 다리 밑에서 고기를 구워먹고 몸이 따뜻해지면 난간에 다리를 걸치는 사람들이 있었다. 한 인간이 뛰어내리는 순간 내가 팔을 붙들고 끌어올려 살렸다. 나도 죽고 싶을 때가 있었지만 그렇게 죽을 생각은 없었다.

뻔한 이야기일 텐데,
거리잠을 오래 자면 온갖 병이 생기더란 말입니다.

영양 결핍이어선지 이빨부터 쑥쑥 빠졌다. 식어서 딱딱하게 굳은 닭고기를 얻어먹을 때였다. 앞니에 닭뼈가 걸렸다. 뼈를 빼는데 닭뼈가 아니라 이빨이 빠졌다. 야매로 이빨을 해준다는 아줌마를 찾아갔는데 개당 10만 원씩에 넣어주겠다고 했다. 급한 대로 세 개를 넣었는데 얼마 뒤에 순서대로 쪼르르 빠져나갔다. 이빨이 뭉텅이로 빠지니까 옆의 이빨들까지 흔들리며 하나둘씩 빠졌다. 이빨 심을 돈 없으면 틀니라도 하라는데 틀니를 하려면 남은 이빨까지 돈 주고 빼야 했다. 알아서 몽땅 빠질 때까지 그냥 두고 있다.

뻔한 이야기일 텐데,
옛날 옛적에 가난한 부모에게서 태어난 아들이 있었는데요.

어머니는 내가 다섯 살 때 돌아가셨다. 일제강점기 때 일본으로 끌려가 징용을 살았던 아버지는 일흔한 살까지 살았다. 나를 포함해 2남 2녀였는데 가난한 부모는 자식들을 건사하지 못했다. 나는 국민학교 졸업하자마자 가출했다. 혼자라도 먹고살 궁리를 하고 싶었다. 열네 살 때 피 뽑아 판 돈으로 기차표를 사서 서울로 올라왔다. 지하철 1호선 개통식이 있던 날[1]이었다. 지하철을 타보려고 가까운

역으로 가고 있는데 신문팔이 아이가 길거리에 호외를 뿌렸다. 육영수가 총에 맞았다고 했다. "호외"라는 아이의 외침이 총소리처럼 들렸다.

　뻔한 이야기일 텐데,
　그 시절은 그럴 수밖에 없었던 걸까요.

　병무청에서 방위로 군복무할 때 아버지가 돌아가셨다. 가짜 제대증을 만들고 내 병적기록부를 찾아내 탈영했다. 짧은 머리를 가발로 가리고 도망 다녔다. 대구 집에 잠깐 들렀다가 붙잡혀 군사재판을 받고 영창에 갇혔다. 영창에서 나온 뒤 50사단으로 보내졌다. 시위 진압 훈련을 받으며 언제든 출동할 수 있도록 대기했다. 연병장에서 빡빡 구르고 있는데 사단장이 방문했다. 훈련을 멈추고 사열대 앞에 선 사단장에게 집단 거수경례를 했다. 박정희가 총에 맞아 죽은 다음 날 그 사단장은 특전사령관이 됐다. 그때부터 그 이름 정호용[2]이 전두환이란 이름과 섞여 불쑥불쑥 뉴스에 등장했다.

　뻔한 이야기일 텐데,
　한번 재수 없는 놈은 끝까지 재수가 없어요.

　제대 뒤 길을 가다 군인들에게 잡혀 삼청교육대로 끌려

갈 뻔했다. 왼쪽 팔등에 '일심'이라 새긴 문신 때문이었다. 형들이 문신하는 걸 보고 따라 했다. 바늘로 팔을 찔러 글자를 그린 뒤 연탄가루 푼 검은 물을 발랐다. 마구잡이로 만든 문신일수록 잘 제거되지도 않았다. 지우려고 굵은 소금으로 문댔지만 색깔만 탁해질 뿐이었다. "에이 시팔 영창 갔다 온 지 얼마나 됐다고 또 삼청이냐"며 가래를 뱉었다. 군인들 팔 힘이 조금 느슨해졌을 때 뿌리치고 죽어라 도망쳤다. 다행히 지옥은 면했지만 삼청 밖도 내겐 깜깜하긴 마찬가지였다. 구두 만드는 일을 했는데 사업에 실패한 사장이 어느 날 공장을 폐업하고 사라졌다.

뻔한 이야기일 테지만,
정말 그렇게 뻔하겠습니까.

이런 생각.
가난해서 무능하고 무능해서 가난하다는 생각.
네 가난은 충분히 노력하지 않은 네 탓이지만,
내 부모의 재산은 타고난 나의 능력이란 생각.
그런 생각.

뻔한 이야기일 테지만,
당신 생각이 그럴 줄 나(➡431쪽)도 뻔히 알고 있습니다.

1 지하철 1호선은 1971년 4월 12일 착공했다. 청량리역~서울역을 잇는 9개 역 7.8킬로미터 구간과 서울역~수원역, 구로역~인천역 등 38개 역을 잇는 노선이 1974년 8월 15일 운행을 시작했다. 이날 박정희의 부인 육영수가 문세광의 총격에 사망했다.

2 육군사관학교 11기로 동기인 전두환·노태우와 하나회를 결성했다. 제50사단장이던 1979년 12월 12일 전두환의 군사쿠데타(12·12사태)가 발생했고 바로 다음 날 특전사령관으로 임명됐다. 5·17 비상계엄 확대와 5·18 광주민주화운동 진압에 가담했다. 제3야전군 사령관과 제25대 육군참모총장을 역임했다. 예편 뒤 국방부·내무부 장관과 제13·14대 국회의원을 지냈다. 1997년 군사반란과 광주학살 관련자로 징역 7년 형을 선고받았다.

108호 이구찬[1]

1949년 전남 구례 출생

13년 거주

내가 나를 알지만 미친 것인지 돌은 것인지.

두 외삼촌은 여순사건[2] 때 죽었다. 죄가 있어 죽은 것이 아니었다. 그땐 그냥 잡아 죽였다. 죽여도 말도 못하던 시절이었다.

돌은 놈이 자전거도 안 넘어지고 잘 탔는데.

어릴 때 집을 나와 우유 배달을 했다. 어느 날 가게에 도둑이 들었다. 사장이 나한테 화풀이를 해서 때려치웠다. 수산물 시장에서 청소를 했다. 비린내가 몸에 배어 정신이

미끌미끌했다.

머리가 반듯하게 받쳐줘야 안 넘어지고 잘살 텐데.

스물한 살 때였나. 죽으려고 서너 차례 약을 먹었다. 머리가 나쁘고 정신도 헐렁하고 사리가 헷갈리니까 죽는 게 낫겠다 싶었다. 수면제를 한 주먹 먹고 정신을 잃었다. 계획을 세워 약을 먹었는데도 계속 살아났다. 마지막엔 쥐약을 입에 털어넣었다가 뱉어버렸다. 뜻대로 안 돼서 죽는 것도 그만뒀다.

머리가 팽 돌아놓으니까 인생이 팽팽 돌고.

청계천 평화시장에서 일했다. 부산 대구 대전에서 올라온 상인들이 거래 영수증을 나한테 주면 내가 가게에서 청바지와 점퍼 등을 받아와 상인들한테 부쳐줬다. 그 일을 하며 쓴 밥을 벌어먹을 때 그 남자 이야기를 들었다. '근로기준법 준수'를 외치며 몸에 불을 지른 그 남자. 3년 전[3] 죽은 그 남자 이름이 비밀처럼 청계천 사람들의 입을 오갔다. 나보다 고작 한 살 많았다.

일종의 정신병에 걸린 것 같더라고 내가.

청계피복노조[4]에서 활동하던 친구와 술을 먹었다. 어떤 사람과 시비가 붙은 친구가 바닥에 술병을 던졌다. 양복에 술이 튄 사람이 그 친구와 나에게 무릎 꿇고 빌라고 했다. 거부하다 출동한 경찰에게 체포됐다. 구치소에서 하나님과 성경을 알게 됐으니 잘 잡혀간 것이었다. 1978년부터 1년 6개월을 살았다. 구치소에서 나온 지 한 달 뒤[5]인가 박정희가 죽었다.

삼청교육대도 잘 간 거지.

전두환이 사회정화를 한다며 사람들을 잡아갔다. 1980년 7월 용산에서 경찰의 불심검문을 당했는데 전과 기록이 나오자 그냥 끌고 갔다. 사단 연병장이 끌려온 사람들로 드글드글했다. 맞는 게 훈련이었다. 몽둥이로 개 잡듯 잡았다. 하도 맞아서 살이 남아나지 않았다. 한 놈 걸리면 일부러 피가 흥건할 정도까지 때렸다. 본보기였다. 너무 맞아서인지 자다가 호흡 곤란으로 죽는 사람도 봤다. 나는 밥 한술 더 얻어먹으려다 몽둥이로 꼬리뼈를 맞았다. 오십대 맞으니까 피가 낭자했다. 1981년 8월까지 삼청교육을 받았다. 돌은 놈이 교육 한번 제대로 받았다.

살면서 보니 삼청교육대 경험이 재산이더라고.

옥수동, 창신동, 보문동 골목을 다니며 벼룩약 치는 일을
했다. 약이 독해서 입에 수건을 둘러도 기관지가 상했다.
몸에 병이 오니까 더는 할 수 있는 일도 없었다. 서울에서
죽으려니까 남의 눈도 있고 해서 사람들 안 보는 시골에서
죽자 싶었다. 14년간 전국을 떠돌아다녔다. 길거리에서 빠
삐용[6]처럼 풀을 먹고 살았다. 배추도 뜯어먹고 무도 뽑아
먹고 돌과 똥 말고는 다 먹었다. 한겨울 남의 집 처마 밑에
쭈그리고 앉아 잤다. 누가 소주 한 병 사주면 마시고 얼어
죽으려고 했는데 숨 쉬는 짐승이어서인지 죽지도 않았다.
삼청교육대 끌려가 죽도록 교육을 받아서 안 죽고 살 수
있었다. 먹여주고 재워준다는 사람을 따라 기도원에 갔다
가 성경을 읽고 찬양을 시작했다.

할렐루야 덕분에 인생이 평탄했다.

마흔다섯 살에 왼쪽 눈을 실명했다. 기도원에서 쇠말뚝
박을 일이 있었는데 쇳가루가 튀어 눈에 들어갔다. 눈에
피를 흘리며 병원에 실려갔지만 결국 시력을 잃었다. 장애
6등급을 받았고 장애수당 4만 원을 받았다. 수급자가 돼
동자동 9-2×에 왔다. 104호와 305호를 거쳐 108호에 이르
렀다. 할렐루야.

친하게 지내는 사람은 없었다.

9-2× 사람들하고는 필요할 때만 이야기했다. 나하곤 수준이 안 맞았다. 성격, 인격, 철학이 맞아야 친해질 텐데 그들과는 사용하는 언어가 다르고 생각의 깊이가 달랐다. 콩 하면 콩 하고 팥 하면 팥 하며 알아먹어야 하는데 콩 하면 팥 하고 팥 하면 콩 했다. 사람이 작은 방에만 있으면 정신이 멍해진다. 꿩이란 새가 그렇다. 텔레비전만 보고 있어도 바보가 된다. 성경도 보고, 찬양도 하고, 춤도 춰야 정신을 차린다. 무시해서가 아니라 수준이 달라서 말을 안 섞었다.

하나님이 인도하시겠지.

갑자기 나가라면 갈 데가 있겠나. 할렐루야. 난공불락이다. 절벽이다. 할렐루야. 뭉치면 오래 버티겠지만 혼자만 살겠다면 말릴 수는 없다. 죽음의 문턱까지 왔는데 어떡하겠나. 할렐루야. 불로소득이다. 과부가 홀아비 생각하겠나. 할렐루야. 우리 갈 데가 어디 있나. 망우리 공동묘지밖에 더 있나. 할렐루야. 잡아먹어라. 할렐루야. 나는 믿는 구석이 있다. 하나님이 어디든 보내주실 것이다. 할렐루야. 죽음밖에 더 있겠나. 할렐루야.

108호에 사는 것이 두려웠다.

내가 주민대책위 비대위원이었다. 강제퇴거 반대 팻말을 들고 시위를 했다. 집회 단상에 올라 마이크도 잡았다. 그런 내가 9-2×에서 세 번째로 이사했다. 밤마다 사람들이 무서웠다. 사람들이 나더러 배신자라고 했다. 자기들한테 말도 안 하고 건물주에게 방을 비우겠다고 약속했다는 이유였다. 안 하긴 왜 안 했나. 회의 때 이야기했는데 왜 미리 말하지 않았냐며 비난했다. 비대위원이란 작자가 그따위 약속을 하면 어떡하냐고 했다. 가장 마지막까지 방을 지켜야 할 사람이 비대위원 아니냐며 공격했다. 약속했다는 사실만이라도 빨리 이야기했으면 대책을 세워봤을 텐데 늦게까지 밝히지 않은 속셈이 뭐냐고 따졌다. 평소 사나운 2층 놈이 돌을 들고 찾아왔길래 문을 잠갔더니 밖에서 소리를 지르며 방문을 찍었다. '죽어도 못 나간다'며 목소리만 컸지 아예 동자동 밖으로 떠나버린 지하의 어떤 인간은 방에 들어와 내 목을 졸랐다. 겁이 나서 더는 108호에 있을 수 없었다. 메인 골목 아래쪽 건물에 방을 구했다. 미리 알려지면 무슨 해코지를 당할지 몰라 조용히 짐을 싸서 밤에 몰래 이사했다. 옆방 109호에 살던 조만수(➡475쪽)와 101호 고정국(➡530쪽)에게 부탁해 짐을 옮겼다.

바람 풍(風).

9-2× 사람들이 무서워 내 방에 들어가지 못한 날들이 있었다. 술을 마시고 길에서 잤다. 며칠을 그랬더니 몸속에 바람[7]이 불었다. 머리보다 입이 돌아갔다. 통제되지 않고 침이 흘렀다. 바람이 세찼다. 내가 돌아서 세상이 돌은 것인가, 세상이 돌아서 내(➡578쪽)가 돌은 것인가.

---

1 이구찬의 이야기는 일관성 있는 전개를 보이지 못하고 수없이 가지 쳤다. 그 스스로가 자신의 지적 능력을 낮춰 봤다. 세상에 분노하다가도 한없이 체념적 태도를 보이기도 했다.

2 1948년 10월 제주 4·3 진압을 명령받은 14연대 군인(전남 여수 주둔)들이 명령을 거부하고 무장 봉기를 일으켰다. 이승만 정부는 계엄령을 선포한 뒤 군대를 투입해 여수·순천 지역을 탈환했다. 무고한 민간인 수천 명이 희생됐다. 사건 직후 숙군 과정에서 남로당 프락치로 검거된 박정희는 군사법정에서 사형 구형에 무기징역을 선고받은 뒤 살아났다. 그 경험이 1963년 대통령 선거에서 '좌익 전력'이 돼 윤보선 후보의 공격을 받기도 했다. 결과적으로 여순사건은 박정희의 정치적 정당성 확보를 위한 '반공 병영국가' 정책으로 이어졌다.

3 1970년 11월 13일 전태일 분신.

4 전태일 분신을 계기로 탄생한 평화시장 노동자들의 노동조합. 분신 이주일 뒤인 1970년 11월 27일 결성됐다.

5 1979년 10월 26일.

6 프랭클린 J. 샤프너가 감독하고 스티브 맥퀸이 연기한 1973년 영화 〈빠삐용〉의 주인공.

7 중풍. 뇌졸중.

49

반전

삼가 초대합니다.

애국시민 여러분! 에디슨은 전구 발명으로 광명 세계하였으며 저는 지금으로부터 27년 전(1988년) 뉴욕제네바 세계발명국제대회에서 금은동메달을 받은 발명 메달리스트로서 발명 외길 51년, 쪽방 생활 20년간 콘테이너형 발전장치(일렉트릭 볼케이노 시스템)를 개발하여 백색 에너지 시대를 선언하게 되었습니다. 이것은 조립·분해 이동 운반식 방음·방수·방탄 전천후 안전장치로서 그 개발 부가가치는 지대하여 지구촌에 고압전선 또는 선로 없는 한글식 역사(驛舍)가 설치되어 우리 겨레의 제2의 한강의 기적이 될 것입니다. 이러한 기적은 정치인, 공무원, 교수 지식인이 얼간이들이요,[1] 온 국민이 경부고속도로 건설을 반대할 때 정주영씨가 건설했고 중동 진출도 가능케 하였으며, 김두한 의원의 세계 최초 국회 인분 사건은 삼성으로 하여금 전자 분야에 진출[2]하게 하였습니다……

행사 일시: 2015년 10월 3일 개천절

행사 장소: 서울시청 광장 출발, 서울 시내 일주, 청와대

앞에서 신고식을 올리겠습니다

초청 측: IITT 코스모스 발전장치 개발회사

2015년 9월 3일[3]

김대광(김가나다)

김대광이 '필생의 대업'을 끝내기 위해 움직였다.

그도 동자동 9-2×에 더는 머무르기 힘들다고 판단했다. 건물주 남편이 직접 그의 짐을 복도로 꺼내고 있었다. 301호에 솟은 언덕이 파헤쳐지고 있었다.

"여기서 끝을 봐야지."

가족이 있는 미국으로 가기 위해서라도 9-2×에 있는 동안 평생의 꿈을 마무리해야겠다고 김대광은 결심했다.

개천절을 디데이로 잡았다. 한민족의 하늘이 열린 날이었다. "발명의 천지개벽을 이룩할" 일렉트릭 볼케이노를 선보이는 날로 개천절만 한 날이 없었다.

활화산처럼 폭발하는 볼케이노의 힘을 보여주리라.

김대광은 '21세기 에너지혁명'을 위해 생의 남은 에너지를 쏟아붓고 있었다. 시연회에서 볼케이노가 화석연료 시대의 종언을 선언하는 순간 그는 물을 것이었다.

알아 몰라?

9-2×에 묻혀 쪽방 돈키호테 취급을 받아온 참담한 시간 동안 그의 발명을 무시해온 정치인, 공무원, 교수 들에게 따질 것이었다.

정주영이, 김두한이, 그들 다음으로 오래전에 멈춰버린 한강의 기적을 되살릴 인물.

나 김대광.

알아 몰라?

세종대왕께서 주신 이름 김가나다.

알아 몰라?

김대광이 3층 난간을 붙잡고 한 발 한 발 계단을 내려왔다. 9-2×에서 나온 그가 메인 골목을 내려가 동자동 초입에 앉았다. 요직의 인물들에게 시연회 초청장 전달을 도와주기로 한 사람이 있었다. 동네 입구에서 만나기로 했다.

이제 한 달 뒤면 새 시대가 열릴 것이었다.

반전은 법원에서 나왔다.

김대광의 볼케이노 시연회 초청 엿새 뒤[4]였다. 퇴거 거부 주민들이 석 달 전 제기[5]한 공사 중지 가처분을 법원이 받아들였다.

재판부는 건물주의 강제철거가 주택임대차보호법에 위배된다고 결정했다. 주민들이 쪽방 입주 때 작성한 계약서가 한 달짜리일지라도 법적으로는 2년의 임대차 기간이 인정된다고 했다. 건물주의 보수·철거 공사와 출입문 폐쇄, 출입 방해, 단전·단수 등의 행위도 금지했다.

법원의 결정은 9-2×의 내외부가 한창 옷을 갈아입는 시점에 나왔다.

최초 퇴거 딱지가 붙은 뒤 7개월간 9-2×는 격변했다. 5월 말 내벽을 깨고 허무는 해머의 타격이 건물을 흔들었고, 6월 말엔 건물주가 전기를 끊으며 퇴거 거부 주민들을 몰아붙였다. 버티지 못한 주민들이 차례로 떠나고 7월부턴 네 명만 남았다. 건물주는 단전과 단수를 단행했다.

그 건물주가 법원 판결 뒤 게스트하우스로의 용도 변경을 포기했다.

법적 다툼을 이어가지 않는 한 공사 중지를 받아들일 수밖에 없었다. 공사 중지 상태가 길어질수록 공사 대금도 불어날 것이었다. 건물주는 쪽방을 유지하는 대신 서울시에 건물 전체 임차를 요청했다. 사태 초기 서울시가 중재에 나서며 제안했으나 건물주가 거부했던 안이었다.

서울시도 건물주의 요청을 받아들였다.

계약이 체결되면 주민들 거주 보장과 방값 인상 금지를 전제로 서울시가 건물을 4년간 통째로 빌리는 방식[6]이었다. 9-2×의 월세는 공사 전처럼 평균 15~16만 원[7]으로 묶었다.

주민들은 안도하면서도 허망했다.

이렇게 간단하게 뒤집힐 것을.

지난 시간 동안 주민들의 삶은 격랑 위에 있었다. 끝까지 이사를 거부한 네 명이 얻은 것은 '우리에게도 지킬 권리가 있다'는 사실이었다. 그 사실뿐이었다. 생애 처음 그 사실을 경험한 대가는 비쌌다. 쫓겨나는 것을 숙명으로 여겨온 사람들이 모두 뿔뿔이 흩어진 뒤였다.

건물주 부부도 상처를 입었다.

그들의 강제·일제 퇴거 조처는 '손쉬운 상대'를 대상으로 했다. 손쉽게 게스트하우스로 전업할 수 있을 것이라 기대했던 그들은 예상치 못한 사태 전개에 당황했다. 손쉽게 다룰 수 있는 사람은 있을지 몰라도 손쉽게 치워질 만큼 가벼운 삶이란 없었다. 재산권은 재산이라곤 몸밖에 없는 사람들에 대한 법적 존중 위에서 보호되고 행사돼야 한다는 사실을 건물주 부부는 가볍게 여겼다. 그 사실을 자주 모른 척해왔던 법도 그 사실을 모처럼 일깨웠다.

리모델링 중단 뒤 남은 것은 흉터였다.

서로에게 흉터를 남긴 채 공사는 게스트하우스로의 리모델링에서 쪽방 보수공사로 전환했다. 성격이 바뀐 공사는 궤도에 오르기도 전에 급하게 마무리 단계로 들어갔다. 허물어지고 구멍 뚫린 내부가 벽을 다시 세우고 구멍을 메우는 수준으로 수습됐다. 게스트를 모실 수준으로 꾸며질 뻔했던 9-2×는 월세 15만 원짜리 주민들이 살 쪽방으로 땜질됐다.

'주거 보장'을 받은 네 명의 퇴거 불응 주민들은 각자의 방식으로 공사에 협조했다.

106호 김택부는 법원 결정 닷새 뒤 직선거리 60미터 떨어진 쪽방으로 짐을 옮겼다. 공사가 마무리될 수 있도록 방을 비워주는 임시 이사였다. 어차피 106호에 다시 넣을 짐이었으므로 그는 짐을 풀지 않고 가방에 담긴 채로 뒀다.

그의 짧은 이사를 다리가 불편한 104호 안장선이 도왔다. 그는 김택부가 서울역에서 노숙할 때부터 알던 사이였다. '털보 형님' 김택부는 가끔 안장선의 손에 1000원을 쥐여줬고, 안장선은 김택부가 입원했을 때 문병을 갔다. 김택부가 안장선의 방과 대각선으로 마주보는 106호에 들어온 것도 먼저 입주해 있던 안장선의 소개 덕이었다.

안장선은 서울 용산이 고향이었다.

그는 평생 얼마 이동하지 못하고 용산구의 가장 가난한 땅(동자동)에서 환갑을 맞았다. 두 번의 결혼과 두 번의 이혼을 했다. 아들은 행방불명이었고 그 아들과 연락이 단절됐다는 사실이 입증[8]돼 수급자가 될 수 있었다.

타이어 펑크 때우는 일을 하던 안장선은 공기압에 밀려 튀어나온 부품에 턱을 맞고 정신을 잃었다. 사흘 만에 깨어났는데 피를 많이 흘렸다. 정신을 차린 뒤부터 한쪽 귀가 안 들렸다. 인형공장에서 일할 땐 완구 금형 도중 프레스기에 끼어 손가락 하나가 잘려나갔다. 건설현장에서 공구리 치는 잡부로 일할 때 무릎이 절단 나 다리를 절기 시작했다. 그가 절룩이는 다리를 끌고 김택부의 이삿짐 리어카를 밀었다. 김택부가 9-2×로 돌아간 뒤 안장선(➡464쪽)은 강동구 매입임대주택으로 이사[9]할 것이었다.

김택부가 임시 거주를 위해 처음 알아본 방은 201호 박철관이 옮겨간 건물이었다.

김택부가 "거기 빈방 있냐"고 물어봤을 때 박철관은 "방이 다 찼다"고 답했다.

빈방은 있었지만 박철관이 없다고 말한 이유가 있었다. 박철관은 9-2×에서 살던 사람들과 이웃이 되길 원치 않았다. 술 좋아하고 목소리 큰 사람들과 다시 얽히고 싶은 마음이 없었다.

박철관의 방이 있는 3층 끝에서 중국 동포가 살았다.

중국에서 일하러 온 가난한 남자가 값싼 방을 찾아 박철관의 옆으로 왔다. 며칠 전에도 그 방 사람과 옆방 사람 사이에 싸움이 붙었다. 가난은 소리로 존재를 입증했다. 가난한 방을 뚫고 나온 소리가 가난한 방을 뚫고 들어갔다.

박철관은 다만 조용하고 깨끗하게 살고 싶었다.

그가 방을 새로 얻은 건물은 복도가 좁고 계단 경사가 급했다. 한겨울 계단이 얼어 넘어지기라도 하는 날엔 데구르르 굴러 저세상까지 굴러가기 십상이었다. 박철관은 '건물이 아무리 더러워도 내 방은 내가 하기 나름'이라 생각했다.

이사하자마자 박철관은 9-2×에서처럼 자신의 방을 그 건물에서 가장 청결한 방으로 만들었다.

도배를 다시 하고 장판도 다시 깔았다. 깨진 벽엔 시멘트를 발라 빗물이 새지 않도록 했다. 하루에도 몇 번씩 방바닥을 닦아 반질반질 윤이 났다. 그가 방문을 열면 향긋한 비누 냄새가 뽀송뽀송했다.

김택부에겐 방이 없다고 했지만 박철관이 방을 잡아준 '웬수'가 있었다.

210호 최중호가 마침내 출소했다. 퇴거 사태가 발생하자 교도소에 있던 그는 박철관에게 짐을 부탁했다. 웬수 같은 놈의 청을 어쩌지 못해 자신의 방에 짐가방을 보관해준 박철관 앞에 어느 날 출소한 최중호가 찾아왔다.

박철관의 옆방이 마침 비어 있었다. 박철관은 최중호를 건물주에게 끌고 가 반강제로 계약서를 쓰게 했다. 주소가 있어야 수감 뒤 끊긴 수급도 회복할 수 있었다. 한 달 방값이 부족하자 박철관이 돈을 보태주기도 했다.

최중호에게 방을 얻어준 지 두 달쯤 됐을 때였다. 그의 휴대전화로 경찰서에서 보낸 문자 메시지가 도착했다. 최중호가 며칠 안 보인다 싶을 때였다.

"최중호(➡447쪽) 님이 2015년 10월 ○○일 ○○구치소에 입소되었습니다."

박철관(➡451쪽)의 입에서 불이 튀었다.

"이런 씨부랄 웬쑤 놈이."

김택부(➡492쪽)의 임시 거처는 부엌을 사이에 둔 두 개짜리 방 중 왼쪽이었다.

303호 박세기(➡541쪽)가 며칠 뒤 부엌 오른쪽 방으로 들어왔다.

그도 임시 이사였다. 퇴거 사태 동안 그는 거의 일을 나가지 못했다. 방을 비우면 언제 문을 뜯어낼지 몰라 일당벌이를 포기하고 방을 지켰다. 법원의 가처분 신청 인용 뒤 박세기는 오랜만에 인력사무소에 나갔으나 일을 배정받지 못하고 허탕을 쳤다. 일하지 못하는 날이 많아지자 그는 그동안 지킨 것과 잃어버린 것이 무엇이었는지 계산이 서지 않았다.

9-2×엔 301호 김대광과 203호 박수광만 남아 공사를 견뎠다.

박수광은 방을 비워주는 대신 방 보수가 수월하도록 큰 짐들을 복도로 뺐다. 복도 벽엔 박수광이 걸어둔 달력이 있었다. 청와대가 제작한 달력이었다. 달력 안에서 한국 대통령과 중국 국가주석이 악수를 하고 있었다. 과거 같은 층에 살던 한 주민이 그 달력을 몇몇 방에 돌렸다. 그가 어떻게 그 달력을 얻게 됐는지 박수광은 듣지 못했다. 보조 출연 일정으로 채워졌던 그 달력도 퇴거 딱지가 붙은 2월 이후엔 빈칸으로 휑했다.

퇴거 조처가 부당하다는 법원의 결정 직후 박수광은 건물주에게 피해 보상을 요구하며 개별 소송을 제기했다. 그의 소송에 관심을 두는 주민은 없었고, 뜻대로 소송이 진행될 가능성도 높지 않았다.

박세기가 챙기던 김대광은 301호에 남아 있었다.

방들이 옷을 갈아입는 동안에도 갈아입지 못한 옷처럼 그의 방은 거무튀튀했다. 방 밖으로 넘쳐흐르던 그의 짐들은 302호로 떠내려가 있었다. 주민 마흔다섯 명 중 마흔세 명이 방을 빼는 사이 그의 살림 절반이 이사한 곳은 1미터 건너 옆방이었다. 빈 사발면 그릇과 찌그러진 페트병, 알맹이 없는 라면 봉지와 원형을 가늠할 수 없는 기계 부품들이 302호에서 먼지에 절어 수북했다.

"딴 데로 안 나가서 다행이야. 여기서 끝내야지."

김대광은, 여기, 301호에서 '과업'을 완수하겠다고 거듭 다짐했다.

개천절이 다가오고 있었다.

그는 날마다 동자동 입구에 앉아 '그 사람'이 오길 기다렸다. 시연회 초청을 도와주기로 했던 사람이 며칠이 지나도 나타나지 않았다. 그는 욕을 하면서도 계속 기다렸다.

"이 새끼가. 아니, 이 새끼가."

어떤 '새끼'가 김대광과 약속했는지 9-2×에서도 아는 사람이 없었다.

하루 종일 골목 앞을 지키던 김대광은 날이 저물면 301호 언덕을 힘겹게 등반했다. 언덕에 몸을 묻고 방 천장에 도면을 그리며 다음 날을 기약했다.

서울시청 광장을 출발해 서울 시내를 일주하고 청와대 앞에서 신고식을 올리겠다고 한 날이 하루하루 가까워지고 있었다.

언덕 골짜기 아래로 가라앉으며 김대광(➡491쪽)의 기운
이 급격히 시들고 있었다.

1 김대광이 평소 했던 말들에 비춰보면 발명산업에 무관심한 정치인과 공무원, 교수 등을 비판한 것으로 보인다.

2 1966년 9월 삼성그룹의 계열사인 한국비료가 일본에서 사카린을 밀수한 사실이 드러났다. 국회는 본회의를 열어 관계 장관들을 불러 진상규명을 요구하며 책임을 추궁했다. 9월 22일 대정부 질의에 나선 김두한 의원이 비닐봉지에 담아 본회의장에 반입한 인분을 정일권 국무총리와 장기영 부총리 등이 앉아 있던 국무위원석에 던졌다. 이 사건 뒤 이병철 당시 한국비료 사장(삼성 회장)은 회사 주식의 51퍼센트를 국가에 헌납했다. 국회의 제명 결정에 따라 의원직을 잃은 김두한 의원은 국회의장 모욕·공무집행 방해 등의 혐의로 구속·기소됐다. 김대광은 오물 투척 사건 등을 계기로 삼성이 주력 업종을 전자 분야로 옮겨 성공했다고 주장하는 듯하다.

3 초청장은 개천절 한 달 전을 기준으로 작성됐으나 결국 누구에게도 발송되지 못했다.

4 2015년 9월 9일.

5 2015년 6월 19일.

6 서울시가 건물주에게 임차한 9-2×를 서울시쪽방상담소가 다시 위탁받아 주민과의 계약, 월세 수금, 공과금 납부 등을 처리.

7 보증금 없이 수도·전기요금이 포함된 금액.

8 부양의무제. 아무리 가난하고 가족과의 관계가 끊긴 지 오래여도 서류상 일정 소득 이상의 부양가족이 확인되면 수급자가 될 수 없다. 복지의 사각지대를 만드는 대표 조항으로 꼽혀왔다.

9 207호 이준길과 함께 2016년 초 같은 매입임대주택으로 이사하며 동자동을 떠났다.

땜
질

게스트하우스와 쪽방의 차이는 리모델링과 땜질의 차이
기도 했다. 게스트하우스를 만들 목적으로 부수고 쪽방으
로 되돌리는 과정에서 건물은 날림으로 때워졌다. 게스트
하우스에서 잘 손님과 쪽방에서 살 사람의 차이가 그 방의
모양에서 구별되고 차별됐다. 개선돼야 할 방들이 단순 복
구되면서 박살난 방들은 방이라기보다 방의 형태만 갖추
는 수준으로 되돌려졌다. 모든 방의 규격이 달랐다. 방문
과 방문 사이의 간격과 복도 바닥에서 방문턱까지의 높이
가 제각각이었다. 턱이 높은 방의 문이 복도 천장 대들보
에 닿아 개폐가 불가능해지자 대들보에 닿는 부분만큼만
쇠톱으로 잘라냈다. 방문 귀퉁이가 잘려나간 기하학적 형
태의 문들이 방 앞에 달려 방문 역할을 했다. 방과 방 사이
의 허물어진 벽을 석고 보드로 대체하기도 했다. 벽이라기
보다는 칸막이였고 불이 나면 속수무책이었다. 서울시 지
적을 받은 뒤에야 시멘트 블록으로 대체됐다. 검은 매직펜
으로 휘갈긴 방호수가 플라스틱 푯말로 바뀌고 공동화장
실 문 앞에서 세련된 알파벳(Wash!)이 몸을 꼬아도 바뀐 것

은 없었다. 중단된 리모델링 앞에서 가난은 리모델링되지도 보수되지도 않았다. 서울시는 강제퇴거자들 중 되돌아오길 원하는 사람들에게 우선 방을 배정하겠다고 했다. 가난이 땜질된 9-2×로 몇 명이 돌아올지 알 수 없었다.

210호 최중호

1956년 출생

최중호라는 사람.

교도소 밖에 있을 때보다 교도소 안에 있는 날이 많은 사람. 늘 교도소에 있으므로 그가 어떤 사람인지는 9-2× 주민들의 말로 설명될 수밖에 없는 사람.

최중호라는 남자.[1]

퇴거 딱지가 붙은 뒤 관리인이 방 치워버릴까봐 편지로 방 빼지 말라고 부탁한 남자. 하루에 5만 원씩만 노역으로 까도 몇 달이면 나와야 하는데 도대체 벌금을 얼마나 때려 맞았길래 출소한다던 달에도 못 나오고 있는지 알 수 없는 남자. 다른 무슨 중죄를 지은 것 아닌지 의심스러운 남자.

최중호라는 인간.[2]

'본토'가 종로5가 광장시장[3](종로구 예지동)인 인간. 갈치와 고등어구이 파는 골목의 건달 출신으로 알려진 인간. 밤의 사나이라 불리는 인간. 늙어서는 광장시장에서 술집 일 도우면서 아주머니들 사귀는 재미로 사는 인간. 아침이면 찬물에 샤워하고 삐까번쩍하게 차려입고 나가는 인간. 방은 구질구질한데 밖에 나갈 땐 하얀 와이샤쓰에 가다마이 걸치고 기지 바지에 칼줄 잡는 인간. 머리에 기름을 발라 반짝반짝 빗어 넘기는 인간. 환갑도 안 됐으면서 영정 그림을 방에 걸어놓고 사는 인간. 술 마시면 손님하고 싸우다 폭행 전과를 줄줄이 쌓은 인간. 벌금 낼 돈이 없어 몸으로 때우러 교도소 들어가는 인간. 수감과 출소를 반복하며 수급 신청과 취소를 되풀이하는 인간.

최중호라는 자식.[4]

집에선 술을 안 마시는데 밖에 나가면 술에 떡이 되는 자식. 한번 떡이 되면 며칠쯤은 집에 안 들어오는 자식. 돈이 없으면 사람을 때리지 말든지 돈도 없으면서 뻑하면 사람 치고 벌금 쳐 맞는 자식. 교도소만 들어가면 연락해서 짐 맡아달라고 부탁하는 자식. 갚은 적 한번 없으면서 뻔뻔하게 부탁만 하는 자식. 상종 말자 하면서도 인생이 불쌍해서 챙길 수밖에 없는 자식. 명은 길어서 일찍 죽지도 않는 자식. 대책 없이 들러붙어서 떨어지지 않는 찰거머리 같은 자식.

최중호라는 웬수.[5]

출소한다던 달을 한참 넘겨 출소한 웬수. 인생이 불쌍해서 내가 방까지 얻어준 웬수. 출소하자마자 다시 양복 맞춰 입고 광장시장 뻔질나게 오가는 웬수. 술집 종업원인지 늙은 제비인지, 일을 하러 나가는지 여자 꼬셔 지루박 땡기러 가는지 모를 웬수. 겨울에 강남 갔다 봄 되면 돌아오는 제비처럼 여자와 스텝 밟다 사람 치고 철 되면 감방 가는 제비족 웬수. 짐 맡아주고, 방 얻어주고, 담배 사주고, 돈도 빌려줬는데, 국밥 한 그릇 커피 한 잔 안 사는 웬수. 205호 박기택(➡560쪽)한테까지 돈 빌리고 반찬 얻어먹고 입 싹 닦는 웬수. '최씨 앉은 자리엔 풀도 안 난다'는 옛말에 딱 들어맞는 웬수. 평생 그렇게 살다 죽을 웬수. 며칠 안 들어온다 싶더니 출소 두 달 만에 다시 감방 들어간 웬수. 감방에 들어가면 조용히 들어갈 것이지 자꾸 내 전화번호를 알려줘서 수감 통지 문자를 받게 만드는 웬수. 그놈의 짐 가방이 창고에 보관되든 쓰레기통에 들어가든 이제 나는 신경 쓰고 싶지 않은 웬수. 정말 웬수 같은 웬수.

최중호(➡571쪽)라는 수감번호 366번.

"형님 보세요. 추훈(운) 날씨에 건강하신지요. 저는 형님 덕분에 하루하루 잘 있습니다. 형님 저는 지금 ○○구치소에 있습니다. 형님 주인 아줌마께서 방세 받으러 오시면 말씀 좀 전해주십시요(오). 6월쯤 출소하니까 말씀 좀 전해주세요. 6월에 뵈게(뵙겠)습니다. 제가 있는 곳이 ○○구치소입니다. 종로3가에서 5호선 타고 방이역에서 하차하면 10분 거리입니다."[6]

1 211호 김석필의 설명.
2 204호 양진영의 설명.
3 대한민국 최초의 사설 상설시장.
4 201호 박철관의 설명.
5 201호 박철관의 설명.
6 2016년 2월 최중호가 교도소에서 박철관에게 보낸 편지.

52

쌍
생

박철관은 동자동에 살았다.

김형구(55)는 남대문로5가에 살았다.

박철관은 동자동에서 동자동으로 이사했다. 김형구는 남대문로5가에서 퇴계로로 이사했다. 박철관은 김형구를 몰랐고, 김형구도 박철관을 몰랐다. 그들의 젊은 날은 서로 다른 시기에 속했고, 그들의 기억은 서로 다른 길 위에 뿌려져 있었다. 평생 만난 적 없는 그들은 평생 쌍둥이 삶을 살았다. 국가가 '정화'를 선언할 때마다 닦아야 할 얼룩처럼 청소됐고, 도시가 '정비'를 추진할 때마다 수리해야 할 부품처럼 교체됐다.

그들은 잊지 못했다.

박철관이 풀 위에 소주를 뿌렸다.

나무를 베어낸 숲에서 푸른 잡초가 땅을 뚫고 봄을 맞았다. 60년 만에 왔는데 그냥 돌아갈 순 없었다. 살아서 다시 올 일 없을 테니 술이라도 부어주고 싶었다. 이 섬 출신이라면 누구라도 그 풀밭에 술 한 잔 올리지 않을 수 없었다.

땅을 덮은 잡초가 황량하고 황폐한 밭을 이루고 있었다. 박철관은 가게에서 사온 붉은 사과를 잡초밭 머리에 놓았다.

"나쁜 놈의 새끼들."

그가 참고 있던 욕을 뱉었다.

"말뚝이라도 박고 이름이라도 써놨어야지."

'원생공동묘지'는 묘지인지 평지인지 구분하기 어려웠다. 묘의 봉분인지 땅의 굴곡인지도 분명치 않았다. 나무를 베어 숲과 구분했을 뿐 돌보지 않은 잡초밭 아래에서 신원미상의 뼈들이 달그락거렸다. 섬을 탈출하다 숨진 원생들이 쓰레기처럼 매립돼 있었다. "모두 내 동지들"이라며 박철관이 낮은 숨을 쉬었다. 탈출에 실패했다면 그도 그 잡초 아래 있을지 몰랐다. 묘지 옆 소나무가 바닷바람에 쓸리며 가지를 흔들었다.

김형구는 잊어버리기 전에 틈틈이 적었다.[1]

지금으로부터 45년 전[2] 악마의 소굴로 끌려가 겪었던 몸서리쳐지는 10여 년간의 기억들을 적어본다. ……그곳에 도착하자마자 머리를 빡빡 밀어버리고 '장군의 방'이라는 데로 집어넣는데 ……식사 후 내무반에서 주기도문, 사도신경, 국민교육헌장, 원훈 암기. 이 시간부터 죽음의 시간. 몽둥이를 들고 중간 부분을 외우라 하여 어물거리면 호박 깨지는 소리가 퍽퍽. 구타. 기합. 지옥이 따로 없음. ……영양실조와 피부병으로 온몸에 고름이 줄줄 흐르고 ……밤만 되면 신입들이 잡혀오고 기를 꺾기 위해 폭행이 시작되고. ……열중쉬어 자세로 이십대 중반의 소대장이 열두 살인 내 가슴을 백 대 때리는데 쓰러지면 등짝을 발로 찍고 얼굴을 발로 차 앞니가 깨졌다. 한 달 가까이 숨도 제대로 쉴 수 없었고 온 가슴은 새까맣게 멍이 들어 살아남은 것도 기적이었다. 송○○라고 나보다 두 살 많은 친구는 아침식사 집합하러 가는 도중에 쓰러져 결국 죽었다.

그들은 끌려갔다.

박철관은 섬으로 끌려갔다. 십대 후반[3]이었다. 집 없이 떠돌았던 그는 한겨울에 인천 만국공원(현 자유공원) 방공호에서 자다 후리가리를 당했다. 배에 실려 선감도[4]로 갔다. '할당'을 채우기 위해 경찰은 가족 있는 아이들까지 잡아넣었다.

김형구는 '복지원'으로 끌려갔다. 열 살 소년이었다. 1968년 반포된 국민교육헌장을 달달 외웠을 즈음이었다. 부산 서면에서 극장 구경 중이던 그를 번쩍 들어 차에 실은 사람이 있었다. 박인근[5]이었다. 집에 보내달라고 우는 김형구를 때리며 형제복지원[6]으로 데려갔다. 많이 잡아갈수록 국가로부터 많은 보조금을 받았다.

그들은 갇혔다.

박철관에게 선감학원[7]은 감옥이었다. 학원이었지만 배움은 없었다. 학원 건물은 학교 같기도 하고 교도소 같기도 했다. 그는 인천에서 잡혀갔지만 서울 영등포나 용산에서 잡혀온 사람들도 있었다. 거리 생활을 하는 아이나 청소년은 '부랑아'라며 가리지 않고 잡아 섬에 가뒀다. 법이 쓸모없던 시절이었다.

김형구에게 형제복지원은 군대였다. 복지원이었지만 복지는 없었다. 소대별로 편제돼 내무반에 배치됐다. 100여 명 되는 사람들이 내무반마다 지그재그로 칼잠을 잤다. 새벽 5시에 기상해서 제식훈련을 했다. 군가를 부르며 행진했고 오와 열과 종과 횡을 맞춰 칼군무를 익혔다. 훈련을 마치면 바닷가에 가서 바닷물로 세수했다.

그들은 강제로 일했다.

박철관은 소금밭에 던져졌다. 나무 밀대로 밀고 긁으며 소금을 거뒀다. 염전 노동은 허기진 십대가 감당할 일이 아니었다. 다 자라지도 못한 뼈가 삭아버리는 듯했다.

김형구는 곡괭이로 산을 깎았다. 건물을 세우고 운동장을 만들다가 무너진 흙에 깔려 사람들이 다치고 죽었다. 잡혀온 사람들 중 일부는 팔에 완장을 차고 하수인이 됐다.

그들은 굶주렸다.

박철관이 염전 노동으로 얻은 대가는 꽁보리밥 한 덩이에 굵은 소금 한 줌이었다. 허기를 견디지 못해 뱀이나 애벌레를 잡아먹는 원생들도 있었다.

김형구의 식량도 꽁보리밥이었고 반찬은 된장 푼 물이었다. 허기를 견디지 못해 털도 나지 않은 새빨간 생쥐를 잡아 날것으로 먹었다. 그의 피를 빨아먹으며 살을 찌운 이를 이빨로 톡톡 터뜨려 씹었다.

그들은 폭행당했다.

박철관은 두들겨 맞았다. 군대 내무반 같은 숙소에서 주먹으로 맞고 몽둥이로 맞았다. 한겨울에도 팬티 바람으로 몇 시간씩 바닷바람을 쏘였다. 동상에 걸려 손가락 발가락이 잘려나간 원생들도 있었다. 굴껍질과 조개껍질을 바닥에 깔고 그 위에서 원상폭격을 했다. 날카로운 껍질들이 머리를 파고들었다.

김형구도 사또(소대장의 별명)에게 맞았다. 한번 때리기 시작하면 어마어마한 폭행으로 이어졌다. 스무 살 넘은 청년이 십대 초중반의 아이들을 무자비하게 두들겨 팼다. 아이들을 일렬로 눕힌 사또가 그 위를 밟고 지나갔다. "내 발이 빠지는 순간 너희는 죽는다"며 펄쩍펄쩍 뛰었다.

많은 사람들이 암매장됐다.

박철관에게 선감도는 묘지섬이었다. 탈출하다 붙잡혀 맞아죽은 사람들이 있었다. 바다를 헤엄쳐 건너다 물에 빠져죽어 소라와 낙지를 몸에 붙인 채 떠오른 원생도 목격됐다. 탈출할 용기가 없는 원생들은 자살을 기도했다. 암매장된 사람들이 몇 명인지 알 수 없었다.

김형구에게 형제복지원은 지옥이었다. 어느 날 보이지 않는 원생들은 살았는지 죽었는지 어디로 사라졌는지 알 수 없었다. 복지원의 누구도 말해주지 않았다. 어딘가에 묻혔을 것이란 소문만 원생들 입으로 몰래 전파됐다. 지금까지 공식적으로 확인된 사망자 수만 551명이었다.

그들은 탈출을 시도했다.

박철관은 잡혀간 지 6개월 만에 도망쳤다. 선감도는 무기징역과도 같았다. 탈출이 아니면 섬을 벗어날 방법은 없었다. 탈출은 목숨을 걸어야 하는 일이었다. 빡빡머리에 하얀 단체복을 입고 도망가면 섬 주민들이 붙잡아 선감학원에 넘겼다. 쌀과 부식을 싣고 일주일에 한 번 들어오는 보급선을 노렸다. 배가 들어오면 원생들이 보급품을 직접 내리며 배의 구조를 익힐 수 있었다. 섬에 접안한 배는 사흘 동안 머무르고 출항했다. 성공 확률은 반반이었다. 걸리지 않으면 지옥에서 벗어날 테지만 걸리면 죽음을 각오해야 했다. 박철관을 포함해 세 명이 몰래 배를 탔다. 배 밑 화물창고로 기어들어갔다. 심장이 배 밖으로 달려나와 바다로 뛰어드는 것 같았다. 간신히 들키지 않고 바다를 건넜다. 인천에서 내린 그는 추적을 피해 서울로 도망갔다.

김형구는 집단 탈출을 모의했다. 소대장이 자리를 비웠을 때 120명 소대원 전체가 철조망을 찢고 탈출하기로 했다. 철조망을 쇠톱으로 자른 뒤 빠져나온 인원은 스물여섯 명뿐이었다. 이틀을 산에서 숨어지내다 경찰에게 붙잡혀 사흘 만에 복지원으로 돌려보내졌다. 죽기 직전까지 두들겨 맞았고 사흘을 굶었다. 소대장이 열중쉬어 자세를 시킨 뒤 김형구의 가슴을 100대 때렸다. 고통이 너무 심해 차라리 죽고 싶었다. 구타 이틀 뒤 쓰러진 송○○은 어디론가 사라졌다. 죽어 암매장됐을 것이라고 김형구는 확신했다. 그는 복지원 안의 신발공장에서 일했다. 출퇴근하는 작업장 직원에게 몰래 약도를 주고 집에 전해달라고 부탁했다. 한 달 뒤 큰누나와 작은아버지가 그를 찾아왔다. 복지원을 나와 버스를 탔는데 집까지 고작 다섯 정거장이었다. 그 거리를 사이에 두고 8년을 갇혀 있었다. 동네 사람들이 형제복지원 출신이라며 그를 피했다.

그들은 그렇게 살았다.

박철관은 집 없이 떠돌았다. 선감도를 탈출한 그는 재건대에 들어가 넝마주이를 했고, 구두닦이를 해 번 돈으로 꿀꿀이죽을 사먹었고, 장의사에서 밥을 얻어먹으며 시체를 수습했고, 어이없이 살인현장에 있다 무기수가 됐고, 25년을 살고 나와 거리 노숙을 한 뒤, 한 평 방 동자동 9-2×201호에 닿았다. 마치 그렇게 살 수밖에 없었다는 듯 그 방에 이르렀다. 그동안 선감도 출신들도 많이 세상을 떠났다.[8]

김형구도 집 없이 떠돌았다. 형제복지원을 나온 그는 항구에서 어선 경비를 섰고,[9] 주먹들과 멋모르고 싸웠고,[10] 쇠를 깎다 왼손 검지가 파였고, 강남 개발 때 덤프트럭 뒤에서 "오라이 오라이"를 외쳤고,[11] 방범대원과 경찰을 때려 구치소에 갇혔다가,[12] 한 평 방 남대문로5가 2××번지 106호에 닿았다. 마치 그렇게 살 수밖에 없었다는 듯 그 방에 이르렀다. 그동안 복지원 출신들도 많이 세상을 떠났다.[13]

판박이로 살아온 그들의 방은 직선으로 560미터 떨어져 있었다.

박철관의 방문 앞에 노란 퇴거 딱지(2015년 2월)가 붙었다. 안전진단 결과 건물 노후화로 위험 등급을 받았다며 건물주는 전원 퇴거를 요구했다. 게스트하우스로의 리모델링이 진짜 목적이었다. 동자동에만 값싼 게스트하우스가 다섯 곳 있었다. 세 곳은 가난한 사람들이 머물던 쪽방과 여관을 용도 변경했다. 동자동에 게스트하우스가 생긴 시기를 주민들은 2013년 전후라고 기억했다. 중국인 관광객이 일본인 관광객 수를 뛰어넘으며 급증[14]한 때와 겹쳤다. 9-2× 강제퇴거도 이 흐름 위에 있었다. 가난한 동네로 세계화와 해외 관광이 진입하며 가난한 사람들의 주거를 흔들었다.

김형구의 방문 앞에 하얀 퇴거 공고(2015년 10월)가 붙었다. 안전진단 결과 건물 노후화로 위험 등급을 받았다며 건물주는 전원 퇴거를 요구했다. 도시환경정비사업이 진짜 목적이었다. 남대문로5가 253번지 일대(1만 3827.5제곱미터)의 고층빌딩 건설 사업이 그의 방을 철거 대상에 넣었다. 최고 높이 124.69미터(지하 8층 지상 28층)의 6500억 원짜리 공사를 위해 월세 17만 원짜리 쪽방 주민들이 쫓겨났다. 양동 시절부터 성(性)을 팔며 밥을 벌었던 여성들이 나이가 쌓여도 손님을 받으며 철거구역 안에 있었다. '포주 할머니'가 된 여성들이 '아직은 영업하는 여성들'을 데리고 옆 골목 지하방으로 옮겨갔다.

그들은 고작 그렇게 움직였다

박철관(➡487쪽)은 16년 살아온 방을 떠났다. 동자동 안에서 직선거리 35미터 떨어진 쪽방으로 이사했다. 김형구는 6년 살았던 곳을 떠났다. 260미터 거리의 중구 퇴계로 쪽으로 짐을 날랐다. 가난해서 쫓겨난 그들은 가난해서 멀리 가지 못했다. 그들을 도시에서 밀어내는 것이 가난이었지만 그들을 도시에 붙들어두는 것도 가난이었다.

도시가 지우려 해도 그들은 완벽하게 지워지지 않았다.

그들을 변방으로 밀어내며 도시는 덩치를 키웠다. 수십 년 거듭된 '정비'와 '정화'로 동자동과 남대문로5가 주위엔 올려다보기도 벅찬 빌딩숲이 솟았다. 그 숲들이 강렬한 빛을 발산하며 어둡고 움푹한 방들을 굽어봤다. 닮은 것이 두 사람만은 아니었다. 박철관과 김형구가 숲을 헤치며 오간 길은 그들만의 경로가 아니었다. 50년 넘게 그 길을 밟아온 '박철관들'과 '김형구들'의 걸음이 박철관과 김형구의 가난한 경로 위에 누적돼 있었다. 밝고 맑은 도시는 자력으로 존재할 수 없었다. 어두운 것들을 몰아넣은 땅이 있어야 그들 없는 깨끗하고 찬란한 도시도 완성됐다. 불결한 그 땅이 사라지면 순결한 도시도 유지되지 못할 것이었다. 닦아도 닦이지 않는 얼룩처럼 수십 수백 수천의 쌍둥이 삶들이 도시에 묻어 끝내 살아갈 것이었다.

1 김형구가 고통스러웠던 기억을 되짚으며 수첩에 남긴 기록.

2 1970년.

3 1950년대 후반.

4 경기도 안산시 단원구에 위치한 섬. 면적 3.72제곱킬로미터에 해안선 길이는 8킬로미터. '신선이 내려와 맑은 물로 목욕을 한 섬'이란 뜻에서 선감도라고 불렸으나 그 안에선 이름과 정반대의 참혹한 인권 유린이 자행됐다.

5 형제복지원 원장. 수백여 명이 사망한 '형제복지원 사건'의 책임자였으나 국고보조금 횡령 등의 혐의로 2년 6개월의 실형만 살았다. 재판 자체가 의혹투성이였다. 6억여 원의 벌금형은 2심에서 인정되지 않았고 불법구금 혐의도 대법원에서 무죄를 받았다. 이후 형제복지원 터를 팔아 수천억 원을 벌었다. 2016년 사망했다.

6 1975년 제정된 내무부 훈령에 따라 설립돼 1987년까지 운영됐다. 형제복지원은 부산시와 위탁 계약을 맺은 '부랑인 강제수용시설'이었다. 매년 20억 원 이상의 국고 지원을 받았다. 지원금을 더 받기 위해 '부랑인 선도'라는 완장을 차고 거리를 다니며 아동·청소년들을 잡아갔다. 부모가 있는데 잡혀간 경우도 많았다. 형제복지원에서는 구타와 감금, 강제노역, 성폭행, 살해, 암매장 등이 자행됐다. 2012년 피해자 한종선씨가 국회 앞에서 1인 시위를 하며 사건은 재조명됐다. 진상규명 특별법이 제19대·20대 국회에서 발의됐으나 '선감학원 사건' 등과 함께 2019년 5월 '진실·화해를 위한 과거사 정리 기본법' 개정안에 합쳐졌다. 같은 해 10월 국회 법제사법위원회로 넘어간 법안은 상정조차 되지 않았다.

7 1942년 일제가 조선소년령을 발동해 만든 '부랑아 감화원'을 1946년 경기도가 넘겨받아 1982년까지 운영했다. 일제강점기 때 일본이 대동아전

쟁의 전사를 확보한다는 명분으로 1942년부터 1945년까지 8~18세의 아동·청소년들을 강제로 입소시켰다. '선감학원 사건'은 일제뿐 아니라 한국 정부 아래에서까지 강제노역과 폭력, 학대, 고문 등으로 인권을 유린한 사건이다. 기록으로 확인되는 선감학원 퇴원 아동 수만 4691명이다. 탈출하다 붙잡히거나 구타와 가혹행위 등의 과정에서 죽어 암매장된 사망자 수는 파악조차 되지 않는다. 수백여 명에 이른다는 주장도 나온다. 2019년 9월 19일 선감학원 사건 진상규명 특별법안이 발의됐다.

8 "가끔 옛 생각하며 인천 만국공원에 가본다. 몇 년 전까지만 해도 선감도 출신들이 노숙하고 있었는데 그새 많이 죽어 안 보인다."

9 "형제복지원에서 나온 뒤 생활비를 벌기 위해 부산 영도에서 어선 경비를 봤다. 배가 항구에 닿은 뒤 출항 전까지 지켜주는 일이었다. 형제복지원 출신 동생들이 내 소개로 하나둘씩 모여들어 그 배들이 우리의 아지트가 됐다."

10 "배 경비를 서던 중 영도의 조폭 중간 보스를 모르고 팼다가 깡패 수십 명이 달려들어 죽는 줄 알았다. 바다에 시체 뜨는 일이 흔하던 시절이었다. 영도 주먹의 전설 마사오(일본 오사카 출신으로 부산 영도와 남포동 일대에서 밀수 등으로 이름을 날린 마사오 아니키)가 조폭들을 쫓아줘서 겨우 살았다."

11 서울 삼성동 AID차관아파트는 미국의 대외 원조기관인 국제개발처(Agency for International Development)로부터 차관을 제공받아 지은 아파트로 1974년 10월 준공했다. "덤프트럭이 실어온 흙으로 논밭을 매립할 때 내가 '오라이 오라이' 하며 트럭을 인도해주고 차 한 대당 5000원을 받았다."

12 "서울구치소에 있는데 어느 날 난데없이 소고기국이 나왔다. 그날 '서진룸

살롱 살인사건' 조폭들이 사형(1986년 8월 강남의 룸살롱에서 조폭끼리 시비가 붙어 네 명이 살해된 사건으로 주범 두 명에게 1989년 8월 형 집행)당했다. 사형 집행이 있는 날이면 수감자들에게 소고기국을 준다고 했다. 구치소 저편에서 '모든 종교를 거부한다'는 소리가 울렸는데 사형장으로 끌려가던 그들이 소리친 것이라고 다들 생각했다. 전두환 동생 전경환(1988년 6월 새마을운동중앙본부 비리로 구속)이 구치소에 입감되자 그의 방엔 신문이 들어갔다. 왜 그 작자한테만 신문을 주냐고 항의했다. 일반 재소자들이 영치금을 내고 받아보는 신문은 완전 누더기였다. 시국 관련 뉴스와 사진은 다 잘려나갔다."

13 "형제복지원에서 나온 동료들 중 백마(별명)는 강남 개발 때 흙을 싣고 오가던 덤프트럭에 깔려 죽었고, 삼손(손가락이 세 개여서 붙은 별명)은 가수 김수희의 노래 〈너무합니다〉를 부르다가 약을 먹고 자살했다."

14 2012년 283만 6982명이던 중국인 관광객은 2013년 432만 6869명으로 뛰며 그 기간 동안 감소한 일본인 국내 관광객(2012년 351만 8792명 →2013년 274만 7750명) 수를 크게 앞질렀다.

53

한양

'한양 김씨'의 시조가 죽었다.[1]

지인이 병문안을 오기 세 시간 전 김문호(1961년생 추정)는 화장됐다. 심폐소생술은 소용없었다고 의료진은 말했다. 소지품에선 충북 청주 쪽 연락처가 나왔다. 전화를 걸었으나 받는 사람이 없었다. 시조가 죽자 대도 끊겼다.

9-2× 주민 아홉 명[2]이 이사한 9-××에 김문호의 방이 있었다.

9-2×에서 2미터 떨어진 바로 옆 건물이었다. 지하1호 김주택(➡488쪽), 지하6호 이필숙(➡490쪽), 지하7호 유경식(➡505쪽), 지하8호 문철국(➡530쪽), 지하9호 김상천(➡506쪽), 지하10호 김동기(➡504쪽), 104호 안장선(➡503쪽), 202호 권영진(➡530쪽), 302호 차성천(59➡530쪽)이 9-××에 도착했을 때 김문호는 이미 떠나고 없었다.

그들에게 김문호는 기억되지 않는 사람이었다. 김문호는 9-××에서 3년을 살았다. 떠나고 도착하는 것이 일상인 공간에서 떠난 자의 자취를 도착하는 자가 더듬을 의무는 없었다.

김문호는 '추정되는 인물'이었다.

그는 1961년생으로 추정됐다.

그의 성씨도 추정이었고 그의 고향도 추정이었다. 추정된 것들에서 출발한 그의 인생도 추정 위에서 희미했다. 추정한 것들을 부여잡고 살았던 그에게 평생 확실했던 것은 가난과 질병뿐이었다.

상실한 폐의 기능이 그의 죽음을 불렀다.

병원 입원과 노숙, 쪽방 생활을 오간 그는 뼈만 남도록 말라갔다. 그는 신속(사망 5일째)하게 가루가 됐다. 연고자가 없을 때 이뤄지는 자치단체의 가족 찾기(최소 14일)도 생략됐다. 찾아도 찾을 인연이 전무함을 국가는 이미 6년 전 확증했다.

무연고자 김문호는 '무적자'였다.

연고의 기초인 성과 본(本)이 없었다. 그는 국민으로 등록되지 않고 살았다. 대한민국의 국민 될 자격이 없는 자들로 살아온 사람들이 있었다. 그들을 국민에서 제외시킨 국가는 그들이 몇 명인지 정확하게 파악하지 못했다.[3]

대한민국 등록 국민이 되려는 사람은 반드시 누군가의 후손이어야 했다.

피에 족보를 부여하는 성본[4] 없인 국가라는 상상 가족의 일원이 될 수 없었다. 무적자가 주민등록증을 발급받으려면 성본부터 만들어야 했으나 성본을 새로 만들려면 피로 연결된 관계가 이 땅에서 완전히 끊겼다는 사실을 확인받아야 했다. 그 확인이 죽은 김문호의 장례를 당겼고 그의 떠남을 아무도 배웅할 수 없게 했다. 동네 주민이 입원 소식을 듣고 찾아갔을 때 그는 벌써 뼛가루가 돼 있었다.

한양.

그 땅으로 뻗은 길은 황량했다.

자기 앞에 부려진 길을 47년쯤[5] 걷고서야 김문호는 한양에 이르렀다. 추정한 정보로 자신을 증명해야 하는 사람들에게 국가는 한양[6]을 본으로 내렸다. 선조를 갖지 못한 김문호는 시조가 됐다. '한양 김씨'의 시조[7]로서 죽기 전 6년[8] 동안만 그는 국민이었다.

한양은 어느 왕조의 도읍이 아니었다.

한양은 추정되는 자들의 영토였다. 한양의 경계선은 지도에 표시되지 않았고, 한양에 적을 둔 사람들은 서류로만 파악됐다. '동향인'끼리도 서로의 있고 없음을 몰랐다. 한양은 성본도 주민등록증도 없던 그들이 국민 되길 갈망하며 찾아든 '실재하지 않는 땅'이었다. 그 땅에 기원을 둔 자들은 자기 삶의 실제가 과연 실재하는 것인지 확신하지 못했다. 존재하는 땅의 일원으로 살지 못했던 김문호는 존재하지 않는 땅의 사람으로 생을 마쳤다.

한양은 특정 공간이 아니었다.

추정되는 자들이 사는 그곳이 바로 한양이었다. 한양에 적을 둔 사람들은 동자동뿐 아니라 영등포에도 있었다.

"그냥 내버려둬."

강봉수(1981년생 추정)의 아버지 최씨가 짜증을 냈다.

새벽 인력시장에 나간다던 강봉수는 하루 종일 허리를 말고 누워 있었다. "아파서 아침부터 저러고 있다"며 아들을 부르는 친구들 앞에서 아버지가 문을 닫아걸었다.

최씨 아버지에 강씨 아들이었다.

강봉수는 미상의 출처를 가졌다. 부모도 미상이었고 출생지도 미상이었다. 갓난아기였을 때 서울시 은평구의 보육원에 버려졌다.

강봉수는 누군가의 기억과 조합으로 구성된 사람이었다. 이름은 원장이 지었고, 생년도 원장의 기억에 의존했으며, 월일은 광복절에서 가져왔다. 매년 '대한독립 만세'가 울려 퍼진 날이 돌아오면 그의 출처 없음을 국가가 경축하며 상기시켰다.

초등학교를 마치고 보육원에서 나온 열다섯 살 때부터 강봉수는 영등포 쪽방에서 살았다. 최씨가 영등포로 강봉수를 데려왔다. '고아원에서 막 나온 애를 불쌍해서 키웠다'고 최씨가 동네 사람들에게 말했다. 최씨가 입양 절차를 밟지 않아 강봉수는 '아버지 최씨'의 성본을 따르지 못했다.

강봉수는 2003년 2월 서울가정법원의 허가로 '한양 출신'이 됐다. 2004년 3월엔 서울남부지방법원의 결정으로 가족관계등록을 얻었다. 일가를 이룰 권리를 받았으나 한양 땅에 그가 이룬 일가는 없었다.

정철식(1937년생)과 이형구(1936년생)는 강봉수의 동네 사람들이었다.

그들은 동일 주소지에 거주했다. 다닥다닥 붙은 집들이 층층으로 쌓여 단일 번지에 200여 가구가 몰렸다. 건물 철거 전 같은 주소[9]를 가졌던 그들이 철거 뒤 옮겨간 집도 같은 주소지였다.

그들은 '국민 된 근거' 없이 살았다.

2002년 법원에 성본 창설 허가를 신청했을 때 정철식의 보증인들은 그가 "무적자로서 주민등록상 대한민국 국민이라는 증거가 아무것도 없다"고 썼다.

정철식은 경남 진양군(현 진주시)에서 태어났다.

스무 살(1957년) 때부터 부모와 연락을 끊고 전국을 떠돌았다. 주민등록제도[10]가 없던 시절 도민증으로 자신을 입증하며 살았다. 새 신분증을 만들 생각도 못한 채 막일과 노점상을 하며 연명했다.

1988년 서울올림픽 무렵부터 영등포 쪽방에서 살았다. 쪽방 철거 1년 전 보상 대상자 파악 과정에서 그는 신원이 조회되지 않아 제외됐다. '무보상 철거민'이 된 그는 영등포를 떠나 종적을 감췄다. 2007년 영등포로 돌아왔을 때 더는 떠돌 수 없을 만큼 늙어버렸다는 사실을 깨달은 그는 일흔의 나이에 국민이 되길 열망했다.

"대한민국에서 나고 살아왔지만 법상 대한민국 국민도 아니고 외국인도 아닌 멍에를 안고 살아왔습니다."

그가 재판부에 호소했다.

정철식은 2008년 3월 '한양 정씨'로 주민등록 됐다.

그가 2013년 인천 월미도 앞바다에서 주검으로 떠올랐다. 국민 자격을 얻은 지 5년 만이었다. 그의 죽음은 '신변비관 자살'로 처리됐다. '수급비 모은 돈을 다 쓰고 떠나려 한 것 같다'는 경찰의 전언이 동네에 퍼졌다. 아까웠던 것인지, 쓸 줄 몰랐던 것인지, 주머니에서 나온 현금이 꽤 됐다.

정철식은 평생 때수건과 면봉, 손톱깎이와 치약·칫솔 등을 짊어지고 다니며 팔았다. 정철식의 행상엔 이형구(2003년 2월 '한양 이씨'로 성본 창설)가 동행했다.

이형구는 '술꾼들의 봉'이었다.

무적자였으므로 금융기관에 저축할 수 없었다. 행상으로 번 돈을 좁은 방의 장판 밑이나 이불 사이에 넣어 보관했다. 그의 방구석을 훤히 아는 동네 술꾼들이 술이 고플 때마다 방을 뒤져 돈을 가져가거나 이형구를 부추겨 술을 사게 했다. 정철식이 죽고 1년 뒤 이형구도 친구를 따라 '저승길 동행'에 나섰다.

한양.

그 땅의 바깥은 사회보장의 불모지였다.

한양에 입성하지 못한 무적자들은 '유적자들'에게 허락된 어떤 권리도 얻지 못했다. 의료보험 혜택이 적용되지 않았고, 은행 계좌를 만들 수 없었으며, 장애등록과 사회복지시설 입소가 불가능했다. 임대아파트를 신청할 수 없었고, 선거권을 행사할 수도 없었다. 모든 국민 대우로부터 '비국민 무적자'는 제외[11]됐다.

이대수(1940년생)는 정철식·이형구의 행상 동료였다.

그는 오른쪽 팔뚝 아래가 없었다. 장애 판정을 받지 못한 채 의수를 끼고 보따리 장사를 했다. '기록 없는 자'가 된 이유도 정확히 모르고 살았다.

이대수는 경주 혈통이 되고 싶어 했다. 아버지의 본을 경주라고 어렴풋이 기억했다. 법원은 아버지라고 지목받은 자의 생사조차 확인할 수 없으므로 '경주는 불가하다'며 한양에 속하길 권고했다. 이대수가 경주 이씨의 후손이 되려면 종적이 묘연한 아버지를 찾아 부자관계를 입증해야 했다. 그는 2003년 9월 한양 사람이 됐다.

한양.

그 땅은 보안을 이유로 문을 걸어 잠갔다.

무적자들이 한양으로 진입하려면 신원조회를 통과해야 했다. 무적의 세계에서 평생을 살아온 사람들은 동정에 앞서 의심을 받았다.

주민등록증 없이 수십 년의 세월을 감내한 '이유'를 설명해야 했다. 경찰은 중국 범죄자들이 국내 정착을 위해 성본 창설을 악용[12]하는 사례가 아닌지 조사했다. 무적자들은 간첩 혐의도 검증받았다.

박상제(1932년생)는 교통사고를 당한 뒤 보상 협의 과정에서 자신이 '미확인 국민'이란 사실을 알게 됐다. 그는 국민의 자격을 얻기 위해 경찰서에서 지난 '과거'가 불가항력에

속했음을 진술했다.

"평양에서 출생해 한국동란 때 북한 인민군으로 참전했고, 거제도 포로수용소에서 전향해 대한민국에서 생활해 왔다……"

그는 무적의 시간을 검증받던 중 동네를 떠나 연락이 끊겼다.

고령일수록 한양 가는 길(취적 절차)은 고됐다. 정철식, 이형구, 이대수 모두 의심받았다. 경찰 조회 결과 정철식과 이대수는 전과 기록이 없었다. 이형구의 신원조회에선 무전취식 전력만 확인됐다.

죽은 김문호가 적(籍)을 얻은 땅.

죽은 정철식·이형구와 살아 있는 이대수·강봉수가 품에 안긴 땅.

생사를 알 수 없는 박상제가 도달했을지 모를 땅.

그 땅에서 누구의 혈족도 되지 못한 자들이 자기 성씨의 첫 조상이 됐다. 그들은 시조가 되기 전에도 혼자였고 시조가 된 뒤에도 혼자였다. 가족과 소속과 출처를 갖지 못한 사람들이 찾아든 가상의 땅에서 그들은 가난의 신민으로 살았다.

그 땅, 한양.

가장 가난한 자들의 도읍.

1 2014년 12월 20일.

2 9-2×에서 가장 많은 주민들이 이사한 건물.

3 '무적자'의 정확한 규모는 파악되지 않았다. 국가인권위원회는 2000년
대 중후반 정부에 무적자 인권 개선을 수차례 권고했다. 행정자치부·보
건복지부도 일제 조사를 벌였다. 2005년 법무부는 민간단체 추정을 근거
로 무적자가 3만여 명이라고 추정했다. 대한법률구조공단은 2008년부터
2015년 7월 말까지 모두 761건의 성본 창설 소송을 지원했다. 사법연감
에서 확인되는 2014년 가족관계등록(옛 호적) 창설은 1961건(노근리 사
건·일제 강제동원 피해자·제주 4·3 등 관련 특별법에 따른 가족관계등록
창설 모두 포함)이었다.

4 주민등록이 되려면 몇 단계의 법적·행정적 절차를 거쳐야 했다. 가정법원
에 성본 창설 청구→창설된 성본을 토대로 지방법원에 가족관계등록 청
구→가족관계등록을 근거로 자치단체에 주민등록 신청.

5 김문호는 2008년 성본을 창설해 주민등록을 이뤘다.

6 부모를 알 수 없는 사람의 성본 결정은 가정법원 재판부의 재량에 맡겨졌
다. 서울을 본으로 신청한 경우 보통 '한양'으로 지정했다.

7 한양을 본으로 삼은 모든 김씨의 시조란 뜻은 아니다. 선조가 없는 성본
을 새로 창설한 것이므로 한양을 본으로 받은 사람들은 모두 자기 성씨의
1대가 됐다.

8 공식 국민이 된 2008년부터 사망한 2014년까지.

9 2003년 서울시와 영등포구가 무허가 집들을 철거하자 두 사람은 직선거
리 40미터를 이동해 다시 동일 주소지에 깃들었다.

10 1962년 5월 10일 처음 실시됐다.

11 다만 기초생활수급의 경우 무적자들도 임시번호를 발급받아 혜택을 얻을

수 있었다.

12 1949년 이전 국내에서 출생한 해외교포의 경우 한국 국적을 회복할 수 있
도록 1998년 국적법이 개정됐다. 일제강점기 때 중국 만주로 이주한 동포
1세들 중 행불자로 처리된 무연고자의 호적을 파악한 뒤 국내 밀입국자
들에게 팔아온 일당들이 2002년 검거되기도 했다. 2011년엔 국내에서 성
본을 창설해 신분을 위장한 중국 살인 혐의 수배자들을 검거했다고 경찰
이 발표했다.

일기[1]

2014년 9월 1일 동네(동자동) 권씨가 돌아가셨다. 83세 오래 사신 분이지만 왠지 마음 한구석이 허전하다. 보호자가 아무도 안 오셨다. 가시는 분을 위해 기도드린다.

2014년 9월 3일 대학병원에서 장애 진단서가 나왔다. 외롭고 소외된 기분이다. 아픈 곳이 너무 많다. 뇌질환, 간질, 어지러움증, 골다공증, 간·폐질환, 만성 기관지염, 수면장애, 고혈압, 당뇨병…… 병명이 열 가지[2]가 넘는다. 살고 싶은 마음이 없다.

2014년 9월 11일 나의 작은 방 창문으로 밖을 내다보니 남산타워 불빛과 둥근 달이 유난히도 밝게 비쳐(춰) 내 마음이 허공으로 마냥 떠서 이 시각 하는 연속극(으로부터)도 눈을 돌려 한참 동안 달을 보고 있노라니 옛날 생각이 난다. 나의 행복했던 시절 어느 여인 정순영(가명)이란 사랑했던 여자 생각에 이 밤을 못 잊을(이 밤에 잠을 못 이룰) 것 같다. 아, 그 행복했던 시절, 보름달처럼 아름답던 여인. 지금은 어디서 살고 있을까. 어디에서 살던(든) 행복하게 살았으면 하고 기도를 드려본다. 순영아. 언제나 기역(역) 속에 남아 있는 여인아. 보름달아. 진영이는 너를 사랑했다. 영원히 사랑[3]하겠노라 했건만……

2014년 11월 7일 오전에 주민쎈타(센터) 복지과에서 들르라는 전화를 받고 가보니 아픈 몸인데 2013년도에 일을 해서 240만 원을 벌었다는 말을 듣고 많이 놀랐다. 3년 전에 뇌졸중으로 쓰러져 수술 후 지금까지 환자로 치료를 받는 중이고 경기(뇌전증)도 있어서 아무 일도 못하고 방에서 안정을 취하고 있는데 무슨 날벼락이란 말인가. 내가 일을 해서 부정 수급[4]이라니 울고 싶고 슬프다. 세상이 다 싫어진다. 하루하루 살아가는 것만 해도 힘이 드는데 죽고 싶다.

2015년 9월 27일 한가위 추석이 쓸쓸하고 외롭다. 고유의 명절이지만 어느 곳도 갈 수 없는[5] 나 자신이 미웁다(밉다). 연희동 우리 집 사람들 내 방에 불러놓고 송편, 포도, 빵, 몇 가지 준비해놓고 다복한 자리는 않이지만(아니지만), 외로움을 조금이라도 달래기는 부족하였지만, 그 순간은 작은 행복을 느낄 수 있었다. 나보다도 더욱 외로운 분들, 마음이 짠하고 서글퍼 (그분들이) 방에서 돌아간 다음에 한없이 울었다. 그 누가 알아주리까.

2015년 9월 28일 조만수·성덕윤과 내 방에서 고기 구워 소주 한잔 나누니 기분이 좋았다. 동묘 도깨비시장[6]으로 (에서) 사람 구경도 하고 남방 하나, 면봉 하나, 몸에 좋다는 산미나리씨앗까지 모두 1만 원어치를 구입했다. 산미

나리씨는 보리차처럼 끌여(끓여) 냉장고에 넣어두니 건강이 좋아진 기분이다.

2015년 10월 11일 동자동에서 연희동으로 이사 온 후 달라지는 것은 아무것도 없고 외로움에 어찌할 바를 모르겠다. 이대로 이 세상 포기하고 싶은 마음이 들지만 못다 한 것이 너무 많다. 이 깡통 같은 삶.

2015년 10월 23일 사람이 살아가는 것은 힘들어 하지 말고 그냥 편한 마음으로 사는 것이다. 살다 보면 매운맛, 신맛, 짠맛 여러 가지 맛이 있지만 그중의 제일은 인생의 맛이니라. 나는 좋은 사람으로 살 것이다.

2015년 11월 6일 (동자동)사랑방에서 10만 원 생활자금 대출. 집에 와서 삶의 질 향상을 생각하는 시간을 가졌다. 내 기역(억)으로는 어릴 적 쌀밥이 그렇게 먹고 싶어 논으로 이삭을 줏으러(주우러) 가서 많이 줏어서(주워서) 집에 갖다주었다. 방아(앗)간에서 탈곡하여 집에서 보리쌀 위에 쌀을 안쳤는데, 아버지 한 그릇 푸고 나머지는 보리쌀하고 (섞)어서 밥을 먹게 대였(되었)다. 한숨만 가득 차서 그다음부터 절대 이삭 줏으러(주우러) 가지 않았다.

2015년 11월 7일 눈만 뜨면 한숨이 나온다. 건강이 안 좋아 하고 싶은 일도 못하고 정부에서 주는 생활자금으로 아끼고 또 아끼고 하지만 항상 부족하다.

"이놈이."

겨울을 코앞에 둔 날씨에 날벌레가 엄장호의 얼굴 앞에서 웽웽거렸다. 엄장호가 손을 휘저어 쫓았다.

"이 동네 벌레는 겨울이 다 돼가는데도 사람한테 막 대들어. 우리가 힘없는 인간인 줄 아는 거지."

동자동에서처럼 연희동 그의 방에서도 육감적인 미녀들이 벽에서 다리를 꼬거나 누워 있었다. 식탁에 사이좋게 둘러앉은 가족 모델들이 미녀들 사이에서 어색하게 화목했다.

동자동 9-2×에서 꼭대기 층에 살았던 엄장호는 연희동에선 맨 아래층에 살았다. 엄장호의 지하방은 공과금을 둘러싼 토론장으로 자주 변했다. 연희동 이사 첫날 평생 처음 사용하는 가스보일러를 두고 벌였던 그들의 논쟁이 겨울을 앞두고 가열됐다.

"타이머 잘 맞춰서 자동으로 꺼지도록 해야지 겨울이라고 그냥 두면 큰일 나요."

양진영이 가스비를 걱정하며 말했다.

"지하방이니까 눈비 오는 날만 잠깐 켜서 습기 제거하고 꺼야지."

엄장호가 아이디어를 제시했다.

"시방도 방법을 몰라요."

성덕윤이 머쓱해했다. 이사한 지 반년이 지났지만 성덕윤은 아직도 보일러 사용법에 익숙해지지 못했다.

"참을 수 있을 때까지 참아보고 틀면 돼."

엄장호가 "어차피 자주 안 틀 테니 괜찮다"고 했다. 그는 '공과금 사보타주' 방침도 밝혔다.

"가스비 5만 원 이상 나오면 안 낼 거야. 못 내. 어떻게 내."

말이 없던 조만수가 툭 던졌다.

"가스비·전기세 무서워서 동자동으로 다시 갈까봐."

"이사가 말처럼 쉽나. 절약해서 살아봅시다."

양진영이 달랬다.

"여기서 더 절약할 수 있는 게 뭐가 있어."

조만수가 피식 웃었다.

"불 안 켜고라도 살아봅시다."

양진영은 "더 쥐어짜는 수밖에 없지 않겠냐"고 했다.

"전기세 많이 나올까 전구도 하나만 달았어."

조만수는 "쥐어짠다고 나올 물이 남았냐"고 했다.

"촛불 켜고라도 살아봅시다."

양진영은 계속 쥐어짰다.

"가스비 아까워서 부루스타(휴대용 버너) 쓴다고."

조만수의 수건은 이미 오래전에 말라 있었다.

"외롭지나 않도록 이웃들을 사귀어봅시다."

양진영이 조만수의 팔을 두드렸다.

"사귀긴 누굴 사귀어. 이 동네는 다 독고다이인데."

조만수가 양진영(➡483쪽)의 팔을 퉁 쳤다.

"리모델링도 아니고 그냥 땜빵한 데를 다시[7] 가서 뭐 하게."

엄장호가 조만수에게 "답답한 소리 말라"고 했다.

동자동에서 부서진 옛 방을 보고 온[8] 엄장호는 연희동 생활에 만족했다. 공과금 문제만 아니면 크고 깨끗한 연희동 방은 덥고 습하고 추웠던 동자동 "지옥방"에 비해 "천국"이었다.

"나 같은 은둔형도 조용한 데가 좋아."

동자동으로 돌아가고 싶은 생각은 성덕윤도 없었다. 말수 적은 그도 "술 먹고 소리 지르는 사람 없는" 연희동에 적응해가고 있었다.

"이사 올 때 'LH 사람들'이라며 눈치줬던 여자 말이야. 며칠 전에 우리 집 앞에 주차를 하더라고. 내가 '왜 주차하냐'고 했더니 '이 땅이 아저씨 땅이냐' 그러는 거야. '아 이 여자가 정말 우릴 사람으로 안 보는구나' 싶어서 나도 가만 안 있었지. '주차하려면 해봐라, 어떻게 되는지 알려주겠다'며 어름장을 놨지. 그다음부턴 길에서 만나도 눈도 안 마주쳐."

엄장호가 열을 올렸다.

"우리 같은 수급자가 별로 없어서 그런가."

성덕윤(➡484쪽)이 "여기 사람들은 인사를 해도 이야기를 안 섞으려 한다"며 말했다.

"여긴 너무 맑은 동네더라고."

왕왕왕.

조만수(➡485쪽)의 품안에서 꼬물거리던 뽀삐가 방문을 쳐다보고 짖었다.

엄장호(➡486쪽)의 방 밖에서 최용구가 느리게 4층으로 올라가고 있었다. 그의 손엔 우편물 뭉치가 들려 있었다. 동자동에서 따라온 추심 독촉서들[9]이 최용구(➡485쪽)의 새 주소지에 다시 쌓이고 있었다.

1 양진영은 날마다 일기를 썼다. 동자동에 살 때도, 연희동으로 이사한 뒤에도, 매일을 기록했다. 그 일기 안에서 요원으로 살았던 한때와 '우리동네 나눔이웃'인 현재가, 그의 아픈 몸과 소소한 일상이, 맞춤법 어긋난 글자 위에서 삐뚤빼뚤했다. 가장 가난한 삶을 살아온 사람들이 가장 가난한 동네에 모여 살기까지의 과정은 신기할 만큼 비슷했다. 양진영의 일기는 양진영만의 일기가 아니었다. 그와 다를 것 없는 시간을 거쳐온 '그들의 일기'였다.

2 양진영은 아침에 18알의 약을 먹었다. 점심 땐 4알, 저녁 땐 17알을 삼켰다. 하루 40여 알의 약이 식도를 거쳐 그의 위로 내려갔다. 그는 동자동에서 '평범하게' 아팠다. 주민들은 예외 없이 최소 네다섯 개 이상의 병을 안고 살았다. 헷갈리지 않도록 삼시 세 때 먹는 약 이름을 종이에 써서 벽에 붙였다. 달력엔 병원별·질병별로 진료 날짜를 표시했다.

3 9-2× 주민 중 결혼하지 않은 사람이 결혼한 사람보다 많았다. 결혼한 사람들은 이혼을 했거나 오래전에 가족과 연락을 끊었다. 가족관계가 유지되는 경우는 거의 없었다.

4 수급자들은 별도의 소득을 얻을 수 없었다. 일을 해서 수입이 생기면 부정 수급으로 처리돼 수급 자격을 잃었다. 자활 의지를 꺾는 규정이란 지적이 많다.

5 만날 가족이 없는 명절을 그들은 1년 중 가장 쓸쓸해했다. 설과 추석이 되면 동자동사랑방이 중심이 돼 공동 차례상을 차리고 음식을 나눴다.

6 서울 중구 황학동 벼룩시장. 돈이 부족한 쪽방 사람들이 자주 이용했다.

7 서울시는 9-2× 강제퇴거자들 중 재입주를 원하는 사람들에게 입주권을 우선 배정하기로 했다.

8 연희동으로 이사했지만 그들은 동자동을 자주 찾아갔다. 친구를 만나러

가기도 했고, 동자동으로 들어오는 후원 물품을 수령하러 가기도 했다. 동자동에서 진행하는 무료 교육 프로그램에 참석하러 가는 사람들도 있었다. 연희동 주민이 된 그들의 가장 큰 불만 중 하나는 주민센터 민원 처리였다. 저소득층이 밀집한 동자동에 살 땐 주민센터로부터 원활한 상담·지원을 받았으나 연희동 쪽에선 "우리가 거꾸로 공무원들에게 일일이 설명해줘야 한다"고 불편을 토로했다.

9 법원은 최용구의 차량 방치 혐의에 대해 증거 불충분으로 '혐의 없음' 결정을 내렸다. 주정차 위반 과태료 미납 고지서와 추심업체의 체납 독촉서는 최용구를 계속 따라다녔다.

55

흡
혈

2015년 10월 1일 밤새 몸이 아파 잠을 잘 이루지 못하고
늦게까지 뒤척이다 방에서 하루 종일 식사. 어지러움이
지속되고 방에는 아직까지 진드기가 있다. 아침에 작은
벌레 한 마리 생포.

2015년 10월 18일 진드기를 한 마리 잡았는데 손가락으
로 눌러 죽이니 피가 빨간색을 띠우고(띠고) 있다. 항상 불
안하다. 이놈에(의) 벌레.[1]

"동자동과는 확실히 다르구먼."

연희동 주민들은 동자동 주민들이 주워 모으는 "쌩쌩한
물건들"을 내다 버렸다. 양진영은 짬이 날 때마다 손수레
를 끌고 쓸 만한 것들을 찾아 동네를 돌았다.

어느 날 그 침대와 그 매트리스가 양진영의 눈에 들어
왔다.

수레로 실어와 방에 놓고 사용했다. 그날부터 몸이 가렵
고 따가웠다. 진드기인지 빈대인지 모를 깨알만 한 벌레들
이 온몸을 물어뜯었다. 거리에 방치된 매트리스에서 사람

냄새를 맡고 달라붙은 진드기인지 빈대인지가 그의 방으로 따라왔다. 진드기인지 빈대인지에게 물린 양진영의 팔다리에서 까만 점들이 오돌도돌했다.

눌러 죽이면 똑하고 붉은 피가 터졌다.

스트레스로 살이 10킬로그램 빠졌다. 빼먹을 것 없는 방에 와서 피까지 빨리고 있자니 속이 부글부글 끓었다.

양진영은 침대와 매트리스를 내다 버렸다. 앞서 주워 쓰고 있던 이불과 베게까지 한꺼번에 버렸다. 한 달 동안 매일 청소하고 빨래했으나 벌레는 완벽하게 제거되지 않았다.

주민센터와 보건소를 찾아가 "지랄"을 떨었다. 며칠을 "짖었더니" 방역차가 나와 집 뒤 낙엽 더미에 약을 치고 그의 방에도 약을 뿌렸다. 놈들의 생명력은 대단했다. 그 난리에도 놈들은 살아남아 그의 피를 갈구했다.

"둘 중 하나를 하자."

"저것들을 퇴치하든 내가 동자동으로 돌아가든 결판을 내겠다"며 양진영(➡578쪽)은 스물네 시간 불을 켜놓고 벌레를 잡았다.

그가 버린 매트리스가 지하 성덕윤의 방으로 내려갔다.

양진영이 매트리스를 버린 이유를 알지 못하는 성덕윤이 길가에서 쌩쌩한 물건을 발견해 들고 왔다. 진드기인지 빈대인지 모를 깨알만 한 벌레들이 성덕윤의 방으로 따라와 그를 깨물었다. 성덕윤도 침대·매트리스를 저주하며 주워온 곳에 다시 갖다 버렸다.

조만수의 방은 양진영 방의 맞은편이었다.

빠진 몸무게를 3킬로그램쯤 회복한 양진영이 놀러 갔을 때 조만수가 다리를 긁고 있었다. 양진영이 버린 침대와 매트리스가 성덕윤을 거쳐 조만수의 방에 와 있었다. 조만수(➡504쪽)의 야윈 다리에 까만 점들이 오돌도돌했다.

가난의 경로는 흡혈의 경로였다.

이사하는 짐에 묻어 벌레들도 이사했다. 누군가 버린 물건들은 가난한 사람의 집으로 옮겨졌고, 그 물건들이 버려지고 주워지는 차례를 밟아 벌레들도 이동했다. 동자동으로 날아와 최용구의 피를 빨던 추심 독촉서들도 최용구(➡561쪽)를 쫓아 연희동으로 따라왔다.

피를 빠는 것들과 피를 빨리는 자들은 대개 같은 동선 위에 있었다.

---

1 양진영이 연희동으로 이사한 뒤 쓴 일기.

56

완공

찰칵, 찰칵.

동자동 9-2×의 어두운 지하 복도에서 휴대전화 카메라 플래시가 터졌다.

'땜질'을 마무리[1]한 공사업체 직원이 '보고용' 사진을 찍고 있었다. 지하에선 카메라 플래시가 태양보다 밝았다. 공사를 끝내고 입주민을 받기 직전의 9-2×는 어둠과 적막과 페인트 냄새로 꽉 차 있었다. 직원이 남긴 사진 안에서 9-2×의 구조는 공사 전과 달라져 있었다.

9-2×는 더 자잘해졌다.

마흔다섯 개였던 방이 쉰한 개로 늘어났다. 1층 교회를 쪼개 방 두 개를 만들었다. 본래 두 개의 방을 이어 붙였던 교회가 허리를 갈라 방으로 복귀했다. 4층 방 다섯 개는 재분할돼 일곱 개가 됐다. 다른 방의 두 배 크기였던 관리인의 방과 엄장호의 방[2]을 반으로 나눴다. 지하에선 창고가 별도의 방 하나가 됐다. 건물주는 예외 공간을 두지 않고 모두 방으로 만들어 수입원을 추가했다. 건물 출입구엔 '해 뜨는 집'[3]이란 이름이 붙었다.

변치 않은 것들도 있었다.

공동화장실은 좌변기가 설치됐지만 여전히 층마다 두 개뿐이었다. 세면장은 여전히 층마다 하나뿐이었다. 여름엔 여전히 덥고 겨울엔 여전히 추웠다. '해 뜨는 집'이 됐지만 여전히 해가 들지 않았다. 창문 있는 방이 몇 개 없어 해가 떠도 빛의 출입이 없는 방이 대부분이었다.

더 나빠진 것들도 있었다.

"방 꼬라지하고는."

박철관이 방을 둘러보며 혀를 찼다.

법원 결정으로 중단된 공사의 혼란이 수습되지 않은 채 방의 '꼬라지'에 고스란히 남았다. 게스트하우스로의 리모델링을 목적으로 부쉈다가 쪽방으로 되돌리는 과정에서 방들이 통일성을 잃고 따로 놀았다. 방과 방 사이의 거리는 제각각이었고, 방문의 높이도 제각각이었으며, 방문의 모양도 제각각이었다.

9-2×는 곧 입주 신청[4]을 받을 예정이었다.

강제퇴거당한 주민들이 돌아오길 원할 경우 먼저 방을 배정받을 수 있었다. 그 방에서 쫓겨난 가난한 삶들이 수리되거나 보수되지 않은 채 크게 수리되거나 보수된 것 없는 방으로 돌아가길 기다리고 있었다.

몇 명이나 돌아올지 알 수 없었다.

돌아온다는 것은 재이사를 의미했다. 다시 돈과 품을 들여 이사하려면 9-2×의 방들이 그만한 가치가 있어야 했다.

쫓겨난 사람들이 건물 안을 살펴보며 돌아올 만한 곳인 지를 따졌다.

박철관은 건물 밖에서 자신이 살던 201호 방을 올려다 봤다. 지난겨울 찬바람을 막으려고 창문에 덧대놓았던 이불이 공사가 끝난 뒤에도 방치돼 있었다. 방바닥은 손을 봤지만 물이 새던 천장은 그대로였다.

목발 짚은 한 남자가 골목을 천천히 내려오며 박철관에게 눈인사를 했다.

"또 엎어질라 조심하라고."

박철관이 남자에게 길을 비켜주며 말했다.

박철관이 만일 9-2×로 돌아온다면 계단 때문일 것이었다. 이사 간 건물의 계단이 너무 가팔라 언제 사고가 날지 몰라 불안했다. 목발 짚은 남자는 박철관의 방 바로 옆에 살았다. 며칠 전 계단에서 굴러 머리가 깨졌다. '까딱하면 내 인생이 그놈의 계단에서 종치겠다' 싶었던 박철관(➡570쪽)은 9-2× 방값이 어떻게 결정되는지 보고 돌아올지 판단할 생각이었다.

208호 이기방과 지하1호 김주택이 9-2× 앞에서 담배를 피우고 있었다.

"형님은 어떡할 거요?"

이기방이 김주택에게 물었다.

"굳이 뭐 하러."

김주택은 9-2×로 복귀할 마음이 없었다.

지하1호에 처음 입주했을 때 김주택은 젊은 날 그의 밥을 벌어준 미장 기술을 발휘해 방을 뜯어고쳐 살았다. 그는 퇴거당해 이사 간 방(2미터 거리)도 그때처럼 싹 수리한 뒤였다.

"뭣이 그리웁다고. 동생은 어쩔 텐가?"

김주택의 질문에 이기방은 잠시 뜸을 들였다.

"방값만 맞으면 올 수도 있죠. 요는 지금 방보다 싸야지."

9-2×의 방값을 두고 소문이 무성했다.

아무리 마구잡이라지만 한번 뜯어고친 이상 전보다 방값이 오를 것이란 추측이 많았다. 공사 전 15만 원에 한 달을 살았던 이기방이 새로 옮겨간 방은 4만 원이 더 비쌌다. 예전처럼 15만 원 선이면 돌아오겠지만 18~19만 원으로 정해지면 다시 이삿짐을 쌀 이유가 없었다. 매달 2~3만 원을 절약할 수 있는 방값이 아니면 그는 사서 고생을 하고 싶지 않았다.

"앞으로 살날이 얼마 남았을진 몰라도 마음이나 편하게 살아야지."

이기방(➡529쪽)의 이 말을 김주택(➡504쪽)은 별 뜻 없이 들었다.

지하5호에 살았던 서혜자가 지팡이를 짚고 9-2× 앞을 지나갔다.

서혜자는 이기방·김주택에게 딱히 인사하지 않았고 이기방·김주택도 딱히 서혜자에게 아는 체하지 않았다.

서혜자는 9-2×에 남은 정이 없었다.

그는 남자들이 소리를 버럭버럭 지르던 9-2× 쪽으로 한 톨의 미련도 없었다.

남자들이 술 마시고 싸우는 소리를 들을 때마다 서혜자는 괴로웠다. 옆방(지하6호)의 이필숙처럼 성격이 활달해 동네 사람들과 잘 어울리는 것도 아니었다.

서혜자는 이사 간 건물에서도 방 밖으로 잘 나오지 않았다. 방은 9-2×보다 좁았는데 방값은 7만 원이나 비쌌다. 그는 콩나물처럼 짐 사이에 끼어 살았다. 그 좁고 비싼 방에서 "난리법석 안 보고 안 들으니" 속은 편했다.

9-2×에서 쫓겨나면서 그는 꺼져내리는 정신을 간신히 붙들었다. 어지럽고 눈앞이 컴컴해 쓰러질 것 같았지만 독하게 견뎠다. 아직은 손끝에 힘을 모아 정신을 부여잡고 있었으나 언제 툭 놓쳐버릴지 서혜자(➡529쪽)도 자신할 수 없었다.

"저 언니는 안 돌아올 거야."

이필숙이 서혜자의 뒷모습을 보며 담배 연기를 뿜었다.

9-2×에서 여자라곤 서혜자와 둘뿐[5]이었다.

쪽방은 남자들은 물론이고 여자들에겐 적합한 주거공간이 더욱 아니었다. 화장실과 세면장을 공동으로 사용하고 여름엔 스물네 시간 방문이 열린 건물에서 살려면 서혜자처럼 자기 방에 틀어박히거나 이필숙처럼 남자들과 벽을 터버려야 했다. 낯 뜨거울 때도 낯 차가울 수 있어야 했고 화나는 일이 있을 땐 도망가지 않고 싸워야 했다.

이필숙은 동자동에서만 30년 가까이 살았다.

아버지는 어릴 때 돌아가셨고, 어머니는 아버지 사망 1년 전 집을 나갔다. 작은어머니 집에 맡겨졌으나 사촌들의 시선이 따가워 집을 나왔다. 남의 집에서 살림을 거들거나 식당에서 일했다. 남자를 만나 같이 살아봤으나 "하도 지랄을 해서" 도망쳤다. 9-2×에 방을 얻은 직후 "술 한잔 먹고 자동차와 씨름하다" 다리가 부러졌다. "밥은 입이 아니라 위가 먹는 것"이라 믿으며 "허기만 달래면 땡"이었다.

그도 9-2×로 돌아갈 마음이 없었다. 다시 이사할 만큼 9-2×가 좋아졌다는 생각이 들지 않았다.

밥 이야기가 나오자 건물 앞에서 숨을 몰아쉬던 301호 김대광(➡498쪽)의 말에 생기가 돌았다.

"내가 '식당의 혁명'이란 주방용품을 발명해놨어. 밥도 하고, 불고기도 굽고, 김치찌개도 끓일 수 있고, 간장, 된장, 국도 끓이고, 커피도 내릴 수 있도록 한 세트로 만들어 놨어. 어때, 한번 들어볼 거야?"

이필숙(➡511쪽)이 담배를 비벼 끈 뒤 서둘러 일어났다.

왕왕왕.

마로가 지하1호에서 코를 킁킁거렸다.

마로 아버지 천종식이 마로를 안고 방 안을 둘러봤다.

과거 9-2× 지하9호에서 6년을 산 천종식은 아내가 생기자 맞은편 단독주택에 방을 얻어 이사 갔다. 전세 2000만 원짜리 방이었으니 동자동 주민 중엔 부자였다. 방에 습기가 차서 거금 123만 원을 들여 고쳤는데 소용이 없었다. 공사 끝난 방이 괜찮으면 지하1호로 올 생각이 있었다. 부부가 마로를 데리고 같이 살 수 있을지 천종식은 가늠해보고 있었다.

"어떤 것 같냐?"

천종식(➡505쪽)이 마로에게 물었다.

마로가 자신의 의견을 말했다.

왕왕왕.

마로가 짖는 소리를 들으며 김택부가 9-2× 출입구의 우편함을 살폈다. 더는 그 건물에 살지 않는 사람들의 이름이 우편물 위에서 수북했다.

"○월 ○일 부재시라도 공급 제한되오니 꼭 입금 바랍니다."

전기 계량기 위에 한국전력이 건물주 앞으로 보낸 통지서가 붙어 있었다. 퇴거 사태 이후 건물주가 내지 않은 8개월치 전기요금(78만 2640원) 납부 독촉이었다.

"결국 이렇게 될 거 쌩고생만 하고."

김택부가 자기 이름을 흘려 쓴 종이를 청테이프로 방문 앞에 붙였다.

'내 방이니 넘보지 말라'는 뜻이었다. 공사를 위해 방을 비워주기 전까지 김택부가 살던 106호 방이었다. 그 방이 이젠 108호가 돼 있었다. 교회였던 공간이 방 두 개로 추가 되면서 1층 방들의 번호가 바뀌었다. 그는 며칠 내로 임시 거처에서 짐을 옮겨올 계획이었다.

305호 정효승이 어떤 선택을 할진 김택부도 알지 못했다. 어느 날 조용히 이사(40미터 거리)한 뒤로 정효승은 9-2× 쪽으로 잘 오지도 않았다.

"나한테 말도 안 하고 가고 말이지."

길에서 만나 때 되면 제 갈길 가는 사이였지만 살짝 서운함도 없지 않았다.

정효승은 김택부의 소개로 9-2×에 왔다. 김택부가 '정릉 털보 형님'이던 시절 서울역의 한 교회에서 공짜 밥을 먹다 알게 된 동생이었다. 정효승(➡495쪽)은 '노하우가 있는 인간'이어서 눈에 안 보여도 굶어죽지 않을 거라 김택부(➡562쪽)는 믿었다.

메인 골목에 노랑(➡544쪽)이 등장했다.

공사를 마친 9-2× 건물 외벽과 내부 방문에 노란색이 입혀졌다. 무채색 동자동에서 노랑만 홀로 유채색이었다.

9-2× 건물이 마침내 노란집이 됐다.

1 2015년 10월 말 공사가 끝났다. 건물주와 서울시와의 임대차 계약도 체결됐다.

2 9-2×에서 엄장호의 방(404호)만 월세가 3만 원 비쌌다. 다른 방엔 없는 개별 수도꼭지도 있었다.

3 '해 뜨는 집'은 서울시 새꿈하우스(월세 동결과 거주 기간 보장을 전제로 서울시가 건물주에게 보수공사 비용을 지원하거나 일정 기간 임차하는 쪽방) 네 번째 집이 됐다.

4 서울시로부터 건물 운영을 위탁받은 쪽방상담소에 입주 의사를 밝히고 임대차 계약을 체결하는 방식.

5 9-2×에서 여성 주민은 서혜자, 이필숙, 지하3호 김형순, 107호 황정희 모두 네 명이었으나 김형순과 황정희는 다른 곳에 방을 두고 가끔 들어오거나 주로 아들 집에 가 있었다.

57

유
령

305호 정효승

1947년 전남 담양 출생

5개월 거주

나는 병원에 간다.

진료실이 아니라 입원실로 간다. 나는 환자가 되어 환자 없는 빈 침상을 찾는다. 환자들 틈에 끼어 입원실에서 잔다. 병원 구조와 운영 방식에 익숙해지면 어떤 침상이 빈 침상인지 금세 알 수 있다. 빈 침상이 없을 땐 보호자 대기실로 간다. 나는 환자 보호자가 된다. 환자 보호자들 틈에 끼어 대기실에서 잔다. 밤에 몰래 들어가서 자고 아침에 몰래 나온다.

나는 병원에 간다.

작은 병원 대신 큰 병원으로 간다. 이름 대면 알 만한 종합병원과 대학병원을 찾아간다. 익명의 보호자로 숨을 수 있도록 크고 환자 많은 대형 병원에서 잔다.

나는 병원에 간다.

환자 보호자들 사이에 누워 있으면 그들의 사연이 들린다. 사연을 듣다 보면 알 수 있다. 누군가 아프다는 사실보다 아픈 사람을 포기할 수 없다는 사실에 그들은 아프다. 아들과 딸, 남편과 아내, 부모와 형제가 내일을 기약할 수 없는 고통 속에 있을 때 그들을 지켜보는 사람들도 그들처럼 아프다. 듣고 있으면 그들 틈에서 나도 아프다. 나를 포기하지 않을 사람이 없다는 사실에 아프다. 내가 포기됐다는 사실이 아프다. 나의 아픔을 지켜봐줄 사람이 없어 나는 아프다.

나는 병원에 간다.

자주 가면 자연스럽게 알게 된다. 나처럼 병원에서 잠을 구하는 사람들이 있다. 잠이 괴로운 사람들은 눈으로만 봐도 서로를 구분할 수 있다. 나는 그들을 알아보고 그들도 나를 알아본다. 우리는 서로 정보를 주고받는다. 어느 병원에 가면 덜 불안하게 하루 잠을 얻을 수 있는지 나는 그들에게 알려주고 그들도 내게 일러준다.

나는 병원에 간다.

짧게는 한 달, 운이 좋으면 반년까지 한 병원에서 잔다. 나는 유령이 되는 법을 안다. 보이지 않는 유령처럼, 존재하지 않는 존재처럼 숨어살 수 있다. 익숙하다고 느낄 때가 위험하다. 긴장이 풀리는 순간 간호사나 병원 직원들의 눈에 띈다. 불안하다 싶어질 땐 곧바로 병원을 옮겨야 한다. 병원 몇 개를 정해두고 하루씩 옮겨다니며 잘 수도 있다. 들키면 질문을 받는다.

당신은 누구 보호자입니까.

......

누가 아픕니까.

......

대답하지 못하면 쫓겨나거나 경찰서로 끌려간다.

나는 죄인이 되어 답한다.

집 없는 사람이 아픕니다.

들키면 쫓겨나더라도 집 없는 나(➡529쪽)는 병원에 간다.[1]

---

1 305호 정효승은 9-2×에 살기 전 병원을 옮겨다니며 잠자리를 해결했다.

58

귀
가

301호 김대광이 하얀 종이에 네 개의 문장을 썼다.

일번. 땀이 있는 곳에 돈이 있다.

이번. 믿음이 있는 곳에 친구가 있다.

삼번. 사랑이 있는 곳에 사회복지가 있다.

사번. 쪽방의 삶은 인생의 블랙홀이다.

종이를 방문 앞에 붙이고 사람들이 들을 수 있도록 큰 소리로 읽었다. 끝엔 '국제발명문화원 김가나다'라고 썼다.

개천절에 계획했던 일렉트릭 볼케이노 시연회는 무산됐다.

청와대와 정부 고위 관계자들에게 초청장 전달을 주선하기로 했던 사람이 끝내 나타나지 않았다. 동네 입구에서 몇 날 며칠을 기다렸지만 '그 새끼'를 결국 만나지 못했다. "씨발놈한테 속았다"며 김대광은 분노를 터뜨렸다. 화산이 폭발하듯 활짝 열리기 직전이었던 새 시대는 다시 멀어지고 말았다. 기력이 빠진 김대광은 백도라지를 달여 마시고 싶었지만 도라지 구하러 갈 기운이 나지 않았다.

일번, 이번, 삼번, 사번은 김대광이 평생 붙들고 살아온 생활 신조였다. 그 귀한 말씀을 노란집의 새 입주민들을 맞으며 환영사로 썼다. 노란집 최장기 거주자 중 한 명인 그가 "새로 들어오는 놈들이 새 마음으로 새 삶을 살길 바라는 뜻에서" 가슴에 새기라고 선물했다.

"새 인생관을 가지라는 거야. 여기가 블랙홀이니까 각성하고 살란 소리야."

그의 목소리가 3층을 쩌렁쩌렁 울렸다.

"여태까지 '인생의 블랙홀'이란 표현을 쓴 사람이 나 말고 없어. 문학이 뭐가 문학이냐. 삶의 시를 써야 문학 아니냐."

일번부터 사번까지 반복해서 읽으며 김대광이 연설 같은 혼잣말을 이어갔다.

"동자동은 동방의 자손들이 사는 곳이었어. 이제 쪽방의 시대는 갔어. 하숙의 시대야. 알아 몰라?"

짐을 들고 3층으로 올라오던 새 입주자가 김대광을 보고 움찔했다. 남자가 얼떨결에 꾸벅 인사를 하자 김대광이 물었다.

"누구야?"

"새로 왔어요."

김대광이 지갑에서 10달러를 꺼내 남자에게 줬다.

"이걸 왜 줘요?"

남자가 놀라 물었다.

김대광이 버럭했다.

"까지 말고 받아."

남자가 어리둥절한 표정으로 지폐를 받아들었다.

"야, 이거 한 자락 듣고 가."

김대광이 손가락으로 자신의 방문을 가리키며 읽기 시작했다.

"일번, 땀이 있는 곳에 돈이 있다……"

사번까지 다 들은 남자가 웃는 듯 비웃는 듯한 얼굴로 자기 방을 찾아갔다.

김대광이 상대 없는 대화를 계속했다.

"마누라가 더는 못참겠대. 이제 그만 떠나겠대. 내가 '야 어딜 떠나, 이제 다 됐는데', 그랬더니 막 울더라고."

볼케이노가 빛을 볼 날이 얼마 남지 않았다, 지금까지 버틴 게 억울하니 조금만 더 참아보자, 곧 승부가 난다며 김대광은 우는 아내를 달랬다고 했다. 아내는 자녀들과 미국에 있다고 김대광은 여러 차례 이야기했었다. 못 본 지가 수십 년이었다. 자신이 달랜 사람이 누구였는지 김대광 스스로도 깜빡깜빡했다.

301호는 노란집에서 보수되지 않은 유일한 방이었다.

다른 퇴거 거부자들이 잠시 방을 비워 공사에 협조했을 때도 김대광은 301호에서 나가지 않았다. 울창하게 솟은 짐들을 빼낸 뒤 다시 넣는 것 자체가 엄두가 나지 않는 일이었다. 공사가 끝나고 재입주가 시작됐지만 김대광(➡570쪽)의 방만은 변한 것이 없었다. 천장에서 찢어진 벽지가 젓가락이 헤집은 생선 껍질처럼 너덜거렸다.

탕탕탕.

"비 내리는 호남선~."

탕탕탕.

"남행 열차에~."[1]

101호에서 망치질 소리가 요란했다.

새로 이사 온 남자가 선반을 짜고 있었다. 합판을 톱으로 자른 뒤 못을 박아 벽에 고정했다.

"흔들리는~" 탕탕 "차창 너머로~" 탕탕탕.

트로트 가락에 맞춰 톱질과 망치질이 흥을 냈다.

남자는 노란집과 10미터 떨어진 9-××에서 6년을 살았다. 옆방 사는 팔십대 할머니가 새벽만 되면 술을 마시고 소리를 질렀다. 술에 취하면 "저 새끼가 나를 치려 한다"며 남자를 욕했다. 더는 견딜 수 없어 노란집으로 이사했다. 그는 잠을 푹 자게 되면 취소된 운전면허부터 다시 딸 작정이었다. 면허를 따면 고물 트럭을 하나 사서 화물 운송이라도 뛰어볼 생각이었다.

102호에서도 한 남자가 판자에 대패질을 하고 있었다.

그는 주방장 출신이었다. 손으로 하는 웬만한 일은 다 할 수 있었다. 그도 101호 남자와 같은 건물에서 이사 왔다. 도배한 지 10년 넘은 벽이 까맣게 썩어들어가자 방을 탈출했다.

공사 전 두 사람의 방은 교회였다.

1층 맨 앞을 차지하고 있던 교회가 두 개의 방으로 쪼개져 101호와 102호가 됐다. 교회가 방이 됐지만 살 만한 방이 됐는지는 의문이었다. 두 방 사이엔 벽을 세우는 대신 얇은 석고판을 댔다. 101호는 창문까지 벽지로 발라버렸다.

두 사람이 살았던 9-××는 노란집에서 쫓겨난 지하7호 유경식과 103호 김공호가 이사 간 건물이었다. 노란집 사람들이 이주해봐야 10미터를 이동했던 것처럼 노란집으로 이주해 들어오는 사람들도 10미터를 이동했다. 그들은 그렇게 이사 나가고 이사 들어오며 이 건물 사람이 저 건물 사람이 되고 저 건물 주민이 이 건물 주민이 됐다. 그것이 동자동 주민들이 새 집을 찾아가고 새 이웃을 만나는 방식이었다.

김대광에게 10달러를 받은 3층 남자는 이사 첫날부터 화가 문밖으로 튀어나오고 있었다.

이사 나온 방은 보증금 100만 원에 월세 18만 원짜리였다. 동네 사람에게 50만 원을 빌려 보증금에 보탰다. 그 돈을 "이혼한 전 마누라가 가지고 날랐다"며 험한 욕설을 뱉었다. "가만두지 않겠다"는 말이 복도 바닥에서 데구르르 굴렀다. 빚을 갚으려면 보증금을 빼는 수밖에 없었던 그는 보증금 없는 노란집으로 이사 왔다. 그는 공황장애 약을 먹고 있었다. "머리가 어지럽고 속에서 불이 올라와" 한겨울에도 방문을 열어놓고 잤다.

노란집에서 쫓겨난 사람들이나 노란집으로 새로 들어온

사람들이나 그 사연이 그 사연이었다.

공사를 마친 노란집의 방값은 평균 1만 원 올랐다.

지하방은 14만 원에서 15만 원이 됐다. 공사 전 15만 원 (1~3층)과 16만 원(4층·방이 넓고 수도가 있는 방은 18만 원)이었던 방들은 공사 뒤 가격대가 다양해졌다. 지하를 제외한 각 층 1호방은 조금 넓다는 이유로 17만 원, 4층 방 중 개별 수도가 달린 세 개 방은 18만 원, 1~4층의 나머지 방들은 모두 16만 원으로 책정됐다.

노란집의 강제퇴거 대상 주민은 마흔다섯 명이었다. 그들 중 재입주한 사람은 여덟 명(18퍼센트)이었다. 퇴거에 응하지 않은 네 명[2]을 제외하면 이사 나갔다 되돌아온 사람은 네 명[3]뿐이었다.

304호 이수걸.

재입주 공고가 난 다음 날[4] 106호로 돌아왔다. 공사 전엔 안장선(→530쪽)이 살던 104호 방이었다. 그는 노란집 밖으로 이사 나간 주민들 중 가장 먼저 복귀한 사람이었다. 철거가 시작됐을 때 이수걸은 물이 새는 자신의 방을 버리고 105호 민태진의 방으로 피신했었다. 이수걸이 되돌아온 방에서 다시 떠날 수밖에 없는 '어떤 일'(→525쪽)이 재입주 열흘 만에 벌어졌다.

105호 민태진.

이수걸과 같은 날 107호로 입주했다. 공사 전엔 105호였던 방이었고 민태진 자신이 살던 방이었다. 그는 퇴거 사태 때 노란집에서 가장 먼저 방을 뺀 주민이었다. 퇴거부터 재입주까지 9개월 동안 가장 자주 이사(네 차례)를 다닌 사람(➡525쪽)이기도 했다. 민태진은 이수걸이 '어떤 일'을 겪기 전날 밤 그와 함께 소주를 마셨다.

311호 김윤창.

이수걸에게 '어떤 일'이 벌어진 날 돌아왔다. 퇴거를 거부하던 그는 건물주가 전기를 끊은 날 밤 깜깜한 복도에서 넘어져 피를 흘리며 입원했다. 퇴원한 그의 왼쪽 눈 위엔 길쭉한 흉터가 남았다. 공사 전 김석필이 살던 211호로 옮겨 입주했다. 그(➡531쪽)의 소개로 9-2× 주민이 됐던 이황수의 방을 이번에도 대신 잡아줬다.

지하4호 이황수.

김윤창이 찜해둔 방은 111호였다. 공사 전엔 조만수(➡577쪽)가 살던 109호 방이었다. 이황수는 과거 김윤창과 노숙할 때부터 알고 지냈다. 함께 거리잠을 잤고 인왕산 굿당 관리도 같이했다. 2년 9개월 뒤(➡549쪽) 이황수는 정작 김윤창이 잡아준 방 대신 다른 건물의 다른 방[5]에서 발견됐다.

지하10호 김동기.

공사 전 김주택이 살던 지하1호로 왔다. 지상으로 올라갈 법도 했지만 그는 방값이 싼 지하에 머물렀다. 그나마 계단 아래로 흐린 햇빛이 떨어지는 첫 번째 방을 택했다.

퇴거 당시 2미터 거리의 옆 건물(월세 17만 원)로 이사했던 그는 지하로 돌아오면서 2만 원의 방값을 절약할 수 있었다. 그가 젊어서 술시중 들었던 '뜨르르한 인간들'의 이야기(➡ 511쪽)도 땅 위로 올라오지 못했다.

재입주를 고민하던 사람들 대부분이 재입주를 포기했다. 퇴거 주민의 82퍼센트(37명)가 돌아오지 않았다.

"이사하는 게 너무 힘들거든."

강제퇴거 초기 밤새 건물을 지키며 철거에 대비했던 211호 김석필은 망설이지 않고 말했다.

그는 월세 18만 원짜리 방에 살고 있었다. 전보다 3만 원이 비쌌고 보증금 100만 원까지 묻어야 했지만 작은 다락이 딸려 있었다. 조금이라도 나은 방을 경험한 그는 굳이 노란집으로 돌아가고 싶지 않았다. 괴로웠던 기억이 떠오르는 것도 싫었고 돌아가서 다시 선반을 짜는 일도 번거로웠다.

방값만 맞으면 재입주한다던 지하7호 유경식(➡530쪽)도 이사를 접었다. 이사 간 건물의 망가진 곳들을 가끔씩 고쳐주며 방값을 1만 원쯤 깎고 있었다.

"지금 사는 방이 너무 좁아 완공되면 바로 온다"고 장담했던 103호 김공호는 옆 건물에 그대로 눌러앉았다.

지하1호 방을 살펴보며 계약을 고민하던 마로 아버지 천종식도 살던 집을 떠나지 않았다.

지하9호 김상천은 "같이 죽자"며 건물주 남편을 옥상으로 끌고 올라갔을 만큼 퇴거에 강하게 저항했었다.

 겨울이 닥치자 그는 추위가 무서웠다. 쪽방 건물은 밤 10시부터 아침 8시까지만 난방을 했다. 각자 방에선 난방을 켜고 끌 수 없었다. 그가 방을 옮긴 노란집 옆 건물은 전기패널을 깐 바닥 위에 자갈을 올리고 시멘트를 발랐다. 천천히 덥혀지고 서서히 식었다. 노란집은 전기패널 위에 장판만 깔았다. 급하게 끓고 빨리 식었다. 난방이 되지 않는 오후 옆 건물 방은 여전이 따뜻했지만 노란집의 방바닥은 차가웠다. 김상천(➡512쪽)은 복귀를 단념했다.

 재입주해야 할 뚜렷한 이유가 노란집엔 없었다.

 쪽방은 몸을 누이는 집이었지만 반드시 돌아가야 할 집은 아니었다. 가난한 자들은 작은 충격으로도 흩어진 뒤 꼭 그 방이 아니라 '그 방 즈음'으로 돌아왔다. 어떤 일이 있어도 되돌아가야 할 본래의 자리가 없다는 것이 가난한 자들이 흩어지는 방식이었다. 돌아갈 이유는 없으나 완전히 멀어질 수도 없다는 것이 가난한 자들이 모이는 방식이었다.

 가난한 그들은 가난한 방 주위를 인공위성처럼 맴돌며 가난을 벗어나지 못했다.

1 가수 김수희가 1989년에 발표한 노래 〈남행열차〉 가사.

2 106호 김택부, 203호 박수광, 301호 김대광, 303호 박세기.

3 재입주 계약 당시엔 지하4호 이황수를 포함해 다섯 명으로 알려졌으나 이황수가 돌아오지 않으면서 최종적으로는 네 명.

4 2015년 11월 10일.

5 김윤창이 이황수의 방을 잡아줬지만 이황수는 9-2×에 입주하지 않았다.

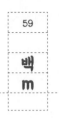

59

백
m

그들이 갈 수 있는 거리는 고작 100미터였다. 강제퇴거로 9-2× 주민들이 뿔뿔이 흩어졌지만 그들 대부분은 동자동에 있었다. 퇴거 딱지가 붙은 뒤 주민 마흔다섯 명 중 서른 명(66.6퍼센트)[1]이 9-2×로부터 직선거리 100미터 안에서 이사했다. 몇 차례의 이동을 거쳐 안착한 거리가 그만큼이었다. 딱 그만큼이 그들에게 허락된 이동거리였다. 100미터 이상 1킬로미터 이내로 이주한 사람은 한 명(2.2퍼센트)[2]이었다. 1~5킬로미터[3]를 움직인 주민과 5~20킬로미터[4] 거리로 이사한 주민은 각각 다섯 명(11.1퍼센트)씩이었다. 20킬로미터 밖으로 나간 사람은 한 명(2.2퍼센트)[5]뿐이었다. 세 명(6.6퍼센트)[6]은 이주 지역이 확인되지 않았다. 쪽방에서 쫓겨난 그들이 찾아간 새 방도 여전히 쪽방이었다. 서른한 명(68.8퍼센트)이 쪽방으로 옮겨갔다. 가난한 자들에겐 갈 수 있는 곳과 갈 수 없는 곳이 나뉘어 있었다. 무형의 장벽이 그들 앞을 가로막고 있었다. 헌법이 보장한 거주·이전의 자유는 자유를 살 돈이 있는 사람에게만 허락됐다.

1 0미터: 9-2×를 끝까지 떠나지 않았거나 공사 뒤 9-2×로 되돌아온 사람들. 지하10호 김동기(2미터 거리로 1차 이사→공사 뒤 재입주), 105호 민태진(25미터 거리 이사→80미터 거리 2차 이사→2미터 거리 3차 이사→공사 뒤 재입주), 106호 김택부(퇴거 불응→법원 공사 중지 결정 뒤 60미터 거리 임시 이주→공사 뒤 재입주), 203호 박수광, 201호 김대광, 303호 박세기(60미터 거리 임시 이주→공사 뒤 재입주), 304호 이수걸(40미터 거리의 9-×로 이사→공사 뒤 재입주), 311호 김윤창(단전 당일 넘어져 출혈·입원→10미터 거리로 이사→공사 뒤 재입주).

0~2미터: 9-2× 바로 옆 건물로 이주. 지하1호 김주택(퇴거 거부하다 2015년 6월께 이사), 지하6호 이필숙(난방 문제로 9-2× 재입주 포기), 지하8호 문철국(퇴거의 법적 문제 지적하다 2015년 6월 이사), 지하9호 김상천(퇴거에 강력 저항하다 2015년 날씨가 추워지면서 이사), 302호 차성천(건강 악화 상태에서 입원과 퇴원을 거듭하다 건물주가 잡아준 방으로 이사).

2~10미터: 메인 골목 초입 건물로 이주. 지하7호 유경식(2미터 거리로 1차 이사→10미터 거리로 2차 이사), 103호 김공호("9-2× 공사 뒤 무조건 돌아온다"고 했으나 재입주 포기), 202호 권영진.

10~50미터: 지하4호 이황수(60미터 거리로 이사→40미터 거리로 재이사), 지하5호 서혜자(2015년 5월 40미터 거리로 이사), 108호 이구찬(25미터 이동·주민비상대책위원이었으나 주민들 중 세 번째로 이사), 201호 박철관(35미터 이동·재입주 고민했으나 포기), 208호 이기방(40미터 이동·9-2× 재입주 고민했으나 포기), 211호 김석필(40미터 이동·건물 앞을 지키며 가장 완강하게 퇴거에 저항했으나 2015년 6월 이사), 305호 정효승(40미터 이동), 306호 이병례(40미터 이동·강제퇴거 부당함을 호소하

며 서울시에 탄원서를 제출했으나 2015년 6월 이사), 309호 우권화(35미터 이동·강제퇴거 사태 뒤 9-2×에서 두 번째로 이사).

50~100미터: 101호 고정국(연희동 매입임대주택으로 이사한 뒤 두 달이 못 돼 동자동으로 복귀), 205호 박기택(85미터 이동·동자동에서만 50여 년 거주), 206호 백대진(85미터 이동·연희동 매입임대주택 당첨됐으나 동자동을 떠나기 두려워 포기), 310호 김중용(90미터 이동·2016년 6월 이사), 402호 김명근.

2 지하11호 박부석(600미터 이동·2015년 5월께 지인이 거주하는 남대문로5가 쪽방촌으로 이사).

3 4킬로미터 거리의 연희동 매입임대주택으로 옮긴 다섯 명. 109호 조만수, 204호 양진영, 401호 성덕윤, 403호 최용구, 404호 엄장호.

4 209호 나환수(무연고 사망 뒤 서울시립승화원 안치). 104호 안장선(2미터 거리로 이사→강동구 둔촌동 매입임대주택으로 재이주), 207호 이준길(85미터 거리로 이사→강동구 둔촌동 매입임대주택으로 재이주). 210호 최중호(2014년 폭행 사건으로 수감→2015년 7월 출소→2015년 10월 재수감). 308호 장광준(건설현장 일을 하는 천호동으로 이주).

5 307호 정영보(86킬로미터·충북 음성 꽃동네 노숙인 시설).

6 지하3호 김형순, 102호 선중현, 107호 황정희.

60

처
사

지하10호 김동기

1936년 서울 종로 출생

10개월 거주

"좀 괜찮아지셨어?"

입에 담배를 문 지하6호 이필숙이 방문을 열며 물었다.[1]

무슨 말이냐.

"뭐가 괜찮아져?"

이필숙의 빠진 앞니들 사이로 담배 연기가 새어나왔다.

"내가 얼마나 놀랐는지 몰라. 왜 넘어지셨어?"

넘어지긴 누가 넘어져.

"나 아니야."

이필숙이 우겼다.

"아니 기여 기여."

뭐가 그렇단 거야.

"나 방에서 나가지도 않았어."

"내가 방에다 모셔다 드렸는데 왜 딴소리야."

딴소리는 누가 하는데.

"어쨌든 괜찮으신 거 같네. 혹시나 싶어 걱정돼서 들러 봤어요."

이필숙이 담배 연기를 흘리며 문을 닫았다.

"또 쓰러졌다며?"

이필숙이 문밖으로 얼굴을 빼자 지하9호 김상천이 얼굴을 들이밀었다.

저 인간은 왜 또 저러나.

"새벽에 쿵 소리 나서 나와봤더니 쓰러져 있던데."

"아니라는데 다들 왜 이래? 나 놀리려고 서로 짠 거야?"

내가 발끈했다.

나보다 세 살 어린 김상천은 자기보다 내가 먼저 갈까봐 나보다 더 걱정이었다.

"그러다 죽어. 정신 똑바로 차려."

"진짜 아니라니까."

장난이 심하다 싶어 내가 화를 냈다.

"어지러우면 화장실 가지 말고 깡통에 소변 봐. 무슨 일 있으면 나한테 전화하라고 했잖아. 왜 안 해?"

"거 미치고 팔짝 뛰겠네."

내가 아니라는데 왜 모두 내 말을 안 믿나.

"알았어 알았어. 말 많이 하면 기운 빠지니까 그만 쉬어."

김상천이 "밥은 굶지 말라"는 말을 남기고 돌아갔다.

저 인간들이 미쳤나.

복도 저편으로 김상천(➡530쪽)과 이필숙(➡530쪽)의 대화 소리가 멀어졌다.

"내가 소리 듣고 나와서 부축했는데 계속 아니래."

"저 오빠 머리 다친 거 아냐?"

환장하겠네.

어디서 정신 온전치 못한 노인 취급인가.

분명 나는 넘어진 일이 없었다.

......

하긴 누가 알 일인가.

내 정신을 내가 장담할 일인가. 내가 정신이 나간 것이든 저들의 정신이 빠진 것이든 뭐가 중요할까. 나도 저들도 그럴 수 있을 만큼 늙었고 그만큼 기운이 낡아가고 있으니. 내 기억이란 놈이 과연 내 것이 맞는지도 이젠 잘 모르겠다.

내 기억은 전쟁으로부터 시작했다.

열네 살 때 터진 육이오는 모든 것을 쓸어버렸다. 고향도 가족도 쓸어갔고, 징병돼 끌려간 두 형의 목숨도 거둬갔다. 포탄은 내 어린 시절의 기억들에도 떨어졌다. 내 사나운 팔자의 맨 앞엔 그 구멍난 기억들이 있었다.

그 기억에 미군이 끼어들었다.

부모가 보살피지 않는 아이에겐 방법이 없었다. 추운 겨울 동두천 미군부대 뒤에 땅을 팠다. 구덩이에 들어가 추위를 피했다. 나 같은 아이들이 판 구덩이가 부대 주위에 많았다. 부대에서 내다 버린 박스로 불을 피워 몸을 녹였다.

어려서부터 고생을 하다 보니 이래 죽으나 저래 죽으나 마찬가지였다. 북파 되는 미군 특수부대에 지원하려는데 부대 상사가 어린놈이 안쓰러웠는지 부대로 데리고 들어가 밥을 먹였다. 그가 "군사 기밀"이라며 일러줬다. "북으로 열 명 올라가면 열 명 다 죽는다"며 지원을 말렸다. 개죽음 하느니 미군부대에 취직하라며 추천장을 써줬다.

추천장이 있으니 일자리가 쉽게 주어졌다. 나는 "레버"(레이버러·laborer)가 됐다. 레버는 미군의 진격과 후퇴에 따라 취직과 실직을 반복했다. 미군이 북진하면 후방에 남겨진 레버들은 일자리를 잃었다.

내 기억은 오산기지로 옮겨갔다.

추천장을 가지고 오산으로 갔다. 공군부대는 잘 안 없어지므로 생활이 안정될 것이라 생각했다. 오산기지 군인이 아침에 철조망 앞으로 사람을 뽑으러 왔다. 다들 멀뚱히 쳐다만 보는데 내가 주워들은 토막 영어로 말했다.

"굿모닝 루테넌트(중위)."

추천장을 보여줬더니 중위가 물었다.

"왓 두유 원트?"

"롸잇 나우 좝."

바로 할 수 있는 일을 원한다고 답했다. 그래서 미군 숙
소를 청소하는 '하우스보이'가 됐다. 그때부터 미군들은 나
를 '꼬맹이'라고 불렀다.

"헤이 보이."

내가 한 살 한 살 먹어 스물이 가까워져도 그들에게 나
는 언제나 '보이'였다.

보이의 기억엔 '양공주'도 등장했다.

미군 '엠피'(헌병·military police)가 돌아다니며 기지촌을 순
찰했다. 피란 나온 어린 여자들이 먹고살기 위해 어쩔 수
없이 양공주가 됐다. 포주들이 미군들을 잡아채서 양공주
들 방에 넣었다. 판잣집이나 마찬가지인 하꼬방들이었다.
골목에 미군이 나타나면 앉아 있던 여자들이 계급 높은 사
람부터 데리고 방으로 들어갔다.

괜찮은 미군 만나 미국으로 가겠다는 드림(dream)을 품은
양공주들도 있었다. 드림이 컴 트루(come true) 되는 일은 흔
치 않았다. 미군한테 맞아 멍투성이가 되는 양공주들이 훨
씬 많았고, 미군이 귀국하며 버린 아이들이 허약한 나라의
증거처럼 기지촌에 남았다. 미군으로부터도 한국인들로부
터도 한 번도 공주였던 적 없는 여자들과 그 공주의 자식
들이 깨진 드림을 집어던지며 "퍽큐"를 뱉었다.

처사(處士).

웨이터를 듣기 좋게 그렇게 불렀다. 그 호칭이 나를 가

장 좋은 시절의 기억과 묶어줬다.

'보이'가 자라 이십대가 됐을 때 국민학교도 졸업하지 못한 내가 갈 수 있는 곳은 유흥업소였다. 나는 얼굴이 예쁘장했으므로 웨이터 되는 일이 어렵진 않았다.

술집에도 급수가 있었다.

요정은 일종, 이종, 삼종으로 나뉘었다. 똥개는 똥개끼리 논다고 장관·회장급이 노는 물과 사장급이 노는 물, 국장급과 과장·계장급이 노는 물이 각각 달랐다. 일종 요정엔 정치인들과 회장들이 주로 왔다.

'대하(大河).'[2]

큰 강. 그 이름처럼 한국 요정 정치[3]의 큰 물결이 일렁인 곳이었다.

대하에서 일하며 권력의 흥망을 봤다. 정치권력이 바뀌면 대하의 방석을 차지하는 인사들도 바뀌었다.

자유당 정권 땐 이기붕이 들락거렸다. 4·19 때 일가가 권총 자살했다는 소식을 듣고 놀랐던 기억이 먼발치에서 봤던 그의 얼굴에 묻어 있다.

박정희 정권 땐 김종필과 이후락[4]이 자주 왔다. 이후락이 자동차를 타고 도착했는데 운전기사가 "김종필[5] 차가 있습니다" 하면 이후락이 "차 돌려" 해서 가버리곤 했다. 정권의 2인자 자리를 두고 다퉜던 두 인물도 박정희가 죽자 오리알이 됐다.

대하 마담 김복희는 이승만 정권 말기에 세금을 떼먹었

다는 이유[6]로 잡혀갔다.

　마담이 법원에서 일부러 세금을 안 낸 게 아니라며 외상 손님 명단을 까서 세상이 발칵 뒤집혔다. 마담의 외상 장부엔 집권당, 국회, 정부 부처가 줄줄이[7] 올라 있었다. 대하는 그 시절 한국 정치의 한가운데서 꼬리를 펄떡이며 헤엄쳤다.

　대하에서 나온 뒤엔 한 급 낮은 요정 '새집'[8]에서 일했다.

　새집엔 정치 주먹들이 많이 드나들었다. 김두한과 이정재[9]가 애용했다. 그 두목들이 오면 수하 깡패 여러 명이 형님을 수행했다.

　이정재는 씨름으로 주먹 대장이 돼 세력을 키웠다. 경기도 이천에서 국회의원 선거에 나오려다 이기붕의 압력에 밀려 선거구를 이기붕에게 내줬다. 권력도 깡패고 주먹도 깡패인 시대였지만 주먹이 권력을 당하진 못했다. 대하의 손님과 새집의 손님이 그렇게 얽혀 있었는데 결국 두 사람 다 제명에 못 죽었다.

　요정의 급이 여자의 급이었다.

　일종 요정에선 학벌 높은 여자들이 마담을 했다. 여자는 취업을 해도 식구를 먹여 살리기 힘든 시절이었다. 대학 나온 여자들이 외모까지 되면 그 밑천을 내세워 고급 마담이 됐다. 한복을 곱게 차려입고 붓글씨까지 명필로 쓰면 몸값이 올라갔다.

　처사가 업계에서 살아남으려면 마담을 잘 만나야 했다.

비싼 마담에게 줄을 대고 있어야 오래 일할 수 있었다. 마담마다 몸값이 달랐다. 얼마나 비싼 손님을 붙들고 있느냐가 마담의 몸값을 결정했다. 마담이 몸값을 높여 요정을 옮기거나 자기 요정을 차려 나갈 땐 단골손님들도 따라 움직였다. 그때마다 마담들은 마음에 맞는 처사를 데려갔다. 마담도 웨이터를 잘 만나야 인기를 오래 유지할 수 있었다. 웨이터가 비서 노릇을 잘해줘야 실속 있는 남자들이 발길을 돌리지 않았다.

나도 마담들을 따라다녔지만 오래 따라다니진 못했다. 일류 마담을 만나기가 쉬운 일은 아니었다. 나는 마담들에게 인기 있는 처사는 아니었다. 마담 줄이 끊긴 뒤로 나는 줄을 놓치고 굴러떨어졌다.

좋은 기억도 때가 있는 법이었다.

때를 놓치면 기억도 따라 추락했다. 웨이터로 전성기였을 때 큰 호텔에 갈 기회가 있었다. 호텔에서 한자리하는 손님이 내가 있던 요정에 와서 술을 마셨다. 자기네 호텔로 오지 않겠냐고 했다. 내가 미군부대 경력이 있고 잉글리시도 좀 됐으니 나를 눈여겨봤다. 요정이 한창 잘나갈 때였으므로 호텔 귀한 줄을 몰랐다. 그때 호텔로 옮겼더라면 땡잡을 수도 있었을 텐데 기회를 놓친 뒤로 내 인생에 빛나는 기억은 다시 찾아오지 않았다.

대학은 쓸쓸한 기억의 장소였다.

내 또래의 청년들이 책가방을 들고 대학을 다닐 때 나는 자그마한 수첩을 들고 대학으로 술값 수금을 다녔다. 교수들한테 술값을 받고 나면 대학생들이 부러워 강의실 뒷자리에 앉아 수업을 들었다. 유명한 교수 특강 알림이 붙어 있으면 유심히 봐뒀다가 시간 맞춰 찾아가기도 했다. 그 짧은 시간 동안 나는 지난 기억들로부터 이탈할 수 있었다. 잠깐이나마 그때까지 쌓아온 기억과는 다른 종류의 기억으로 살아갈 수 있길 꿈꿨다.

알아먹을 수 없는 이야기들이었지만 교수들의 강의 실력은 나도 알아챌 수 있었다.

요정에서 그렇게 잘난 체하던 교수가 강의실에선 그렇게 말을 더듬을 수가 없었다. 요정에선 조용히 앉아 술만 마셨지만 학생들 앞에선 거미 똥구멍에서 줄이 줄줄줄 나오듯 입에서 말들이 줄줄줄 쏟아지는 교수도 있었다. 배우고 싶었지만 배우지 못한 기억이 내 기억들 중에서 가장 섭섭한 기억이었다.

서른이 넘으면서는 기억하고 싶지 않은 기억들만 듬성듬성한 기억을 채워갔다.

늙은 처사가 돼 써주는 마담이 없자 행상에 나섰다. 과일을 등에 지고 다니며 팔았고, 리어카를 끌고 다니며 국화빵을 구웠고, 금붕어 담은 양동이를 들고 다니며 "금붕어 사려"를 외쳤다. 사십대 초반엔 식당 지배원을 했고, 사십대 후반엔 식당 설거지를 했다. 오십대 땐 공사판 잡부가 됐고, 육십이 됐을 땐 그 힘마저 떨어져 노숙을 하고 수급자가 됐다.

"죽지 못해서 먹었으니 마음대로 하쇼."

밥값이 없을 땐 식당 지배인 경험을 살려 배를 쨌다.

선불 식당은 피하고 후불 식당을 찾아가서 설렁탕 한 그릇과 소주 반병을 시킨다. 허겁지겁 먹고 일어선다. 주인한테 가서 "돈 없으니 경찰에 신고하라"고 한다. 주인이 어떻게 나올 줄 대강 안다. 생각이 있는 주인이라면 첫째, 오죽하면 돈 없이 먹었겠나 생각한다. 둘째, 신고해봐야 돈을 받을 수도 없으니 신고하는 대신 종업원들을 불러 지시한다.

"이 사람 잘 봐둬. 거지니까 다음에 오면 식당에 들이지 마."

내가 지배인 할 때도 나 같은 인간들 많이 겪어봤다. 돈 없다는데 어떡하나. 그냥 보내줄 수밖에.

이것이 내 기억의 처음과 끝이었다.

이렇게 산 것도 내 기억이었고, 저렇게 살지 못한 것도 내 기억이었다.

9-2× 지하에서 쫓겨나서, 2미터 거리의 옆 건물로 옮겼다가, 9-2× 지하로 되돌아왔다. 중간중간 끊어졌다 이어지는 내 삶의 기억은, 한 평도 안 되는 방에서의 시간도 툭툭 동강 나는 내 주거의 기억은, 과연 나의 기억이 맞을까. 내 기억이란 놈은 정말 내 뜻대로 만들어온 것일까, 나 자신

에게 물어본다.

심장 수술을 받았다.

조금만 걸어도 숨이 차서 몸이 축 늘어졌다. 간혹 넘어지기도 하는 모양이었다. 넘어지고 나면 기억이 없었다.

"왜 문형이 날 붙잡고 있어?"

눈을 뜨니 문방호[10]가 보였다.

"자네 쓰러졌어."

내 상반신을 붙들고 문방호가 말했다.

무슨 일인지 내가 버스 바닥에 누워 있었다.

"누가 쓰러져?"

내가 버럭했다.

"김형, 머리는 괜찮아?"

문방호가 생수병을 입에 대주며 물었다.

"멀쩡한 나를 왜 자꾸 이상한 사람 만들어?"

복지관에서 버스를 대절해 동네 사람들과 놀러 갔다 오는 길이었다. 내(➡530쪽)가 언성을 높이자 버스 안에 있던 사람 몇몇은 걱정을 했고 몇몇은 "또 저런다"며 웃었다.

저러긴 뭘 저래.

1 9-2×에서 강제퇴거 통보를 받은 직후의 상황.

2 서울 시내 고급 요정은 1950~1970년대 밀실 정치의 산실이었다. '대하'는 고위 정치인들이 드나들던 대표 요정 중 한 곳이었다. 자유당 정권을 무너뜨린 4월혁명 뒤에도 요정 정치는 계속됐다. 1961년엔 당시 여당이던 민주당이 신민당 등 야당 간부들을 대하에 초청해 한미경제협정 비준 동의에 관한 문제와 국정감사, 추경예산안 심의 등을 협의(1961년 2월 28일 경향신문)했다.

3 1961년 1월 12일 경향신문 〈요정 정치를 타파하라〉에서 한 단면을 볼 수 있다. "정치인과 요정은 자고로 불가분의 인연을 맺고 있다는 것은 한낱 상식에 속한 말이겠지만 그렇다고 모임의 성격이나 범위, 시기 등을 가리지 않고 무분별하게 요정을 쫓아 대소 정치회의를 갖는 것은 조속히 타파되어야 할 한국 정계의 폐풍(弊風)의 하나이다. 산해진미의 고급 요리상을 가운데 놓고 요염한 가기(歌妓)의 장고 소리를 들어가며 정담을 해야만 난제가 척척 풀리는 것이 우리나라 정객들의 생리인지 모르지만 아무튼 가난한 나라의 정당과 정치인들이 얼핏하면 무슨 장(莊)이니 관(館)이니 하는 큰 요리집을 찾아 회의를 하는 버릇을 하루속히 고쳐야 할 것이다. 우리나라의 요정 정치사를 소급해 올라가 살펴보면 일찍이 군정 때부터 모모 권력가들이 애첩(명기)의 집에 공용전화를 달아놓고 관하 직원들의 조회 훈화를 한 일화가 있거니와 피난 시 임시수도 부산에서도 무슨무슨 호텔이니 무슨무슨 각(閣)에서 무시무시한 정치 파동의 음모가 이루어진 것을 비롯하여 족청 전성 시절에 국무총리의 직계 장관들이 액면 기재하지 않은 수표책을 놓고 정객들과 담판하던 부산, 대전, 서울의 무슨무슨 누(樓)와 무슨무슨 원(園), 그리고 자유당 말기에 부정선거 원흉들이 연야(連夜)로 드나들었던 백운장과 청운각, 대하, 신성, 석산장, 장

원, 신당동집, 원남동집, 태화관, 아서원, 대여도, 반도호텔, 사보이호텔, 파고다호텔, 유엔센타 등등은 아마 우리나라 정치 역사에 빼놓을 수 없는 음모 장소로서 남게 될 것이다."

4 1924년 출생~2009년 사망. 5·16 군사쿠데타 직후 국가재건최고회의 공보실장, 대통령 비서실장(1963~1969년), 중앙정보부장(1970~1973년)을 지냈다. 3선 개헌, 박동선 공작 사건, 김대중 납치 사건 등에 개입한 것으로 알려져 있다. 1979년 전두환 신군부의 12·12 반란 이후 부정 축재자로 몰려 정계 은퇴했다.

5 1926년 출생~2018년 6월 23일 사망.

6 1959년 1월 법원은 대하 마담 김복희 등을 조세범처벌법 위반으로 구속영장을 발부했다. 이중 장부를 만들고 매출액을 속여 유흥세(770만 환)를 포탈한 혐의였다.

7 1959년 1월 20일 열린 구속적부심 심사에서 김복희는 "세금을 포탈할 의도가 없었다"며 억울함을 호소했다. "국회와 정부 부처에 3000만 환의 외상이 깔려 있어 세금 낼 돈이 없었다"는 주장이었다. 마담이 '외상 손님'으로 밝힌 기관은 한국 권력 지형을 망라했다. 자유당, 국회 내무위·농림위·재경위·교체위·부흥위·문교위·국방위, 재무부·상공부·국방부·외무부·농림부, 육군본부가 김복희의 입에서 거명됐다. 법원은 마담의 주장을 기각(1951년 1월 21일 경향신문)했다.

8 1969년 7월 검찰은 서울 시내 민가와 유흥업소에서 도색영화를 상영한 네 명을 음화반포공영법 위반 혐의로 구속했다. 외국에서 사온 도색영화 60편을 청진동에 있는 요정 '새집' 등에서 1명당 2000원씩을 받고 50여 차례 상영한 혐의(1969년 7월 25일 매일경제)였다.

9 1917년 출생~1961년 사망. 이승만 정권 시기의 정치 주먹. 경기도 이천

출신으로 씨름을 잘해 대회를 휩쓸었다고 전해진다. 1960년 4월혁명 직후 정치 테러의 주범으로 지목돼 구속됐다가 1961년 2월 석방됐다. 석 달 뒤 발발한 5·16 군사쿠데타 직후 다시 체포돼 그해 10월 사형됐다..

10 가명. 평소 김동기를 챙겼던 동자동 주민. 9-2× 재입주 뒤의 상황.

옆방 문 앞에서 뒹구는 신발을 쳐다보던 민태진이 짧은 눈길을 거뒀다.

"에휴."

나가려는 신발일까, 들어오려는 신발일까.

코끝을 서로 반대 방향으로 둔 감색 운동화 두 짝이 106호 문 앞에 방치 혹은 유기돼 있었다. 주인을 따라가지 못한 낡은 신발이 뒤꿈치가 꺾인 모습으로 이젠 사라지고 없는 주인의 몸을 기억했다. 평생 꺾인 채로 걷다 갔을 한 남자의 꺾인 삶이 꺾인 신발에서 고스란했다.

"뭣 하러 방에서 기어나와가지고."

민태진이 뒤꿈치 꺾인 신발을 벗고 107호로 들어갔다.

열흘.

너무 짧은 시간이었다.

304호에서 쫓겨나 106호로 돌아온 이수걸이 세상을 떠났다. 노란집에 재입주한 지 꼭 열흘째 되는 날[1]이었다.

오전 11시께 그는 건물 밖으로 나오다 복도와 출입구 사이의 한 칸짜리 계단에서 넘어졌다. 바닥에 머리를 부딪혔고 의식을 잃었다. 동네에 와 있던 방문 간호사가 달려와 이수걸을 흔들며 이름을 불렀다. 잠깐 떠진 눈이 곧바로 다시 감겼다. 간호사가 구급차를 불러 병원으로 옮겼으나 의식을 되찾지 못했다.

"방에서 혼자 죽은 지 며칠 만에 눈에 띄는 사람도 많은데 바로 발견돼서 다행"이란 의견도 있었다.

그는 노란집에서 쫓겨난 사람들 중 첫 번째 사망자[2]가 됐다. 그가 실족해서 죽음에 이른 것인지, 그의 오랜 병이 실족을 부른 것인지, 이웃들은 알지 못했다. 이웃들은 '평소 자주 쓰러지던 사람'으로 그를 기억했다.

"방에 있는데 갑자기 쿵하는 소리가 들려 나와보니까 건물 입구에 넘어져 있더라고. 간호사가 심폐소생술을 하고 있는데 구급차가 왔어. 피는 안 났어."

노란집의 새 입주민 최남천(53)이 동네 사람들에게 '무심한 목격담'을 읊었다.

최남천은 거리와 교도소를 집으로 알고 살았다. "몸이 아작 난" 그는 "몸 추스를 곳이 필요해" 동자동 여인숙 골목에 투숙했다. 한 달에 24만 원 하는 방값은 그가 감당할 수 있는 액수가 아니었다. 값싼 방을 찾아 노란집에 들었다.

이수걸의 죽음 열흘 뒤 동네 사람들이 그의 방을 정리했다.

사망 전날 쪽방상담소에서 받아온 새 이불(기증 물품)이 비닐 포장도 뜯지 않은 채로 있었다. 이웃들은 신분증과 의료 기록, 통장과 도장, 영수증 등을 수습했다. 쓸모를 찾기 어려운 것들은 고물 줍는 주민에게 내줬다. 냉장고·텔레비전과 이수걸이 한 번도 덮어보지 못한 이불은 다음 입주자를 위해 남겨뒀다.

"힘들어도 같이 살았으면 좋았잖아요."

연락이 닿지 않을 줄 알았던 가족이 이날 찾아왔다.

15년 동안 소식을 듣지 못했다는 딸들이 아버지의 한 뼘 방에 들어가 오열했다. 몇 시간 전 방을 치웠다는 사실에 이웃들은 안도했다. 몸도 제대로 욱여넣어지지 않는 크기의 방에서 아버지의 자리를 차지하고 있던 물건들을 봤다면 딸들의 울음은 더 커졌을 것이었다.

딸들은 "아버지가 이런 방에 계신 줄 몰랐다"고 했다.

빚쟁이에게 쫓긴 이수걸이 집을 나간 뒤 가족은 단칸방을 얻어 살았다. 이수걸이 비좁은 방으로 돌아왔을 때 그는 함께 지낼 수 있는 넓이의 방을 알아보는 대신 스스로를 치웠다. 끼어들 수 없을 만큼 좁은 방에서 나온 그는 가족들과 연락을 끊고 그 방보다 더 좁은 방을 떠돌다 갔다.

딸들의 통곡은 연고 없는 사망이 흔한 동자동에선 흔치 않은 일이었다.

아버지를 원망해 찾지 않았던 딸들은 자신들의 옛 방보다 한참 작은 아버지의 방을 본 뒤 서럽게 울었다. 동네 사람들은 유족이 시신 인수를 거부할 줄 알고 무연고 장례를 준비하고 있었다. 딸들은 사망 이튿날 병원에서 아버지의 주검을 인수했다. 장례를 치르지 않고 화장해 가족묘에 뿌렸다. "딸들이 죽은 아버지를 버리지 않아 고인이 덜 쓸쓸하겠다"고 누군가 말했다.

아버지의 방을 둘러본 이수걸의 딸들이 경기도 성남에서 와서 성남으로 돌아갔다.

성남인 이유(➡533쪽)가 있었다. 성남은 십대 후반(1970년대 초)에 경북에서 상경한 이수걸이 삶이 무너진 사람들과 천막을 친 땅이었다.

사망 전날 이수걸이 민태진의 방문을 두드렸다.

민태진이 107호에 누워 텔레비전을 보고 있을 때였다. 시계 시침이 밤 11시 근처에 가 있었다. 민태진이 방문을 열자 두 손으로 머리를 싸쥔 이수걸이 서 있었다.

"머리가 아파 죽을 것 같아. 소주 한 병만 사다 줘."

옆방에 살았지만 민태진과 이수걸은 자주 말을 섞는 사이가 아니었다.

강제퇴거 전 민태진은 1층에서 살았고 이수걸의 방은 3층이었다. 같은 건물 주민이라도 사는 층이 다르고 거주기간이 길지 않으면 서로의 얼굴이 생소한 관계도 없지 않았다. 노란집에서 쫓겨난 이수걸이 길에서 아는 체했을 때도 민태진은 그를 알아보지 못했다. 가물가물한 얼굴의 이수걸이 "1만 원만 빌려달라"고 해 민태진을 당황하게 했다. 마지못해 돈을 빌려준 민태진이 자신의 옛 방으로 돌아왔을 때 옆방에 이수걸이 와 있을 줄은 몰랐다.

얽히고설키는 일에 반드시 의지가 필요한 것은 아니었다. 친밀하지 않았을지 모를 두 사람의 방은 그들이 모르는 사이에 긴밀했다.

이수걸의 노란집 귀가는 방을 나온 지 5개월 만이었다.

그는 끝까지 퇴거에 응하지 않은 주민들(네 명)을 빼면 가장 먼저 돌아온 강제퇴거자였다. 그가 노란집에서 나와 이사한 곳은 직선거리 40미터 떨어진 9-×였다. 지하5호 서혜자(➡550쪽)가 이사한 건물이었다. 208호 이기방(➡550쪽)과 305호 정효승이 서로의 경로를 의식하지 못한 채 같은 번지로 스몄다.

강제퇴거 전 이수걸은 노란집에서 4개월밖에 살지 않았다.

그는 본래 노란집 옆 건물에서 10년을 거주했다. 몇 달치 방세를 못 내 쫓겨났고, 쫓겨난 뒤 몇 달간 노숙을 했으며, 노란집에 방을 얻은 뒤 몇 달 안 돼 퇴거당했다.

이수걸은 재입주 공고 하루 만에 노란집으로 짐을 날랐다.

9-×의 방값(21만 원)은 노란집에 살 때(15만 원)보다 6만 원 비쌌다. 고장 난 다리도 계단을 오르내리는 그의 체중을 견디지 못했다. 그는 9-× 3층에서 노란집 1층으로 방값 5만 원과 고도 두 개 층을 낮춰 이사했다.

그는 이사한 뒤에도 한동안 짐을 풀지 않았다. 짐 상자가 자리를 차지한 방에서 그는 "짐짝처럼" 누워 잤다. 하도 방을 많이 옮겨다녀 어디서 얼마나 살았는지 그 자신도 계산하지 못했다. "그저 산다는 게 이러려니" 생각했다.

이수걸이 노란집에 재입주한 날 민태진이 옆방으로 이사 왔다.

민태진은 강제퇴거 이후 가장 '복잡한 경로'를 그린 사람이었다. 노란집을 나온 뒤 도착한 곳은 25미터 거리의 9-××(월세 17만 원)였다. 석 달 뒤 그는 건강 악화로 병원에 입원했다. 퇴원한 그는 "방이 작다"며 5-×(9-2×로부터 80미터 거리·보증금 100만 원에 월세 20만 원)로 이사했다. 다시 두 달 뒤엔 "방값이 비싸" 9-××(2미터 거리·월세 17만 원)로 옮겼고, 한 달 뒤 "계단 오르기가 힘들어" 노란집 1층으로 재입주했다. 그때마다 101호 고정국(80미터 거리의 5-× ➡578쪽)과 지하6호 이필숙·지하7호 유경식(➡571쪽)·지하8호 문철국·지하9호 김상천·지하10호 김동기(➡546쪽)·104호 안장선·202호 권영진·302호 차성천(2미터 거리의 9-××)의 길들이 그의 길과 겹쳐졌다. 그리고 되돌아간 노란집 옆방에서 이수걸을 만났다.

"소주라도 안 마시면 머리가 터져버릴 것 같아."

민태진의 방문 앞에서 이수걸이 사정했다.

내키지 않은 마음으로 소주를 사온 민태진이 이수걸의 방문을 열었다.

"한잔하고 가."

이수걸의 말에 민태진이 방 안에 들어가 앉았다.

이미 소주병 다섯 개가 비어 있었다. 그는 "밥을 도저히 넘길 수 없다"며 소주를 들이켰다. "이거라도 안 넘기면 못 견딘다"며 술병째 마셨다. 민태진이 "앰뷸런스 불러줄 테니 병원에 가라"고 했지만 이수걸은 손을 저으며 "됐다"고만 했다.

동네 사람 한 명이 찾아와 술자리에 끼었다. 좁은 방이 세 사람의 몸으로 잔뜩 부풀었다. 이수걸이 민태진에게 "2만 원만 빌려달라"고 했다. "2만 원이면 한 달은 살 수 있다"고 했다. 민태진은 돈 빌려달라는 소리에 짜증이 나 1만 원을 건넨 뒤 방을 나왔다. 합석자도 곧 돌아갔다. 밤 12시쯤 자리는 정리됐다.

"방 안에 가만히 있었으면 안 죽었을 텐데."

민태진은 그렇게 생각했다.

이수걸이 사망한 날은 수급일이었다. 기초생활보장 급여가 통장에 입금되는 날이었다. 그 돈으로 311호 김윤창(➡550쪽)이 이날 노란집으로 이사 왔다. 이수걸은 수급비를 받아 방값을 내기로 하고 미리 입주했다. 수급비를 찾으러 나섰다 사고를 당했을 거라고 동네 사람들은 짐작했다.

이수걸이 죽은 뒤 민태진은 돌려받지 못한 1만 원이 가끔 생각났다.

그는 9-2× 퇴거 전 이수걸이 자신의 방에 잠시 의탁했다는 사실을 몰랐다. 건물주와 공사업체가 빈방을 부수면서 한 건물 안에서 폐허와 거주가 공존했다. 이수걸은 누수로 방바닥에 물이 고이는 자신의 방을 떠나 민태진의 빈

방으로 짐을 옮겼다. 이수걸이 민태진의 방에 눕자마자 이수걸의 방은 해머에 맞아 깨졌고 민태진의 방은 수명을 연장했다.

이수걸이 국립중앙의료원에서 퇴원한 직후의 일이었다. 그때도 이수걸은 "머리가 핑 돌아 바닥에 쿵 처박힌 뒤" 구급차로 실려갔다. "병원에서도 피를 많이 쏟았다"고 퇴원한 뒤 그는 말했다.

노란집으로 이사하는 날에도 이수걸은 갑자기 옆으로 넘어졌다. 이사를 돕던 사람들도 깜짝 놀랐다. "실족이 아니더라도 몸의 기능이 다하고 있었던 것 같다"며 주민들은 그날 일을 떠올렸다.

"머지않아 죽을 거야."

이수걸은 술 취하면 웅얼거리곤 했다.

귀가 열흘 만에 그는 주검이 되어 다시 집을 떠났다. 원인이 파악되지 않는 실족으로 그는 절명했다. 가난은 부검되는 사인이 아니었다.

향년 61.

---

1 2015년 11월 20일.
2 209호 나환수는 퇴거가 시작되기 전 사망했다.

62

예언[1]

304호 이수걸

1953년 경북 영천 출생

4개월 거주

성남.

내 가난이 뿌리박은 땅.

부서지고 쫓겨나고 내몰린 사람들을 몰아넣어 만든 도시.

외국인들에게 깨끗하고 보기 좋은 도시 미관을 만들겠다며 서울에서 제거한 사람들을 청소차로 실어날라 쓰레기처럼 버린 곳.

빛나는 서울의 그림자.

그 성남에 가족을 남겨두고 도망친 나는 전국의 '성남들'을 떠돌아다니며 성남보다 더 성남다운 동자동으로 흘러왔다.

본래 성남이 동자동이었고 동자동이 성남이었다. '그 사건' 1년 전(1970년) 동자동·양동·도동의 무허가 판자촌 주민 2600여 명을 광주, 그러니까 성남이란 이름을 얻기 전 그 허허벌판으로 강제이주시키는 일이 그해 서울 중구청의 '새봄 새 사업²이었다.

1973년 고향 경북 영천에서 경기도 광주로 올라갔다. 한 때 같이 일했던 서울 동대문상가 사람들이 점포를 철거당한 뒤 그 땅으로 밀려나 있었다.

막 도착한 그 땅은 도시라고 할 수 없었다. 황량한 언덕배기에 철거민들의 천막집들이 다닥다닥 붙어 있었다. 그 천막들을 뒤지며 동대문 시절 사장을 찾아다녔다.

3년 전 열일곱 때 집을 나와 상경했다. 아버지는 돌아가셨고 누나 한 명도 어려서 죽었다. 국민학교도 마치지 못한 나는 동대문상가를 오가며 품을 팔았다.

출퇴근길 걷는 청계천변 옆으로 툭 치면 무너질 것 같은 판잣집들³이 보리싹처럼 빽빽하게 심겨져 있었다.

그저 보기 좋지 않다는 이유였다. 없는 사람들이 없이 사는 꼴이 발전하는 서울에 어울리지 않는다며 눈앞에서 치워버리라는 대통령의 지시가 있었다고 들었다. 그의 눈에 보기 좋은 세상을 만드는 사람들이 보기 좋지 않은 데서 사는 우리란 사실을 그는 인정하려 들지 않았다. 서울의 판자촌들이 하나하나 강제철거됐다. 서울시가 철거민 십수만 명을 거둬 광주에 뿌렸다.⁴ 광주는 그렇게 '서울을 위해' 서울에서 보이지 않는 땅에 내다 버려진 사람들의 도시가 됐다.

내가 일하던 점포도 그때 박살났다.

사장도 세입자였으니 별수 없이 철거당했다. 땅 스무 평을 줄 테니 광주로 이주하라며 당국이 철거민들을 몰아냈다. 박살난 우리 점포도 광주로 가는 방법 외엔 없었다.

점포를 다시 지을 수 있다는 말을 무식하게도 믿고 말았다. 사장과 부서진 가게 더미에서 나무 기둥들을 골라 트럭에 싣고 갔다.

준다는 땅이 산등성이에 있었다. 가게를 지을 수 있는 땅이 못 됐다. 멀쩡한 점포를 헐고 보상이라며 준 껌값이었다. 사장은 점포 재건을 포기했다. 가져간 나무 기둥들을 1만 원에 팔아치운 뒤 다른 사람들처럼 천막[5]을 쳤다. 불도저로 땅도 밀어주지 않아 천막들이 산기슭에 밀집했고, 덕분에 지금의 성남은 산에 지은 도시가 됐다.

어린 나는 그 암담한 땅에서 어떤 꿈도 꿀 자신이 없었다. 영천으로 돌아가 농사일을 거들었다.

그사이 "폭동"이 있었다.

'그 사건'이 터졌다.

사람이 살 수 있는 도시를 만들고 사람들을 입주시킨 것이 아니었다. 서울시가 아무것도 없는 땅에 철거민들을 내다 버린 뒤 '너희가 자급자족할 도시를 직접 만들라'고 했다. 그 땅의 가난은 나라가 계획한 것이었고 수도 서울이 집행한 것이었다.

그런 법은 없었다.

벽돌을 사야 집이라도 짓는데 벽돌 살 돈을 벌 방법이 없었다. 준다던 일자리는 고사하고, 수도도 놓이지 않았고, 버스도 다니지 않았다. 천막촌은 비참을 가둔 수용소 같았다. 굶어죽은 사람들이 시체[6]가 돼 치워졌다.

살아갈 기반이 전혀 없는 환경에서 야산에 불하받은 땅 스무 평으로 할 수 있는 것은 없었다. '딱지'(입주권)가 전매됐다. 투기꾼들이 뛰어들면서 가격이 치솟았다. 천막 수만큼이나 복덕방이 들어섰고 '큰손들'은 딱지를 휩쓸었다. 모두 속이 뒤집히고 있는데 정부가 세금까지 올렸다. 먹고살 길 없었던 사람들이 들고일어났다. "폭발[7]하지 않으면 바보"였다.

영천으로 내려갔던 나는 광주가 성남으로 이름을 바꾼 1973년[8] 그 땅으로 다시 올라갔다.

광주의 천막촌에서 꿈꿀 자신이 없었던 열일곱의 나는 영천의 집에서도 스무 살이 되기까지 꿈꿀 생각을 하지 못했다.

처음엔 동대문상가 시절 알던 사람들을 찾아갔지만 그들은 자기 자식들조차 건사하지 못했다. 간간이 눈에 띄던 그들도 시간이 지나면서 각자 살길을 찾아 흩어져 보이지 않았다.

먹고사는 문제에 감각이 없던 나도 눈칫밥이란 걸 알게
됐다. 아는 형님네서 잠깐 얹혀살 때 없는 집의 밥만 축낸
다는 생각에 일꾼 모집하는 곳마다 찾아다녔다. 사흘 일하
면 밀가루 반 포대를 받았다. 끼니도 잇기 힘든 땅에서 죽
을 순 없으니 젊은 몸뚱이로 할 수 있는 일이면 뭐든 했다.

그렇게 그 땅에 눌러앉았다.

성남이 된 도시에서도 꿈은 꾸어지지 않았다.

벌어먹을 수 있는 방법은 기술뿐이라 생각했다. 동네 자
그마한 양복점에서 월급이랄 것도 없이 바지 만드는 기술
을 배웠다. 내 기술을 가졌다고 생각됐을 땐 기성복이 시
장을 잡아먹었다. 더는 양복을 지어 살 수 없게 됐을 때 양
복점 간판을 내리고 세탁소 간판을 달았다.

성남 생활 8년 즈음 결혼했다.

빚에 쫓겨다니고 있을 때 아내가 더 이상 같이 살고 싶
지 않다고 했다. 세탁소를 아내에게 주고 몸뚱이만 챙겨
집을 나왔다. 애들 생각해서 가진 것 다 주고 나왔는데 가
진 것이 없었으니 줘봐야 준 것도 없었다.

동대문에서 밀려나 성남으로 갔을 때 동자동에서 밀려
난 사람들이 와 있는 줄도 몰랐다. 성남을 떠난 내가 그들
이 살던 동자동으로 들어가 한 칸 방을 얻었다.

그 방에 누워 가끔 성남을 생각했다. 아직 성남에 있는
지, 이제 어디서 어떻게 사는지도 모르는 딸들에게 가장

미안했다. 애비 없는 자식을 만든 죄 죽어서도 용서를 구할 것이었다.

나는 자꾸 쓰러지고 있었다.

머지않아 죽을 것을 알았다.

1 이수걸의 생전 인터뷰.

2 1970년 2월 11일 경향신문.

3 1960년대 말 농촌 인구의 도시 유입과·도시 빈민촌 형성은 박정희 정권의 급격한 공업화 정책에 따른 값싼 노동력 확보 차원이기도 했다. 1967년부터 1970년 중반까지 서울에선 14만여 동의 판잣집이 새로 지어졌다. 김동춘, 〈1971년 8·10 광주대단지 주민항거의 배경과 성격〉, 《공간과 사회》 21, 2011.

4 1968년부터 외국인들의 방한이 늘어나자 박정희는 '도시 미관을 위해' 판잣집 철거를 지시했다. 서울시는 127만 명의 무허가 주택 주민들을 서울시 밖으로 내보낸다는 계획으로 경기도 광주군 중부면의 땅을 확보했다. 1969년부터 청계천변, 용두동, 마장동 등의 판잣집을 철거하고 주민 2만여 가구를 청소차와 군용차로 실어날랐다.

5 서울시는 1968년 5월 건설부로부터 개발인가를 받아 1969년 4월 광주군 중부면 성남출장소 관할지역(수진리·단대리·상대원리·탄리) 일대에 주택단지 조성에 들어갔다. 그해 말 6000여 명이었던 인구가 이듬해 말엔 3만 5000여 명, 1970년엔 9만 6000여 명, 1971년엔 15만여 명으로 급증했다. 천막촌에서 시작된 이 지역을 '광주대단지'란 이름으로 불렀다. 1971년 8월 '광주대단지사건' 직전까지 이 지역엔 판자촌 철거민 2만 1000여 가구(10만여 명), 전매 입주자 6000여 가구(1만 4000여 명), 전입자가 3000여 가구(1만 3000여 명)가 살았다. 현재 성남시의 모체가 됐다. 〈디지털성남문화대전〉.

6 2002년 3월 MBC 〈이제는 말할 수 있다: 재개발의 그늘-철거〉 편에서 광주대단지 불하가격 시정대책 위원장이었던 전성천 목사의 증언. 김동춘, 〈1971년 8·10 광주대단지 주민항거의 배경과 성격〉, 앞의 책.

7   불법 전매를 방치하던 정부가 1971년 7월 갑자기 전매를 금지했다. 평당
    불하가격을 두 배(8000원→1만 6000원)로 올리고 취득세까지 부과하자
    주민들은 분노했다. 8월 10일 세금 면제와 민생고 해결 등을 요구하며 수
    많은 사람들이 거리 시위를 벌였고, 경찰서를 부수고 경찰차를 불태웠다.
    6시간의 극렬한 시위에 양택식 당시 서울시장은 '주민 요구 무조건 수용'
    을 발표했다. 시위 과정에서 주민과 경찰 100여 명이 다쳤다. 주모자로 몰
    린 주민 22명이 집회 시위에 관한 법률 위반과 폭력 등 처벌에 관한 위반
    혐의로 구속됐다. 당시 신문들은 광주대단지사건을 "정부 수립 이후 초
    유, 최대의 소요" 사건(1971년 8월 12일 중앙일보·조선일보)이라고 보도
    했다. 광복 이후 최대의 도시 빈민 투쟁이었던 이 사건은 '난동'과 '폭력'으
    로 덧씌워져 성남 시민들의 의식을 짓눌러왔다. 김동춘, 〈1971년 8·10 광
    주대단지 주민항거의 배경과 성격〉, 앞의 책.
8   광주대단지사건을 진정시키기 위해 정부는 기존의 중부면 성남출장소 관
    할의 6개 리에 광주군 관할의 돌마면, 낙생면, 대왕면을 편입시켰고 개발
    관할권도 서울시에서 경기도로 이양했다. 1973년 성남출장소를 성남시
    로 승격시켰다. 사건 45년 뒤인 2016년 성남시(시장 이재명)가 '광주대단
    지사건 실태조사 및 성남 시민 명예회복에 관한 조례' 제정을 추진했으나
    시의회에서 부결됐다. 2019년 3월 성남시(시장 은수미)는 '광주대단지사
    건 기념사업 등 지원에 관한 조례안'을 다시 입법예고했다.

63

검정

그 방의 주인은 사람이 아니었다.

303호 박세기는 307호로 방을 옮겼다. 공사 마무리를 위해 임시 거처로 짐을 뺐던 그는 방을 바꿔 노란집으로 돌아왔다.

공사 전엔 정영보가 살던 방이었다. 재입주 일주일 만에 사방 벽에서 까맣게 곰팡이가 올라왔다. 불로 시커멓게 그을린 방처럼 곰팡이가 벽 전체를 먹어 치우고 있었다.

곰팡이 냄새가 방 안을 꽉 채웠다.

정영보(➡552쪽)가 거주할 땐 그 정도로 곰팡이가 위세를 떨치진 않았었다. 공사 과정에서 뭔가 잘못됐을 것이라고 박세기는 짐작할 뿐이었다. 곰팡이 잡는 약을 뿌렸지만 약을 비웃으며 곰팡이는 번성했다. 정영보가 초록으로 가득 채웠던 방의 벽면이 이젠 대형 수묵 추상화가 그려진 화선지처럼 보였다.

"골치가 너무 아파."

박세기는 극심한 두통의 원인을 모르겠다며 두 손으로 머리를 감싸 쥐었다.

사람과 곰팡이가 공유한 방에서 사람이 곰팡이에 겁을 먹고 안절부절못했다. 그가 기댄 벽 위에서 검정 괴물이 울퉁불퉁한 알통을 자랑하며 검게 웃고 있었다.

가난은 시각적이었다.

가난한 방일수록 인간을 우습게 아는 시커먼 균사체가 점령했다.

가난은 후각적이었다.

가난한 시간일수록 텁텁하고, 답답하고, 막막한 냄새를 쌓아올렸다.

가난은 촉각적이었다.

가난한 벽일수록 눅눅하고, 축축하고, 끈적했다.

가난은 청각적이었다.

가난한 동네일수록 다툼이 많고, 욕설이 잦고, 웃음도 크고, 시끄러웠다.

가난은 미각적이었다.

가난한 사람일수록 사는 맛이 쓰고, 맵고, 짰다.

박세기의 방 안에서 시각적이고 후각적이고 촉각적인 곰팡이와 싸우는 소리가 청각적으로 불쑥불쑥 튀어나왔다. 그는 미각적으로 "죽을 맛"이었다.

가난은 그렇게 오감으로 감각됐다.

그 가난이 오감을 자극하며 몰려드는 곳에 도시가 있었다. 도시가 가난을 몰아넣은 땅에 그 동네가 있었고, 가난하므로 쫓겨난 사람들의 이야기가 재입주 뒤에도 노란집

방마다 차곡차곡 들어찼다. 건물 벽과 방문이 노란색으로 덮였으나 노랑 안에선 새까만 가난이 여전히 충만했다.

지워지지 않는 검정이 활짝 피었다.

노
랑

가시 스펙트럼 576~580나노미터(10억분의 1미터)의 빛깔.
가장 눈에 잘 띄는 원색. 방문마다 붙어 강제퇴거를 통보
한 날벼락. 잿빛 9-2×가 보수공사를 거친 뒤 껴입은 헌 옷
같은 새 옷. 무채색으로 가득한 동네에서 홀로 도드라진
건물 한 채. 리모델링을 멈추고 땜질로 전환한 부실의 결
과물. 있음이 없음을, 많음이 적음을, 위가 아래를, 안이 밖
을, 이 세계가 쫓겨난 존재들을 대하는 태도. 벗어나려 해
도 벗어날 수 없는 가난의 경로. 잘라내고 끊어내도 다시
얽히고 묶이는 이야기의 혼돈. 환하게 칠한 건물 안엔 정
작 없는 무엇. 덧칠만 하면 찬란한 세계와 가까워질 수 있
다는 징그러운 환상. 머지않아 벗겨지고 말 껍데기. 비릿
한 검정의 속임수. 노랑의 미로.

오년

5년이 흘렀다.

그사이 일곱 명[1](➡546쪽)이 더 사망했다.

강제퇴거에 휩쓸렸던 노란집 주민들이 다섯 해 만에 다섯 명 중 한 명꼴[2]로 세상에 없었다.

그들이 가난의 경로에서 이탈하는 길은 죽음뿐이었다.

---

1 2015년 11월20일 304호 이수걸의 죽음 이후 사망자 수. 퇴거 딱지가 붙고 열흘 뒤 사망한 209호 나환수와 재입주 열흘 만에 사망한 이수걸을 포함하면 2015년 2월 강제퇴거 통보 때부터 2020년 3월까지 9-2×에서 사망한 주민은 모두 아홉 명이다.

2 9-2× 주민 마흔다섯 명 중 20퍼센트가 숨을 거뒀다.

망
자

나.

김동기[1]는 그 방(9-2× 지하1호)으로 돌아온 지 1년 8개월
만에 죽었다.

"아이 엠 파인."

"뭐라는 거야?"

"파인. 파인."

"뭔 소리야?"

옆방이 못 알아들었다.

"괜찮다고. 아무렇지 않다고."

옆방이 언성을 높였다.

"괜찮긴 뭐가 괜찮아. 숨도 제대로 못 쉬면서. 조금만 참
아. 119 불렀어."

또 내 말을 안 믿는다.

옆방은 내가 "잠깐 정신이 나갔었다"고 했다.

"내가 언제 쓰러졌다고 그래."

나는 의식을 잃은 일이 없었다.

어디서 정신 온전치 못한 노인 취급인가.

"형님, 형님, 형님."

며칠 뒤 옆방이 나를 흔들었다.

"형님 정신 좀 차려."

옆방이 부른 구급차에 실려갔다가 퇴원한 지 얼마 안 됐을 때였다.

이놈아 나 멀쩡해.

옆방이 휴대폰을 꺼내 번호를 눌렀다.

"거기 119요? 여기 사람 쓰러졌소."

자식 참, 괜찮다니까.

그 뒤로 나는 다시 눈을 뜨지 못했다.

다행히 미리 서명해둔 문서들이 있었다.

"본인은 명료한 정신 상태에서 이 사전연명의료의향서를 작성합니다. 의향서에 기록된 나의 뜻을 존중해주기 바랍니다."

흐릿한 눈에 글자 조각들이 띄엄띄엄 들어왔다.

"무의미한 연명 의료의 거절: 심폐소생술, 혈액 투석, 항암제 투여, 인공호흡기 착용 등의 의학적 시술로서 치료 효과 없이 임종 과정 기간만 연장하는 의료를 받지 않겠습니다."

힘 빠진 손으로 내 이름 김, 동, 기 세 자를 쓰고 주민등록번호를 적었다.

"그 외 남기고 싶은 정보: 유언서, 장기기증서약서, 시신기증서약서나 호스피스, 장례에 관한 본인의 의견 등이 있으면 기입해놓으십시오."

맞춤법도 무시한 글씨가 날아가기 시작했다.

"연명 치료 받지 안겠읍니다."

죽기 2년 전 생각이 났다.

지하10호에서 쫓겨나게 됐을 때 나는 굵은 매직펜으로 종이에 적어 문밖에 붙였다.

"제발 그냥 살게 (해)주시든지, 아니면 이사 비용 주세요."

2년 전엔 포기하지 않으려고 쓴 글이었고 2년 뒤엔 포기하겠다고 쓴 글이었다. 하나는 지긋지긋한 인생이라도 함부로 건드리지 말라는 항의였고, 다른 하나는 지긋지긋한 인생을 함부로 연장하지 말라는 부탁이었다. 지긋지긋하게 살았다는 뜻일 뿐 두 글 사이엔 아무 차이도 없었다.

10과 1의 차이는 차이가 아니었다.

두 글을 쓰는 사이 나는 지하10호에서 쫓겨나 복도 맞은편 지하1호로 재입주해 있었다. 나는 2년 동안 복도 너비 1미터만큼 움직이고 죽었다. 그 거리가 나의 지긋지긋한 삶과 지긋지긋한 죽음 사이의 간격이었다.

나는 의향서 맨 뒷장 빈 종이에 추가로 적었다.

"유원(언)자 김동기. 동자동 9-2× 지하1호. 본인 다음과 같이 유원(언)한다. (동자동)사랑방에서 치워달라. 장례 치러달라. 유골 뿌려달라. 내 삶을 마치고 떠나갑니다."

유언장을 쓰고 두 달 보름 뒤 나는 죽었다.

전쟁으로부터 시작된 내 기억은 레버(레이버러)에서, 보이로, 처사로 이어졌고, 식당 종업원이었다가, 금붕어 장수였다가, 무전 취식자였다가, 노숙인이었다가, 9-2× 지하10호였다가, 지하1호가 된 뒤 멈췄다.

구청에서 내 가족을 찾았으나 주검을 인수하겠다는 사람이 없어 한 달 뒤 화장됐다.

그해 말 서울역광장에 만들어진 홈리스 추모제단 뒤에서 나는 얼굴 없이 이름만 적힌 영정 안에 있었다. 내 앞에 놓인 하얀 국화꽃이 한겨울 추위에 벌벌 떨었다. 같은 해 죽은 '혹할머니'(➡558쪽)의 얼굴 없는 영정이 저편에 있었다.

까만 그림자로 남은 내 얼굴 아래엔 내 마지막이 이렇게 요약돼 있었다.

"만성 질병이 있던 고인은 방문 앞에서 호흡 곤란을 일으켰고, 그 모습을 본 이웃 주민이 119로 신고해 병원으로 보냈다. 치료를 잘 받고 나오시리라 생각했지만⋯⋯"

누가 호흡 곤란을 일으켰다 그래.

내가 죽었다고 멀쩡한 나를 병자로 만드나.

나.

이황수[2]는 그 방(9-2× 지하4호)에서 쫓겨난 지 2년 8개월 만에 죽었다.

슥, 슥, 슥, 슥.

심한 관절염 탓에 발바닥으로 땅바닥을 끌며 보폭 10센티미터로 걸었던 나는 죽어서야 통증을 잊고 성큼성큼 걸을 수 있게 됐다.

보수공사 뒤 9-2×로 재입주한 윤창이[3]가 111호 방을 잡아준 것도 내 다리론 계단을 오르내릴 수 없어서였다. 윤창이(➡578쪽)에겐 미안했지만 나는 9-2×로 돌아가지 않았다. 9-2×에서 나와 11-××로 옮겼던 나는 9-2×가 아닌 9-×로 재이사했다.

9-×는 9-2×보다 동네 아래쪽에 있었다. 슥, 슥, 슥 걸어야 했던 나는 저벅, 저벅, 저벅 걸어 밥에 닿을 수 있는 사람들과는 달랐다. 그들의 한 '저벅'이 내겐 열 '슥'이었으므로 나는 조금이라도 무료 급식소와 가까운 곳에 살아야 했다.

나도 그렇게 죽었다.

9-2× 내 방에서 '그 인간'[4]이 혼자 죽어 발견됐을 때처럼 나도 9-×의 작은 방에서 혼자 죽어 눈에 띄었다.

셀 수 없는 슥, 슥, 슥 끝에 무료 점심을 먹고 돌아온 내가 지하4호 방문을 열었을 때 전날 밤 찾아와 하루 재워달라던 그 인간은 차갑게 죽어 있었다. 그 인간의 죽음을 경찰에 전하며 '나도 언젠가 저 인간처럼 가겠지' 생각했다.

나도 그렇게 죽었다.

그 방(9-2× 지하4호)에서 40미터 떨어진 방이었다. 지하5호 서혜자(➡557쪽)와 208호 이기방(➡555쪽)이 이사 간 건물이기도 했다.

오래전부터 내 몸은 언제 죽어도 이상하지 않은 상태가
돼 있었다. 마지막 호흡을 뱉을 때 손잡아줄 사람 없이 혼
자라는 사실은 서글프면서도 홀가분했다.

나를 발견한 사람은 애자의 남편 승구였다.

초등학교[5]를 막 졸업하고 나온 승구가 9-×로 내 방을 찾
아왔다 죽어 있는 나를 봤다. 몸에 구더기가 슬기 전에 방
문을 열어준 승구가 고마웠다. 학교로 남편 면회를 다녀올
때마다 콩나물을 사서 윤창이 방과 내 방에 들여놓았던 애
자는 남편한테 내 이야기를 전해 듣고 서럽게 울었다. 죽
음 직전 아무것도 먹지 못했던 며칠 동안 애자가 끓여주던
멀건 콩나물국이 생각났다. 그 뜨거운 국물에 하얀 쌀밥을
말았다면 물까지 게워 올리던 위장이 몇 숟가락 받아먹었
을까. 그리운 것은 다만 그뿐이었다.

주검이 된 그 인간과 한방에 있을 자신이 없었던 나는
경찰이 출동할 때까지 건물 밖에 앉아 하늘을 쳐다봤었
다. 늘 보던 대로 특별할 것 없는 하늘이었다. 내가 죽은 날
도 그랬다. 주검이 된 나와 한방에 있을 자신이 없었던 나
는 내 몸에서 빠져나와 건물 밖으로 나갔다. 승구의 신고
로 경찰이 도착할 때까지 전봇대에 기대 겨울바람을 맞으
며 하늘을 올려다봤다. 늘 보던 대로 특별할 것 없는 하늘
이었다.

슥, 슥, 슥, 슥.

이제 이를 깨물지 않고도 계단을 성큼성큼 오르내릴 수

있게 된 나는 여전히 슥, 슥, 슥, 슥 움직였다. 산 자들의 세계에서 죽은 자의 전력질주는 그저 슥, 슥, 슥, 슥. 감지되지 않는 미세한 기척일 뿐이었다.

살아서 아무것도 아니었던 나는 죽어선 더욱 아무것도 아니었다.

나.

정영보[6]는 그 방(9-2× 307호)을 떠난 지 2년 9개월 만에 죽었다.

꽃동네로 갈 때 데려가지 못한 내 방의 초록들은 이제 울창해졌을까. 분명 쉰내 나는 잡초라며 뽑아버렸겠지.

빈 막걸리병으로 방을 한가득 채워 초록 들판을 만들고 그 위에서라도 뒹굴고 싶었다. 초록 막걸리병이 병 둘이 되고 병들로 늘어나면 초록도 초록빛이 되고 초록 들이 됐다. 평생 가져본 적 없는 푸른 논밭에서 내 것이었던 적 없는 누렁소가 쟁기를 끌며 엄무우 울면 나는 엄마아 울었다. 늙은 내가 엄마 엄마 엄마아아 울었다.

꽃동네에서도 초록을 보고 싶을 땐 몰래 마을을 나와 읍내 구멍가게로 갔다.

초록병을 따고 한 잔 두 잔 하면 눈앞에 아지랑이가 피었다. 폭신폭신한 초록 풀밭을 떠올리며 딱딱한 시멘트 길바닥에 누웠다.

내가 초록을 찾아나설 때마다 나를 찾아다녔던 수녀들

은 나를 쉽게 발견하도록 내게 노란색 윗옷을 입혔다. 언젠가 꽃동네로 나를 만나러 왔던 동자동 친구들한테 9-2×가 노란색이 됐다고 들었다. 그놈의 건물이나 나나 눈에 잘 띄는 노랑이 됐다고 삐약삐약 병아리처럼 새 생명이 되는 것은 아니었다.

치매로 초록이 아른아른했지만 초록이 주는 나른한 맛만은 잊지 못했다. 옛일들을 잊으려고 초록에 의지했는데 머지않아 모두 잊힌다고 하니 잊고 싶었던 옛일들에 대한 사무침이 신트림처럼 올라왔다.

내 머리에서 완전히 사라지기 전에 고향을 눈에 담고 싶었다.

꽃동네 수녀를 졸라 고향을 찾아갔다. 강원도 화천강변에 있던 옛 집은 사라지고 없었다.

작은 돌멩이를 하나 골라 강물 위로 던졌다. 팔에 힘이 없어 물수제비도 제대로 뜨지 못했다. 돌멩이가 수면 위를 두어 번 팡팡 튀다 물속으로 고꾸라졌다.

"이 강에서 고기가 둥둥 했다고."

큰 돌을 찾아 강물을 내리치면 그 충격으로 기절한 물고기들이 배를 뒤집고 떠올랐다. 양동이에 물고기를 담아 가면 엄마가 칼로 창자를 발라내고 매운탕을 끓였다. 고향을 찾아 옛 시간을 내리치자 밑바닥에 가라앉아 있던 기억의 찌꺼기들이 둥둥 떠올랐다.

"여기 강가가 우리 집 있던 자리"라고 수녀에게 설명했지만 흐려지는 내 머리를 나도 믿을 수 없었다.

　낙도옹가앙 강바아라아아암이 치마폭을 스치이이면

　군인 간 오라버어어어니이이이 소오시이이익이 오오오네~.[7]

　강물을 보며 노래 한 자락을 풀었다.

　두마안가앙 푸른 무우울에 노 젓는 배엣사아아아공

　흘러간 그 예엣날에 내 니님으을 시이이이일고

　떠나아더언 그 배에는 어디로오 가았소~.[8]

　고향이 생각나서였을까.

　나는 유독 강에 관한 노래를 좋아했다. 한번 노래하기 시작하면 열 곡은 멈추지 않고 메들리로 불렀다. 그 강에서도 그랬다. 수녀는 빙긋 웃으며 노래가 끝날 때까지 가만히 들어줬다.

　엄마 엄마 엄마아.

　매 곡 끝마다 따라나오던 그 울음 섞인 낱말은 입 밖에 꺼내지 않았다.

　혀에서 자라난 암이 말기가 된 뒤론 입안이 붓고 헐어 노래도 잘 부르지 못했다.

　유언은 하지 않았다. 말을 못해서가 아니라 남길 말이 없었다. 나는 그 방(9-2× 307호)에서 86킬로미터 떨어진 노숙인 시설에서 조용히 죽었다.

　여보게들.

　그곳 이승은 여전히 초록인가.

나.

이기방[9]은 그 방(9-2× 208호)에서 쫓겨난 지 2년 10개월 만에 죽었다.

방값만 맞으면 공사 뒤 9-2×로 돌아갈 생각이었지만 결국 월세가 3~4만 원이나 비싼 방(9-×)을 떠나지 못했다. 원치 않게 쫓겨난 뒤부터 9-2×를 보면 불안했다. 건물주와 서울시의 계약[10]이 끝나면 또 어떤 일이 벌어질지 몰랐다.

나는 가끔 버릇처럼 "살날이 별로 남지 않은 사람"이라 말하곤 했다. 언제 죽을지 모르니 마음이나 편하게 살고 싶었다.

원래 심장이 좋지 않았다.

심장과 이어진 혈관을 넓히는 수술을 받았다. 의사는 수술이 잘 끝났다고 했다. 중환자실에서 일반 병실로 옮긴 뒤 조금씩 거동을 시작했다. 열흘쯤 뒤면 퇴원한다는 말도 들었다. 건물 관리하는 할머니한테 전화해 "곧 돌아가니 방 빼지 말고 가만히 두라"고도 했다. 그리고 나는 죽었다.

수술 이틀 뒤였다.

내 어이없는 죽음에 나부터 당황했다. 사람이 이렇게 죽을 수도 있다니 나는 죽어가면서도 믿기지 않았다.

침상 커튼이 쳐진 상태에서 나는 죽었다. 환자들을 돌보는 병원에서, 그것도 수많은 의사와 간호사가 일하는 대학 병원에서, 동자동 사람들이 자기 방에서 아무도 보는 사람

없이 죽어가듯 나는 혼자 죽었다.

나는 죽은 뒤 30분을 넘긴 뒤에야 회진하는 의사의 눈에 띄었다.

심정지를 확인한 의사가 사망 선고를 했다. 동네 사람들이 소식을 듣고 달려왔다. 발견했을 땐 이미 몸의 경직이 시작된 뒤여서 할 수 있는 조처가 없었다고 의사는 설명했다. "병원 생활하면서 이런 경우는 처음"이라고도 했다.

처음이라니.

사람 목숨이 몇 개씩 되나.

나도 태어나서 이렇게 죽기는 처음이었다.

무슨 일이 있었냐는 동네 사람들의 질문에 같은 병실 환자 중 한 명이 "끙끙대는 신음 소리를 내더라"고 전했다. 그 고통스런 소리를 내며 심장을 움켜쥔 채 나는 '살려달라'는 말도 못하고 숨이 끊겼다.

나는 억울하게 죽었다.

사람 살리는 병원에서 병원의 방치 아래 죽었다. 의료사고라고 할 수 있었으나 병원은 인정하지 않았다. 사고가 아니라면서도 병원은 내 죽음을 설명하지 못했다. 사고사가 아니라면 나는 자연스럽게 죽었나. 살날이 많지 않다며 버릇처럼 말했다고 해서 죽을 날을 받아둔 것은 아니었다. 아무리 내 삶을 반기는 사람 없이 살았어도 반듯하게 죽을 권리는 있었다.

나는 끝내 병원 책임 없이 죽은 사람이 됐다.

내 죽음의 이유를 밝히려 싸울 사람이 내겐 없었다. 수술이 잘못돼 발생한 심장 발작인지, 내 심장이 너무 피곤해 알아서 멈춘 것인지, 내 죽음의 이유를 죽은 내가 밝힐 순 없었다. 내 죽음을 슬퍼할 가족 한 명이 내게 있었다면 나는 몸이 파헤쳐지는 부검을 해서라도 죽음의 책임을 묻고 싶었다. 구청이 가족을 찾았지만 아무도 나타나지 않았다.

나는 연고 없는 주검으로 화장됐다.

나는 그 방(9-2× 208호)에서 40미터 떨어진 방에 살 때 죽었다. 이황수가 그 건물에서 죽어나가고 두 달 뒤였다.

들어주는 사람 없지만 이 말이라도 남겨야겠다.

'나는 이렇게 죽고 싶지 않았다.'

이 하나마나한 이야기가 '이렇게 살고 싶지 않았던 나'를 위한 죽은 나의 위로였다.

나.

서혜자[11]는 그 방(9-2× 지하5호)에서 쫓겨난 지 만 3년째 되던 달 죽었다.

이황수와 이기방이 죽은 9-×에 내 방도 있었다. 이황수가 죽은 지 네 달 뒤였고 이기방이 죽은 뒤 두 달 됐을 때 나도 죽었다. 이황수는 9-2×에서도 내 옆방에 살았다. 9-2×에서 내몰린 사람들에게 9-×는 무덤인가 싶었다.

그들의 죽음을 애도하진 못했다.

그들이 차례로 죽었을 때 나는 요양병원에 있었다. 그들의 죽음을 전해 들었더라도 나는 그들의 이름을 몰랐을 것이었다. 그때 이미 나는 기억이 온전치 못했다. 그들이 9-2×에서 같이 살았든, 9-×에서 같이 살았든, 그 인연이 죽어가던 내겐 아무 소용없었다. 죽은 그들에게도 마찬가지였을 것이었다.

'혹할머니'[12]가 세상을 떠난 뒤 나는 급격하게 나를 잃어갔다.

음식 잘하고 마음 따뜻했던 혹할머니는 나보다 여덟 살 많은 언니였지만 내가 의지했던 친구이기도 했다.

할머니도 고생 많았던 여자였다. 가진 것 몸밖에 없었던 할머니는 가진 것 몸밖에 없는 여자들이 양동에서 그 몸을 팔아 가족을 먹여 살릴 때 그들에게 아이스케키를 팔아 아들을 먹여 살렸다. 왼쪽 볼에 큰 혹이 있던 할머니는 혹을 떼내는 수술을 했지만 암세포가 폐까지 옮아 나를 두고 죽었다. 혹할머니에게 혹처럼 붙어 없는 가족 삼아 살고 싶었는데 할머니가 가고 나자 세상에 혼자 남겨진 기분이었다.

혹할머니도 나를 가족처럼 생각해줬는진 알 수 없었다. 사람들과 어울리지 못했던 나와 달리 할머니는 동네 사람들과 잘 지냈고 사람들도 할머니를 좋아했다. 할머니는 '콜라 할아버지'와도 친했다. 할아버지는 콜라 중독이었다. 사람들이 매일 술을 마시듯 매일 콜라를 마셨다. 할아버지가 혹할머니를 보며 웃을 땐 콜라가 앗아간 이빨들의 빈 구멍이 숭숭했다.

할머니를 생각하며 많이 울었다.

크게 울고 나면 몸과 마음이 가라앉았다. 요양병원에 입원한 뒤 내 치매는 점점 깊어졌다. 다시 9-× 방으로 돌아갈 수 없는 지경이 되자 건물 관리인이 내 방을 정리했다. 동네 사람들이 소지품을 모아 병원으로 가져왔다.

내가 알아볼 수 있는 얼굴들이 줄어들었다.

그들 중 한 명이 다녀가면 마음이 흩어졌다. 그 얼굴이 돌아가면 다신 그 얼굴을 기억해내지 못할 것 같아 그들을 따라 병원 밖으로 나가고 싶었다. 내보내달라고 울며 청했지만 병원은 허락하지 않았다. 사람을 만나면 상태가 악화된다며 병원에선 문병도 받아주지 않았다. 병원에 있었기 때문에 내 치매가 그 정도로 관리됐는지, 병원에 입원했기 때문에 내 치매가 그 지경이 됐는지, 나는 구분하지 못했다.

병원을 한차례 옮겼고 그 병원에서 죽었다. 그 방(9-2× 지하5호)에서 7킬로미터 떨어진 병원이었다.

내 죽음도 의료진 외엔 아무도 봐주지 않았다.

내가 죽었다는 소식은 동자동에 뒤늦게 전해졌다. 숨이 넘어갈 때 동네 사람 한 명 곁에 없었다.

갈 곳이 있었다면 나는 동자동을 떠났을지도 몰랐다. 동자동이나 동자동 밖이나 외롭긴 마찬가지였지만 내가 한 달 수급비로 살 수 있는 곳은 동자동밖에 없었다. 딱히 반겨주는 사람 없는 내 영혼이 떠돌 수 있는 곳도 그 동네뿐이었다. 살아서 마음대로 옮겨다닐 수 없었던 나(→577쪽)는 혼이 돼서도 동자동의 경계를 넘지 못하고 있다.

산 자에게나 죽은 이에게나 가난이 삼팔선이었다.

나.

박기택[13]은 그 방(9-2× 205호)에서 쫓겨난 지 3년 11개월 만에 죽었다.

나는 누구보다 동자동에서 오래 살았다.

스물여섯 살부터 51년을 동자동에서 지지고 볶다가 죽었다. 양동과 도동을 옮겨다니며 살았고 베트남전쟁이 나던 1968년부터 동자동을 떠나지 않았다.

젊은 날 남대문시장에서 지게 짐을 나르며 밥값과 방값을 벌었다. 생선가게에서 생선을 팔고 배달도 했다. 노가다도 다녔다. 쪽방이 아니라 하꼬방 시절이었다. 그때만 해도 동네에 아이들이 뛰어다녔고, 한창 일할 나이의 사람들이 땀 흘리며 열심히 살았다. 그 동네에 쪽방이 들어서면서 나이 많고 가족 없고 돈 없는 사람들이 들어와 할 일 없이 하루를 보냈다.

나는 죽기 직전까지 '댄서'였다.

춤이 좋았다. 여자를 돌리고 허리를 당기며 스텝을 밟으면 살아 있는 느낌이 들었다. 돈이 없지만 열정은 있는 늙은이들이 콜라텍에 모여 돌리고, 당기고, 밟았다.

나도 내 방에서 혼자 죽었다.

그 방(9-2× 205호)에서 85미터 떨어진 방이었다. 9-2×에서 새꿈공원 건너편의 35-×××로 이사했을 때 작은 창문이 하나 있다는 이유로 16만 원(다른 방들은 14~15만 원)을 월세로 냈다. 연희동으로 이사한 최용구(9-2× 당시 403호)가 9-2×로 이사 오기 전 살았던 건물이었고, 9-2×에서 나온 206호 백대진이 방을 얻은 건물이었다. 207호 이준길이 둔촌동 매입임대주택으로 옮기기 전에 거쳐간 곳이기도 했다.

그 건물도 공사를 끝낸 9-2×처럼 서울시와 계약 관계[14]였다. 계약이 끝났을 때 건물주는 계약을 연장하지 않았다. 더는 쪽방을 운영하지 않고 다른 업종으로 용도를 변경할 계획이라고 했다. 9-2×에서처럼 사람들이 방을 내놓고 나갔다. 4년 전 9-2×에서 쫓겨나 그 건물로 갔던 나는 4년 만에 똑같은 퇴거 상황에 놓였다. 계약 만료[15] 두 달 전 주민들에게 퇴거를 공지하는 내용증명이 발송됐다.

다행이었을까.

나는 퇴거 2개월을 앞두고 죽었다.

혼자 죽은 나의 사인은 '불명'이었다. 죽은 원인이 없을 순 없겠으나 동네엔 그렇게 알려졌다. 죽기 전에 음식을 잘 먹지 못했고 막걸리만 마셨다고 주위 사람들끼리 이야기했다. 4년 새 똑같은 이유로 두 번 쫓겨나게 된 사정이 내 죽음에 어떤 영향을 미쳤는진 나도 몰랐다.

구청에서 조카 한 명과 연락이 닿았는데 나를 인수하지 않겠다고 했다. 나는 무연고 사체로 화장장에 보내져 재가 됐다.

내가 태어날 때도 엄마 혼자 나를 낳았다.

집에 아무도 없는 날이었다고 했다. 한여름 더위에 지쳐 툇마루에 나와 자던 엄마는 배가 아프자 방에 들어가 출산했다. 혼자 와서 혼자 가는 게 생사의 이치라지만 내 인생은 그 이치 자체였다.

영정으로 사용할 사진이 없자 이웃 한 명이 7년 전 여럿이 찍은 사진 속에서 내 얼굴을 찾아냈다. 웃는지 우는지 애매한 그 얼굴이 확대돼 안개처럼 흐린 내(➡577쪽) 마지막 얼굴이 됐다.

나.

김택부[16]는 그 방(9-2×106호)에서 퇴거 통보를 받은 지 다섯 해 만에 죽었다.

방문 앞에 노란색 딱지가 붙고 만 5년을 꽉 채운 뒤 사흘째 되는 날이었다.

나도 내가 그렇게 죽을 줄 몰랐다.

전날 동네 방범초소(새꿈어린이공원 안)에서 막걸리 한잔을 했다. 자율방범대 부대장에게 5000원을 주며 메인 골목 진입로에 있는 구멍가게로 보냈다.

"우리 고문님[17] 오늘 술이 당기시나 보네."

초소에 갈 때 이미 소주 한잔을 한 상태였다.

부대장이 내 마음을 아는 듯 웃는 얼굴로 다녀왔다. 부대장한테 술 심부름을 시켜 미안했다. 언제나 나를 살뜰하게 챙겨주는 친구였다. 초소에서 술을 마시면 안 되는데도 그는 내 기분을 말없이 이해해줬다. 사랑방에서 부럼으로 나눠준 땅콩을 안주 삼아 막걸리 한 통을 나눠 마셨다. 하늘을 올려다봤다. 달이 뜨기엔 아직 해가 밝았다.

"오늘 근무 끝. 내일 보세."

오후 4시쯤 초소에서 일어섰다.

"고문님 이거요."

공원 밖으로 나오는데 대원 한 명이 쫓아왔다. 그의 손에 내가 흘린 지갑이 들려 있었다. 그가 지갑을 내 주머니에 넣어줬다. 내가 죽은 뒤 동네 사람들에게 자초지종을 설명하던 부대장이 그 일을 떠올리며 말했다.

"안 흘리던 지갑을 흘리시고. 지금 생각해보니 그때부터 혼을 흘리신 거 아닌가 싶어."

그날 나는 울적했다.

이튿날이 정월대보름이었다. 방범초소에서 나온 뒤에도 골목을 오르내리며 소주를 사서 마셨다. 하늘을 올려다봤다. 달이 환해지고 있었다.

"내일은 오겠지."

명절 때면 죽은 아내 차례를 지낸 아들 부부가 제사 음식을 싸들고 9-2× 내 방으로 찾아왔다. 가족이 찾아오는 일이 드문 동네에서 '아들이 인사 오는 아버지'란 사실은 나를 으쓱하게 했다.

올 줄 알았던 아들 부부가 지난 설엔 오지 않았다. 오지 않는 아들을 기다리다 반쯤 울고 있을 때 부대장이 떡국을 들고 와서 상을 차려줬다. 그날, 대보름 전날에도 부대장에게 여러 번 말했다.

"내일은 올 텐데. 오겠지?"

그 말을 하면서도 오지 않으면 어쩌나 생각했다. 그 생각이 술을 불렀다. 컴컴한 골목에서 술병째 입에 밀어넣는 나를 본 동네 사람이 부대장에게 전화로 알렸다.

날이 밝자 부대장이 내 방으로 달려왔다. 그날 아침에도 누군가의 전화를 받은 뒤였다.

"방범대 할아버지가 좀 이상해요. 문은 열려 있는데……"

방문 앞에서 부대장이 놀란 얼굴로 안을 들여다봤다. 문을 열어두고 잠을 자기엔 여전히 추운 겨울 아침[18]이었다. 전날 흘린 지갑도 방에 그대로 있었다. 부대장이 방 안으로 들어와 내 가슴에 손을 얹었다. 차가워진 내 몸의 냉기에 그가 손을 데었다.

나는 쫓겨나지 않으려 버틴 그 방에서 죽었다.

106호였던 108호였다.

나는 세입자비상대책위원장으로서 다른 사람들이 쫓겨나는 것을 막진 못했으나 내 한몸 쫓겨나는 것만은 필사적으로 막아냈다. 퇴거 사태 뒤 5년 동안 사망한 아홉 명 중 쫓겨나지 않고 자기 방에서 죽은 사람은 나뿐이었다.

정월대보름 새벽 그 방에서 나는 눈을 떴다.

침대 매트리스에 걸터앉아 두 발을 방바닥에 놓았다. 그 자세로 나는 발견됐다. 일어서려던 몸은 바로 서지 못하고 비스듬히 뒤로 누운 채였다. 얼굴은 벽에 걸어둔 옷들에 가려져 부대장의 눈에 보이지 않았다. 그가 경찰에 신고했다.

기다리던 대보름 아침이 왔고, 잠에서 깨어나 방문을 열고 나가던 중이었고, 심장에 예고 없는 쇼크가 왔고, 가슴을 움켜쥐고 침대에 앉았고, 숨을 고르며 고통스러워했고, 그러다 호흡이 멈춘 것으로 내 죽음은 추정됐다.

장례식장에 찾아온 동네 사람들이 깜짝 놀랐다.

뜻밖이었을 것이다.

동자동 주민들은 허다하게 죽었지만 빈소가 차려지는 경우는 드물었다. 대학병원에 마련된 내 빈소 통로는 놓을 자리 없이 화환으로 꽉 찼다. 조문객들도 끊이지 않고 찾아왔다. 동자동의 망자들에게선 볼 수 없는 광경이 내 마지막 자리에서 펼쳐졌다. 내가 아니라 내 자식들에게 온 화환이었고 내가 아니라 내 자식들을 찾아온 문상객들이었다.

장성한 자식들은 다들 자리 잡고 살았다. 남들이 부러워하는 직장에서 일했다. 내 나이 마흔쯤이었나. 대구에 두고 온 아내가 죽었다. 폐결핵이었다. 아내와의 사이에 자녀 둘이 있었다. 언제쯤이었을까. 새 아내와 결혼했다. 그 사이에 자녀 넷을 얻었다. 내가 돌보지 않아도 자식들은 잘 자랐다. 같이 살지 않는 이유를 동네 사람들에게 자세히 이야기한 적이 없었다. 빈소에선 아들딸 일곱[19]이 나를 찾아와준 동자동 사람들에게 "감사하다"며 큰절을 올렸다. 장례 뒤엔 9-2× 내 방을 찾아와 청소하고 주민들에게 음식을 대접했다. 자식들 덕을 죽어서 봤다.

거리 사람들을 새만금으로 집단이주시키겠다는 계획은 끝내 이루지 못했다. 새만금에 데려가서 나무 심고, 병아리 키우고, 농장 만들고, 천막 치며 각자 살 구역을 정해주겠다는 약속은 내 좁은 방에서 남은 짐들과 함께 치워졌다.

보름달을 보고 싶었는데 보지 못하고 죽었다. 사인은 심장마비였으나 머리엔 뇌종양이 있었고 다리는 골절 상태였다고 부검의가 아들에게 설명했다.

여보게들.

새만금으로 오시게. 나(➡578쪽) 먼저 가 있겠네.

방.

누군가에겐 대궐 같고 누군가에겐 닭장 같은 둥지였다.

누군가 수백 개를 소유하며 재산 증식의 도구로 삼을 때 누군가에겐 그 자체로 집 한 채이자 온기의 전부였다.

고작 보증금 없는 월세 16만 원[20]짜리.

고작 그것이지만 그것마저 없었다면 나는 꽁꽁 얼어버렸을 것이었다.

그 방에서 쫓겨난 나.

김동기.

이황수.

정영보.

이기방.

서혜자.

박기택.

김택부.

나는 죽고 나서야 더는 쫓겨나지 않았다.

죽을 때도 이생으로부터 쫓겨나듯 죽었다.

1 2017년 7월 심근경색으로 입원했다가 퇴원한 뒤 다시 쓰러져 병원에서 세상을 떠났다. 무연고 사망 처리됐다. 향년 81.

2 2018년 1월 자신의 방에서 임종을 지키는 사람 없이 숨을 거뒀다. 무연고 사망 처리됐다. 향년 66.

3 311호에서 퇴거당한 뒤 211호로 재입주한 김윤창.

4 이황수의 옛 노숙 동료.

5 남편이 교도소에 있다는 사실을 말하기 부끄러웠던 애자씨는 누군가 남편의 안부를 물을 때마다 "초등학교에 입학해 한글 공부한다"고 설명했다.

6 2015년 퇴거 사태 당시 그는 초록색의 빈 막걸리병들과 쓰레기들이 한가득 쌓인 방에서 살고 있었다. 그해 4월 동자동을 찾아온 천주교 수녀들의 권유로 충북 음성 꽃동네로 옮겨갔다. 2018년 2월 꽃동네에서 혀암으로 사망했다. 같은 시설에서 생활하던 동료들이 참석해 가톨릭 장례를 치른 뒤 화장했다. 꽃동네 묘역에 안치됐다. 향년 74.

7 〈처녀 뱃사공〉 가사. 윤부길이 가사를 쓰고 한복남이 곡을 붙여 황정자가 노래했다. 1959년 음반으로 발매됐다.

8 〈눈물 젖은 두만강〉 가사. 김용호 작사, 이시우 작곡, 김정구 노래. 1938년 발표.

9 2018년 3월 사망. 심장이 안 좋아 혈관 확장 수술을 받고 이틀 뒤 사망했다. 의료 사고가 의심됐으나 병원과 싸울 가족이 없어 진상규명 없이 화장됐다. 향년 63.

10 2020년 1월 서울시와 건물주의 임대 계약은 종료됐다.

11 2018년 5월 사망. 9-2×에서 쫓겨난 뒤 얼마 뒤부터 치매를 앓기 시작했다. 요양병원으로 옮겨져 사람들을 그리워하다 병원에서 숨을 거뒀다. 향년 83.

12 1928년에 태어난 혹할머니 김○○는 2016년 12월 사망했다. 가톨릭 신자
   였던 그는 정영보가 안치된 꽃동네 묘역에 모셔졌다. 2017년 7월 사망한
   김동기와 함께 '2019년 홈리스 추모제'에서 함께 추모됐다. 향년 88.

13 2019년 4월 사망. 새꿈어린이공원 건너편 집으로 이사해 그 집에서 홀로
   죽어 발견됐다. 향년 77.

14 35-×××에서도 퇴거 사태가 있었다. '9-2× 사태'가 벌어지기 전 건물주
   가 리모델링을 하며 기존 입주자들을 내보냈다. 서울시가 개입해 중재에
   나섰다. 9-2×의 경우처럼 세입자 거주 기간 보장과 월세 인상 동결을 조
   건으로 임대 계약을 체결했다.

15 2019년 6월.

16 2020년 2월 8일 사망. 강제퇴거 당시 살던 그 방에서 심장마비로 지켜보
   는 사람 없이 사망했다. 향년 81.

17 김택부는 2015년 강제퇴거 당시부터 사망 전날까지 자율방범대 1조 조장
   으로 활동했다. 부대장은 그를 '고문'이라 부르며 예우했다.

18 사망 당일 서울시 용산구의 최저기온은 영하 2도(최고기온은 영상 4도)
   였다.

19 고인은 평소 여섯 명의 자녀를 뒀다고 말했으나 빈소에선 일곱 명의 자녀
   가 조문객을 맞았다.

20 재입주한 9-2×의 평균 월세.

다시

"발명왕의 마지막 발악이야."

결연한 의지로 추진했던 일렉트릭 볼케이노 시연회가 실패하고 1년 뒤였다. 301호 김대광이 사라졌다. "(가수) 인순이가 노래하고 (방송인) 송해가 사회를 보고 별별 쇼를 다 할 것"이라던 그가 어느 날 노란집에서 모습을 감췄다.[1]

철거의 혼란 속에서도 빼지 않았던 그의 짐들이 방에서 치워졌다. 방에 솟았던 언덕도 사라졌다. 월세 계약도 공식적으로 정리됐다.

동네에서 그를 봤다는 소문이 몇 차례 있었으나 사실인지는 확인되지 않았다. 그가 어디로 갔는지 아는 사람은 없었다. 아무도 그의 생사를 몰랐다.

박철관(9-2× 당시 201호)은 고령의 나이에도 염을 계속 했다.

장의업체에서 연락이 오면 여행 가방을 쌌다. 교도소 수감 전에 했던 장의사 기능을 살려 전국을 다니며 염습[2]을 했다. 별도 소득이 있으면 안 되는 수급자였으므로 몰래 하는 용돈 벌이였다.

시골 마을에 일이 있을 땐 며칠을 묵고 오기도 했다. 염을 끝낸 뒤에도 상주가 부탁하면 장지까지 동행해 매장을 처리했다. 봄이 오고 땅이 풀리면 묘지 이장하는 일도 봐줬다.

그는 장례 전문가였지만 자신이 죽었을 때 본인이 해왔던 것처럼 곱게 염습될 수 있을진 확신하지 못했다. 무연고 사망자는 염습 없이 값싼 수의와 화장용 관에 넣어져 불태워졌다. 그동안 셀 수 없는 목숨들의 저승길을 도왔으니 그 혼들이 그의 저승길을 돌봐주길 박철관(➡578쪽)은 빌어볼 뿐이었다.

박철관이 "인생이 불쌍해서" 끝내 외면하지 못했던 최중호(9-2× 당시 210호)는 수인번호 366번[3]을 뗀 뒤에도 세 차례 더 수감됐다.

그는 출소하자마자 교도소에 갇히길 반복했다. 징역 10월, 징역 10월, 징역 1년을 차례로 받았다.[4] 그가 동네 이웃들에게 설명해왔던 단순 폭행이 아니었다. 거듭 형사 처벌을 받으면서도 그는 중독된 것처럼 '어떤 범죄'를 되풀이하고 있었다.

노란집 앞 전봇대엔 가끔 유경식(9-2× 당시 지하7호)의 '매물' 목록이 붙었다. 황학동 벼룩시장에서 구해온 '신식 상품'이 동네에 광고됐다.

"여자가 말하는 전기 압력밥솥. 중형. 2만 원."

그들의 달라지지 않는 하루하루가 달라지지 않은 노란

색 건물 안팎에서 계속됐다. 쫓아내고 쫓겨나는 이야기[5]도 언제나처럼 되풀이됐다. 노란집을 통과한 가난의 경로가 '전국의 노란집들'로 다시 뻗어가고 있었다.

끊기지 않는 길이었다.

---

1 2016년 늦가을부터 그의 모습이 보이지 않았다.
2 죽은 사람의 몸을 씻긴 뒤 옷을 입히고 염포로 묶는 일.
3 2015년 10월 수감 당시 수인번호. 징역 10월 형.
4 순서대로 2016년 3월, 2017년 6월, 2018년 11월 선고.
5 2019년 10월 서울시 도시계획위원회는 '양동(남대문로5가동의 옛 이름) 도시정비형 재개발구역 정비계획 변경(안)'을 통과시켰다. 1978년 지정된 도시환경정비구역을 그간 달라진 환경을 반영한 '2025년 서울시 도시주거환경정비기본계획(기본계획)'에 맞춰 변경했다. 변경안 통과 직후한 건축업체가 해당 지역 쪽방 주민들을 용산구 후암동 등으로 이주시킨다는 계획이 알려졌다. 후암동 주민들이 쪽방 주민들의 이사를 반대하며 시위를 벌였다.

빠져나오지 못하는 가난의 미로 안에 끝내지 못한 가난한 이야기가 갇혀 있다.

'사건' 하나가 발생했습니다.

서울 용산구 동자동의 한 쪽방 건물에서 방마다 퇴거 요구 딱지가 붙었습니다. 주민들은 저항했으나 건물주는 완강했습니다. 건물 보수를 명분으로 한 강제퇴거는 가난한 동네에선 반복해서 벌어지는 일이었고, 건물 보수를 위해 삶의 붕괴를 감내해야 하는 일은 가난한 사람들이 되풀이해 겪는 일이었습니다. 주민들에게 강제퇴거는 느닷없이 닥친 충격이었지만, 그들의 가난을 형성해온 익숙한 길이기도 했습니다. 강제퇴거라는 '사건'은 가난한 자들의 '일상'이었습니다.

가난을 대하는 정치와 자본과 언론의 '관습'이 있습니다.

유력 정치인들은 '쪽방 숏'을 연출하며 민생 탐방을 시작합니다. 연말이 되면 대기업 사장단은 그룹 상징이 찍힌 옷을 입고 쪽방촌에서 '사랑'을 기증합니다. 한 뼘 방에 갇힌 주민들은 가득 찬 물건들에 치여 옴짝달싹 못한 채 눕거나 앉아 있습니다. 쪽방을 떠올릴 때마다 연상되는 이 이미지들은 '연출'이 이뤄질 때마다 언론을 통해 포착되고, 전파되며, 고착돼왔습니다.

언론은 사건과 일상을 구분합니다.

사건은 '보도 가치'가 있는 것으로 판단되지만, 일상은 '이야깃거리'로 인정되지 않습니다. 사건으로 취급받지 못하는 일들은 신문 지면과 방송 화면을 얻기 어렵습니다. 그 메커니즘을 아는 누군가는 스스로 사건이 되고자 단식을 하고, 누군가는 하늘에 올라 고공농성을 하며, 누군가는 자신의 목에 줄을 매거나 몸에 불을 붙입니다.

사건과 일상엔 위계가 부여됩니다.

언론은 누군가의 일상을 사건으로 만들어주지만, 누군가의 사건을 일상으로 대하기도 합니다. 누군가의 발화되지 않은 속마음까지 읽어 사건으로 만들어주지만, 누군가의 전 생애를 뒤흔든 사건을 없었던 일처럼 외면하기도 합니다.

가난한 사람들의 사건은 그들의 목소리만으론 '사건화'되지 않습니다.

두 사람도 앉을 수 없는 방에 정치인이 들어와 손을 잡거나, 재벌 임원들이 찾아와 사진을 찍고 후원 물품을 나눠줄 때, 쪽방의 공고한 일상은 특별한 사건이 됩니다. 화재가 발생해 사람이 죽거나, 추위와 더위에 허덕이는 장면이 필요하거나, 명절에도 고향을 찾지 못하는 외로움을 채집하려 할 때, 언론은 쪽방을 사건으로 채택합니다. 정치와 자본과 언론은 '가난의 상징'으로 쪽방을 소비해왔습니다. '가난한 이미지'의 수요가 있을 때마다 '가난의 전시장'으로서 쪽방은 공급돼왔습니다. 쪽방은 가난을 표상하기도 하지만 가난을 가리는 껍질이 되기도 합니다.

사태는 사건 이후에 있습니다.

쪽방 건물은 방마다 한 가구의 집입니다. 9-2×는 마흔다섯 가구가 사는 마흔다섯 개의 집이었습니다. 강제퇴거가 끝나면 지하 1층·지상 4층짜리 건물 한 채가 거대한 철거촌으로 변하는 '사태'가 기다리고 있었습니다. 강제퇴거는 사건이지만 사건의 전과 후는 일상입니다. 사건은 수습되지만 일상은 수습되지 않습니다. 쫓겨나는 사건보다 무거운 사태는 쫓겨난 뒤의 삶입니다. 가난은 강제퇴거란 사건에 있지 않고 강제퇴거 이후의 일상에 있습니다. '가난의 경로'를 따라가며 확인한 가난의 속성들이 있습니다.

가난은 모입니다.

서로 다른 연령대와 출생지와 사연을 가진 마흔다섯 명에게 뚜렷한 공통점이 확인됐습니다. 고령층은 한국전쟁 때 고아가 됐거나 고아나 다름없는 삶을 살아왔습니다. 부모가 있는 경우 극도로 가난했고 부모는 그들을 책임질 능력이 없었습니다. 가난은 가족 관계를 끊어놓았고, 끊어진 관계는 주민 90퍼센트 이상을 중학교 미만 학력으로 묶었으며, 저학력은 '인맥'이라 불리는 것을 넘볼 수 없게 만들었습니다. 노숙 경험자가 최소 77.5퍼센트에 달했습니다. '반전의 기회'란 그들과 무관한 단어였습니다. 그들에게 뿌리가 없다는 것은 인연이 전무하다는 뜻이 아니라 관계를 틀어쥘 힘이 없다는 의미였습니다. 체제와 제도와 인식은 그들에게 동자동 외에 머물 곳을 허락하지 않았습니다. 각자 자유롭게 자신의 길을 걸어온 듯했지만, 신이 거대한 핀셋으로 집어 옮긴 것처럼 그들은 세상에서 가장 작은 방 한 칸으로 찾아들었습니다.

가난은 고입니다.

극빈의 이동거리는 직선거리 100미터를 넘지 못했습니다. 강제퇴거 뒤 1년 동안 주민 30명(66.6퍼센트)이 100미터짜리 밧줄에 허리를 묶은 것처럼 동자동 안에서 움직였습니다. 한데 모인 가난은 작은 파동(강제퇴거)을 견디지 못하고 산산이 부서졌고, 흩어졌으나 제 갈 길을 찾아가지 못한 가난은 모였던 곳으로 돌아와 다시 고였습니다. 사람은 어디든 갈 수 있지만 가난한 사람이 갈 수 있는 길은 정해져 있었습니다.

가난한 자에게 퇴거와 철거는 자석처럼 붙어다닙니다.

누군가 쫓겨납니다. 다른 곳에서 쫓겨난 사람들이 흘러와 앞서 쫓겨난 자의 자리를 채웁니다. 쫓겨난 누군가는 간신히 정착한 공간에서 다시 쫓겨나 과거 쫓겨난 곳으로 돌아갑니다. 한 번 쫓겨난 사람은 쫓겨간 곳에서 자신이 쫓겨났던 이유와 동일한 상황에 놓이며 다시 쫓겨납니다. 9-2×의 주민 다수가 강제퇴거를 중복 경험했습니다. 10년 전 강제로 쫓겨나 9-2×로 왔던 지하5호 서혜자는 10년 뒤 그 방에서 다시 퇴거당해 자신을 쫓아냈던 그 건물로 돌아갔습니다. 9-2×에 닥친 강제퇴거는 109호 조만수가 평생 세 번째로 겪는 강제퇴거였습니다. 9-2×에서 내쫓긴 205호 박기택은 이사 간 건물에서 9-2×에서와 같은 이유로 퇴거 통보를 받습니다. '안전을 위한 보수공사'는 가난을 쫓아내며 이득을 취하는 자들의 논리로 거듭 소환됐습니다. 가난은 철거와 강제퇴거의 무한궤도 속에서 순도를 더하고 있었습니다.

그들의 가난은 빨래 같았습니다.

평생 철거와 강제퇴거를 반복하며 이 방에서 저 방으로 쫓겨다니는 삶은 빨면 빨수록 너덜너덜해지는 낡은 천조각 같았습니다. 건물을 보수하고 외벽을 색칠한다고 해서 쪽방이 살 만한 집이 되는 건 아니듯, 쫓겨나 땜질된 방으로 돌아온 그들은 한 번 더 찢겼을 뿐 찢긴 구멍이 기워지진 않았습니다.

정치가 불의할수록 가장 약한 자들부터 가난해집니다.

근로재건대에 붙잡혀 '부랑아'로 관리된 사람(106호 김택부·108호 이구찬·201호 박철관 등)이 흔했고, 삼청교육대(108호 이구찬·204호 양진영·311호 김윤창 등)에 끌려가 죽음을 넘나든 사람이 여러 명이었습니다. 그들을 지탱해줄 끈이 허약할수록 정치사회적 파동에 크게 휩쓸렸습니다. 한국인들이 교과서로 배웠던 어두운 역사를 직접 몸으로 겪은 사람들이었습니다. 그들에게 기록된 역사란 '대한민국의 기억'일 순 있지만 문자와 거리가 멀었던 '나의 기억'은 아닐지 모릅니다.

가난한 동네는 극적으로 노출되고 가난한 사람은 극적으로 사라집니다.

가난을 드러냄으로써 존재하는 동네가 있습니다. 도시의 밝음과 맑음을 극대화하기 위해서라도 어둡고 탁한 것들을 몰아넣은 땅은 부각되고 조명받습니다. 가난한 땅을 공인하는 행위는 가난하지 않은 영토와 경계짓는 일이기도 합니다. 가장 가난한 동네에서 관심을 끌던 사람들은 동네를 벗어나자마자 '숨은 그림'이 됩니다. 동자동에서 시끌벅적하던 사람들이 서대문구 매입임대주택으로 이사한 뒤엔 '보이지 않는 사람'이 됐습니다. 가난하지 않은 동네에서 가난한 사람은 눈에 띄지 않는 존재로서 존재 가능

합니다. 연희동으로 이사 갔던 101호 고정국은 동자동으로 돌아가서야 다시 '보이는 사람'이 됐습니다.

가난한 그들은 서로의 가난 곁에 있을 때 자신의 가난도 부끄럽지 않았습니다.

동자동은 가난한 사람들의 동네였지만 가난을 눈치 보지 않는 동네였으므로 가난한 동네는 아니었습니다. 그들은 가난해서 가난하다기보다 가난을 바라보는 가난한 시선 때문에 더 가난해졌습니다. 그 시선을 혼자가 아닌 함께 맞서는 동네에 있을 때 그들은 가난했지만 그 가난 때문에 움츠러들진 않았습니다. 모두가 아는 것 같지만 아무도 모르는 가난을, 밖에서 취재하고 연구하고 말하는 사람은 많지만 누구도 그 안에 있으려 하지 않는 가난을, 그들은 다만 살아가고 있었습니다.

부끄럽습니다.

이 책이 가난을 소비하고 대상화해온 시선을 극복했다고 자신할 수 없습니다. '가난의 겉'만 핥아 편견을 강화했을지도 모릅니다. 사태 뒤 5년이란 시간이 흘렀습니다. 그동안 강제퇴거로 내몰렸던 9-2× 주민 마흔다섯 명 중 아홉 명(20퍼센트)이 사망했습니다. 생존해 있는 주민들은 변함없고 어김없이 가난합니다. 그 가난을 흠집 내지 못하고 구경하기만 한 이 책은 그러므로 실패의 기록입니다. 이 세계가 퇴치했다고 믿고 싶어 하지만 결코 사라지지 않을 '가난의 속'은 이 부끄러운 기록을 딛고 계속 탐구돼야합니다.

다시 입구 앞입니다.

노랑의 미로

초판 1쇄 펴낸날   2020년 5월 18일
초판 2쇄 펴낸날   2023년 11월 28일
지은이   이문영
펴낸이   박재영
편집   이정신·임세현·한의영
마케팅   신연경
디자인   조하늘
제작   제이오
펴낸곳   도서출판 오월의봄
주소   경기도 파주시 회동길 363-15 201호
등록   제406-2010-000111호
전화   070-7704-5018
팩스   0505-300-0518
이메일   maybook05@naver.com
트위터   @oohbom
블로그   blog.naver.com/maybook05
페이스북   facebook.com/maybook05
인스타그램   instagram.com/maybooks_05

ISBN   979-11-90422-30-7 03300

만든 사람들
책임편집   박재영
디자인   조하늘